知识产权与科技创新系列丛书

知识产权损害赔偿评估

◎　王景　高燕梅　著　◎

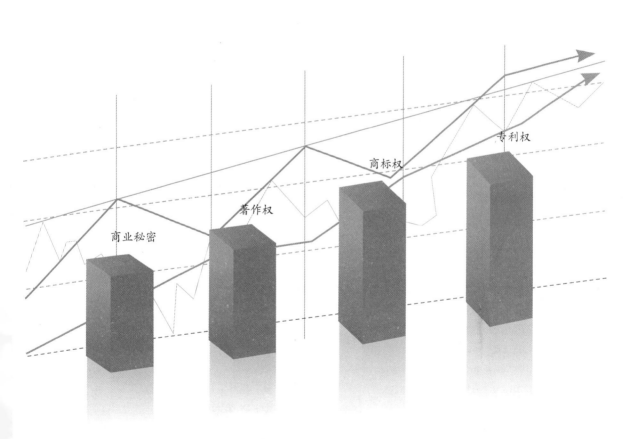

商业秘密

著作权

商标权

专利权

知识产权出版社

全国百佳图书出版单位

图书在版编目（CIP）数据

知识产权损害赔偿评估/王景，高燕梅著. —北京：知识产权出版社，2016.1
（知识产权与科技创新系列丛书）
ISBN 978 - 7 - 5130 - 3722 - 8

Ⅰ.①知… Ⅱ.①王… ②高… Ⅲ.①知识产权—侵权行为—赔偿—研究—中国 Ⅳ.①D923.404

中国版本图书馆 CIP 数据核字（2015）第 197715 号

责任编辑：石陇辉		责任校对：董志英	
封面设计：刘　伟		责任出版：刘译文	

知识产权与科技创新系列丛书

知识产权损害赔偿评估

王　景　高燕梅　著

出版发行：知识产权出版社 有限责任公司	网　　址：http://www.ipph.cn	
社　　址：北京市海淀区马甸南村1号（邮编：100088）	天猫旗舰店：http://zscqcbs.tmall.com	
责编电话：010 - 82000860 转 8175	责 编 邮 箱：shilonghui@cnipr.com	
发行电话：010 - 82000860 转 8101/8102	发 行 传 真：010 - 82000893/82005070/82000270	
印　　刷：北京富生印刷厂	经　　销：各大网上书店、新华书店及相关专业书店	
开　　本：787mm×1092mm　1/16	印　　张：17	
版　　次：2016 年 1 月第 1 版	印　　次：2016 年 1 月第 1 次印刷	
字　　数：350 千字	定　　价：58.00 元	

ISBN 978 - 7 - 5130 - 3722 - 8

前　　言

　　人类进入 21 世纪以来，伴随着科学技术和文学艺术的空前活跃和加速发展，知识产权制度在促进经济发展、科技进步和文化繁荣等方面的作用越来越突出。20 世纪 80 年代以来，全球技术贸易蓬勃发展，知识产权贸易转让额大幅度上升，其增长速度已远远高于有形商品贸易，而且在有形商品贸易中涉及专利、商标、商业秘密、著作权等的交易也日益增加。各国之间以专利技术为主的许可贸易增长速度大大超过了同期一般商品贸易的增长速度。20 世纪 50 年代，美国出口商品对知识产权的依赖度仅为 10%，到 90 年代这一数字迅速上升到 50%，进入 21 世纪更是达到 65% 以上❶。因此，知识产权及其贸易已经与货物和服务贸易一起，构成世界贸易组织（WTO）的三大支柱。知识产权已成为国家经济发展的关键要素。正如前国家主席胡锦涛指出的："当今世界，国家核心竞争力越来越表现为对智力资源和智慧成果的培育、配置、调控能力，表现为对知识产权的拥有、运用能力"，因此要"坚持走中国特色自主创新道路，为建设创新型国家而努力奋斗"。

　　自改革开放后新中国建立知识产权制度以来，我国的专利、商标、著作权申请和登记量快速增长，截至 2013 年，国内年专利申请量已经突破 230 多万件，商标的年受理量已超过 188 万件，软件著作权累计登记量也超过了 100 万件，知识产权制度极大地推动了我国自主创新和创新型国家建设的进程。同时，由于知识产权的重要地位与作用而导致了各种利益主体之间对知识产权各种形式的激烈争夺，有关知识产权的纠纷频繁显现，并大有日益增加之势。统计数据显示，2010～2014 年的 5 年间，全国地方人民法院共新受理和审结知识产权民事一审案件 374067 件和 366556 件。仅 2014 年，全国地方人民法院共新受理和审结知识产权民事一审案件 95522 件和 94501 件（超过 2001～2007 年的总和），比 2013 年分别上升 7.83% 和 7.04%。其中，新受理专利案件 9648 件，同比上升 4.93%；商标案件 21362 件，同比下降 8.21%；著作权案件 59493 件，同比上升 15.86%；技术合同案件 1071 件，同比上升 12.86%；不正当竞争案件 1422 件（其中垄断民事案件 86 件），同比上升 9.22%；其他知识产权案件 2526 件，同比上升 0.48%。全年共审结涉外知识产权民事一审案件 1716 件，同比上升 0.11%；审结涉港澳台知识产权民事一审案件 426 件，同比下降 11.8%。全国地方人民法院共

---

❶ 祝晓莲. 美日两国知识产权战略——比较与启示 [J]. 国际技术经济研究，2002（10）.

新受理和审结知识产权民事二审案件 13760 件和 13708 件，同比分别上升 15.08% 和 18.65%。共新受理和审结知识产权民事再审案件 80 件和 94 件（含旧存），同比分别上升 6.67% 和下降 2.08%。● 同时，知识产权纠纷领域也明显拓宽，不仅涉及诉前临时措施、网络著作权和网络域名、驰名商标认定、植物新品种等案件，而且涉及集成电路布图设计、民间文学艺术、地理标志、确认不侵权、特许经营合同、反垄断等纠纷。

知识产权纠纷案件持续大幅增长，随之而来最棘手的就是知识产权侵权所造成的损害赔偿定价和如何进行赔偿，这已经成为知识产权侵权行为的经济与法理研究及实践的重点课题和难点问题。

目前，国内知识产权评估理论研究主要体现在以下几方面：

（1）对于传统意义上的知识产权评估问题研究较多（如国家知识产权局魏衍亮《知识产权评估问题研究》等），而对于具有自身特殊性的知识产权损害赔偿评估的理论研究却很少，特别是在知识产权损害赔偿评估的基础理论与经济学理论方面非常有限。

（2）对于知识产权损害赔偿评估的特点研究很少，对知识产权损害赔偿评估与知识产权价值评估之间的区别与特殊问题缺乏研究。

（3）对于一般意义上的知识产权评估规范研究较多，但对于知识产权的损害赔偿评估需要遵循的专门业务规范和法律程序等问题几乎没有研究。

（4）对知识产权损害赔偿的法律问题有一些研究，但主要是从司法审判角度进行研究。

（5）对完全意义上的知识产权损害赔偿评估研究还很少，特别是对于知识产权主要形式的专利权和专利申请权的损害赔偿评估研究还很少。有学者对知识产权损害赔偿额的确定方法提出了一些有益的研究❷，但这些研究停留在对现有相关法律中有限的赔偿计算方法的种类归纳、分类适用与简单套用思路方面，没有从评估理论的角度对知识产权损害赔偿的具体评估过程与方法进行深入的研究；特别是还没有对评估模型选择、评估数据合法取得、评估范围的界定、评估参数的确定、评估过程的科学化、法律因素对评估过程的影响与限定、评估限制条件与处理方法等方面的研究。

（6）对于如何从经济与法律的综合角度、从价值评估的角度，科学、合理、客观、合法地评估知识产权损害价值的系统理论、方法、程序、法律效力，以及政府监管与指导等方面，尚没有系统化、专门化的研究。

同时，国外在知识产权损害赔偿评估方面的研究也不多见，并且其研究主要涉及

---

❶ 中国法院知识产权司法保护状况 2010—2014 ［OL］. 人民法院司法审判网。
❷ 罗东川. 知识产权侵权损害赔偿实务研究 ［OL］. 中国法院网，20002 - 6 - 12.

知识产权评估的一般方法、原则（如 Robert Pitkethly 和 Black Scholes 撰写的专利价值的评估方法），尚未形成一套有效的知识产权损害价值评估体系。无论是 TRIPS，还是美国，知识产权的损害价值评估都是一个不得不面对的难题。

从司法实践来看，最高人民法院 1992 年印发了《关于审理专利纠纷案件若干问题的解答》的司法解释，2002 年发布了《关于审理著作权民事纠纷案件适用法律若干问题的解释》和《关于审理商标民事纠纷案件适用法律若干问题的解释》，规定了专利、商标和著作权侵权审理中应遵循的实际损失赔偿原则、法定标准赔偿原则、法官斟酌裁量赔偿原则、对精神损害赔偿适当限制原则等。2015 年，最高人民法院针对社会发展和审判工作的客观需要，再次修订发布了《关于审理专利纠纷案件适用法律问题的若干规定》。同时，2009 年以来新修订的《中华人民共和国专利法》《中华人民共和国商标法》和《中华人民共和国著作权法》中，也对相关侵权赔偿额的计算方法进行了比较明确的规定。其他知识产权侵权损害赔偿的计算方法，也散见于各个知识产权法律、法规和司法解释中。但是，无论是具体的司法实践，还是相关法律和司法解释规定的计算方法，都还缺乏系统性、明确性和理论性，特别是在可操作性方面面临许多实际困难，许多方面都还未取得各方的一致认同。多数情况下，国内的知识产权损害赔偿还是采取法定赔偿原则的方式，由法官酌情裁定赔偿额度；也有委托中介机构进行评估或鉴定的。但在法律法规规定的方法运用上面临很多困难，缺乏对具体案件的针对性与科学性，有些时候甚至受制于案件相关资料和信息的不确定性而无法开展评估工作。

知识产权损害赔偿领域存在的上述问题，已经严重制约了国家知识产权战略的实施，以及国家知识创新和科技创新工程的顺利推进，不利于国民经济的持续发展。学习和掌握知识产权损害价值评估方面的知识，开展知识产权损害赔偿评估方面的研究工作，对于新时期贯彻落实国家创新驱动发展战略，推动创新性国家建设和大众创业、万众创新等，具有重要的现实意义。

目　　录

第一章　知识产权损害赔偿评估概论

第一节　损害与赔偿

一、损害的概念

在《辞海》中，"损害"一词被解释为"使人或事物遭受不幸或伤害"，"伤害"是"使受伤"或"不法损害他人的身体或健康"，而"侵害"指的是"侵犯、损害"，其他关于"损害"的解释主要还有"使受损失"。《中华人民共和国民法通则》（以下简称《民法通则》）第 101 条"公民、法人享有名誉权，公民的人格尊严受法律保护，禁止用侮辱、诽谤等方式损害公民、法人的名誉"中提到的"损害"，则主要指对公民和法人进行"侮辱、诽谤"，从而使他们的名誉受到影响。

在英美国家，"损害"一词通常用"damage"表述，《牛津英语词典》对"damage"的定义是："①因损害或伤害而导致的财产、条件和环境方面的损失或损害；②伤害或损害，特别指物的物理损伤；③法律用语：用金钱衡量的物之价值的损失或减少；当事人请求的或法院判与的对遭受之损失或损害的补偿"。《牛津法律大词典》对"damage"的解释是："在法律上被认为是可控诉的情况下，一个人所遭受的损失和伤害。损害的形式可以是对人身的、对名誉的、对经济利益的、对财产的或者其他方面的损害。任何法律上义务的违反都可以造成损害，但并非所有的损害都是可以起诉的。必须是非法损害他人财物，即非法行为造成的损害，才可以起诉"。而"从立法上来看，除奥地利民法典对损害作了一个宽泛的定义外，几乎再没有哪个国家的法典对损害的概念做出一个定义❶"。

鉴于本书讨论的是关于"损害赔偿"的问题，我们在此更多地从司法角度将其解释为"因非法侵害或损伤他人人身权或财产权，从而导致他人经济利益或财产损失的行为"。也就是说，"损害"是一个与权力和利益相对应的概念，是因他人的加害行为或可归责于某人的事件使民事主体遭受到的不利。"损害"的形式可以表现为对人身、财产、条件和环境等方面造成的伤害或损伤。

---

❶ 欧世龙. 损害的含义 [J]. 法制与社会，2007 (4).

二、损害赔偿

1. 损害赔偿的概念

《民法通则》第 106 条规定："公民、法人由于过错侵害国家的、集体的财产，侵害他人财产、人身的，应当承担民事责任"；第 109 条规定："因防止、制止国家的、集体的财产或者他人的财产、人身遭受侵害而使自己受到损害的，由侵害人承担赔偿责任，受益人也可以给予适当的补偿"；第 117 条规定："侵占国家的、集体的财产或者他人财产的，应当返还财产，不能返还财产的，应当折价赔偿。损坏国家的、集体的财产或者他人财产的，应当恢复原状或者折价赔偿。受害人因此遭受其他重大损失的，侵害人并应当赔偿损失"；第 134 条规定："承担民事责任的方式主要有：（一）停止侵害；……；（七）赔偿损失"。

《中华人民共和国侵权责任法》（以下简称《侵权责任法》）第 2 条规定："侵害民事权益，应当依照本法承担侵权责任。本法所称民事权益，包括生命权、健康权、姓名权、名誉权、荣誉权、肖像权、隐私权、婚姻自主权、监护权、所有权、用益物权、担保物权、著作权、专利权、商标专用权、发现权、股权、继承权等人身、财产权益"；第 4 条规定："侵权人因同一行为应当承担行政责任或者刑事责任的，不影响依法承担侵权责任。因同一行为应当承担侵权责任和行政责任、刑事责任，侵权人的财产不足以支付的，先承担侵权责任"；第 15 条规定："承担侵权责任的方式主要有：……；（六）赔偿损失；……"。

因此，"损害赔偿"是指因损害或伤害他人身体、名誉或财产、条件和环境等，而导致他人财产或其他损失，从而应当承担的经济责任，即违约方用金钱来补偿另一方由于其违约所遭受到的损失，对业已造成的损害进行赔偿。"损害赔偿"是建立在"侵权行为"和"损害"事实存在的前提下，从法律上要求侵害人对受害人的经济损失给予的补偿。各国法律均认为损害赔偿是一种比较重要的救济方法，是赔偿是债权诉讼最主要的特征，也是普通法所给予的最主要的救济形式。

2. 损害赔偿的形式

纵观国内外损害赔偿的形式，因涉及对象的不同，损害赔偿可以表现为人身伤害赔偿、财产损失赔偿、精神损害赔偿、侵权损害赔偿等具体形式。

（1）人身伤害赔偿

人身伤害赔偿是指因对他人的身体、健康或生命造成损害，从而应当承担的经济赔偿责任。

人身伤害可能因产品损害、意外伤害、侵权伤害等形成，其结果是致人健康受损、致人残疾、致人死亡等。因此，人身伤害赔偿往往涉及致人健康受损、致人残疾、致人死亡等而引发的经济赔偿。产品损害是指产品生产或销售者因其产品缺陷，而导致产品使用者受到损害。产品损害可能会涉及人身伤害、财产损失、精神损害及产品自身损害，受害人可依照一般民事责任通过司法途径寻求赔偿。

人身伤害赔偿适用一般侵权赔偿原则，赔偿范围可以包括直接损失和间接损失，我国相关法律均有具体的规定。例如，《民法通则》第119条规定："侵害公民身体造成伤害的，应当赔偿医疗费、因误工减少的收入、残废者生活补助费等费用；造成死亡的，并应当支付丧葬费、死者生前扶养的人必要的生活费等费用"。《中华人民共和国产品质量法》（以下简称《产品质量法》）第44条规定："因产品存在缺陷造成受害人人身伤害的，侵害人应当赔偿医疗费、治疗期间的护理费、因误工减少的收入等费用，造成残疾的，还应当支付残疾者生活自助具费、生活补助费、残疾赔偿金以及由其扶养的人所必需的生活费等费用；造成受害人死亡的，并应当支付丧葬费、死亡赔偿金以及由死者生前扶养的人所必需的生活费等费用"。

（2）财产损害赔偿

财产损害赔偿是指侵害人对损伤他人财产而导致的损失应当承担的经济责任，财产损害赔偿的实质是对财产（包括有形和无形财产）被损害而造成的经济损失进行的补偿。

由于对财产损害可能是非法的直接占用或损坏、损耗，也可能是非直接占有的非法利用而获利，因此，财产损害导致的损失可以表现为直接的或间接的损失。这里所讲的直接损失是指财产质和量的直接减少，可以是有形财产的物理损坏或损耗、消耗，也可以是无形财产的损耗或消耗；而间接损失则是指财产本身的可利用率和可得利益的减少。

财产损害赔偿是世界上最为普遍的一种赔偿形式，《民法通则》《侵权责任法》《中华人民共和国国家赔偿法》（以下简称《国家赔偿法》）等法律中均有规定。例如，《民法通则》第117条规定："损坏国家的、集体的财产或者他人财产的，应当恢复原状或者折价赔偿。受害人因此遭受其他重大损失的，侵害人并应当赔偿损失"。《侵权责任法》第2条规定："侵害民事权益，应当依照本法承担侵权责任。本法所称民事权益，包括……、股权、继承权等人身、财产权益"；第15条规定："承担侵权责任的方式主要有：……；（六）赔偿损失；……"。

（3）精神损害赔偿

精神损害赔偿是指由于生产或出售缺陷产品、损害他人声誉、或其他行为，造成受害人精神上的痛苦和感情创伤，影响受害人生活和工作，导致受害人身心和经济上蒙受损失，从而应当承担的经济赔偿责任。

精神损害赔偿虽存在一定争议和难度，但除德国《产品责任法》《斯特拉斯堡公约》《海牙公约》等未规定精神赔偿外，世界上大部分国家的产品责任法均将精神损害赔偿纳入应赔偿的范围；或虽未在专门法中具体规定，在民法中一般也都允许受害人主张赔偿。

例如，美国《产品责任风险保留法》规定："产品责任是由于人体伤害、死亡、心灵创伤，随之发生的经济损失或财产损失（包括由财产损失失去使用价值而造成的损失）等一系列的损害的责任"。《侵权责任法》第22条规定："侵害他人人身权益，造成他人严重精神损害的，被侵权人可以请求精神损害赔偿"。另外，《产品质量法》《中华人民共和国消费者权益保护法》（以下简称《消费者权益保护法》）关于死亡赔偿金、残疾赔偿金的规定可理解为对精神损害的一种补偿和抚慰。

（4）侵权损害赔偿

侵权损害赔偿是指由于加害人侵害被伤害人的人身和财产权益，导致被伤害人的生命、健康、名誉、财产或利益等受到损害，引发被伤害人相应的精神和经济损失，从而应当对被伤害人承担的经济赔偿责任。

"赔偿"是承担侵权责任的主要形式之一。《侵权责任法》第2条规定："侵害民事权益，应当依照本法承担侵权责任"；第15条规定："承担侵权责任的方式主要有：（一）停止侵害；……；（四）返还财产；（五）恢复原状；（六）赔偿损失；……"。

由于侵权行为是一种破坏法律规定的某种责任的民事过错行为，侵权行为往往造成对他人的伤害，这种伤害表现为对受害人的身体、财产、利益等造成损害。因此，侵权损害赔偿是加害人实施侵权行为而导致的一种结果和必须承担的责任。

第二节　知识产权损害与赔偿

一、知识产权与知识产权损害

1. 知识产权

"知识产权"是一种关于智力成果和知识财产的权利，是自然人、法人和其他组织对其在科学技术、文化艺术、经济贸易等领域创造的知识成果所依法享有的专有权，是人们对其脑力劳动创造的智力成果和知识产品所依法享有的排他性权利。知识产权属于民事权利的范畴，权利人依据民法通则和相关知识产权法律的规定，拥有利用其智力成果或者商业信誉而获得市场利益的独占权利。

世界知识产权组织将知识产权定义为："人类智力创造的成果所产生的权利"。《世界知识产权组织公约》第2条规定："知识产权包括：（1）关于文学、艺术和科学作品的权利即著作权或版权；（2）关于表演艺术家演出、录音和广播的权利，即主要指邻接权；（3）关于人类发展的一切领域的发明和权利（一切领域的发明，既包括专利发明，又包括非专利发明）；（4）关于科学发现的权利，即发现权；（5）关于工业品外观设计的权利；（6）关于商标、服务标志、厂商名称和标记的权利，即主要指商标权、商号权等识别性标记权；（7）关于制止不正当竞争的权利，即反不正当竞争权；（8）一切来自工业、科学、文学或艺术领域的智力创作活动所产生的权利"。

在我国，1987年实施的《民法通则》中将知识产权定义为"公民、法人、非法人单位对自己的创造性智力活动成果依法享有的民事权利和其他科技成果权的总称"。《民法通则》第五章第二节第94～97条规定："公民、法人享有著作权（版权），依法有署名、发表、出版、获得报酬等权利。公民、法人依法取得的专利权受法律保护。法人、个体工商户、个人合伙依法取得商标专用权受法律保护。公民对自己的发现享有发现权。发现人有权申请领取发现证书、奖金或者其他奖励。公民对自己的发明或者其他科技成果，有权申请领取荣誉证书、奖金或者其他奖励"。也就是说，《民法通则》中规定的知识产权涉及著作权（版权）、专利权、商标权、发现权、发明权和其他科技成果权六种类型。

2. 知识产权损害

在"知识产权"和"损害"概念的基础上，我们可以把知识产权损害定义为，因非法侵害他人专利权、商标权、著作权等知识产权的精神权或财产权，从而导致权利人经济利益或精神权利受到损害或损失的行为。

由于知识产权往往包含财产权和精神权，因此，知识产权损害的实质是加害人实施了侵权行为，使受害人拥有的知识产权的财产权和精神权受到损害，致使受害人通过其拥有的知识产权能够获得的经济利益和精神利益减少或损失。

知识产权所有者的经济利益损失，是受害人因其知识产权被侵权而失去的经济收益，这部分收益通常是权利人正常行使知识产权相关权利时能够获得的现实收益或客观存在的、合理的预期收益。经济利益损失往往是知识产权侵权损害的主要表现形式。

知识产权所有者的精神利益损害，是指由于加害人的侵权行为，使受害人的人身、声誉等精神方面的损害，导致受害人间接受到的经济损失。精神利益损害是知识产权侵权损害的另一种表现形式，因认定具体事实和确定具体赔偿金额难度较大，该类损害在以往的司法实践中考虑较少。但知识产权受到侵权时会对权利人产生不同程度的"精神上的损害"却是客观存在的事实，这种"精神上的损害"可能会导致"经济上的损失"。

就具体的知识产权类型而言，专利权和商标权的侵权损害一般导致所有者经济利益的直接损失，包括市场份额的下降和由于侵权而到导致的产品声誉受损而带来的损失。由于智力成果和工商业信誉本身是无价的，作为一种无形财产，它们是通过被使用和市场交易后转化形成经济效益的。

相比而言，著作权的侵权损害常常会涉及经济损失和精神利益损害两方面。根据《民法通则》，公民的人身权受到侵害的，受害人可以通过司法途径要求加害人赔偿其损失。而且，赔偿损失并不是以经济损失的存在为前提。《侵权责任法》《中华人民共和国著作权法》（以下简称《著作权法》）在规定受害人可以要求直接经济损失的同时，也规定了遭受到人身权侵犯时，可以要求侵权人赔偿损失。

二、知识产权损害赔偿

损害（损失）赔偿在各国法律和相关国际条约中均有规定，它也是《民法通则》和《侵权责任法》中明确规定的民事侵权责任中的一种。《民法通则》第118条规定："公民、法人的著作权（版权）、专利权、商标专用权、发现权、发明权和其他科技成果权受到剽窃、篡改、假冒等侵害的，有权要求停止侵害，消除影响，赔偿损失"；第120条规定："公民的姓名权、肖像权、名誉权、荣誉权受到侵害的，有权要求停止侵害，恢复名誉，消除影响，赔礼道歉，并可以要求赔偿损失。法人的名称权、名誉权、荣誉权受到侵害的，适用前款规定"。《侵权责任法》第2条规定："侵害民事权益，应当依照本法承担侵权责任。本法所称民事权益，包括生命权、健康权、姓名权、名誉权、荣誉权、肖像权、隐私权、婚姻自主权、监护权、所有权、用益物权、担保物权、著作权、专利权、商标专用权、发现权、股权、继承权等人身、财产权益"；第15条规定："承担侵权责任的方式主要有：（一）停止侵害；……；（六）赔偿损失；……"。

此外，《中华人民共和国专利法》（以下简称《专利法》）、《中华人民共和国商标法》（以下简称《商标法》）、《著作权法》等知识产权法中，对侵害知识产权所造成的损失赔偿均有明确的规定。例如，《专利法》第60条规定："未经专利权人许可，实施其专利，即侵犯其专利权，……，专利权人或者利害关系人可以向人民法院起诉，也可以请求管理专利工作的部门处理。……，进行处理的管理专利工作的部门应当事人的请求，可以就侵犯专利权的赔偿数额进行调解；调解不成的，当事人可以依照《中华人民共和国民事诉讼法》向人民法院起诉"。《商标法》第60条第3款规定："对侵犯商标专用权的赔偿数额的争议，当事人可以请求进行处理的工商行政管理部门调解，也可以依照《中华人民共和国民事诉讼法》向人民法院起诉。……"。《著作权法》第47条规定："有下列侵权行为的，应当根据情况，承担停止侵害、消除影响、赔礼道歉、赔偿损失等民事责任：（一）未经著作权人许可，发表其作品的；……；（十一）其他侵犯著作权以及与著作权有关的权益的行为"；第48条规定："有下列侵权行为的，应当根据情况，承担停止侵害、消除影响、赔礼道歉、赔偿损失等民事责任；……：（一）未经著作权人许可，复制、发行、表演、放映、广播、汇编、通过信息网络向公众传播其作品的，本法另有规定的除外；……；（八）制作、出售假冒他人署名的作品的"。

根据知识产权的定义和有关法律的规定，我们可以给知识产权损害赔偿下一个定义，即，知识产权损害赔偿是指侵权人因侵害他人知识产权的行为，而应当承担的给知识产权所有人或合法持有人造成的经济损失和精神利益损害的补偿义务。也就是说，知识产权损害赔偿的实质，是通过补偿受害人因侵权行为所遭受的损失，使受到损害的权利恢复到侵权以前的状态。

按照目前我国民法和知识产权法相关理论，知识产权侵权损害赔偿应该包括以下三重含义。

1. 知识产权损害赔偿是一种权利人与侵权人之间的权利义务关系

知识产权损害赔偿是民事法律关系。公民、法人和其他民事主体依法享有的专利权、商标权、著作权等知识产权受到他人不法侵害，造成权利人财产与经济上的损失或精神利益上的损害，权利人享有请求赔偿的权利，加害人则负有赔偿的义务。《民法通则》第118条规定："公民、法人的著作权（版权）、专利权、商标专用权、发现权、发明权和其他科技成果权受到剽窃、篡改、假冒等侵害的，有权要求停止侵害，消除影响，赔偿损失"。《侵权责任法》第2条规定："侵害民事权益，应当依照本法承担侵权责任。本法所称民事权益，包括……、著作权、专利权、商标专用权、发现权、……等人身、财产权益"；第15条规定："承担侵权责任的方式主要有：……；（六）赔偿损失；……"。因此，知识产权一旦受到侵害，权利人与侵权人之间就形成了一种要求追回损失的权利和承担赔偿损失的义务的关系。

2. 知识产权损害赔偿是一种知识产权法律制度

知识产权损害赔偿是一种关于知识产权赔偿的法律制度。《专利法》《商标法》《著作权法》等知识产权法律和《民法通则》《侵权责任法》中均有规定知识产权侵权赔偿的有关条款。其中，《民法通则》《侵权责任法》中对侵害知识产权的主体应承担赔偿责任的基本义务进行了规定，而《专利法》《商标法》《著作权法》等知识产权法则对知识产权的侵权判定和赔偿额等做出了具体的规定。这些法律、法规形成了关于知识产权损害赔偿的完整法律体系和完善的法律制度，只要是知识产权受到了侵害，并给权利人造成了损失与损害，就有健全的法律制度来保障受害人获得相应的赔偿，并监督侵权人履行相应的赔偿义务。

3. 知识产权损害赔偿是一种法律规定的具体民事责任形式

赔偿损失是《民法通则》《侵权责任法》和《专利法》《商标法》《著作权法》等知识产权法明确规定的多种具体侵权民事责任形式的一种。除了前述《民法通则》和《侵权责任法》相关条款的规定外，《专利法》《商标法》《著作权法》等知识产权法规和最高人民法院关于审理知识产权侵权案件的相关司法解释，对知识产权侵权赔偿额的计算方法等做出了具体的规定。因此，只要侵权行为人侵害了他人享有的知识产权并造成损失，侵权人即负有赔偿的义务，必须承担具体金额的经济赔偿。若侵权人不履行赔偿义务，权利人有权向人民法院提起民事诉讼，并通过法院的判决强制侵权人承担赔偿具体损失的民事责任。

三、知识产权损害赔偿与传统损害赔偿的区别

侵害传统的财产权，受损害的对象多表现为实体形态的财物，侵权行为的形式通

常表现为对财物的侵占或毁损，侵权结果是造成权利人的直接财产损失和经济利益的损失。例如，对于房屋的损害，可能造成房屋结构上的破坏，使其不能正常使用和需要修复而产生损失，也可能是非法占有他人房屋而损害受害人的利益。再如，因破坏他人车辆而造成需要修复的损失。当然，也有诸如股权、债权等少量非实物形式的财产权损害。

对传统人身权的损害，通常是指对人身权中的健康权和生命权的侵害，受侵害的对象是人的身体健康和生命安全，侵权形式表现为针对受害人身体的伤害行为，损害结果则表现为受害人致伤、致残、致死，导致权利人丧失正常行为、生活、工作能力，或导致其亲属丧失亲人，从而造成受害人经济和精神上的损害。

知识产权损害是由于知识产权的侵权行为所致，受侵害的对象是受法律保护的无形知识财产或精神财产，其侵权形式通常表现为对知识产权这种无形财产的非法利用、假冒、剽窃、篡改、盗版或不付报酬等，侵权行为不直接对知识财产本身造成物理上的占有或毁损，而是对知识产权能够带来的利益的非法占有或是给权利人拥有知识产权的正常收益造成的损失，这明显不同于对传统财物的侵占、毁损和对人的致伤、致残或致死。

由于知识产权侵权行为和损害后果表现形态不同，使得对知识产权侵权损害事实和损害赔偿范围的认定，以及损害赔偿金额的计算等，都与传统财产权和人身权的侵权损害赔偿存在诸多的不同，因此，知识产权侵权损害赔偿具有特殊的含义，需要根据知识产权无形财产权自身的特点加以区别和专门研究。

四、侵权损害赔偿的原则

1. 侵权损害赔偿的一般原则

按照我国民事法律的规定，侵权损害赔偿的原则主要包括全部赔偿原则、限定赔偿原则、惩罚性赔偿原则和衡平赔偿原则。

（1）全部赔偿原则

即侵权行为人对因侵权行为给他人造成损害的，赔偿责任的大小以其侵权行为所造成的实际损失为依据，予以全部赔偿。侵害国家、集体、公民个人财产造成损害的，既要赔偿现实财产本身的损失，也要赔偿可得利益损失。侵害公民身体造成伤害的，应当赔偿医疗费、因误工减少的收入、残废者生活补助费等费用；造成死亡的，应当支付丧葬费、死者生前抚养的人必要的生活费等费用。侵害公民的姓名权、肖像权、名誉权、荣誉权以及法人的名称权、名誉权、荣誉权的，受害人可以要求精神损害赔偿。

《侵权责任法》第 19 条规定："侵害他人财产的，财产损失按照损失发生时的市场价格或者其他方式计算"；第 20 条规定："侵害他人人身权益造成财产损失的，按照被侵权人因此受到的损失赔偿；被侵权人的损失难以确定，侵权人因此获得利益的，按照其获得的利益赔偿；侵权人因此获得的利益难以确定，被侵权人和侵权人就赔偿数额协商不一致，向人民法院提起诉讼的，由人民法院根据实际情况确定赔偿数额"。

（2）限定赔偿原则

限定赔偿原则是一种以法律预先规定的标准来计算侵权赔偿金额的原则。该原则主要适用于国家损害赔偿、交通事故损害赔偿等一些特殊的侵权损害。

例如，《国家赔偿法》第33条规定："侵犯公民人身自由的，每日的赔偿金按照国家上年度职工日平均工资计算"；第34条规定："侵犯公民生命健康权的，赔偿金按照下列规定计算：（一）造成身体伤害的，应当支付医疗费、护理费，以及赔偿因误工减少的收入。减少的收入每日的赔偿金按照国家上年度职工日平均工资计算，最高额为国家上年度职工年平均工资的五倍；……"。

（3）惩罚性赔偿原则

惩罚性赔偿原则是以高于侵权行为造成的实际损害的标准，来考虑侵权赔偿责任和计算侵权赔偿金额的原则。该原则主要适用于侵犯知识产权和产品责任的赔偿，特别是那些恶意侵权或欺诈行为案件的赔偿。

例如，《商标法》第63条规定："权利人的损失或者侵权人获得的利益难以确定的，参照该商标许可使用费的倍数合理确定。对恶意侵犯商标专用权，情节严重的，可以在按照上述方法确定数额的一倍以上三倍以下确定赔偿数额。赔偿数额应当包括权利人为制止侵权行为所支付的合理开支"。《消费者权益保护法》第49条规定："经营者提供商品或者服务有欺诈行为的，应当按照消费者的要求增加赔偿其受到的损失，增加赔偿的金额为消费者购买商品的价款或者接受服务的费用的一倍。"

（4）衡平赔偿原则

衡平赔偿原则是一种同时兼顾被侵权人实际损失和侵权人赔偿能力的原则，即基于公平的原则，在具体侵害案件中考虑经济赔偿时，充分斟酌加害人与受害人双方的经济状况，判令加害人在能力所及的范围内赔偿被加害人全部损失。

衡平赔偿原则在确定侵权损害赔偿金额时，需要在考虑侵权行为所造成的实际损害的同时，充分考虑当事人的经济状况和偿还能力等因素，使得从现实社会环境条件来看，赔偿责任的确定显得更加公平、合理，并使得赔偿能够切实得到执行。

由于民事案件双方当事人存在着经济状况上的悬殊差距，基于正义的原则和社会和谐的考量，在具体处理侵权案件的损害赔偿问题时，掌握好"经济赔偿"的"度"尤为重要，这更有利于问题的解决和双方利益的均衡。

2. 知识产权侵权损害赔偿的原则

结合我国现行知识产权法律的规定和司法实践，我们可以将知识产权侵权损害赔偿的原则归纳为实际损害赔偿原则、完全损害赔偿原则、法定标准赔偿原则、斟酌裁量赔偿原则、精神损害赔偿原则、惩罚性赔偿原则等。

（1）实际损害赔偿原则

实际损害赔偿原则，也可称为直接损害赔偿原则，是指侵权人承担知识产权损害赔偿责任的范围，以侵权行为给被侵害人造成的实际或直接经济损失为限。即侵权人应当承担受害人因被侵权而遭受的实际经济损失，但以侵权行为所造成的直接或显性经济损失为限。

实际损害赔偿原则的实质，是遵循民法中常见的"填平原则"或"补偿原则"，即赔偿标准以"填平"或"补偿"受害人因被侵权而遭受到的实际损失为限。"填平原则"是现代民法最基本的赔偿原则，也是各国侵权行为立法和司法实践的通例，这种原则既可使受害人的利益得到基本保障，又不会给侵权人带来过重的经济负担。

在我国现行法律框架下，实际或直接赔偿原则可以表现为两种形式。

1）侵权获利赔偿原则。

侵权获利赔偿原则，是以侵权人因实施侵权行为而产生的全部非法获利作为赔偿标准的原则。在这一原则下，赔偿的范围应当是侵权人非法使用他人知识产权所获得的一切收益，包括生产或销售侵权产品获得的利润，以及其他由于非法利用知识产权而获得的收入。

需要注意的是，侵权人在侵权期间的侵权行为，特别是侵权生产知识产权产品的行为，所获得的全部利润中，有利用被侵权知识产权直接产生的贡献，也有侵权人自有资本、人力、经营管理等投入产生的贡献。运用侵权获利赔偿原则时，需要科学、合理地划分侵权所产生的利益，避免将侵权人侵权工作中所有的收益都计算到赔偿范围内，造成高估赔偿额的情形。

2）侵权损失赔偿原则。

侵权损失赔偿原则，是以被侵权人被侵权而丧失的全部应得收益作为赔偿的原则。在这一原则下，赔偿的范围应当是被侵权人由于知识产权遭到侵权所损失的一切收益，包括由于被侵权而直接减少的应得收益，以及受到侵权干扰而产生的其他收益的减少。即在考虑直接损失的基础上，还应将被侵权而产生的衍生损失计算在内。

这是因为侵权行为一方面导致了权利人的产品市场被分割而使正常收益减少，另一方面也会影响权利人及其产品的声誉，从而导致权利人的间接损失。因此，侵权损失赔偿不仅应当体现权利人在未受到他人侵权情况下的正常收益，还应该考虑由于侵权而造成的负面影响而加剧的经营损失。

《侵权责任法》和《专利法》等知识产权法的侵权赔偿条款中，均有上述两种赔偿原则的具体反映。例如，《侵权责任法》第20条规定："侵害他人人身权益造成财产损失的，按照被侵权人因此受到的损失赔偿；被侵权人的损失难以确定，侵权人因此获得利益的，按照其获得的利益赔偿；侵权人因此获得的利益难以确定，被侵权人和侵权人就赔偿数额协商不一致，向人民法院提起诉讼的，由人民法院根据实际情况确定赔偿数额"。《专利法》第 65 条规定："侵犯专利权的赔偿数额按照权利人因被侵权所受到的实际损失确定；实际损失难以确定的，可以按照侵权人因侵权所获得的利益确定"。

《最高人民法院关于审理专利纠纷案件适用法律问题的若干规定》第 20 条规定："专利法第 65 条规定的权利人因被侵权所受到的实际损失可以根据专利权人的专利产品因侵权所造成销售量减少的总数乘以每件专利产品的合理利润所得之积计算。权利人销售量减少的总数难以确定的，侵权产品在市场上销售的总数乘以每件专利产品的合理利润所得之积可以视为权利人因被侵权所受到的实际损失。专利法第 65 条规定的侵权人因侵权所获得的利益可以根据该侵权产品在市场上销售的总数乘以每件侵权产品的合理利润所得之积计算。侵权人因侵权所获得的利益一般按照侵权人的营业利润计算"。这里的"实际损失"和"合理利润""营业利润"实际上指的就是直接损失。

此外，《与贸易有关的知识产权协议》（TRIPS）第 45 条中也有赔偿金的规定，即"1. 司法部门应有权责令侵权者向权利所有人支付适当的损害赔偿费，以便补偿由于侵害知识产权而给权利所有者造成的损害，其条件是侵权者知道或应该知道他从事了侵权活动。2. 司法部门应有权责令侵权者向权利所有者支付费用，其中可以包括适当的律师费。在适当的情况下，即使侵权者不知道或者没有正当的理由应该知道他从事了侵权活动，缔约方也可以授权司法部门，责令返还其所得利润或/和支付预先确定的损害赔偿费"。

（2）完全损害赔偿原则

完全损害赔偿原则，是指对侵害知识产权所导致经济赔偿责任的认定，应以侵权行为给受害人造成的所有经济损失为依据，即加害人应当承担受害人因被侵权而遭受的一切经济损失，包括直接的和间接的经济损失、显性的和隐性的经济损失、物质的和精神的损失。

完全损害赔偿原则的实质是充分考虑被侵权人所遭受的经济损失，是在实际损害赔偿原则基础上赔偿范围的进一步"扩大"，但这种"赔偿范围的扩大"仍然需要以侵权行为所造成的损失为限，即该原则下的"间接经济损失"必须是由于侵权行为所导致的、与其有直接联系的损失。

从某种程度上讲，完全损害赔偿原则也遵循了现代民法中的"填平原则"，只不过它对受害人损失的"填平"表现为一种更加全面、完整的"补偿"，因为这种"补偿"不仅考虑了侵权给受害人直接造成的"显性损失"或"实际损失"，同时还考虑了给受害人间接带来的"隐性损失"。

在我国现有知识产权法规中，完全损害赔偿原则并没有被直接采用，这可以从《专利法》《著作权法》等知识产权法关于赔偿条款的规定中得到反映。但由于该原则全面地考虑了被侵权人可能遭受到的所有经济损失，更有利于保护权利人的合法权益和更有效地抑制侵权行为，因而无论是从理论角度、还是从事发实践角度，都值得深入探讨。

鉴于知识产权侵权案件的复杂性，间接损失的判断和确定可能比较困难，该原则的实际运用可能会受到一定的限制，但这不应该成为妨碍其运用的理由。事实上，一些知识产权损害赔偿的案例中已有全面考虑侵权损失赔偿的运用，学术界也不乏对该类原则的讨论。不过，该原则具体运用时，还是应当充分考虑案件的性质和侵权人的经济负担能力，权衡各方利弊，在客观、公正、科学、合理的前提下，酌情使用。

（3）法定标准赔偿原则

法定标准赔偿原则，是指由法律根据不同的侵权行为，明文规定侵权人应承担的具体赔偿标准或赔偿额度，即通过法律条款预先规定知识产权损害赔偿费的标准或数额。根据法定标准赔偿原则，当由于各种原因无法具体查清知识产权受害人的实际损失或侵权人的非法所得额，或受害人要求侵权人按法定最低赔偿额承担赔偿责任时，可以直接按法律规定的标准确定赔偿数额。

由于知识产权保护的对象属于具有非实体性特点的智力成果，可以在未获得权利人同意或权利人不知情的情况下被他人掌握和利用，导致侵权容易而获取侵权证据困难，与侵权损害有关的证据取得更困难，因此，对知识产权权利人所受损失的赔偿常常难以认定和执行。为了能够遏制侵权行为，使权利人的损失能够得到赔偿，充分体现损害赔偿的补偿和制裁功能，有必要建立一种确定赔偿的制度和具体确定赔偿数额的方法。而为了使权利人的利益得到基本保障和确定赔偿数额的方便，同时解决特殊情况下准确计算赔偿金额的困难，法定赔偿制度往往根据具体对象预先规定赔偿额的具体计算标准或范围。

我国的知识产权法中目前还没有法定赔偿额的明确规定，但在发达国家和地区的知识产权立法中，有对知识产权侵权损害法定赔偿的规定，特别是在著作权立法中最为明显。例如，美国《版权法》第504条就规定："（c）法定损害赔偿——（1）除本款第（2）项另有规定外，版权所有者在终局判决做出以前的任何时候，可要求赔偿诉讼中涉及的任何一部作品版权侵犯行为的法定损害赔偿，而不是要求赔偿实际损害和利润。此项法定损害赔偿的金额，每部作品至少不低于250美元，最多不超过1万美元，由法院酌情判定"。我国台湾地区有关著作权的规定里指明："著作权人对于侵害其著作权者，……，并得请求排除其侵害；其受有损害时，并得请求赔偿；有侵害之虞者，并得请求防止之。数人共同不法侵害著作权者，连带负损害赔偿责任。前项损害赔偿额，除得依侵害人所得利益与被害人所受损失推定外，不得低于各该被侵害著作实际零售价格之五百倍"。

（4）斟酌裁量赔偿原则

斟酌裁量赔偿原则，是指法院在审理知识产权侵权案件中，法官可以根据知识产权侵权案件事实，在相应的知识产权法规定的赔偿数额范围之内，根据个案的实际情况，斟酌、裁量确定具体的赔偿金额。

在知识产权纠纷案件中，常常出现原告的实际损失、被告的具体获利，以及赔偿金数额确定的困难。因此，在确定知识产权侵权损害赔偿数额时，法律需要赋予法官一定的"斟酌裁量权"，以满足对各种案件进行审判的需要。

斟酌裁量赔偿原则是目前知识产权立法中普遍采用的原则。例如，美国《版权法》第504条就规定："（2）在版权所有者承担举证责任的情况下，如果法院判定侵犯版权是故意的，法院可酌情决定将法定损害赔偿金增加到不超过5万美元的数额。在版权侵犯者承担举证责任的情况下，如法院判定这个版权侵犯者不知道也没有理由认为其行动构成对版权的侵犯，法院可酌情决定将法定损害赔偿金减少到不少于100美元的数额。"我国台湾地区有关著作权的规定里指明"前项损害赔偿额，除得依侵害人所得利益与被害人所受损失推定外，不得低于各该被侵害著作实际零售价格之五百倍。无零售价格者，由法院依侵害情节酌情定其赔偿额"。

《专利法》第65条第2款规定："权利人的损失、侵权人获得的利益和专利许可使用费均难以确定的，人民法院可以根据专利权的类型、侵权行为的性质和情节等因素，确定给予1万元以上100万元以下的赔偿"。《著作权法》第49条第2款规定："权利人的实际损失或者侵权人的违法所得不能确定的，由人民法院根据侵权行为的情节，判决给予50万元以下的赔偿"。《商标法》第63条规定："权利人因被侵权所受到的实际损失、侵权人因侵权所获得的利益、注册商标许可使用费难以确定的，由人民法院根据侵权行为的情节判决给予300万元以下的赔偿"。

由于法律规定斟酌裁量赔偿都有一个较大的范围，这就要求法官在确定赔偿数额时，必须依据客观事实，依照《民法通则》和知识产权法的基本原则，依靠法官本身的法律意识和审判经验，在仔细分析和判断案情的基础上，对具体案件的赔偿数额进行斟酌确定，以求公正、公平、合理、快捷地对案件作出裁判，追究侵权行为人的法律责任，保护权利人的合法权益。具体斟酌确定损失赔偿额时，通常需要考虑受害人所受损害后果（包括经济和精神损害）的严重程度、侵害行为所致知识产权价值的降低程度、侵权行为的具体形式或目的、侵权行为的主观过错和情节恶劣程度、侵权人获利情况、侵权行为的社会影响，以及当事人的经济状况等。

（5）精神损害赔偿原则

精神损害赔偿原则，是指侵权行为对公民、法人等民事主体享有的知识产权中的精神权益造成损害的，可以依据相关法律关于人身权损害赔偿的规定，具体确定经济赔偿的数额。

虽然对侵害知识产权是否会造成精神损害，以及造成精神损害能否要求赔偿，在我国知识产权法中尚没有明确的规定，但《民法通则》第120条中"公民的姓名权、肖像权、名誉权、荣誉权受到侵害的，有权要求停止侵害，恢复名誉，消除影响，赔礼道歉，并可以要求赔偿损失。法人的名称权、名誉权、荣誉权受到侵害的，适用前款规定"的规定，实际上就是我国知识产权精神损害赔偿的法律依据。

《最高人民法院关于确定民事侵权精神损害赔偿责任若干问题的解释》和《最高人民法院关于审理名誉权案件若干问题的解释》对审理民事案件中有关精神损害赔偿的处理原则进行了规定。例如，《最高人民法院关于确定民事侵权精神损害赔偿责任若干问题的解释》第1条规定："自然人因下列人格权利遭受非法侵害，向人民法院起诉请求赔偿精神损害的，人民法院应当依法予以受理：（一）生命权、健康权、身体权；（二）姓名权、肖像权、名誉权、荣誉权；（三）人格尊严权、人身自由权"。

知识产权的精神损害在著作权中表现较为突出。著作权包括著作人身权和财产权两个部分，人身权是指发表权、署名权、修改权和保护作品完整权。《著作权法》第47条、第48条规定了对侵权行为的具体法律责任包括停止侵害、消除影响、公开赔礼道歉、赔偿损失等。也就是说，侵害著作权人的人身权依法既需要承担消除影响、公开赔礼道歉等非财产的民事责任，也需要赔偿作者精神权益受到侵害所形成的损失。知识产权中的著作权具有权利双重性的特点，即人身权与财产权并存，这就是知识产权中的某些权利能够获得精神损害赔偿的客观基础。只有在充分保护著作权人的人身权、作者精神权益受到侵害能够得到赔偿的情况下，著作权的保护才能称为完整的保护。

商标、专利等其他知识产权虽与著作权有所不同，侵权行为所导致的损害主要表现为对其财产权的损害，但侵权行为同样也会间接造成其主体的名誉、声誉等的精神利益的损害。因此，知识产权（主要为著作权等）侵权损害赔偿应当包括精神损害赔偿。

（6）惩罚性赔偿原则

惩罚性赔偿原则，是指为了惩罚侵权人故意侵权的行为，要求侵权人以正常使用费、赔偿金的数倍或高于实际损害额的金额予以惩罚性赔偿。惩罚性赔偿原则不仅仅反映了对受害人财产损失与精神损害的补偿，同时也包含了对侵权人不法行为的一种惩罚性制裁。

关于惩罚性赔偿的起源，一般认为最早是1763年英国法官 Lord Camden 在 Huckle V. Money 一案中的判决，美国则在1784年的 Genay V. Norris 一案中最早确认这一制度。惩罚性赔偿一开始主要适用于诽谤、诱奸、恶意攻击、诬告等使受害人遭受精神痛苦的案件，目的是在赔偿受害人实际物质损失的同时，对受害人的精神损失也给予物化和补偿。如今，惩罚性赔偿的含义和适用范围均发生了巨大的变化，除了将精神损失与物质损失一并计为实际损失外，惩罚性赔偿更多地表现为对受害人进一步增加的一定数额或比例的额外补偿，其数额也巨额增长，适用范围则从侵权案件扩张到合同纠纷和知识产权纠纷等案件中❶。

惩罚性赔偿的核心是对"惩罚"的适用及其"度"的把握。"惩罚"涉及如何平衡知识产权保护的力度与科学技术、文化艺术等的传播发展和社会发展之间的关系。损害赔偿的功能主要是"填平损失"，如果过分强调其惩罚功能，必然违背民事赔偿责任的基本属性，容易使赔偿失去客观的标准；若对性质恶劣的侵权行为没有足够的惩罚，则又不足以有效制止侵权行为。因此，惩罚性赔偿的规定及其赔偿原则的把握受制于大的社会环境，有关知识产权国际公约并不要求各国知识产权立法都要一致。

在知识产权保护方面，我国法律规定有行政处罚与民事制裁，这与其他国家并不完全一致。例如，《商标法》第 63 条规定："对恶意侵犯商标专用权，情节严重的，可以在按照上述方法确定数额的一倍以上三倍以下确定赔偿数额"；第 60 条规定："工商行政管理部门处理时，认定侵权行为成立的，……，违法经营额五万元以上的，可以处违法经营额五倍以下的罚款，没有违法经营额或者违法经营额不足五万元的，可以处二十五万元以下的罚款。对五年内实施两次以上商标侵权行为或者有其他严重情节的，应当从重处罚"。

五、知识产权损害赔偿的范围

知识产权损害赔偿范围指对造成知识产权损害结果应该承担经济赔偿责任的界限。

---

❶ 参见好搜百科。

惩罚性赔偿，英文对照：Punitive Damages、Examplary Damages（示范性赔偿）、Vindictive Damages（报复性赔偿）。

惩罚性赔偿，又称示范性赔偿或报复性赔偿，是指由法庭所作出的赔偿数额超出实际损害数额的赔偿。惩罚性赔偿是加重赔偿的一种原则，目的是在针对被告过去故意的侵权行为造成的损失进行弥补之外，对被告进行处罚以防止将来重犯，同时也达到惩戒他人的目的；如果被告的侵权行为是基于收益大于赔偿的精心算计，也可以给予惩罚性赔偿，在这种情况下如果只同意给予补偿性赔偿，侵权人只是相当于事后通过赔偿补办手续，但没有任何风险。

关于惩罚性赔偿的起源问题，学者间存在不同的看法，一般认为，英美法系中的惩罚性赔偿起源于 1763 年英国法官 Lord Camden 在 Huckle V. Money 一案中的判决，美国是在 1784 年的 Genay V. Norris 一案中最早确认这一制度。

在 18 世纪，英美法系中的惩罚性赔偿主要适用于诽谤、诱奸、恶意攻击、诬告等使受害人遭受精神痛苦的案件。其产生的根本原因在于，当时的赔偿制度难以对受害人的精神损失予以补偿，通过惩罚性赔偿制度，在赔偿受害人实际物质损失时，对受害人的精神损失也予以物化，给予与物质损失同等的金钱赔偿待遇。可见，最初的惩罚性赔偿与今天的惩罚性赔偿有着明显不同，它是在不承认对精神损失以物质赔偿的民事责任制度中，对精神损失的一种替代赔偿，即所谓的惩罚性赔偿部分是对精神损失赔偿的替代。延至当今社会，惩罚性赔偿从其含义到适用范围均发生了很大变化。其一，现在所谓的惩罚性赔偿，是在把精神损失的赔偿作为一项独立赔偿事由的前提下，将精神损失与物质损失一并计为实际损失，并在此实际损失的基础上加一定数额或比例的惩罚性赔偿，用公式可以表示为：最初的惩罚性赔偿总额＝实际物质损失赔偿额＋替代性的惩罚赔偿额（精神损失赔偿额），现在的惩罚性赔偿总额＝实际物质损失赔偿额＋精神损失赔偿额＋惩罚赔偿额。这一差别在现实中的体现之一就是美国惩罚性赔偿额的巨额增长。其二，惩罚性赔偿的适用范围得以扩张。通常认为，惩罚性赔偿制度主要应适用于侵权案件，但在美国法中，这一制度被广泛地应用于合同纠纷，在许多州甚至主要适用于合同纠纷。

知识产权损害赔偿额的大小与损害赔偿范围正相关，侵权程度越高、造成损害的影响面越广，损害赔偿的责任和数额就越高。

知识产权侵权损害赔偿的具体范围取决于对知识产权损害结果的构成，而知识产权损害结果的构成主要包括直接损失（显性损失）、间接损失（隐性损失）、精神损失和关联损失。

1. 直接损失（显性损失）

直接损失指权利人在侵权期间因拥有知识产权而应得的直接收益的减少或丧失，或侵权人因侵权行为而非法获得的经济收益。前者是从被侵权人的角度直接考察其正常收益的减少，后者则是从侵权人非法获利的角度以替代方式考察被侵权人应得的利益，两者的实质都是只反映侵权行为给被侵权人造成且可以直接确定的损失。

直接损失的特点是这种损失非常直接和明显，容易引取各方的关注和得到一致的认可。直接损失最典型的就是权利人在被侵权期间较之前减少的收益额，或者侵权人在侵权期间较之前增加的收益额。

2. 间接损失（隐性损失）

间接损失指因侵权行为造成权利人知识产权相关产品潜在市场的缩小或消失，或营销成本的增加，或企业、产品声誉受损，而导致权利人应得收益的减少或丧失。间接损失甚至有可能发生在侵权行为停止后的未来时间里，这是由于侵权行为对权利人的负面影响可能在一定时间内仍然存在所致。

间接损失的特点是这种损失不是非常直接和明显，而是以潜在或隐性的形式表现，往往容易被忽视，较难得到各方的共同认可，但它却是客观存在的。至于间接损失如何才能够得到科学、合理的确定和认可，尚有待深入的研究和司法实践的探索。

3. 精神损失

精神损失指因侵权行为造成权利人精神上的伤害和人身权的损害，而导致的权利人相关经济利益的减少。精神损失可以表现为因精神伤害和人身权损害而直接引发的各种经济利益的损失。例如，著作权的"保护作品完整权"受到侵害，权利人的作品被歪曲、篡改，导致权利人声誉受损，从而引发相关的经济损失。

精神损失的特点是这种损失表面上并不直接针对财产权和经济利益，但又极可能导致权利人经济利益上的损耗，因具体的侵权案情不同，其损失的事实和损失的金额都带有很大的不确定性，损失数额的准确估算显得较为困难。

4. 关联损失

关联损失是指对于恶意或情节严重的侵权行为，因其造成对权利人的利益和社会的负面影响较大，而要求侵权人进一步承担的、超出受害人直接经济损失的赔偿额。关联损失的特点是带有惩罚的性质，即侵权人除了承担正常的赔偿责任外，还需要承担道德补偿和公共利益补偿的惩罚赔偿责任，对其侵权行为造成的权利人的所有相关损失负责。鉴于侵权情节的恶劣性质和造成后果的社会影响严重，有必要让侵权人承担超出给权利人带来实际损害更多的责任、付出更大的代价，以便增加侵权成本，能够使侵权人对其侵权行为引以为戒，从而尽量减少侵权现象的发生。

对于关联损失，虽然目前我国知识产权法中尚没有明确的表述，但笔者认为，从严厉打击知识产权侵权行为、有效保护权利人合法权益、营造遵法守法的市场和社会环境的角度，对于遭受侵害的知识产权，也可以在其损害赔偿范围中考虑关联损失。事实上，《专利法》《商标法》等知识产权法规中所称的"权利人的实际损失"指的就是"关联损失"，这可以从《最高人民法院关于审理专利纠纷案件适用法律问题的若干规定》中关于"实际损失"的解释得到印证。该规定第20条规定："侵权人因侵权所获得的利益一般按照侵权人的营业利润计算，对于完全以侵权为业的侵权人，可以按照销售利润计算"。可见，这里的"可以按照销售利润计算"包括了除专利外侵权人的其他资产组合对侵权所获得利益的贡献，实际上就是对侵权人的一种惩罚。

六、知识产权损害赔偿的类型

知识产权损害赔偿可以根据被侵害知识产权的类型、对损害结果构成范围的认定和具体遵循的赔偿原则等进行分类。

1. 知识产权分类法

按被侵害的知识产权类型不同，可将损害赔偿分为专利权损害赔偿、商标权损害赔偿、著作权损害赔偿、商业秘密损害赔偿、其他知识产权损害赔偿五大类。

（1）专利权损害赔偿

专利权损害赔偿，是指侵权人因侵犯他人专利权，给专利权人造成经济损失，从而应当承担的经济赔偿责任。

《专利法》第60条规定："未经专利权人许可，实施其专利，即侵犯其专利权，引起纠纷的，……，专利权人或者利害关系人可以向人民法院起诉，也可以请求管理专利工作的部门处理"；"进行处理的管理专利工作的部门应当事人的请求，可以就侵犯专利权的赔偿数额进行调解；调解不成的，当事人可以依照《中华人民共和国民事诉讼法》向人民法院起诉"。

随着我国创新型国家建设的深入和自主创新能力的不断增强，专利技术在经济、产业发展和社会财富创造中的地位日益提高，专利侵权案件呈增长趋势，专利侵权损害赔偿已经成为一种重要的知识产权损害赔偿形式。

（2）商标权损害赔偿

商标权损害赔偿，是指侵权人因侵犯他人注册商标专用权，给商标权人造成经济损失，从而应当承担的经济赔偿责任。

《商标法》第60条规定："对侵犯商标专用权的赔偿数额的争议，当事人可以请求进行处理的工商行政管理部门调解，也可以依照《中华人民共和国民事诉讼法》向人民法院起诉。"

随着我国市场经济的不断完善和商品流通的日益繁荣，商标的价值日渐凸显，商标侵权纠纷已成为国内知识产权纠纷中发生最多的一类。由于商标与市场和商品密切相关，几乎涉及所有的产品和服务，侵权行为容易获得较大的利益，因此，商标侵权损害赔偿是目前国内最常见的知识产权损害赔偿形式之一。

（3）著作权损害赔偿

著作权保护制度是在世界专利制度确立的同时，逐步产生和发展起来的。随着人类造纸和印刷技术的发明和传播，书籍成为科技知识和文学艺术的载体。1709 年，英国颁布了《安娜女王法》，率先实行对作者权利的保护。1790 年，美国依照《安娜女王法》的模式，制定了《联邦著作权法》。在英美强调版权的普通法系确立的同时，以法国和德国为代表的强调人格权的大陆法系也诞生了。1793 年，法国颁布著作权法，不仅规定了著作财产权，而且还注意强调著作权中的人格权内容，成为许多大陆法系国家著作权法的典范。1886 年，英国、法国、德国、意大利、瑞士、比利时、西班牙、利比里亚、海地和突尼斯 10 国缔结《保护文学和艺术作品伯尔尼公约》。至 2013 年，该公约的缔约国已经达到 167 个。

伴随着保护制度的兴起，关于著作权的侵权赔偿制度起源于欧美，至今已有 300 多年历史。在国内，随着社会经济和文化的快速发展，人们对精神享受的要求不断提高，文化艺术产业的日益繁荣，也给一些不法分子带来了机会，著作权纠纷和损害赔偿案件也日渐增多，成为国内知识产权损害赔偿的主要形式之一。按照《著作权法》第 49 条"侵犯著作权或者与著作权有关的权利的，侵权人应当按照权利人的实际损失给予赔偿"的规定，著作权损害赔偿可以解释为侵权人因侵犯他人著作权而应当承担的给权利人造成的经济损失的经济赔偿责任。

（4）商业秘密损害赔偿

商业秘密是指不为公众所知悉、能为权利人带来经济利益、具有实用性并经权利人采取保密措施的技术信息和经营信息。作为知识产权的一种重要形式，商业秘密在受到侵权损害时也存在赔偿问题。《中华人民共和国反不正当竞争法》第 10 条和第 20 条规定："经营者不得采用下列手段侵犯商业秘密：（1）以盗窃、利诱、胁迫或者其他不正当手段获取权利人的商业秘密；（2）披露、使用或者允许他人使用以前项手段获取的权利人的商业秘密；（3）违反约定或者违反权利人有关保守商业秘密的要求，披露、使用或者允许他人使用其所掌握的商业秘密。第三人明知或者应知前款所列违法行为，获取、使用或者披露他人的商业秘密，视为侵犯商业秘密。经营者违反本法规定，给被侵害的经营者造成损害的，应当承担损害赔偿责任"。可见，商业秘密损害赔偿是指侵权人在未经权利人许可的情况下非法获取和使用，或违反保密协议公开权利人商业秘密，给权利人造成相应的损失，而应当承担的经济赔偿责任。

（5）其他知识产权损害赔偿

在我国，法律明文规定的其他形式的知识产权还有植物新品种权、集成电路布图设计、计算机软件著作权、以及科技成果权等，对这些形式的知识产权的侵权行为，同样会给权利人造成损失，因而也会形成植物新品种权、集成电路布图设计专用权、计算机软件著作权等相应类型的损害赔偿。

例如，我国《集成电路布图设计保护条例》第 30 条规定："除本条例另有规定的外，未经布图设计权利人许可，有下列行为之一的，行为人必须立即停止侵权行为，并承担赔偿责任：（1）复制受保护的布图设计的全部或者其中任何具有独创性的部分的；（2）为商业目的进口、销售或者以其他方式提供受保护的布图设计、含有该布图设计的集成电路或者含有该集成电路的物品的。"

我国《计算机软件保护条例》第 24 条规定："除《中华人民共和国著作权法》、本条例或者其他法律、行政法规另有规定外，未经软件著作权人许可，有下列侵权行为的，应当根据情况，承担停止侵害、消除影响、赔礼道歉、赔偿损失等民事责任；……：（1）复制或者部分复制著作权人的软件的；（2）向公众发行、出租、通过信息网络传播著作权人的软件的；（3）故意避开或者破坏著作权人为保护其软件著作权而采取的技术措施的；（4）故意删除或者改变软件权利管理电子信息的；（5）转让或者许可他人行使著作权人的软件著作权的。"

2. 赔偿范围分类法

知识产权受到侵害时给权利人造成的损失通常包括直接损失和非直接损失，一般情况下知识产权的赔偿局限于侵权造成的直接损失范围内，但从全面、客观和实际损失的角度，侵权给权利人带来的非直接损失也应纳入赔偿的范围。因此，按损害赔偿范围是否包括非直接损失，可将损害赔偿分为封闭式赔偿与外溢式赔偿两大类。

（1）封闭式损害赔偿

封闭式损害赔偿是指赔偿范围只涉及侵权行为给权利人造成的直接经济损失的赔偿形式，也就是只考虑显性损失的赔偿形式，即权利人在侵权期间因拥有知识产权而应得收益的减少或丧失。其特点是赔偿的界线清晰，但对损害结果的反映不完全。

（2）外溢式损害赔偿

外溢式损害赔偿范围并不局限于侵权给知识产权权利人造成的直接经济损失，还包括侵权给知识产权权利人带来的未来经济利益损失、间接经济损失等隐性损失，即损害赔偿的范围是显性损失和隐性损失之和。

权利人遭受的隐性损失常常是不容易被觉察但又实实在在存在的。例如，侵权的伪劣产品造成社会对合法产品信赖程度的下降而对知识产权权利人或受益人的长远经济利益损失是深远的，而这种损失在侵权期间不会被立即表现出来。又如，侵权的不法行为损害了权利人的名誉，从而使权利人在今后的权利转让或生产经营中信誉度下降，必然导致权利人经济利益的损失。

外溢式损害赔偿范围的特点是赔偿范围全面，但界限较为模糊，隐性损失确定困难。目前国内使用外溢式损害赔偿范围的情况还很少，但从彻底的全部赔偿角度和民法的基本赔偿原则来看，这种损害赔偿范围更具合理性，更有利于对知识产权的保护。

3. 赔偿原则分类法

按损害赔偿所依据的赔偿原则不同，可将损害赔偿分为直接损害赔偿、完全损害赔偿、法定标准赔偿、斟酌裁量赔偿、惩罚性赔偿五大类。

（1）直接损害赔偿

直接损害赔偿，是指以侵权行为给权利人造成的直接经济损失或实际经济损失为限，而承担损害赔偿责任的赔偿方式。

（2）完全损害赔偿

完全损害赔偿，是指以侵权行为给权利人造成的所有经济损失为基础，包括直接的和间接的经济损失，而承担损害赔偿责任的赔偿方式。

（3）法定标准赔偿

法定标准赔偿，是指以知识产权相关法律条款明文规定的赔偿标准或范围，要求侵权人对其侵害知识产权而造成的损害，承担经济赔偿责任的赔偿方式。

（4）斟酌裁量赔偿

斟酌裁量赔偿，是指由法官以知识产权侵权案件的具体事实为依据，在知识产权法规定的赔偿数额范围之内，斟酌、裁量确定侵权人应承担的赔偿责任的赔偿方式。

（5）惩罚性赔偿

惩罚性赔偿，是针对后果严重的故意侵权行为，要求侵权人以高于知识产权实际损失额或正常使用费的标准，承担经济赔偿责任的赔偿方式。

七、知识产权损害赔偿期限

1. 损害赔偿期限的概念

知识产权损害赔偿期限是指知识产权受到侵害，导致权利人利益受到损害的时间范围。

知识产权损害赔偿期限与损害赔偿数额密切相关，损害赔偿期限越长，侵权所导致的损害持续的时间就越长，给权利人造成的损失也越大。因此，损害赔偿期限是影响知识产权损害赔偿的一个重要因素。

2. 损害赔偿期限的确定

因具体侵权案件情况的不同，知识产权损害赔偿期限的确定往往较为复杂，这种复杂性不仅表现在起始时间确定困难，而且还表现在结束时间和中间持续时间确定困难。具体确定损害赔偿期限时,需要在认真研究侵权案情和调查取证的基础上进行,主要考虑以下几个方面。

第一,侵权损害赔偿的起点需要在取得确切证据的基础上由法院认定,或是得到双方当事人的一致认可。例如,被侵权人提供侵权产品第一次生产或销售的确切证据,并经法庭认定的,可以将该证据证明的时间作为侵权损害赔偿期限的起点。

第二,侵权损害赔偿期限的终点,应当依据法院的判决或双方当事人一致的认定进行确定。这是因为,侵权对知识产权造成的损害可能不限于从发生侵权行为至起诉为止的期间,侵权行为在当事人起诉时往往并不会立即得到制止,而可能一直要持续到法庭认定侵权事实并采取措施制止侵权行为为止,或人民法院依起诉人的请求而责令停止有关侵权行为为止;此外,即便是侵权行为得到了制止,但侵权行为对知识产权的影响并未就此结束,还会对知识产权的未来收益能力产生影响。也就是说,知识产权的损害赔偿时间范围应该是侵权行为发生以来的过去时段与侵权行为对未来产生影响的未来时段之和。

不过,受司法制度的限制,我国知识产权损害赔偿的过去时段的最大极限只能是自起诉之日起向前推算两年。关于这一点,《专利法》等知识产权法规和司法解释中均有具体的规定条款。例如,《专利法》第68条规定:"侵犯专利权的诉讼时效为二年,自专利权人或者利害关系人得知或者应当得知侵权行为之日起计算。发明专利申请公布后至专利权授予前使用该发明未支付适当使用费的,专利权人要求支付使用费的诉讼时效为二年,自专利权人得知或者应当得知他人使用其发明之日起计算,但是,专利权人于专利权授予之日前即已得知或者应当得知的,自专利权授予之日起计算"。《最高人民法院关于审理专利纠纷案件适用法律问题的若干规定》第23条规定:"权利人超过二年起诉的,如果侵权行为在起诉时仍在继续,在该项专利权有效期内,人民法院应当判决被告停止侵权行为,侵权损害赔偿数额应当自权利人向人民法院起诉之日起向前推算二年计算"。

第三,损害赔偿期限的确定还应当考虑侵权行为的连续性。侵权行为可以表现为连续的或间歇式的,所导致的损害程度也完全不同,间歇期间不一定发生损害后果。因此,损害赔偿期限需要考虑如何准确减除间歇期间,以保证赔偿责任的合理性。

第三节 知识产权损害赔偿评估的产生与发展

知识产权损害赔偿评估是对知识产权损害价值进行评定估算,并据此得出其损害价值大小的一种经济学行为,是关于知识产权被损害的价值构成与度量的学科,它的理论基础是经济学的价值理论与资产评估思想和方法。

一、资产估价思想的演进

资产估价思想是知识产权评估及其损害赔偿评估的思想基础，资产估价思想的演进是一切价值评估理论产生与发展的基础，在讨论知识产权损害赔偿评估思想的演进之前，首先需要考察具有普遍意义的资产估价思想的演进过程。

资产估价思想的基本体系包括成本估价思想、收益估价思想、市场价格估价思想三个方面，其他的各种估价思想与方法都是这三种的衍生与发展。

从成本角度来度量资产的价值是经济学最基本的价值思想，也是知识产权损害赔偿价值评估的思想基础。自从古希腊以来，人们对商品价值或价格形成的原因主要有两种观点：一种认为价值源于生产商品的劳动，另一种则认为价值来源于商品所具有的效用。随着资本主义经济的发展，重商主义、重农主义等发展，古典经济学派的学者提出生产四要素——劳动、资本、分工协作和土地，形成了当时较为科学的劳动价值论，威廉·配第为劳动价值学说的形成建立了一些基本命题，后来经过亚当·斯密和李嘉图的努力正式形成早期的成本价值论，再经马歇尔发展成为资产估价理论中成本估价理论的思想基础。古典经济学家在对价值理论进行探讨时，初步涉足了资产的估价领域，形成了一些关于商品价值估算的思想萌芽。配第认为一种商品的价值是由生产它所耗费的劳动决定的。斯密发展了配第的劳动价值学说，明确提出除土地和劳动之外，资本也是生产的一个主要要素。斯密更具体地提出了物品的价值构成："每一件商品的价格或交换价值，都由那三个部分全数或其中之一构成：劳动工资、土地地租或资本利润"。马歇尔进一步认为，在完善的市场下，价格、成本和价值终将会趋于一致（商品供给和需求达到均衡状态时所决定的价值），生产成本是商品价值的一种表现形式，即"生产费用就是商品的供给价格"，"生产费用就是它的生产要素的相应数量的供给价格"，而"生产要素通常分为土地、劳动和资本三大类"。由此，马歇尔提出了用成本来度量商品价值的方法，即"成本估价法"。

收益估价思想是从资产或商品运用能够给使用者创造利益的角度来度量资产价值的思想体系。配第在研究土地价格问题时，宣称土地价格是预买一定年限的地租。在讨论效用与收益思想的基础上，马歇尔进一步发展了配第的收益估算方法，提出了通过对资产的未来收益来还原资产价值的理论与方法。马歇尔首先通过未来效用和现实效用来探讨"现在价值"和"未来价值""未来利益"之间的关系，指出"现在价值"是对"未来价值"的"折扣"、是"未来利益"的"现在价值"，并指出了"利益延缓的时期越长，这种折扣就越大"的规律。他说："如果人们认为未来的利益与现在类似的利益同样需要，他们大概会在他们一生中平均地分配他们的愉快和其他满足。大多数人在估计一种未来的利益之'现在价值'上，通常是以我们可称为'折扣'的形式从它的未来价值中再加减少，利益延缓的时期越长，这种折扣就越大"。❶ 在这里，马歇尔提出了两个想法：一个是未来价值可以通过"折扣"而转换为"现在价值"，另一个是"未来的利益"也可以转换为"现在价值"，前者实际上就是对未来价值"折现"的思想，而后者则是"未来收益"还原为"现值"的思想。

马歇尔进一步提出："利息率是一种比率，它所联结的两种东西是两宗货币额。如果资本是'自由'资本，而这宗货币额或它所支配的一般购买力又已知，则它的预期纯货币收入可以立即同那宗货币用一定的比率表示出来。但是当自由资本已经投在某特定东西上面，它的货币价值，除把它将提供的纯收入资本还原，照例是无法确定的。"❷ 由此，马歇尔得出了资产的"现在价值"是将其"预期纯货币收入"进行还原的结论，而联结资产的"现在价值"与"预期纯货币收入"的要素就是市场上资本的"贴现率"或"利息率"，也就是资产的"收益率"。

市场价格估价思想主要是由马歇尔提出的。马歇尔整合了古典经济学的生产成本价值论与边际学派的需求价格理论，认为商品的价格即是其价值。他认为："价值这个名词是相对的，表示在某一地点和时间两样东西之间的关系，……用货币来表示它们的价值，并称这样表示的每样东西的价值为价格"。❸ 马歇尔认为，市场力量将趋向于形成供求平稳，他将供应与需求比成一把剪刀中不可相互分割的两个刀刃，共同决定了价值。他说："我们讨论价值是由效用所决定还是由生产成本所决定，和讨论一块纸是由剪刀的上边裁还是由剪刀的下边裁是同样合理的。的确，当剪刀的一边拿着不动时，纸的裁剪是通过另一边的移动来实现的，我们大致可以说，纸是由第二边裁剪的。"❹ 由此得出结论："就短期而言，供应是相对固定的，价值是需求的函数，而在完善的市场下，价格、成本和价值终将会趋于一致"。马歇尔基于效用影响需求、需求和供给的平衡决定市场价格、而商品的市场价格又决定其价值的思想，提出了用商品的市场价格确定商品价值的思想，即价值是由供给与需求的均衡状态决定的，供给和需求达到均衡状态时的商品价格即为其价值。

二、知识产权损害赔偿评估的产生与发展

知识产权损害评估理论是经济学和法学理论相结合的思想体系。早期的知识产权损害赔偿主要偏重于法理方面，现代知识产权损害赔偿逐步融合了经济学、资产评估与法学理论，成为知识产权损害评估理论体系的核心。

知识产权损害赔偿一开始并非属于经济学的范畴，而纯粹是一种法律行为。古代

---

❶ 马歇尔. 经济学原理（上卷）［M］. 北京：商务印书馆，1964：139.
❷ 马歇尔. 经济学原理（下卷）［M］. 北京：商务印书馆，1964：98.
❸ 马歇尔. 经济学原理（上卷）［M］. 北京：商务印书馆，1964：81.
❹ 马歇尔. 经济学原理（下卷）［M］. 北京：商务印书馆，1955：40.

的侵权赔偿由侵权行为法规定，"惩罚性赔偿"占主导地位，赔偿往往是和刑事制裁紧密联系在一起的。那时的侵权赔偿以刑事制裁为主，即便有经济赔偿，也只是以简单方式确定赔偿额。在计算赔偿金方面，具有很大的不确定性和随意性，甚至当缺乏有关法律的直接依据时，陪审团的直觉就成为确定惩罚性损害赔偿金的决定性因素，以至于惩罚性赔偿金额的数目常常难以预测。这种在损害赔偿金额计算方面的不确定性，使得损害赔偿成为侵权法中最复杂、最有争议的制度之一。随着社会经济的发展，社会对合理计算损害赔偿金额的呼声越来越高，那种带有感情色彩的、随意性的定价方法逐渐不能够适应社会发展的需要，迫使司法界在制定或修改法律时不得不针对性地规定相应的计算方法，法庭也面对损害赔偿金额的合理确定问题在实践中提出了一些行之有效的方法。自1623年英国制定世界上第一部专利法《垄断法规》以来，经过长达300多年的知识产权保护与损害赔偿的漫长实践，损害赔偿金额的确定方法才逐步融入了数学与经济学的成分。今天，损害赔偿制度已从早期的"惩罚性赔偿"演变成赔偿数额与实际损失基本相等的补偿性赔偿。赔偿不再完全是对侵害人的惩罚，而是对受害人损失的弥补，赔偿金的计算已成为损害赔偿必不可少的环节。

尽管如此，知识产权损害赔偿金的确定在很大程度上还是局限于司法决定的范畴，对计算的方法与程序等还没有形成系统的理论支撑体系，也没有科学规范的计算方法。发达国家民法中都规定了全部赔偿原则和法定赔偿原则，并规定了具有可操作性的具体方法或额度范围，当然也存在对实际损失大小或非法获利的审计方法。总的来说，一方面，由于有良好的法制环境，企业经营监督与税收制度在英、美、法等发达国家的健全，知识产权损害所造成的实际损失的数据比较容易客观地获得；另一方面，对知识产权损害的法定赔偿也形成了一种被社会各方所接受的方式。因此，采用评估途径确定赔偿的需求并不太多，知识产权损害赔偿评估并没有得到的重视和发展。

国内知识产权损害赔偿评估源于司法界与评估界的共同努力。20世纪90年代末期以来，特别是加入世贸组织以来，国内知识产权诉讼大量增加，知识产权侵权案例也大量增加。损害赔偿的定价问题越来越突出，采用简单的方法或不规范的方法来确定知识产权损害赔偿的价值已经无法满足司法审判的需要，知识产权损害赔偿价值的科学评估已经是摆在司法界与评估界面前的迫切任务。特别是2000年以来，各地方人民法院根据司法实践的需要，纷纷依据《中华人民共和国民事诉讼法》有关条款，针对司法诉讼中的损害赔偿价值问题提出了司法鉴定的要求与规定，知识产权损害赔偿价值鉴定也成为其中主要内容之一。

2001年及2002年，最高人民法院相继发布《人民法院司法鉴定工作暂行规定》《人民法院对外委托司法鉴定管理规定》《最高人民法院关于民事诉讼证据的若干规定》；2005年《全国人民代表大会常务委员会关于司法鉴定管理问题的决定》通过以来，司法部又于2005年9月正式颁布了《司法鉴定人登记管理办法》《司法鉴定机构登记管理办法》等司法鉴定的相关法规，对诉讼中的损害赔偿定价等专门性问题明确提出了鉴定的要求，并就鉴定程序、鉴定机构与人员资格等问题做出了规定。在这一过程中，逐步产生了一些（尽管还很少）知识产权损害赔偿价值的鉴定业务，资产评估机构也一定程度地介入了这一新兴的评估领域。

2006 年，知识产权损害赔偿评估行为的合法地位正式确立。其标志是财政部、国家知识产权局正式颁布了《关于加强知识产权资产评估管理工作若干问题的通知》，对知识产权损害赔偿价值评估的行为进行了比较清晰的认定。该通知是国家指导知识产权损害赔偿价值评估的重要依据，它对知识产权损害赔偿价值评估的主体、合法性及具体问题都做出了明确规定，为知识产权损害赔偿价值评估这一新兴学科和行业的发展打开了大门。

第四节　知识产权损害赔偿评估的现状与发展趋势

一、知识产权损害赔偿评估行业的现状

1. 知识产权损害赔偿评估理论体系尚未形成

在我国，知识产权损害赔偿评估是 20 世纪末和 21 世纪初出现的新兴行业，是为了解决司法赔偿的现实问题而在实践中发展起来起的新兴学科。由于其产生的时间较短，加之一直以来行业发展主要以满足实际诉讼案件损害赔偿工作为目标，长期缺乏对损害赔偿评估理论的系统研究，而学术界对于该领域的理论研究也相对较少，因此，至今尚没有形成支撑自身的思想理论体系。

事实上，在现实的知识产权损害赔偿价值评估业务中，能够科学、合理地综合运用法律、经济与评估理论知识的情况并不多见，对损害赔偿价值的特殊性也缺乏足够的重视，大量的评估工作都是以传统的资产评估方法、价格鉴定和司法会计方法来进行，而没有一个体现自身特点的、统一的理论和方法来指导实践工作。可以说，国内目前的知识产权损害赔偿价值评估还只是处于一种新兴学科形成的萌芽阶段。

2. 我国知识产权损害赔偿评估市场缺乏监管

目前，国家对知识产权损害赔偿评估市场尚缺乏统一的监督管理。人民法院、司法、财政、知识产权、技术监督、价格监督等部门都或多或少地具有对知识产权损害赔偿进行监管的职能，形成多头管理、各自为政、标准不一的格局。特别是对知识产权损害赔偿价值评估机构和评估人员的行业准入、评估标准、执业规范、评估委托程序等，尚没有形成统一的规定与要求。

就目前国内的损害赔偿评估市场而言，传统的资产评估机构、司法鉴定机构，以及其他社会组织，甚至是技术人员个人，都在从事知识产权损害赔偿价值评估活动。

由于评估行为缺乏统一的准入和监督，造成评估机构的执业能力和水平参差不齐，评估的结论缺乏规范性、科学性，多头评估、重复评估、结论冲突等现象时有发生，评估结论重复性差、严谨性不够的现象普遍存在，市场整体较为混乱，严重影响了评估行为的公信度。

3. 国内知识产权损害赔偿评估行业尚未发育成熟

我国把知识产权作为无形资产评估对象始于 1989 年，第一个无形资产评估事务所在深圳诞生。统计显示，中国目前已经形成了一批专业的无形资产评估机构。另外，一般综合性的评估事务所也基本都从事无形资产的评估工作。截至 2012 年，全国共有各类评估机构近万家，资产评估从业人员已达到约 30 万人，其中包括 10 万名注册资产评估师❶。这些评估机构中的一部分接受人民法院的委托，开展包括知识产权损害评估在内的司法评估工作，但专业化的知识产权损害价值评估机构还很少见。

自 2002 年最高人民法院颁布《人民法院对外委托司法鉴定管理规定》和 2005 年司法部颁布《司法鉴定机构登记管理办法》《司法鉴定人登记管理办法》以来，随着我国社会社会经济的发展，司法鉴定行业也不断发展壮大。至 2011 年，全国经司法行政机关审核登记的司法鉴定机构已达到 5014 家❷，从业人员达到 53835 人，这些司法鉴定机构中也不乏开展知识产权鉴定业务的机构。

除了评估机构、司法鉴定机构外，一些会计师事务所也承接司法会计鉴定业务，涉足诉讼环节的损害价值评估，尤其是生产经营环节或商品价值损失的评估。另外，一些其他社会组织和各领域的专业技术人员个人，也有接受人民法院委托而承担诉讼环节的损害价值评估的情况。

总体来看，目前我国知识产权损害评估工作已有开展，但由于没有统一的行业管理部门，使得对评估主体（机构、鉴定人员）至今尚存在许多争议，往往是一少部分传统资产评估机构或司法鉴定机构在开展评估业务。这些机构并不是专业的知识产权损害赔偿评估机构，评估业务也只是零散发生，在从业过程中还没有相关的理论体系和行业监管体系。因此，与资产评估或司法鉴定行业相比，知识产权损害评估行业仅处于起步阶段。

二、知识产权损害赔偿评估的发展趋势

1. 评估活动趋于科学与规范

科学化与规范化是知识产权损害赔偿价值评估亟待解决的问题。通过制定评估准

---

❶ 人民网－人民日报. 资产评估业将有法可依目前从业人员约 30 万. 新浪财经，http：//finance. sina. com. cn/chanjing/cgxw/20120228/071011467834. shtml.

❷ 我国司法鉴定统一管理体制已经形成. 中国司法鉴定网，http：//www. moj. gov. cn/zgsfjd/content/2012 - 11/23/content_ 4008067. htm.

则与操作规范，可以对知识产权损害评估从接受委托、制订评估计划、取得评估资料及依据、具体实施评定估算工作、编制评估报告等各个环节，进行统一要求和规范，使得知识产权损害赔偿评估活动客观、科学、公正。

有关部门将通过建立统一的知识产权损害赔偿价值评估监管体系，完善行业协会自律机制和学术研究机制，制定相关从业机构和人员的审批和考核认定办法，严格控制行业的准入与退出，加强对评估执业活动的监管与惩处，使知识产权损害赔偿价值评估活动逐步走向科学化与规范化。

2. 评估理论趋于系统和完善

系统而完整的理论体系，是知识产权损害赔偿价值评估赖以存在和发展的基石。作为一门新兴的交叉学科，知识产权损害赔偿价值评估融合了经济、法律、工程技术及艺术等多学科的知识，但它绝不是这些学科的简单组合，而需要在这些相关理论与实践的基础上，形成自身的理论体系，以指导具体的业务操作。

随着我国知识产权损害赔偿价值评估行业的发展，知识产权损害赔偿价值评估涉及的理论和实践问题将被广泛而深入地讨论和研究，在经济学、评估学和法学理论的基础上，有望形成专门针对知识产权损害赔偿价值评估的理论体系和具体应用方法，从而为实际损害赔偿价值评估工作提供科学的指导。

第五节　知识产权损害赔偿评估计划与评估程序

一、评估计划

1. 评估计划的含义

评估人员开展知识产权损害赔偿评估工作，应制订详细周密的评估计划。评估计划是评估机构进行知识产权损害价值评估的前期规划和安排，其主要内容包括：评估目的、评估范围和对象、评估基准日、评估项目负责人和评估人员组织安排、现场工作计划、评估工作和时间安排、拟采用评估方法等。实际执行过程中可对评估计划进行适宜调整。

2. 评估计划的编制准备

在编制知识产权损害赔偿评估计划前，评估人员应通过讨论、实地观察、阅读资料等形式，具体了解评估对象的情况，包括与评估目的相关的法律依据和行为依据、被评估知识产权的技术与法律状况、知识产权被侵害情况、权利人或侵权人财务状况、知识产权产品或服务所属行业状况，以及其他与编制评估计划相关的重大情况。

编制知识产权损害赔偿评估计划应重点考虑以下因素：评估目的、评估对象、范围和评估的价值类型；评估风险、评估项目的规模和业务复杂程度；相关法律、法规政策及宏观经济近期发展变化对评估对象的影响；知识产权相关产品或服务的行业特点；与评估有关的资料的齐备情况及其搜集的难易程度；评估小组成员的业务能力、评估经验及其优化组合；对专家的合理利用能力等。

3. **评估计划的主要内容**

在前述充分准备和了解情况的基础上，制订一份详细周密的评估计划。评估计划的主要内容应当包括：评估项目的背景；评估目的、评估对象和范围、评估的价值类型及评估基准日；评估程序及主要评估方法；评估资料的搜集和准备以及委托人所提供的协助和配合；对专家和其他评估人员的合理使用；对评估风险的评价；评估进度与工作协调安排；报告撰写的组织和完成时间；评估小组成员及人员分工等。

除了制订详细的评估计划外，还要考虑制订评估程序计划，提出具体的评估操作要求。评估程序计划的作用是向评估小组成员提供操作指导，帮助评估人员实现对评估过程的质量控制。评估程序计划的主要内容包括：评估工作目标，工作内容、方法、步骤，执行人，执行时间，评估工作底稿的索引等。

4. **评估计划的审核**

审核评估计划时主要审核以下内容：评估目的、评估对象是否恰当；评估的价值类型是否与评估目的相吻合；评估程序和评估方法是否恰当；评估人员的组织与分工是否恰当；时间进度安排是否合理；对评估风险的评价是否恰当；风险控制手段是否合理；评估总体程序能否达到评估工作目标；重要评估程序的执行人是否恰当；重要计价依据、参数和原始数据选取过程及来源是否恰当等。

二、评估程序

知识产权损害价值评估操作程序，是指评估机构自接受评估项目委托起，至完成评估项目、建立项目档案为止的全部工作过程和步骤。

评估程序一般包括以下主要内容。

1. **委托与接受评估任务**

知识产权损害赔偿评估业务的委托主体包括人民法院、仲裁机关、知识产权行政管理部门，以及知识产权侵权案件当事人或利害关系人。委托人向评估机构出具委托书，应当明确委托评估的事项，并提供与侵权案件有关的评估材料和侵权判决意见等资料。

承担知识产权损害赔偿评估业务的主体，是具有知识产权或无形资产评估资格并得到国家知识产权行政管理部门、司法管理部门和人民法院认定的，具备知识产权损害赔偿价值评估能力的专业性资产评估机构和人员。

评估机构接受委托，应当对委托评估的事项进行审查，确认是否属于本机构评估业务范围、委托事项的用途及评估要求是否合法、提供的评估材料是否完整和充分。

评估机构接受委托，应当接收委托主体提供的案件相关资料、侵权判决书或行政裁决书、处理意见书、案件审理和处理文件资料等。

2. 明确评估目的、评估对象和范围

根据案件具体情况和赔偿形式，明确评估目的、评估对象和范围。

3. 确定评估基准日

根据侵权案件情况，结合侵权时间和评估委托时间，会同委托人确定评估基准日。

4. 提取相关资料和证据

按程序提取知识产权合法运用和非法利用的财务、经营管理资料，以及相关的行业数据、资料。

5. 进行状态审查与侵权判定

调查被侵权知识产权法律状态，核实知识产权的有效性，分析判断知识产权的侵权程度。

6. 分析影响因素、拟定评估方案

在相关信息、数据的基础上，分析侵权造成知识产权价值损失的影响因素和变化趋势。根据掌握的资料与信息，拟定评估方案。

7. 审核相关资料、审计经营状况

进行信息与数据整理，检查、核实、验证相关证据和资料、数据，对侵权人或权利人使用知识产权的生产经营状况进行财务审计。

8. 选择评估方法、进行评定估算

选择评估方法和计算公式，选定具体参数，针对具体对象进行评定估算。

9. 编写评估报告和评估说明

汇总评估资料、数据与结论，编写资产评估报告。分析确定评估结果，撰写评估说明。

10. 审核评估结果、签发评估报告

评估机构必须建立严格的内部复核制度，核查工作底稿，分析知识产权损害价值评估报告，验证评估结果，纠错补缺。复核意见应归入工作底稿，评估报告需有复核人签字。对评估结果进行审核检验合格，由评估机构法人代表和评估师签发评估报告，并向委托人提交知识产权损害价值评估报告书。

11. 接受质证与质询

评估机构和人员应当接受委托人就评估方法和评估参数选择的科学性、评估结果的合理性等提出的质证或质询，解答法庭、委托人或当事人提出的问题，并根据质证或质询结果，补充或调整评估报告内容。

12. 汇集资产评估工作底稿

结束评估工作后，应当及时编制工作底稿，建立项目档案。

知识产权损害赔偿评估工作底稿是指知识产权损害赔偿评估人员在评估过程中形成的评估工作记录和获取的资料，是从评估机构接受评估业务委托开始至完成全部评估工作为止的全过程中，评估人员所取得或编制的反映知识产权损害价值评估项目全貌和评估结论形成过程及根据的各种文件资料。评估工作底稿是评估机构和评估人员形成评估报告的依据。

（1）工作底稿的内容

知识产权损害价值评估工作底稿由能够反映知识产权损害价值评估程序、评估项目组织管理、评估对象状况、评估方法和依据、主要问题的分析处理等方面情况的各种记录、图表、文件、凭证及其他资料组成。具体内容包括：

1）知识产权损害赔偿价值评估工作底稿目录；

2）评估过程总结说明；

3）评估计划与执行情况，评估计划包括项目负责人和业务人员组织安排、评估起止时间、评估对象、范围、程序和方法等，执行情况包括评估时间控制、程序履行、方法遵循、内容把握等的实际情况；

4）知识产权运用有关原始凭证，包括会计报表、盘点表、对账单、询证函、鉴定证书、重要合同等；知识产权运用相关数据财务审计底稿，发现的问题及分析处理意见；

5）知识产权权属证明文件、法律状态文件、技术查新报告、专家侵权判定报告等；

6）说明评估行为和评估目的相关文件；知识产权侵权审判或行政处理文件，主要相关庭审资料与行政处理资料；

7）作为作价依据的法规制度文件、技术经济标准、价格标准、价格资料、询价记录等；

8）作为评估参照物的知识产权交易价格、技术资料、交易条件等；

9）知识产权损害价值评估报告初稿；

10）对知识产权损害价值评估结论有重要影响的未决事项、期后事项及其他特殊事项的有关材料和情况说明、声明；

11）评估机构内部复核人员及机构负责人对知识产权损害价值评估报告和前述工作底稿的检查、复核意见及修改调整情况；

12）委托人组织的质证或质询情况记录，根据法庭意见或委托人意见，或知识产权损害价值评估行业管理部门的要求对评估报告进行的补充或修改、调整等的记录。

（2）评估工作底稿的要求

工作底稿应如实反映评估计划与方案的制订和实施情况，包括与形成评估报告有关的所有重要事项，以及评定估算的全部依据、过程及专业判断。工作底稿在内容上应做到资料翔实、重点突出、繁简得当、结论明确；在形式上应做到要素齐全、格式规范、标识一致、记录清晰。对于工作底稿中由其他第三者提供或代为编制的资料，除应注明资料来源外，还应有评估人员实施必要的分析判断，形成相应的评估记录。

编制的工作底稿应当反映知识产权占有单位名称、评估对象名称、评估基准日、评估程序、过程记录、评估标识及其说明、索引号及页次、编制者姓名及编制日期、复核者姓名及复核日期、评估结果，以及其他相关事项。

工作底稿一般分为评估项目管理类工作底稿和操作类工作底稿两类。

管理类工作底稿是指评估项目负责人在评估过程中，为规划、安排、控制和管理整个评估工作，并出具评估报告所形成的文字记录，主要包括以下内容：项目洽谈记录，评估业务委托书或约定书，评估计划及实施情况，权利人和侵权人基本情况的调查、记录和资料，知识产权内容及权利状况，评估结果分析说明，评估报告与评估说明，评估机构内部的审核意见等。

操作类工作底稿是指评估人员在评估实施阶段为执行具体评估程序所形成的评估工作底稿，主要包括以下内容：被评估知识产权的内容，客户所申报的知识产权利用情况明细表，评估人员用于勘测和计算的评估明细表，各类专项调查记录，知识产权产权归属证明文件或使用权证明文件，价格信息、市场调研记录，分析计算说明、调整说明和重要事项说明，被评估单位的整体分析资料，会计资料、鉴定证书等有关原始凭证，现场调查核实和取证的工作记录，委托单位及知识产权占有单位的反馈意见及修改记录，知识产权损害赔偿评估工作小结。

工作底稿中应有索引编号及顺序编号，可以使用各种标识，但应说明其含义并保持前后一致。相关项目评估的各种底稿之间，应保持清晰的结构关系。相互引用时，应交叉注明索引编号。

评估机构应当建立工作底稿复核制度。复核人在复核工作底稿时，应做出必要的复核记录，书面表示复核意见并签名。在复核工作中，复核人如发现已执行的评估程序和做出的评估记录存在问题，应指示有关人员予以答复、处理，并形成相应的评估记录。

工作底稿的所有权属于进行知识产权损害赔偿评估的评估机构。评估机构应当对工作底稿进行分类整理，形成评估档案。工作底稿一经形成档案，应按评估档案指南进行管理，以确保评估工作底稿的安全、完整。

评估机构应当建立评估工作底稿保密制度，对工作底稿中涉及当事人的商业秘密和技术秘密保密。但是司法机关、仲裁机关、执法机关和评估行业主管部门等依法可以查阅评估工作底稿。

13. 建立评估档案

评估机构应当根据有关规定建立严格的档案管理制度，包括建档、保管、使用、销毁等全过程和各方面。根据评估对象及有关资料的保密要求，确定适宜的建档内容、档案查阅范围和保管期限，为知识产权损害价值评估管理提供扎实可信的档案资料。

知识产权损害价值评估档案按项目建档，内容主要包括知识产权损害价值评估项目委托协议书、知识产权损害价值评估报告书、知识产权损害价值评估报告书送审专用材料、评估工作底稿等。

档案保管期限要根据国家法律法规、有关行业管理规定和评估项目具体情况来确定。除另有法律法规和制度规定之外，档案须保存十年以上。当评估结果有效期内评估目的未能实现时，档案保存二年以上。以上年限均从评估基准日算起。

第六节　知识产权损害赔偿估算方法概述

一、国内外知识产权损害赔偿额的计算方法

1. 国外知识产权损害赔偿制度

（1）实际赔偿或补偿赔偿

"实际赔偿"是按照被害人实际遭受的损失确定赔偿数额。"实际赔偿"或"补偿赔偿"是现代民法最基本的赔偿原则，也是目前世界各国侵权行为立法的通例和确定损害赔偿数额的基本方法。"实际赔偿"在各国知识产权侵权赔偿中被广泛使用。

例如，美国《专利法》第284规定："损害赔偿。根据有利于原告的证据显示，法院应对原告因专利受侵害的程度做出判决，给予足够赔偿，其数目不得少于侵权人实施发明所需合理权利金，以及法院所定利息及诉讼费用之和"。

美国《版权法》第504条规定："（a）总则：除本法另有规定外，版权侵犯者有责任赔偿：（1）版权所有者的实际损害以及（b）款所规定的版权侵犯者的任何附加利润；或（2）（c）款所规定的法定损害赔偿。（b）实际损害和利润：版权所有者有权要求赔偿其由于版权受到侵犯所蒙受的实际损害以及版权侵犯者由于侵犯其版权所获得的没有计算在实际损害中的利润。在确定版权侵犯者的利润时，只要求版权所有者提供有关版权侵犯者的总收入的证据，同时要求版权侵犯者证明其可扣除的费用以及由于有版权的作品以外的其他因素所获得的利润"。

（2）惩罚赔偿

在赔偿制度中，"惩罚赔偿"原则被发达国家和地区在知识产权立法中广泛采用，也是发达国家确定损害赔偿金额的重要方法之一。在英美法系国家，知识产权损害赔偿不仅仅以"填补损害"为限，还会考虑给予侵权人适当的"惩罚"，即损害赔偿金额包括"补偿性赔偿"和"惩罚性赔偿"两部分。尤其是在故意或者恶意的侵权案件中计算赔偿额时，往往同时考虑补偿性赔偿金额和惩罚性赔偿金额。

例如，英国《著作权法》第 97 条规定："（2）在版权侵权诉讼中，法院可以全面考虑各方面条件，尤其要考虑到——（a）侵权的恶劣程度，以及（b）被告因侵权所获得的利益，并可根据案件的公正性需要增加一种额外损害赔偿"。

美国《专利法》第 284 规定："陪审团如未能确认损害赔偿额，法院应估定之，以上任一种情形下，法院可以将决定或估定的损害赔偿额增加至三倍。法院应当请专家作证，以协助决定损害赔偿或在该状况下合理的权利金"。

我国台湾地区有关著作权的规定里指明："前项损害赔偿额，除得依侵害人所得利益与被害人所受损失推定外，不得低于各该被侵害著作实际零售价格之五百倍。无零售价格者，由法院依侵害情节酌情定其赔偿额"。

（3）法定赔偿

在赔偿制度中，一些国家采用"法定赔偿"，即按照法律规定的数额确定赔偿数额。"法定赔偿"主要应用于著作权的侵权损害赔偿，即在著作权法中规定赔偿的最高限和最低限，由法院参照该法定赔偿额度酌情确定具体的赔偿额。

例如，美国《版权法》第 504 条就规定："（c）法定损害赔偿：（1）除本款第（2）项另有规定外，版权所有者在终局判决做出以前的任何时候，可要求赔偿诉讼中涉及的任何一部作品版权侵犯行为的法定损害赔偿，而不是要求赔偿实际损害和利润。此项法定损害赔偿的金额，每部作品至少不低于 250 美元，最多不超过 1 万美元，由法院酌情判定"。

（4）法官裁量赔偿

"法官裁量赔偿"是指法官或法庭根据自己的认识、经验、态度、价值观和对法律规范的理解而选择司法行为和酌情对案件涉及赔偿金额做出裁判的权力。"法官裁量赔偿"是世界许多国家在知识产权立法和司法实践中计算损害赔偿额时普遍采用的方法。

例如，美国《版权法》第 504 条就规定："（2）在版权所有者承担举证责任的情况下，如果法院判定侵犯版权是故意的，法院可酌情决定将法定损害赔偿金增加到不超过 5 万美元的数额。在版权侵犯者承担举证责任的情况下，如法院判定这个版权侵犯者不知道也没有理由认为其行动构成对版权的侵犯，法院可酌情决定将法定损害赔偿金减少到不少于 100 美元的数额。"

2. 我国知识产权损害赔偿数额估算方法概述

在国内，《专利法》等相关知识产权法律和最高人民法院相关司法解释，都就专利、商标、著作权等知识产权的侵权损失规定了赔偿额的计算方法，主要表现为以被侵权人所受实际损失计算赔偿额，或者以侵权人在侵权期间因侵权所获的利润计算赔偿额，或者以受到侵犯的知识产权公平合理的使用费或转让费计算赔偿额。

（1）专利侵权损害赔偿数额估算

《专利法》第 65 条规定："侵犯专利权的赔偿数额按照权利人因被侵权所受到的实

际损失确定；实际损失难以确定的，可以按照侵权人因侵权所获得的利益确定。权利人的损失或者侵权人获得的利益难以确定的，参照该专利许可使用费的倍数合理确定。赔偿数额还应当包括权利人为制止侵权行为所支付的合理开支。权利人的损失、侵权人获得的利益和专利许可使用费均难以确定的，人民法院可以根据专利权的类型、侵权行为的性质和情节等因素，确定给予1万元以上100万元以下的赔偿"。

《最高人民法院关于审理专利纠纷案件适用法律问题的若干规定》第20条规定："专利法第65条规定的权利人因被侵权所受到的实际损失可以根据专利权人的专利产品因侵权所造成销售量减少的总数乘以每件专利产品的合理利润所得之积计算。权利人销售量减少的总数难以确定的，侵权产品在市场上销售的总数乘以每件专利产品的合理利润所得之积可以视为权利人因被侵权所受到的实际损失。专利法第65条规定的侵权人因侵权所获得的利益可以根据该侵权产品在市场上销售的总数乘以每件侵权产品的合理利润所得之积计算。侵权人因侵权所获得的利益一般按照侵权人的营业利润计算，对于完全以侵权为业的侵权人，可以按照销售利润计算"。

上述规定第21条还规定："权利人的损失或者侵权人获得的利益难以确定，有专利许可使用费可以参照的，人民法院可以根据专利权的类型、侵权行为的性质和情节、专利许可的性质、范围、时间等因素，参照该专利许可使用费的倍数合理确定赔偿数额；没有专利许可使用费可以参照或者专利许可使用费明显不合理的，人民法院可以根据专利权的类型、侵权行为的性质和情节等因素，依照专利法第65条第二款的规定确定赔偿数额"。

根据我国《专利法》和《最高人民法院关于审理专利纠纷案件适用法律问题的若干规定》的规定，专利侵权损害赔偿额的计算方法，可以根据实际情况，选择以专利侵权所造成的实际经济损失计算，或以侵权人因侵权行为获得的全部利润计算，或以不低于专利许可使用费的合理数额作为损失赔偿额，或由人民法院在规定的范围内酌情确定。

1）以专利侵权行为造成的实际损失估算。

以因侵权人的侵权产品（包括使用他人专利方法生产的产品）在市场上销售，或在生产和服务中使用他人的专利产品、工艺、方法等，而导致专利权人的专利产品生产、销售或服务数量的减少数量，乘以专利权人单位专利产品或服务的利润，得到侵权行为给专利权人造成的实际（直接）经济损失，同时考虑权利人为制止侵权行为所支付的合理开支，作为侵权人应承担的损害赔偿额。

2）以侵权人非法获利估算。

以侵权人因侵权所获得的利益确定，即以侵权人从每件侵权产品或服务（包括使用他人专利方法生产的产品或提供的服务）所获得的单位利润，乘以其在市场上销售侵权产品或提供服务的总数，得到侵权人所获非法利润，同时考虑权利人为制止侵权行为所支付的合理开支，作为侵权人应承担的损害赔偿额。

3）以专利许可使用费的合理倍数计算赔偿额。

权利人的损失或者侵权人获得的利益难以确定的，若受侵害知识产权在被侵权之前已经进行过许可使用，则可以参照该专利许可使用费，乘以专利许可使用费的倍数，同时考虑权利人为制止侵权行为所支付的合理开支，合理确定赔偿额。

4）人民法院在法律规定的范围内酌情确定赔偿额。

权利人的损失、侵权人获得的利益和专利许可使用费均难以确定的，人民法院可以根据专利权的类型、侵权行为的性质和情节等因素，在1万~100万元的范围内确定赔偿额。

（2）商标侵权损害赔偿价值估算常用方法

《商标法》第63条规定："侵犯商标专用权的赔偿数额，按照权利人因被侵权所受到的实际损失确定；实际损失难以确定的，可以按照侵权人因侵权所获得的利益确定；权利人的损失或者侵权人获得的利益难以确定的，参照该商标许可使用费的倍数合理确定。对恶意侵犯商标专用权，情节严重的，可以在按照上述方法确定数额的一倍以上三倍以下确定赔偿数额。赔偿数额应当包括权利人为制止侵权行为所支付的合理开支。人民法院为确定赔偿数额，在权利人已经尽力举证，而与侵权行为相关的账簿、资料主要由侵权人掌握的情况下，可以责令侵权人提供与侵权行为相关的账簿、资料；侵权人不提供或者提供虚假的账簿、资料的，人民法院可以参考权利人的主张和提供的证据判定赔偿数额。权利人因被侵权所受到的实际损失、侵权人因侵权所获得的利益、注册商标许可使用费难以确定的，由人民法院根据侵权行为的情节判决给予三百万元以下的赔偿"。

《最高人民法院关于审理商标民事纠纷案件适用法律若干问题的解释》第13条规定："人民法院依据商标法第56条第一款的规定确定侵权人的赔偿责任时，可以根据权利人选择的计算方法计算赔偿数额"；第14条规定："商标法第56条第1款规定的侵权所获得的利益，可以根据侵权商品销售量与该商品单位利润乘积计算；该商品单位利润无法查明的，按照注册商标商品的单位利润计算"；第15条规定："商标法第56条第1款规定的因被侵权所受到的损失，可以根据权利人因侵权所造成商品销售减少量或者侵权商品销售量与该注册商标商品的单位利润乘积计算"；第16条规定："侵权人因侵权所获得的利益或者被侵权人因被侵权所受到的损失均难以确定的，人民法院可以根据当事人的请求或者依职权适用商标法第56条第2款的规定确定赔偿数额。人民法院在确定赔偿数额时，应当考虑侵权行为的性质、期间、后果，商标的声誉，商标使用许可费的数额，商标使用许可的种类、时间、范围及制止侵权行为的合理开支等因素综合确定"。

《中华人民共和国反不正当竞争法》（以下简称《反不正当竞争法》）第5条规定：

"经营者不得采用下列不正当手段从事市场交易，损害竞争对手：（1）假冒他人的注册商标；（2）擅自使用知名商品特有的名称、包装、装潢，或者使用与知名商品近似的名称、包装、装潢，造成和他人的知名商品相混淆，使购买者误认为是该知名商品；（3）擅自使用他人的企业名称或者姓名，引人误认为是他人的商品；（四）在商品上伪造或者冒用认证标志、名优标志等质量标志，伪造产地，对商品质量作引人误解的虚假表示"；第9条规定："经营者不得利用广告或者其他方法，对商品的质量、制作成分、性能、用途、生产者、有效期限、产地等作引人误解的虚假宣传"；第14条规定："经营者不得捏造、散布虚伪事实，损害竞争对手的商业信誉、商品声誉"；第20条规定："经营者违反本法规定，给被侵害的经营者造成损害的，应当承担损害赔偿责任，被侵害的经营者的损失难以计算的，赔偿额为侵权人在侵权期间因侵权所获得的利润；并应当承担被侵害的经营者因调查该经营者侵害其合法权益的不正当竞争行为所支付的合理费用"。

《最高人民法院关于审理不正当竞争民事案件应用法律若干问题的解释》第17条规定："确定反不正当竞争法第5条、第9条、第14条规定的不正当竞争行为的损害赔偿额，可以参照确定侵犯注册商标专用权的损害赔偿额的方法进行。"。

根据《商标法》《反不正当竞争法》《最高人民法院关于审理商标民事纠纷案件适用法律若干问题的解释》《最高人民法院关于审理不正当竞争民事案件应用法律若干问题的解释》的规定，商标侵权损害赔偿额的计算方法，可以根据实际情况，选择以商标侵权所造成的实际经济损失计算，或以侵权人因侵权行为获得的全部利润计算，或以商标许可使用费的合理倍数作为损失赔偿额，或按前述方法计算赔偿额的倍数确定，或由人民法院在规定的范围内酌情确定。

1）按被侵权人所受的实际损失确定赔偿额。

以因侵权人的侵权产品在市场上销售，或向市场提供侵权服务等，而导致商标权人使用该商标产品的生产、销售的减少量或使用该商标的服务的减少量，乘以商标权人单位产品或服务的利润，得到侵权行为给受害人造成的实际（直接）经济损失，同时考虑权利人为制止侵权行为所支付的合理开支，作为侵权人应承担的损害赔偿额。

2）按照侵权人因侵权所获得的利益确定赔偿额。

以侵权人因侵权所获得的利益确定，即以侵权人从每件侵权产品或服务所获得的单位利润，乘以其在市场上销售侵权产品或提供侵权服务的总数，得到侵权人所获非法利润，同时考虑权利人为制止侵权行为所支付的合理开支，作为侵权人应承担的损害赔偿额。

3）按商标许可使用费的倍数确定赔偿额。

权利人的损失或者侵权人获得的利益难以确定的，若受侵害商标权在被侵权之前已经进行过许可使用，则可以商标权许可使用费的倍数，同时考虑权利人为制止侵权行为所支付的合理开支，确定赔偿额。

4）按正常赔偿额的倍数确定赔偿额。

对恶意侵犯商标专用权，情节严重的，可以按照权利人因被侵权所受到的实际损失，或侵权人因侵权所获得的利益，或合理的商标许可使用费的 1～3 倍确定赔偿数额，并同时考虑权利人为制止侵权行为所支付的合理开支。

5）人民法院在法律规定的范围内酌情确定赔偿额。

权利人的损失、侵权人获得的利益和商标许可使用费均难以确定的，人民法院可以根据商标侵权行为的性质和情节等因素，在 1 万～300 万元的范围内确定赔偿额。

（3）著作权侵权损害赔偿价值估算常用方法

《著作权法》第 49 条规定："侵犯著作权或者与著作权有关的权利的，侵权人应当按照权利人的实际损失给予赔偿；实际损失难以计算的，可以按照侵权人的违法所得给予赔偿。赔偿数额还应当包括权利人为制止侵权行为所支付的合理开支。权利人的实际损失或者侵权人的违法所得不能确定的，由人民法院根据侵权行为的情节，判决给予 50 万元以下的赔偿"。

《计算机软件保护条例》第 25 条规定："侵犯软件著作权的赔偿数额，依照《中华人民共和国著作权法》第 49 条的规定确定"。

《最高人民法院关于审理著作权民事纠纷案件适用法律若干问题的解释》第 24 条规定："权利人的实际损失，可以根据权利人因侵权所造成复制品发行减少量或者侵权复制品销售量与权利人发行该复制品单位利润乘积计算。发行减少量难以确定的，按照侵权复制品市场销售量确定"；第 25 条规定："权利人的实际损失或者侵权人的违法所得无法确定的，人民法院根据当事人的请求或者依职权适用著作权法第 48 条第 2 款的规定确定赔偿数额。人民法院在确定赔偿数额时，应当考虑作品类型、合理使用费、侵权行为性质、后果等情节综合确定"。

根据《著作权法》和《最高人民法院关于审理著作权民事纠纷案件适用法律若干问题的解释》的规定，著作权侵权损害赔偿额的计算方法，可以根据实际情况，选择以著作权侵权所造成的实际经济损失计算，或以侵权人因侵权行为获得的全部利润计算，或由人民法院在规定的范围内酌情确定。

1）按被侵权人所受的实际损失确定赔偿额。

以因侵权复制品在市场上销售，或其他形式的侵权行为，而导致著作权人作品的出版、发行或演出等的减少量，乘以著作权人单位作品的利润，得到侵权行为给受害人造成的实际（直接）经济损失，同时考虑权利人为制止侵权行为所支付的合理开支，作为侵权人应承担的损害赔偿额。

2）按照侵权人因侵权所获得的利益确定赔偿额。

以侵权人因侵权所获得的利益确定，即以侵权人从每件侵权复制品所获得的单位利润，乘以侵权复制品在市场上销售的数量或著作权人作品的发行、演出等的减少量，得到侵权人所获非法利润，同时考虑权利人为制止侵权行为所支付的合理开支，作为侵权人应承担的损害赔偿额。

3）人民法院在法律规定的范围内酌情确定赔偿额。

权利人的损失、侵权人获得的利益难以确定的，人民法院可以根据著作权侵权行为的性质和情节等因素，在 1 万 ~ 50 万元的范围内确定赔偿额。

（4）商业秘密损害赔偿价值估算常用方法

《反不正当竞争法》第 10 条规定："经营者不得采用下列手段侵犯商业秘密：（一）以盗窃、利诱、胁迫或者其他不正当手段获取权利人的商业秘密；（二）披露、使用或者允许他人使用以前项手段获取的权利人的商业秘密；（三）违反约定或者违反权利人有关保守商业秘密的要求，披露、使用或者允许他人使用其所掌握的商业秘密。第三人明知或者应知前款所列违法行为，获取、使用或披露他人的商业秘密，视为侵犯商业秘密。本条所称的商业秘密，是指不为公众所知悉、能为权利人带来经济利益、具有实用性并经权利人采取保密措施的技术信息和经营信息"；第 20 条规定："经营者违反本法规定，给被侵害的经营者造成损害的，应当承担损害赔偿责任"。

《最高人民法院关于审理不正当竞争民事案件应用法律若干问题的解释》第 17 条规定："确定反不正当竞争法第 10 条规定的侵犯商业秘密行为的损害赔偿额，可以参照确定侵犯专利权的损害赔偿额的方法进行；……。因侵权行为导致商业秘密已为公众所知悉的，应当根据该项商业秘密的商业价值确定损害赔偿额。商业秘密的商业价值，根据其研究开发成本、实施该项商业秘密的收益、可得利益、可保持竞争优势的时间等因素确定"。

根据《反不正当竞争法》和《最高人民法院关于审理不正当竞争民事案件应用法律若干问题的解释》的规定，商业秘密侵权损害赔偿额的计算方法，可以参照专利侵权赔偿的方法，根据实际情况，选择以商业秘密侵权所造成的实际经济损失计算，或以侵权人因侵权行为获得的全部利润计算，或以不低于商业秘密许可使用费的合理数额作为损失赔偿额，或由人民法院在规定的范围内酌情确定，还可根据商业秘密的商业价值确定损害赔偿额（适用于因侵权行为导致商业秘密已为公众所知悉的情况）。

1）以商业秘密侵权行为所造成的实际经济损失额估算。

以因侵权人的侵权产品（包括非法使用商业秘密生产的产品）在市场上销售，或在生产和服务中非法使用他人的商业秘密产品、工艺、方法等，而导致权利人的商业秘密产品生产、销售或服务数量的减少数量，乘以商业秘密权利人单位产品或服务的利润，得到侵权行为给商业秘密权利人造成的实际（直接）经济损失，同时考虑权利人为制止侵权行为所支付的合理开支，作为侵权人应承担的损害赔偿额。

2）以侵权人因侵权行为获得的全部利润估算。

以侵权人因非法使用他人商业秘密所获得的利益确定，即以侵权人从每件侵权产品或服务（包括非法使用他人商业秘密方法生产的产品或提供的服务）所获得的单位利润，乘以其在市场上销售侵权产品或提供服务的总数，得到侵权人所获非法利润，同时考虑权利人为制止侵权行为所支付的合理开支，作为侵权人应承担的损害赔偿额。

3）以商业秘密许可使用费的合理倍数计算赔偿额。

权利人的损失或者侵权人获得的利益难以确定的，若受侵害商业秘密在被侵权之前已经进行过许可使用或有类似商业秘密的许可使用情况的，则可以参照该商业秘密或类似商业秘密的许可使用费，乘以商业秘密许可使用费的倍数，同时考虑权利人为制止侵权行为所支付的合理开支，合理确定赔偿额。

4）以商业秘密的商业价值确定损害赔偿额。

因侵权行为导致商业秘密已为公众所知悉的，根据商业秘密的研究开发成本、实施该项商业秘密的收益、可得利益、可保持竞争优势的时间等因素确定该项商业秘密的商业价值，作为其损害赔偿额。

5）人民法院在法律规定的范围内酌情确定赔偿额。

权利人的损失、侵权人获得的利益和商业秘密许可使用费均难以确定的，人民法院可以根据商业秘密权的类型、侵权行为的性质和情节等因素，在1万~100万元的范围内确定赔偿额。

（5）其他知识产权侵权损害赔偿价值估算方法

除上述估算方法以外，各地人民法院在知识产权侵权案件审判实践中还创造积累了其他一些辅助性赔偿的计算方法。例如，《最高人民法院关于审理著作权民事纠纷案件适用法律若干问题的解释》第25条规定："权利人的实际损失或者侵权人的违法所得无法确定的，人民法院根据当事人的请求或者依职权适用著作权法第48条第2款的规定确定赔偿数额。人民法院在确定赔偿数额时，应当考虑作品类型、合理使用费、侵权行为性质、后果等情节综合确定。当事人按照本条第一款的规定就赔偿数额达成协议的，应当准许"。《最高人民法院关于审理商标民事纠纷案件适用法律若干问题的解释》第13条规定："人民法院依据商标法第56条第一款的规定确定侵权人的赔偿责任时，可以根据权利人选择的计算方法计算赔偿数额"。可见，人民法院准许由双方当事人以其他公平合理的方法，协商确定损失赔偿额。

二、知识产权侵权实际损害赔偿估算方法

一旦侵权事实得到认定，侵权损失又有证据证明确有发生时，如何科学、合理、合法地计算具体损害额，就成为解决知识产权损害赔偿的关键环节。目前，国内知识产权侵权损害赔偿实践中，重点考虑的是侵权行为造成的实际损失，即侵权给权利人

造成的直接经济损失或显性损失。根据被侵权知识产权具体类型和损害情况的不同，主要采取的估算方法有以下几种。

1. 按被侵权人直接损失计算

当知识产权所有人在侵权发生前的生产经营资料、财务数据，以及被侵权前后的知识产权产品（服务）销售数量能够被合法取得和确认时，通常以被侵权期间权利人的知识产权产品（服务）销量减少而导致的收益损失，作为应当赔偿的金额。即，以被侵权前后权利人知识产权产品（服务）的销售量之差，乘以每件知识产权产品的利润，得到知识产权损害赔偿额。

该方法常用于专利、商业秘密和商标等涉及产品（服务）类侵权案件的损害赔偿计算。但对于著作权侵权案件中涉及作品被复制而影响正版作品发行量的也同样适用，即以正版作品发行量的减少乘以单件作品的利润，作为侵权损害赔偿额。

2. 按侵权人直接获利计算

当侵权人在实施侵权行为期间的生产经营资料、财务数据，以及侵权产品（服务）的产销数据和单位利润等能够被合法取得和确认时，通常以侵权人在侵权期间实施侵权行为销售侵权产品（或提供服务）所获得的收入，扣除各种合理成本后的全部利润，作为应当赔偿的金额。

该方法常用于专利、商业秘密和商标等涉及产品（服务）类侵权案件的损害赔偿计算，也适用于作品和计算机软件著作权盗版案件的损害赔偿额计算。

3. 按知识产权产品合理利润计算

当侵权人因侵权所获利润无法估算，但可以确认侵权产品（服务）销售数量和被侵权产品（服务）合理的单位利润或行业单位平均利润指标时，通常以权利人每件权利产品（服务）合理的平均利润或该行业该产品（服务）的每件平均利润，与侵权人侵权产品（服务）数量之积作为赔偿数额。

该方法适用于专利、商业秘密、商标、计算机软件等侵权损害发生时，侵权人的经营状况经审计出现亏损或利润过少，致使赔偿额过低或无法计算，或者无法取得侵权人真实财务资料的情形。著作权侵权案件中非法复制作品的，该方法也适用。

4. 按知识产权转让、许可或使用价格进行计算

对于知识产权在被侵权之前已有转让或许可，或市场上有类似知识产权许可使用、转让交易的案例作为参照，或有同行业、同等水平的其他单位使用类似知识产权的费用标准作为参照时，通常以权利正常、合理的转让费、使用费、许可费等收益报酬为参考，通过对差异因素的修正计算，确定具体的赔偿金额。

该方法适用于专利、商业秘密、商标、著作权、计算机软件等侵权案件的损害赔偿。例如，专利和商业秘密权的转让费、使用费，著作权的稿酬、著作财产权的转让费，商标的许可使用费，技术秘密的转让费、使用费等，都是知识产权损害赔偿额估算的基础或标准。

5. 按合理的版税计算

对于印刷类作品著作权的侵权损害赔偿，通常以版税率与总码洋（总预售额，即单价乘以印刷册数）之乘积作为赔偿额，参考的版税率根据不同情况一般为6%～15%。

6. 按合理的发行利润计算

对于图书和影视、音乐等作品著作权的侵权损害赔偿，通常以发行盗版产品获得的总金额减去合理的成本（印刷或复制成本和税金）所得的数额，估算侵权赔偿额。

上述赔偿方法中，通常还需要追加计算为调查和制止侵权行为而支出的合理费用，包括律师代理费、权利人为购买侵权商品（证据）的支出、为收集证据而作的证据保全公证费用、为审查证据购买的设备、消除侵权影响费（广告）、合理的差旅费等。

三、知识产权人身精神权益的损害赔偿额估算

如前文讨论，知识产权侵权行为给权利人带来的损害实际上并不限于直接（显性）的实际损失，从完全赔偿的角度出发，还应当将对权利人的人身精神权益的损害赔偿纳入赔偿额的估算。

目前，国内知识产权相关法律中尚没有对权利人精神权益损害赔偿的具体规定，具体估算权利人精神权益损害赔偿额时，需要根据实际情况，在参考《民法通则》《侵权责任法》《国家赔偿法》和《最高人民法院关于确定民事侵权精神损害赔偿责任若干问题的解释》有关条款的基础上，充分考虑案件的具体情况，进行综合分析和估算。

《最高人民法院关于确定民事侵权精神损害赔偿责任若干问题的解释》第10条对民事侵权的精神损害赔偿的计算方法进行了规定，即"精神损害的赔偿数额根据以下因素确定：（一）侵权人的过错程度，法律另有规定的除外；（二）侵害的手段、场合、行为方式等具体情节；（三）侵权行为所造成的后果；（四）侵权人的获利情况；（五）侵权人承担责任的经济能力；（六）受诉法院所在地平均生活水平"。

知识产权人身精神权益损害赔偿包括对知识产权权利人的人身损害和声誉损害的赔偿，在特定情况下，损害赔偿还包括知识产权产品（服务）的声誉受损的赔偿。在估算知识产权人身精神权益损害赔偿数额时，通常需要把握好以下原则。

1）知识产权的精神损害赔偿一般限定于对权利人的人身权益和精神权益的损害，包括对自然人或法人的姓名权、名称权等的损害赔偿，以及对自然人身体的损害赔偿。

2）对知识产权精神损害应当根据损害的情况首先适用如停止侵害、公开赔礼道歉、消除影响、恢复名誉等非财产责任的民事责任方式，仅对情节严重、使用非财产责任形式明显不足以保护受害人的精神权益时，才适用精神损害赔偿。

3）对精神损害赔偿数额的确定，主要根据侵权情节、损害后果、当地的经济与文化水平，以及受害人与侵权人的情况等因素斟酌确定。

四、知识产权侵权损害赔偿额估算的其他相关问题

如何有效地应用现有识产权侵权损害赔偿额计算方法，是知识产权侵权损害赔偿所要解决的关键问题。对赔偿标准、赔偿范围以及赔偿性质等问题的不同认识，对具体估算方法的使用就不同，导致的结果必然也不同。

1. 运用各种计算方法应充分考虑对受害人损失的补偿

在具体进行赔偿额的估算工作时，无论选择采用哪一种估算方法，不能只考虑计算的难易程度，更重要的是要使估算结果接近受害人的实际损失。例如，对抄袭他人文字作品的行为，若只按侵权人所得稿酬赔偿被侵权人，显然不能弥补受害人所遭受的损害。因此，假如采用某一种估算方法所得数额小于受害人的实际损失，就需要选择或辅以其他估算方法，以实现合理的赔偿，使受害人的损失能够得到实在的补偿。

2. 确定损害赔偿范围应注意所受损害与侵权行为之间的因果关系

在估算知识产权损害赔偿额时，一方面要防止估算出的赔偿额不足以弥补受害人所遭受的实际损失，另一方面还要防止将侵权损害扩大化的倾向，即估算出的损害赔偿额超出侵权所造成的实际损失，也就是高估损害赔偿额的情况。

之所以会出现高估损害赔偿额的情况，主要是没有能够严格把握受损范围与侵权行为之间的因果关系所致。也就是说，在估算知识产权损害赔偿时，特别需要界定清楚权利人的哪些损失是由于侵权行为所致，哪些其他因素所致；若不能将那些与侵权无关的因素排除，则可能放大损害赔偿的范围，造成与侵权无关的损失也被计算在赔偿金额内。

3. 确定赔偿数额应考虑侵权人的主观过错

侵权的主观行为程度不同，所导致侵权案件的社会影响和给权利人带来的精神损害是不同的，因而在估算侵权损害赔偿额时，应当针对侵权主观故意及其造成损害程度的不同，在正常估算的损害赔偿额的基础上，酌情考虑侵权人承担赔偿责任的增加或减低。

例如，对于知识产权中人身权的侵害，一些学者就主张应根据行为人的主观恶性大小来决定是否采取精神损害赔偿或决定损害赔偿的数额：对于主观故意而且造成严重后果的侵权行为，可以根据惩罚原则，适当增加侵权人的赔偿责任；对于过错轻微的侵权，如造成受害人较小损失，则可依据过错责任原则，适当减轻侵害人的赔偿责任。

4. 估算赔偿额应注重方法与程序的科学和规范

为保证损害赔偿数额确定的科学、合理，除需要按规定的程序和方法，收集和认定双方当事人关于赔偿范围、数额等方面的证据材料外，还需要对权利人提出的因侵权造成的经营损失的财务资料或侵权人侵权所得的财务资料等进行审计、鉴定，并在

了解和掌握国家宏观经济环境与行业平均收益水平等情况下，合理估算作为争议标的知识产权的损害赔偿额。

第七节 知识产权损害赔偿评估与知识产权价值评估

一、知识产权价值与知识产权损害价值的区别与关系

知识产权价值是完整的知识财产无形资产价值，知识产权损害价值（或损害赔偿额）实际上是知识产权价值中被非法侵权而分割掉的部分的货币表现，即知识产权损害价值（或损害赔偿额）是知识产权价值的一部分，知识产权损害赔偿价值小于或等于知识产权价值。知识产权损害价值与损害赔偿价值（或损害赔偿额），是同一价值概念的不同表述形式，损害价值就是损害赔偿额，也就是侵权人对其侵害行为需要承担的经济赔偿额或责任。因此，知识产权损害赔偿评估实质上是对知识产权损害价值的评估。

无形资产的价值包括价值与使用价值两个方面。一方面，任何一种可确指的无形资产，如专利、商业秘密、商标、著作权等（商誉除外），都是由创造该无形资产投入的劳动（包括体力与脑力劳动）、资本（包括资金、物质条件等有形与无形资本）与合理的利润共同作用的结果，他们都是有价值的。另一方面，无形资产的价值需要通过市场的交换和在生产中的使用，才能够得到实现，这种能够被交换与使用的价值就是无形资产的使用价值。

知识产权是一种无形资产，由于它的利用能够给使用者带来经济利益或超额收益，而且其直接创造成本往往低于其能够为使用者创造的收益，因此，知识产权的价值往往是指其使用价值，并以其能够为所有者或使用者创造多少收益为表现。知识产权的直接成本并不能完全反映知识产权的真正价值，收益价值往往才是其价值的真实体现。

知识产权损害行为，往往伴随着侵权人对知识产权整体价值的分割或部分价值的非法占有，该被分割或非法占有的价值即是知识产权被损害的价值（或侵权人需要承担的经济赔偿责任）。在绝大多数情况下，知识产权损害价值都小于知识产权价值，这是因为侵权行为是有期限的，只要侵权行为得到制止，知识产权的损害在很大程度上也就停止了。对于知识产权所有人而言，侵权前已经实现、侵权后继续存在，以及侵权期间未被侵权人分割掉的知识产权价值，还是依然存在。只有当知识产权除了侵权使用以外，再没有得到转让或利用时，知识产权损害价值才会表现为等于知识产权价值。

二、知识产权评估与无形资产评估的区别与关系

知识产权属于无形资产的范畴，但却是一种特定的无形资产。知识产权包括专利、

商业秘密、商标、著作权、植物新品种权等，而无形资产除了知识产权外，还包括商誉、特许权、销售网络、客户名单等，因此，知识产权评估与其他无形资产评估既有区别也有联系。

与其他无形资产评估不同，不同评估时间、不同使用地域以及不同买卖者均对商业秘密权、商标权、版权等知识产权评估产生一定的影响，使得知识产权评估更受制于自身技术含量与权利状态的影响。

知识产权的"技术含量"（如某项商业秘密技术的"创新"程度、某个商标的知名度大小、某部作品的独创性多寡等），决定了知识产权对市场的"垄断"性的强弱，直接影响其获利能力与价值，是其价值评估中的关键问题之一。

知识产权的权利状态是其价值评估中的另一关键问题，因为当知识产权按法定要求得到正常维持时，其价值才存在，才能够进行和评估出价值。基于法律条款的规定，知识产权的权利状态决定了其权利的存在与维持，在不同的时点，知识产权的权利状态是不同的，这与其他无形资产截然不同。

知识产权许可状态也是区别于其他无形资产的特点之一，因为知识产权的权利可以被同时分割使用。假设某商业秘密产品具有很高的技术含量，且在一定时期内很难产生其他可替代技术。若此项商业秘密进行独占（垄断）许可，则该商业秘密的独占许可权必定具有最高的价值；若此项商业秘密进行多家许可，则该商业秘密的许可权价值就只是整个知识产权价值中的一部分，需要根据其市场区域等进行评估。

三、知识产权价值评估与知识产权损害赔偿价值评估的区别

对知识产权损害赔偿价值的评估，实际上就是对知识产权受损害的价值（大小）进行的评估。虽然知识产权损害价值只是完整的知识产权价值的一部分，但绝不是简单的部分与整体的关系，它们的价值评估当然也不可能相同。

1. 评估的对象不同

知识产权损害赔偿价值评估有特定的对象，是专门针对侵权期间内及侵权后一定时期内被侵权使用的、特定的知识产权权利，对其实际创造或能够创造的价值进行的评估。而知识产权评估的对象则是完整的知识产权或知识产权的许可使用权。此外，知识产权损害价值评估可以权利人的经营损失为对象，也可以侵权人的侵权经营获利为对象，具有评估对象的可选择性与可替代性，这与传统知识产权评估完全不同。

2. 评估价值的内涵与表现形式不同

知识产权损害赔偿价值的评估是专门针对知识产权整体价值中被损害而减少或分割的价值的评估，根据现行法律法规的规定，知识产权损害赔偿价值评估既可以是对侵权人使用而获得的利益或价值的评估，也可以是对权利人及其合法持有人拥有权利而没有得到的利益或价值的评估。知识产权损害赔偿价值有多种表现形式。

1）知识产权所有者或合法使用者因为侵权而直接损失掉（减少）的实际收益，这种收益本来应该是权利人或合法使用者正常经营或转让知识产权应得的收益。

2）侵权者的侵权非法所得到的实际收益，这种收益本来应该是权利人或合法使用者应得的收益。

3）侵权行为而导致的知识产权收益时间与市场份额减少，形成知识产权整体价值的减少或被分割。

4）侵权行为而导致的知识产权所有者或合法使用者的合理收益损失，这种收益本来应该是权利人或合法使用者正按照行业平均水平经营应得的收益。

5）侵权者的侵权经营活动应该产生的合理收益，这种收益本来应该是权利人或合法使用者应得的行业平均收益。

6）知识产权所有者或合法使用者因为侵权而导致的全部损失，包括直接经济损失、未来收益损失、以及精神损失、机会成本等间接经济损失，这种损失赔偿额是最全面的侵权损害赔偿。

7）知识产权遭受的部分或全部损失的倍数。

而传统知识产权评估价值是指知识产权作为一种特定的无形资产，能够给所有者带来的利益或创造的价值，这种价值是一种正常市场环境下的使用价值或交换价值，其表现形式可以是知识产权价值或知识产权许可权价值。

3. 评估方法的不同

传统知识产权价值的评估方法通常采用收益法、成本法与市场法三种方法。收益法是将被评估知识产权在剩余年限内的预期使用或许可收益，用适当的折现率折现为评估基准日的现值，作为被评估知识产权的价值。市场法是在知识产权交易市场上选择相同或近似的资产作为参照物，将被评估知识产权与参照知识产权进行价格差异的比较调整，分析各项调整结果，确定评估知识产权的价值。成本法是以现时市场条件下重新研发或购置一项知识产权所需的全部货币总额，扣除知识产权已经产生的技术与经济损耗，作为被评估知识产权的价值。

由于知识产权的价值主要通过其使用能够带来的垄断收益或超额收益来体现，因此，理论与实践中多倾向于收益法更能准确反映知识产权价值。

对于知识产权损害赔偿价值而言，由于评估对象只是知识产权被损害的那一部分权利的价值，且只是在知识产权有效期内一定时期的权利，加之损害价值表现的多样性，使得知识产权损害赔偿价值评估的方法必然带有很强的针对性。

1）在具备完整经营资料的前提下，损害评估方法更多地涉及企业经营利润的会计与审计，类似于企业整体资产评估中的经营利润审计。

2）在不具备完整经营资料的前提下，损害评估方法则不但涉及企业经营利润的会计与审计，还涉及行业经营状况与区域经济水平，是会计审计与平均收益能力评估的结合。

3）一般情况下，损害评估方法更多地强调已经发生或将要发生的损失或非法获得的利益，并以权利人全部受损或侵权人全部获利为限，而传统知识产权评估方法则多强调对未来整体收益的预测。

4）损害评估方法不但要运用资产评估的一般原理，更要与知识产权法规及损失赔偿的司法解释相适应，导致损害评估方法的有限性，而传统知识产权评估则不受法律条款与司法解释的限制。

4. 评估前提的异同

知识产权评估的前提通常可以包括行为前提、经济前提、法律前提。行为前提表现在评估必要性的产生与委托方面，经济前提表现为资产确有使用价值且价值可以被度量，法律前提表现为资产的合法性与存在性。

知识产权评估与知识产权损害赔偿价值评估的前提基本是一致的，即都要求评估对象具有价值并能够被合理度量，都要求知识产权的必须处于有效和受知识产权法保护的法律状态。而知识产权评估与知识产权损害赔偿价值评估的前提主要区别于行为前提与经济前提的不同。

（1）行为前提的区别

知识产权损害赔偿价值评估一般以发生侵权行为并存在明确的损害或非法获利为前提，并需要有人民法院或知识产权行政管理机构的委托，方可进行评估。当然也不排除由案件双方当事人委托评估的情况，但此时的评估结论的法律效用和使用对象就要受到一定的限制，评估报告的使用范围自然就有局限性。

传统知识产权价值评估的行为前提则是知识产权的产权转移或股份投资、许可使用、投融资等经济行为，委托评估人可以是权利人，也可以是受让人或使用人，或利害关系人，这与知识产权损害评估的行为前提截然不同。

（2）经济前提的区别

在知识产权侵权行为确定的前提下，损害价值评估的经济前提的判定表现为两个方面。一方面，损害的结果导致了权利人经济上或精神利益的损害，并且这种损害可以以货币形式度量。有些侵权行为的发生并没有给受害人带来经济上的损害，精神利益的损害也无法度量，侵权人也没有获得侵权收益，则不存在评估的经济前提。另一方面，当侵权行为产生的经济损失或侵权收益很小时，而评估方法复杂并增加额外负担的情况下，知识产权损害价值评估的前提就不存在。此时的知识产权赔偿额的确定，更适合于按现行知识产权法律制度与司法实践经验，采用法官酌量定裁方法。

而传统知识产权评估的经济前提要求的是被评估对象的使用必须具有超额收益能力或垄断收益能力。那些虽然有创造成本，但不被市场所接受，不能够为使用者带来超额收益能力或垄断收益的知识产权，本身并不具有使用价值，也就不具备成为评估对象的前提。

5. 损害价值评估的时点与价值期间不同

传统知识产权价值评估是以基准日为时点，对知识产权有效期内的剩余价值进行折现，而已经使用或已经自然消耗的价值，不属于传统知识产权的评估价值。而对知识产权损害价值的评估主要是针对这种已经产生的或实现的价值，以及已经影响到的未来损失价值进行估算。也就是说，一般情况下，知识产权损害赔偿评估更多的是过去、现在和对未来收益损失价值的评估，而传统知识产权评估的则完全是未来的价值，两者的时间方向完全不同。

6. 损害赔偿评估的法律特征更强

法律特征是知识产权评估区别于其他资产评估最突出的特点，具体表现在以下方面。

1）知识产权损害赔偿评估的委托一般情况下都是由人民法院或知识产权行政执法机构委托，使损害赔偿评估一开始就是按照法律程序来进行的。

2）知识产权损害赔偿评估的主要依据、资料、数据的取得一般都按照法定程序取得。

3）知识产权损害赔偿评估的范围或形式必须以人民法院或行政执法机构的判决为依据，评估方法也必须与现行知识产权法规与司法解释相适应。

4）知识产权损害赔偿评估的结论具有证据效力，根据需要，评估人员按照法律程序进行质证。

第八节　知识产权损害赔偿评估与知识产权司法鉴定

知识产权司法鉴定是指，依法取得有关知识产权司法鉴定资格的鉴定机构和鉴定人受司法机关或当事人委托，对知识产权的技术问题与法律问题进行鉴别的判定的行为，主要包括技术特征与侵权鉴定、知识产权产权有效性鉴定、技术成熟度与技术标准鉴定、技术秘密鉴定和知识产权价值鉴定。知识产权损害评估与知识产权司法鉴定之间既有区别也有联系。

一、知识产权损害赔偿价值评估与知识产权司法鉴定的区别

1. 形式与效力不同

司法鉴定主要以法医、物证、声像资料为对象，以鉴定的形式开展工作，出具的报告是"司法鉴定报告书"。而知识产权损害赔偿价值评估则是以知识产权损害价值为对象，以价值评估的形式开展工作，出具的报告是"价值评估报告书"。

目前，虽然我国知识产权专业评估机构的评估结论或普通司法鉴定机构的鉴定结论都有法律效力，但从知识产权损害价值的专业性与复杂性来看，知识产权专业评估

机构的评估结论更具科学性与合理性。

2. 目标与结果不同

知识产权损害赔偿价值评估以科学确定损害赔偿的价值为目标，其结果可以用于知识产权司法、行政处理中的济济结论与法律证据，用于确定侵权人应当承担的赔偿价值量的大小。

知识产权司法鉴定则是通过对技术特征的分析辨别，判定当事人的侵权行为是否成立，以及侵权程度的范围与大小，或者知识产权的有效性等，其结果是技术与法律的结论，用于确定侵权人的侵权与违法行为。

3. 方法与途径不同

知识产权损害赔偿价值评估是按照司法与行政执法程序，运用经济学和会计、审计学的方法，是对经济、财务数据与信息的取得、整理与计算的过程。而知识产权司法鉴定则是运用专业技术知识进行对比、分析、判断的过程，必要时还需要借助检测、化验、分析等技术手段，采用的是专业技术分析的途径。

4. 实施主体不同

知识产权损害赔偿价值评估的主体，是具有知识产权评估资格的专业评估机构和专业评估人员，侧重于评估与司法的结合。而知识产权司法鉴定的主体，是依法取得有关知识产权司法鉴定资格的鉴定机构和鉴定人，鉴定主体侧重于司法与技术的结合。

需要强调的是，进行知识产权损害赔偿价值评估的人员首先需要通过考试取得注册资产评估师执业资格，再经过考核与培训取得相应的知识产权损害专业评估资格，才能从事知识产权损害赔偿价值评估工作。而知识产权司法鉴定则不一定需要取得知识产权方面的执业资格，只要是知识产权方面的高级专业技术人员或具有一定工作年限的本科学历人员❶，都可以经过考核与培训取得知识产权鉴定人资格。

5. 评估依据不同

在《全国人民代表大会常务委员会关于司法鉴定管理问题的决定》，以及司法部《司法鉴定人登记管理办法》《司法鉴定机构登记管理办法》中，并未明确将知识产权的损害价值评估列入鉴定范畴，甚至没有明确将知识产权等资产价值评估列入鉴定范畴。

目前，一些司法鉴定机构开展的涉案资产价值评估，严格来说是并没有得到上述法规的支撑。其从事有关财产价值鉴定、司法会计鉴定，以及工程技术鉴定的依据主要是《最高人民法院关于民事诉讼证据的若干规定》和《中华人民共和国民事诉讼法》中有关条款，即：对诉讼中的有关专门性问题由"有鉴定资格的鉴定机构、鉴定人员"进行鉴定的规定。

---

❶ 参见中华人民共和国司法部令第 96 号，《司法鉴定人登记管理办法》，第 12 条。

知识产权损害赔偿价值专业评估机构评估行为除了依据上述法规的规定外，更多地还必须依赖于自身特定的标准、方法、理论体系、技术经济指标，以及市场、行业、国家经济政策与环境，并且需要把握知识产权的特殊性。

6. 结论的时效不同

知识产权损害赔偿价值评估属于资产评估的范畴，评估行为必须遵循国家关于资产评估结论使用的规定，即知识产权损害赔偿价值评估结论的有效期限为一年。而对于知识产权司法鉴定而言，目前还不存在鉴定结论的时效问题。正是因为这样的原因，才会出现超过一年的司法鉴定结论在案件后续上诉、复审过程中的重复使用情况。

二、知识产权损害赔偿价值评估与知识产权司法鉴定的共同点

尽管知识产权损害评估与知识产权司法鉴定存在许多区别，但在为司法服务方面却是共同的。此外，两者都依赖于同一知识产权对象，都必须遵循基本的技术与经济原理，以及法律法规的要求，而且在司法诉讼过程中，知识产权损害价值评估机构或人员又可以以专家鉴定人的身份来进行"损害价值评估"鉴定。

第二章 知识产权损害赔偿评估的
经济学与评估学基础

第一节 知识产权损害价值的经济思想基础

一、知识产权的经济思想基础

以劳动价值论为基础的知识价值思想，是知识产权价值论的基石。17 世纪末，英国古典经济学家洛克在《政府论》中就提出了智力劳动财产理论："只要他使任何东西脱离自然所提供的和那个东西所处的状态，他就已经掺进他的劳动，在这上面参加他自己所有的某些东西，因而使它成为他的财产"❶。洛克所说的"任何东西"实际上包括了有形的物品和无形的知识与规律，而"参加他自己所有的某些东西"就包含着脑力劳动，那么，人们对自然进行认识和改造的智力劳动（研究）成果，必然也就形成了无形的知识财产。

亚当·斯密继承了洛克的智力劳动财产理论，明确地将知识即"人的才能"定义为一种有用的"财产"和"资本"，从而初步定义了知识财产的经济属性。

19 世纪，法国政治经济学家萨伊进一步提出了无形产品理论，认为"劳动创造效用""效用产生财富"，人的劳动所创造的财富，不仅包括"有形产品"，而且还包括"无形产品"。"无形产品"与"有形产品"都具有价值或"效用"。"拥有无形产品的人，通过多次的这种交换行为，可以发财致富"❷。"无形产品"实际上就是无形的商业性服务和无形的知识产品。萨伊的学说揭示了"非生产性劳动"产品的经济本质，奠定了"知识劳动"创造"知识产品"，从而形成"知识产权"的思想基础。

19 世纪末 20 世纪初，麦克劳得提出了"无形财产理论"。经济学家凡勃仑进一步提出无形财产是对"非物质设备的资本化"的理论，而"这种非物质设备存在于工程师和工人的技术能力中"，并认为"诸如特权、商标、牌记、商业秘密权、版权、法律保障的或者保密的特别方法的专用权、特殊原料来源的独家控制，这一切给它们的所

---

❶ 鲁友章. 经济学说史 [M]. 北京：人民出版社，1983.
❷ 吴汉东. 走向知识经济时代的知识产权法 [M]. 北京：法律出版社，2002.

有人一种造成级差利益的有利条件"[13]。凡勃仑不仅具体提出了知识产品这种"非物质财富",而且还指出了这种非物质财富得以形成价值（产生利益）的具体形式——具有财产所有权形式,即商业秘密权、版权、专用权等知识产权形式。至此,西方经济理论对知识产权的资产与价值属性有了明确的定义和诠释。

二、知识产权损害价值的经济思想基础

1. 知识产权损害赔偿价值的经济思想基础

从经济学角度来看,知识产权损害赔偿价值是一个经济学的问题。知识产权财产的内涵是创造性智力成果的价值,而其价值的实现需要以知识产权的使用、交易和转让为条件,并始终受到市场因素的制约。知识产权受到损害造成权利人的财产损失,包含该项知识产权市场份额的减少或权利价值的贬值,以及相伴随造成的知识产权权利人的其他财产损失,甚至还包括知识产权人身精神权益的精神损害赔偿。

2. 知识产权损害赔偿制度的经济思想基础

古代的法律制度中侵权行为就涉及经济赔偿问题,当时的赔偿是和刑事制裁紧密联系在一起的,主要主张"惩罚性赔偿"。损害赔偿制度发展到今天,已从早期的"惩罚性赔偿"演变成赔偿数额与实际损失基本相等的补偿性赔偿,"赔偿不再是对侵害人的惩罚,而是对受害人损失的弥补"。与之相应的也产生了一些相对规范的赔偿金额计算方法,形成了当代资产损害赔偿法律制度的基本框架。

无论是英美法系国家还是大陆法系国家,在民事法典和知识产权法,或相关司法实践与司法解释中,都有关于知识产权损害赔偿计算方法的条款。虽然这些方法与思想还缺乏科学性、系统性、规范性,但在一定程度上已经提出了知识产权赔偿中的经济问题与解决途径,形成了知识产权损害赔偿评估的制度基础。

第二节　知识产权损害赔偿评估的经济学基础

一、价值的决定

无论是传统实物资产与无形资产价值的评估,还是各类涉案资产损害赔偿的评估,都是价值的构成与数量确定的过程,都是对价值的研究与度量,是对不同对象在不同条件下的价值的确定。有关资产定价的经济理论也是知识产权损害赔偿评估的经济学理论基础。

1. 知识产权损害赔偿评估的成本定价思想

知识产权损害赔偿评估运用的经济理论是经济学的成本价值论。成本价值论认为,商品或资产的价值等于构成该商品各要素成本的价值或价格之和。由于在不同时点,

要素价格是不同的，成本定价有投入时的成本价值与估价时的现实价值之分，因此存在时间因素调整的需要，具体说就是资产价值通常由重置成本与成本利润两大部分构成。

2. 知识产权损害赔偿评估的收益定价理论

收益定价理论是以资产运用所得收益的现值作为资产的现行价值。以产生侵权收益或失去正常收益来反映知识产权损害价值，是收益定价理论在知识产权损害定价中的应用。在实际损害原则下，知识产权损害的价值可以表现为在被侵权期间的非法收益或合法损失，包括已发生收益或损失的现值，也包括未来收益减少的现值。

3. 知识产权损害赔偿评估的需求与效用定价基础

市场定价的理论认为，需求价值论认为商品的价值由市场供给和需求的双方共同决定，效用决定需求价格，成本决定供给价格，供求平衡时的交易价格即代表资产的价值。基于这一思想，知识产权损害赔偿价值可以理解为知识产权在特定时期内的交换价值，从而知识产权损害赔偿的市场定价即有了经济学的依据。

二、资产补偿

资产补偿主要是指对资产价值的补偿。资产价值的补偿是一个连续的过程，从创造完成或获得开始，至经济寿命或使用的结束，这种补偿发生在资产生命周期的每一个时段。

知识产权的补偿一般只有价值的补偿，而这种补偿也是在其使用过程中逐步实现的，即通过其收益创造逐步取得收益回报而最终实现其价值。从这个意义上来讲，知识产权的整体价值就是每一段价值补偿之和。当发生知识产权侵权损害情况时，损害期间的价值被全部或部分非法占有了，知识产权在该段时期的价值补偿就无法实现，这就是需要赔偿的损害价值，也就是我们通常所说的"知识产权损害补偿"价值。

知识产权的价值补偿，依据损害的形式或范围不一而不同。单一的损害，如销售知识产权侵权产品，补偿只限于与产品销量有关的直接利益的补偿；但生产经营环节的补偿则不同，它可能涉及直接的和间接的补偿。

三、货币的时间价值理论

货币的时间价值是指货币经历一定时间的投资和再投资所增加的价值，也称为资金的时间价值。随着时间的延续，货币总量在循环和周转中按几何级数增大，使得货币具有时间价值。因此，对知识产权损害价值进行评估时，必然要求考虑过去损失价值、现在损失价值、未来可能损失价值与现在损失价值之间的时间问题。因此，货币的时间价值，尤其是损失收益折现的问题，是知识产权损害价值评估的基础。

第三节 知识产权损害赔偿评估的资产评估学基础

一、知识产权的资产属性

资产是指特定权利主体拥有或控制的并能为其带来未来经济利益的经济资源❶。资产的基本特征包括三个方面：必须是经济主体拥有或控制的、必须能够以货币计量、必须是一种能够给经济主体带来经济利益的经济资源。

知识产权是一种无形资产。首先，知识产权是一种具有经济效用的经济资源，因为知识产权能够为人们创造价值、带来经济利益。其次，知识产权具有价值与使用价值，其价值表现为知识产权是人类脑力劳动所创造的，其使用价值表现为知识产权的有用性和稀缺性。再次，知识产权具有商品与财产属性，可以被特定权利主体拥有或控制，因为一方面，在知识产权法的保护下，知识产权具有排他性，可以被创造主体拥有或控制；另一方面，知识成果的价值必须通过知识产品的自由交换才能得到实现，被其他特定经济主体所拥有和控制。最后，知识产权的价值可以度量，因为其创造成本可计量、其收益能力可预测和其商品可交换，使得知识产权价值可以从市场、成本或收益的不同角度来反映知识产权的价值。同时，知识产权又具有非实体性、附着性、共益性、替代性、时效性等特点，是一种特定的无形资产。

二、知识产权损害赔偿价值的价值属性

知识产权损害赔偿价值即是知识产权的损害价值，该损害价值属于知识产权整体价值的一部分。因此，知识产权损害赔偿价值也就具有了资产的属性，即它也具有价值与使用价值、具有商品与财产属性，其价值也可以被度量，也是一种具有经济效用的、被他人非法占用的经济资源。

三、知识产权损害赔偿评估的资产评估基础

1. 资产评估的理论体系是知识产权损害赔偿评估体系的基础

知识产权损害赔偿价值评估是关于知识产权受损害的部分在特定时期与环境下的价值评估，因此资产评估的基本理论仍然适用于知识产权损害赔偿价值的评估。按照资产评估体系的一般理论，知识产权损害赔偿价值评估的理论体系至少应该包括评估的基本要素、评估的价值类型、评估的基本方法、评估的程序、评估报告及评估准则。资产评估关于这些问题的思想与理论，也是知识产权损害赔偿评估理论体系的主要内容。

---

❶ 刘玉平. 资产评估 [M]. 北京：中国财政经济出版社，2006：1.

2. 资产评估的基本要素也是知识产权损害赔偿评估的基本要素

资产评估所涉及的评估主体、评估客体、评估依据、评估目的、评估原则、评估程序、评估价值类型以及评估方法八个基本要素，也是知识产权损害赔偿价值评估需要涉及的基本要素。不过，知识产权损害赔偿价值评估需要更多地根据自身的特点，不能够简单地套用资产评估的理论与方法。

3. 资产评估报告制度是知识产权损害赔偿评估报告制度的基础

评估报告是按照一定格式和内容来反映评估目的、假设、程序、标准、依据、方法、结果及适用条件的报告书，这些内容为知识产权损害赔偿价值评估报告模式与内容提供了最好参照。

4. 知识产权损害赔偿评估是传统资产评估理论在司法诉讼领域的应用与发展

知识产权损害赔偿价值评估对象是处于特定案件环境下的知识产权受到损害的部分。这种价值评估也是一种经济估算的过程，只是评估行为服务于特定的赔偿目的。因此，知识产权损害赔偿价值评估是在借鉴传统资产评估的理论体系的基础上，更进一步发展的专门性、专业性问题的解决途径与方法。

第四节　知识产权损害赔偿评估的会计学与审计学基础

一、知识产权损害赔偿评估的会计学基础

1. 会计学的基本概念与方法是知识产权损害赔偿评估方法的基础

知识产权损害赔偿评估的财务会计基础是会计学的成本、收益和价格等基本概念及其运用。这些基本概念在知识产权损害赔偿价值评估的运用主要表现在知识产权损害价值评估的常用三种方法，即成本法（重置成本法）、收益法和市场价格法。

（1）成本会计与成本损失估价法

成本是会计的计价原则，知识产权会计成本记录了知识产权创造与后续相关活动中，发生的创造与推广应用历史成本记录，是知识产权价值量的最基本反映。会计记录的是历史成本，因此，在价值评估时需要根据评估时点对成本的时间价值进行修正，即重置成本价值。同时，从侵权角度来看，会计记录还反映了权利人或侵权人使用知识产权期间的生产经营成本，这些成本是核算知识产权运用在扣除成本后的正常收益或非法获利的基础。

（2）经营收益与收益损失评估法

经营收益是会计核算的基本内容之一，包括收入与费用的核算。知识产权收益核算则是核算运用知识产权创造收益的能力，发生侵权时这种收益就转化为侵权人的非法收益，从赔偿的角度说就是知识产权损害赔偿价值。经营收益会计核算记录为这种

赔偿价值提供了最有效的支撑数据与依据。

（3）会计记录的价格反映与市场价格法

会计计价以经济行为发生时的市场价格为依据。知识产权的会计计价除包括已经讨论的知识产权的各项资产与费用的市场价的记录和核算外，还有对知识产权产品价格及知识产权转让或许可的会计记录与核算。其中，知识产权转让或许可的会计记录反映了知识产权的市场交易价格，是知识产权价值的第三种表现形式，也是知识产权损害赔偿价值评估的基本方法之一，可以通过对差异因素的修正，估算出被侵害造成损失的价值。从知识产权的产品价格中，可以获得因侵权行为导致的销售量的减少和价格的多少，是评估损失的价值量的基础。

2. 财务会计资料是知识产权损害赔偿评估的重要依据

知识产权损害赔偿评估最大的特点就是与法律密切相关，评估过程大量涉及法律证据问题，评估所依据的资料的历史来源、客观性与合法性尤为重要。财务会计资料包括会计凭证、会计账簿（总账、分类账、明细账、成本账、收入账等）、会计报表（资产负债表、损益表、财务状况变动表、利润分配表、主营业务收支明细表、现金流量表）等，资料反映和记录了侵权人或被侵权人过去和现在的财务状况、经营成果等信息，是知识产权损害赔偿价值评估的重要依据。

二、知识产权损害赔偿评估的审计学基础

财务审计是按照《中华人民共和国审计法》及其实施条例和国家企业财务审计准则规定的程序和方法对企业资产、负债、损益的真实、合法效益进行审计监督，对被审计企业会计报表反映的会计信息做出客观、公正的评价，其目的是核实和反映企业资产、负债和盈亏的真实情况。

知识产权损害赔偿评估需要通过对被侵权人的经营损失或侵权人的非法获利的核实确认，来估算确定损害赔偿价值。不论是经营损失还是侵权人非法获利，都需要通过对与之相关的财务状况与经营情况的审计来加以确认。一般的财务审计包括会计报表和资产、负债、所有者权益、收入、费用、利润六个方面，知识产权损害赔偿评估则主要集中于会计报表审计、收入与成本费用审计、利润审计，这是因为损害赔偿价值评估关注的核心是运用知识产权获得的利润，而与利润直接关联的就是收入与成本费用。其中，知识产权损害赔偿评估的会计报表审计主要是对侵权者或被侵权者的资产负债表、损益表所进行的审计，核实财务账簿与资料的真实性、完整性、合法性与准确性；损益审计主要针对与知识产权损害相关的销售收入、销售成本、销售费用、产品（商品）销售税金及附加、管理费用、财务费用、所得税等会计项目进行；利润审计是对净利润的审计。

第三章　知识产权损害赔偿评估的基本理论

第一节　知识产权损害赔偿评估的定义与分类

一、知识产权损害赔偿评估的定义

知识产权损害赔偿评估是关于知识产权的损害价值确定的经济与法律行为的总和，是知识产权损害评估专业机构和人员，按照国家法律法规和知识产权损害评估准则，遵循评估原则，依照相关法律与评估程序，选择适当的价值类型，运用科学方法，对知识产权价值进行评定和估算的行为。

二、知识产权损害的种类

世界知识产权组织的成立，把知识产权的范围扩展到了"一切在工业、科学、文化或艺术领域由于智力活动所产生的权利制度的总和"。实际中，知识产权是以商业秘密权、著作权、商标权为核心，还包括专有技术、原产地、网络著作权、网络域名、植物新品种、集成电路布图设计、民间文学艺术、地理标志、特许经营权等。

知识产权损害是指由于侵权行为而导致知识产权价值的减少或丧失，因此，知识产权损害可以从知识产权的种类，或造成知识产权损害的表现形式、表现程度、结果的角度来进行分类。

1. 按知识产权种类分类

根据知识产权的种类，可以将知识产权损害划分为商业秘密权损害、著作权损害、商标权损害、专有技术损害和其他知识产权损害五大类。

商业秘密权损害，指由于非法使用或利用商业秘密技术，进行生产、经营、宣传等侵权行为，对发明商业秘密、实用新型商业秘密、外观设计商业秘密所造成的损害。

著作权损害，指由于非法使用著作权，或非法生产、销售著作权产品等侵权行为，对文学、艺术作品、计算机软件、网络作品、网络域名、集成电路布图设计等著作权造成的损害。

商标权损害，指由于使用商标权的侵权行为，对商标权、驰名商标、地理标志等造成的损失。

专有技术损害，指由于非法泄露、获得、使用专有技术，对技术秘密、商业秘密等造成的损害。

其他知识产权损害，指由于非法使用植物新品种、民间文学艺术、特许经营权等，对其造成的损失损害。

2. 按知识产权受损的表现形式分类

按知识产权受损的表现形式可以将其分为直接损害与间接损害、现实损害与未来损害、部分损害与完全损害。

（1）直接损害与间接损害

1）知识产权直接损害。知识产权直接损害是由于侵权行为而直接导致的、可以直接表现和直接计算的知识产权损害，表现为被侵权人经营利润下降或侵权人获得非法收益。

2）知识产权间接损害。知识产权间接损害是由于侵权行为而间接导致的、不易直接表现、也不易直接计算的知识产权损害。如侵权行为导致知识产权未来收益能力的减小，侵权产品的质量没有保障造成消费者对知识产权产品市场的消费倾向的潜在影响，被侵权人打假或维持经营所追加付出的代价等。

（2）现实损害与未来损害

从评估时点来划分时，可以将知识产权的损害划分为侵权期间已经形成的、现实的损害，以及在停止侵权之后仍在延续的、未来的、即将发生的损害，并与此相应形成的现实损害价值与未来损害价值。

（3）部分损害与完全损害

部分损害是指侵权行为给完整的知识产权中的一部分造成的损害，使知识产权的部分价值被非法分割丧失。完全损害是指侵权行为完全损害了知识产权的全部权利，使知识产权的价值完全被侵权人非法占有。完整的知识产权损害应该包含所有直接的损害和间接的损害、或显性的与隐性的损失，因知识产权被侵权而丧失的现实经济利益和未来利益，以及知识产权所有人的精神利益丧失和知识产权保护、维权的所有付出。部分损害赔偿评估是对知识产权损害赔偿的某一部分或某一种进行的评估，如只对知识产权丧失的现实经济利益进行的评估等，完全损害赔偿价值评估则是对知识产权遭受的所有损害进行的评估。

3. 按损害知识产权的表现程度分类

依据知识产权受损所表现的直观程度不同，可将知识产权分为显性损害与隐性损害。前者是指因侵权行为给知识产权造成的被直接表现出来、容易被发现和确认的损害。后者是指侵权行为给知识产权造成的没有被直接表现出来、不容易被发现和确认的损害，诸如侵权行为对知识产权未来收益能力的影响程度、对知识产权的可信赖程度、对知识产权潜在市场的影响等。

4. 按侵权导致的损害结果分类

根据损害结果的不同，可以将知识产权损害分为经济损害和精神损害。

经济损害是指知识产权价值的损害。这种损害是知识产权最直接、最显著的损害。精神损害是指知识产权的衍生损害，是由于侵权行为使得知识产权能够给合法持有人带来的精神、声誉方面的损害，这种损害往往不会直接或立即表现出来，而是间接的、在相当时间内逐渐地显现出来，并最终会转换为经济损害。

三、知识产权损害赔偿评估的分类

知识产权损害赔偿评估实际上就是对知识产权的损害价值进行评估。根据知识产权的类型与知识产权损害价值的类型，可将知识产权损害赔偿评估进行分类。按知识产权类型分类，知识产权损害赔偿评估分为商业秘密权损害赔偿价值评估、商标权损害赔偿价值评估、著作权损害赔偿价值评估、技术秘密损害赔偿价值评估和其他知识产权损害赔偿价值评估。按损害价值表现形式分类，知识产权损害评估可分为直接损害赔偿价值评估、间接损害赔偿价值评估、期权损害价值评估和完全损害价值评估。按评估范围分类，知识产权损害分为部分损害赔偿价值评估与完全损害赔偿价值评估。

知识产权损害赔偿评估具有法律性、客观公正性、专业性、服务于特定对象性和法定性与咨询性相结合的特点。

第二节　知识产权损害赔偿评估的前提、假设与原则

一、知识产权损害赔偿评估的前提

知识产权损害赔偿评估的前提是启动和实施评估工作的先决条件，当前提不存在时，损害赔偿价值评估工作就不具备开展的依据。根据性质的不同，可将评估前提分为侵权前提、行为前提与经济前提三大类。

1. 知识产权侵权前提

知识产权侵权前提实际上是指知识产权侵权成立前提，即"侵权行为成立"。侵权行为的成立，是产生知识产权损害赔偿的前提，也是进行损害赔偿评估的前提。根据《专利法》《商标法》《著作权法》等知识产权法的规定，知识产权的侵权判定通常有法院判决、知识产权行政管理部门裁决、专家判定等方式，主要涉及对专利权侵权、商标权侵权、著作权侵权、植物新品种权侵权等的判断。

（1）专利权的侵权判定

专利权的侵权判定，需要通过技术特征的对比进行，即将专利权利要求书记载的技术特征与侵权争议对象的技术特征进行对比分析。在进行分析时，应当将权利要求

中构成技术方案的全部必要技术特征与侵权争议对象的技术特征逐一进行对比，分析侵权对象中各个特征之间的关系、相应技术特征的技术实质或作用是否是一致。对于发明专利和实用新型专利侵权的判定，通常按照三个步骤进行。

1）确定专利权的保护范围。

《专利法》第59条规定："发明或者实用新型专利权的保护范围以其权利要求的内容为准，说明书及附图可以用于解释权利要求的内容。外观设计专利权的保护范围以表示在图片或者照片中的该产品的外观设计为准，简要说明可以用于解释图片或者照片所表示的该产品的外观设计"；第19条规定："权利要求书应当记载发明或者实用新型的技术特征"。因此，专利的权利要求书是确定专利权保护范围的唯一依据。

《中华人民共和国专利法实施细则》第20条规定："权利要求书应当有独立权利要求，可以有从属权利要求。独立权利要求应当从整体上反映发明或者实用新型的技术方案，记载解决技术问题的必要技术特征。从属权利要求应当用附加的技术特征，对引用的权利要求作进一步限定"；第21条规定："发明或者实用新型的独立权利要求应当包括前序部分和特征部分，按照下列规定撰写：（一）前序部分：写明要求保护的发明或者实用新型技术方案的主题名称和发明或者实用新型主题与最接近的现有技术共有的必要技术特征；（二）特征部分：使用"其特征是……"或者类似的用语，写明发明或者实用新型区别于最接近的现有技术的技术特征。这些特征和前序部分写明的特征合在一起，限定发明或者实用新型要求保护的范围。发明或者实用新型的性质不适于用前款方式表达的，独立权利要求可以用其他方式撰写。一项发明或者实用新型应当只有一个独立权利要求，并写在同一发明或者实用新型的从属权利要求之前"；第22条规定："发明或者实用新型的从属权利要求应当包括引用部分和限定部分，按照下列规定撰写：（一）引用部分：写明引用的权利要求的编号及其主题名称；（二）限定部分：写明发明或者实用新型附加的技术特征。从属权利要求只能引用在前的权利要求。引用两项以上权利要求的多项从属权利要求，只能以择一方式引用在前的权利要求，并不得作为另一项多项从属权利要求的基础"。

可见，所谓独立权利要求，是指从整体上反映发明或者实用新型的技术方案，记载为达到发明或者实用新型目的的必要技术特征。独立权利要求写在从属权利要求之前，它的结构由前序和特征两部分组成，二者合在一起限定发明或者实用新型要求保护的范围，即，前序部分与最接近的现有技术共有的必要技术特征+特征部分区别于最接近的现有技术的技术特征=专利权的保护范围。所谓从属权利要求，是指记载要求保护的发明或者实用新型的附加技术特征，对引用的权利要求进一步限定，其主要作用是专利权人用来维护专利权不被无效掉。因此，专利侵权判定中所说的权利要求，就是指独立权利要求，而不是从属权利要求。

关于侵权判定的标准，《最高人民法院关于审理专利纠纷案件适用法律问题的若干规定》第 17 条有明确的解释，即："专利法第 56 条第 1 款所称的'发明或者实用新型专利权的保护范围以其权利要求的内容为准，说明书及附图可以用于解释权利要求'，是指专利权的保护范围应当以权利要求书中明确记载的必要技术特征所确定的范围为准，也包括与该必要技术特征相等同的特征所确定的范围。等同特征是指与所记载的技术特征以基本相同的手段，实现基本相同的功能，达到基本相同的效果，并且本领域的普通技术人员无需经过创造性劳动就能够联想到的特征"。

《最高人民法院关于审理侵犯专利权纠纷案件应用法律若干问题的解释》第 7 条规定，"人民法院判定被诉侵权技术方案是否落入专利权的保护范围，应当审查权利人主张的权利要求所记载的全部技术特征；被诉侵权技术方案包含与权利要求记载的全部技术特征相同或者等同的技术特征的，人民法院应当认定其落入专利权的保护范围；被诉侵权技术方案的技术特征与权利要求记载的全部技术特征相比，缺少权利要求记载的一个以上的技术特征，或者有一个以上技术特征不相同也不等同的，人民法院应当认定没有落入专利权的保护范围"。

因此，判断专利侵权时，需要遵循技术特征的"全面覆盖原则"，即将被侵犯专利权利要求中记载的必要技术特征与被控侵权产品或方法中所有技术特征进行对比，涉案专利要求保护的所有必要技术特征全部被被控侵权产品或方法的技术特征覆盖的，侵权行为成立。

为了方便比较，通常要把独立权利要求分解成若干个相对独立的必要技术特征。这个过程，实际上就是对权利要求进行解释。解释权利要求的法定文件是专利说明书及附图。当然，专利文档等也是解释权利要求的重要参考文件。最后将前者的必要技术特征与后者的全部技术特征进行对比。

2）分析被控侵权物的技术方案，确定被控侵权产品或侵权产品所用方法的技术特征，即根据权利要求所记载的必要技术特征，对被控侵权产品或所用方法的技术特征进行对应的分解。

3）将经过分解的权利要求所记载的必要技术特征与被控侵权产品或所用方法的技术特征逐一进行比较，根据比较结果判断是否侵权。比较的结果可能出现以下几种情况。

① 专利权利要求所记载的必要技术特征与被控侵权物（产品或所用方法）的技术特征完全相同。即，假设涉案专利的必要技术特征包含 A、B、C 三个技术特征，而被控侵权产品或所用的方法也只包含 A、B、C 三个技术特征。此时，专利权的保护范围全面覆盖了被控侵权物，或者说被控侵权物完全落入了专利权的保护范围，专利侵权成立。

② 被控侵权物的技术特征多于专利权利要求所记载的必要技术特征。即，假设涉案专利的必要技术特征包含 A、B、C 三个技术特征，而被控侵权物包含 A、B、C、D

四个技术特征或者 A、B、C、D、E 五个技术特征。此时，被控侵权物全部包含了涉案专利的必要技术特征，专利侵权成立。

③ 专利权利要求所记载的必要技术特征多于被控侵权物的特征。即，假设专利权利要求所记载的必要技术特征包含 A、B、C、D、E，而被控侵权物的技术特征只包含 A、B、C、D。此时，被控侵权物缺少专利权利要求所记载的部分必要技术特征，没有完全落入专利权的保护范围，专利侵权不成立。

④ 专利权利要求所记载的必要技术特征与被控侵权物的特征不完全相同。即，假设专利权利要求所记载的必要技术特征为 A、B、C，而被控侵权产品的特征为 X、Y、Z。此时，若两者的技术特征之间具有实质性的区别，则专利侵权不成立；若两者的技术特征之间的区别属于非实质性的"等同替换"，则专利侵权成立。

在专利侵权案件中，等同替换的情况有以下六种表现形式。

第一种，技术特征等同置换。例如，涉案专利的必要技术特征包含 X、Y、Z 三个技术特征，被控侵权物包含 X、Y、W 三个技术特征，而技术特征 W 能够以与必要技术特征 Z "基本相同的方式，实现基本相同的功能，达到基本相同的技术效果，且显而易见"，那么技术特征 W 就看作是 Z 的等同置换，则判定侵权成立。

第二种，分解技术特征等同置换。例如，涉案专利的必要技术特征包含 X、Y、Z 三个技术特征，而被控侵权物包含 X、Y、w、z、v 五个技术特征，但技术特征 w、z、v 的组合能够以与必要技术特征 Z "基本相同的方式，实现基本相同的功能，达到基本相同的技术效果，且显而易见"，那么 w、z、v 就看作是技术特征 Z 的分解置换，则判定侵权成立。

第三种，合并技术特征等同置换。例如，涉案专利的必要技术特征包含 X、Y、w、z、v 五个技术特征，而被控侵权物包含 X、Y、Z 三个技术特征，但技术特征 Z 能够以与必要技术特征 w、z、v 的组合"基本相同的方式，实现基本相同的功能，达到基本相同的技术效果，且显而易见"，那么技术特征 Z 就看作是 w、z、v 的合并置换，则判定侵权成立。

第四种，部件的简单移位。当涉案专利是产品发明，并且其权利要求书中记载的必要技术特征是产品的部件及其组合关系时，如果被控侵权物的技术方案中的技术特征仅仅是对某个或者某些部件的简单变换位置，部件变换位置后仍然能够与专利权利要求中的技术特征一样基本上实现相同的目的、起到相同的作用、达到相同的技术效果，且这种简单的位置变换对本领域普通技术人员来说是显而易见的，则被控侵权物技术方案中的技术特征是对专利权利要求中记载的必要技术特征的等同替换。

第五种，方法步骤顺序的简单变换。当涉案专利是方法发明，并且权利要求中记载的必要技术特征是步骤、步骤之间的关系和条件时，如果被控侵权物的技术方案中的技术特征仅仅是对某个或者某些方法步骤的顺序的简单变换，顺序变换后，仍然能够与专利权利要求中的技术特征一样基本上实现相同的目的，起到相同的作用，达到相同的效果，且这种简单的顺序变换对本领域普通技术人员来说是显而易见的，则被控侵权物技术方案中的技术特征是对专利权利要求中记载的必要技术特征的等同替换。❶

第六种，使用迂回技术。例如，涉案专利涉及一种由 A、B 经化学反应得到 C 的技术方法，行为人则先将 AB 反应得到了 D，然后又将 D 进行处理得到了 C，"基本上实现了相同的目的，起到了相同的作用，达到了相同的技术效果，且显而易见"，则判定侵权成立。

⑤ 专利权利要求所记载的必要技术特征形式上多于被控侵权产品的技术特征，但多出的技术特征实质上属于附加技术特征。例如，涉案专利包含 A、B、C、D 四个技术特征，而侵权物包含 A、B、C 三个技术特征，从字面上看涉案专利的技术特征没有被完全覆盖，不成立侵权，但经分析发现 D 是涉案专利独立权利要求中的附加技术特征而非必要技术特征，因此，侵权物的技术特征仍旧完全覆盖了涉案专利的必要技术特征，判定侵权成立。

⑥ 专利权利要求所记载的必要技术特征是被控侵权产品技术特征的上位概念。例如，涉案专利的必要技术特征包含 X、Y、Z 三个技术特征，而被控侵权物包含 X、Y、W 三个技术特征，但 Z 是 W 的上位概念，则被控侵权物的技术特征仍然落入另外涉案专利的权利保护范围，仍构成侵权。

（2）商标权的侵权判定

《商标法》第 57 条规定："有下列行为之一的，均属侵犯注册商标专用权：（一）未经商标注册人的许可，在同一种商品上使用与其注册商标相同的商标的；（二）未经商标注册人的许可，在同一种商品上使用与其注册商标近似的商标，或者在类似商品上使用与其注册商标相同或者近似的商标，容易导致混淆的；（三）销售侵犯注册商标专用权的商品的；（四）伪造、擅自制造他人注册商标标识或者销售伪造、擅自制造的注册商标标识的；（五）未经商标注册人同意，更换其注册商标并将该更换商标的商品又投入市场的；（六）故意为侵犯他人商标专用权行为提供便利条件，帮助他人实施侵犯商标专用权行为的；（七）给他人的注册商标专用权造成其他损害的"。

一般而言，商标权的侵权判定，一是要判断被控侵权商标或标识与权利人的商标或标识所使用的商品是否属于同一种或类似商品，二是要判断被控侵权商标或标识与权利人的商标或标识是否相同或者近似。只有同时具备"商标构成近似"和"在同一或类似商品上使用"两个条件，侵权才能成立。

1）同一或类似商品的判定。判断商标或标识所使用的商品是否属于同一或类似商

---

❶ 徐兴祥. 专利侵权判定研究［D］. 北京：中国政法大学，2011：94.

品，主要是通过两种商品的具体情况进行比对。对于同一商品的判断相对比较容易，而对于类似商品的判断则比较困难。《最高人民法院关于审理商标民事纠纷案件适用法律若干问题的解释》第 11 条规定："商标法第 52 条第（一）项规定的类似商品，是指在功能、用途、生产部门、销售渠道、消费对象等方面相同，或者相关公众一般认为其存在特定联系、容易造成混淆的商品。类似服务，是指在服务的目的、内容、方式、对象等方面相同，或者相关公众一般认为存在特定联系、容易造成混淆的服务。商品与服务类似，是指商品和服务之间存在特定联系，容易使相关公众混淆"；第 12 条规定："人民法院依据商标法第 52 条第（一）项的规定，认定商品或者服务是否类似，应当以相关公众对商品或者服务的一般认识综合判断；《商标注册用商品和服务国际分类表》《类似商品和服务区分表》可以作为判断类似商品或者服务的参考"。该规定即是类似商品的判断标准。

2）相同或近似商标的认定。相同或近似商标的认定，是商标侵权判定不可或缺的重要环节。所谓相同商标，是指被控侵权的商标与权利人的注册商标完全相同，两者在视觉上基本无差别。即两者相比较，其文字的字形、读音、含义相同，其图形的构图及颜色相同，其各要素组合的整体结构相同，其立体形状、颜色组合相同。

判断商标相同的标准，《最高人民法院关于审理商标民事纠纷案件适用法律若干问题的解释》中作了具体规定。该解释第 9 条第 1 款规定："商标法第 52 条第（一）项规定的商标相同，是指被控侵权的商标与原告的注册商标相比较，二者在视觉上基本无差别"。

所谓近似商标，是指被控侵权的商标与权利人的注册商标相比较，其文字的字形、读音、含义或者图形的构图及颜色，或者其各要素组合后的整体结构相似，或者其立体形状、颜色组合近似，易使相关公众对商品的来源产生误认或者认为其来源与原告注册商标的商品有特定的联系。

商标或标识相同或者近似的判断标准，《最高人民法院关于审理商标民事纠纷案件适用法律若干问题的解释》同样作了具体规定。该解释第 9 条第 2 款规定："商标法第 52 条第（一）项规定的商标近似，是指被控侵权的商标与原告的注册商标相比较，其文字的字形、读音、含义或者图形的构图及颜色，或者其各要素组合后的整体结构相似，或者其立体形状、颜色组合近似，易使相关公众对商品的来源产生误认或者认为其来源与原告注册商标的商品有特定的联系"。

3）商品和服务分类。《商标注册用商品和服务国际分类表》《类似商品和服务区分表》是判断相同或类似商品的参考标准。一般地说，上述分类表和区分表最主要的功能是注册和管理，在商标注册时用于划分类别，方便注册审查与商标行政管理，与商品类似不尽一致。《商标法条约》第 9 条第（2）项也明确规定："［属于同一类别或属于不同类别的商品或服务］（a）商品或服务不一定因商标主管机关在其任何注册或公告中将它们列在《尼斯分类》的同一类别之下而视为类似。(b) 商品或服务不一定因商标主管机关在任何注册或公告中将它们列在《尼斯分类》的不同类别之下而视为不类似。所以在判断商品是否类似时，不能以此作为依据，仅可以作为判断商品类似的参考"。由此可见，无论是商标国际条约还是我国最高人民法院的司法解释，对分类表和区分表在商标侵权中的作用都是一致认识，即只能是参考标准，而不是评判的依据。

值得关注的是，判断商标相同或近似时，应当同时关注"相关公众的一般注意力""商标的整体与主要部分""对象的隔离比对""商标的显著性和知名度"四个方面。《最高人民法院关于审理商标民事纠纷案件适用法律若干问题的解释》第10条规定："人民法院依据商标法第52条第（一）项的规定，认定商标相同或者近似按照以下原则进行：（一）以相关公众的一般注意力为准；（二）既要进行对商标的整体比对，又要进行对商标主要部分的比对，比对应当在比对对象隔离的状态下分别进行；（三）判断商标是否近似，应当考虑请求保护注册商标的显著性和知名度"。也就是说，判断商标的相同或近似，要以"是否易造成普通消费者的误认"为标准，以普通消费者的立场、观点出发，采用隔离观察、整体观察和要部观察的比对方法，同时兼顾注册商标的知名度进行认定。

"相关公众的一般认知"是判断相同或类似商品的重要前提。"相关公众"是指"与商标所标识的某类商品或者服务有关的消费者和前述商品或者服务的营销有密切关系的其他经营者"。这就要求只能站在消费者的立场上，以普通消费者的观点来认定商标的近似性问题。商品的功能、用途、生产部门、销售渠道、消费对象等是判断相同或类似商品的客观标准。由于相关公众的一般认知具有明显的主观色彩，为缩小这一"模糊区"，最高人民法院结合司法实践，对类似商品的判定确立了相对客观的标准。根据该标准，商品的功能、用途相同，并且具有共同的消费对象、销售渠道的，一般应该认定为类似商品。❶

（3）著作权的侵权判定

根据《著作权法》和《中华人民共和国著作权法实施条例》的相关规定，在著作权侵权案件中，具体判断著作权侵权行为是否成立时，需要从被控侵权作品是否与权利人的作品相同、被控侵权作品是否属于合理使用和法定许可的范围、被控侵权作品是否经权利人许可三个方面进行考察。

1）被控侵权作品是否与著作权人的作品相同。著作权的客体是文学、艺术和科学领域内的作品，侵权行为成立的基础是被控侵权作品与著作权人的作品相同或实质上相同。《著作权法》第2条规定："著作权法所称作品，是指文学、艺术和科学领域内具有独创性并能以某种有形形式复制的智力成果"。可见，《著作权法》保护的作品必

---

❶ 伍斐. 从一起商标纠纷案谈商标侵权判定方法［OL］. http：//www. law - lib. com. 2004 - 6 - 10.

须满足三个条件："属于智力成果""具有独创性""具有可复制性"。因此，在具体判断被控侵权作品与权利人的作品两者之间是否相同时，需要从"是否属于智力成果""是否具有独创性""是否具有可复制性"三个方面去考察；而在此之中，"是否属于智力成果"和"是否具有可复制性"的判断相对较为容易，而难点在于判断被控侵权作品相对于权利人的作品"是否具有独创性"。

"独创性"是指作品由作者独立创作产生，包括"独立完成"和"创作性"两个方面。"独立完成"主要考察作品是否由作者独立构思而形成，而"创作性"则考察作品是否体现出作者的个性。《中华人民共和国著作权法实施条例》第3条规定："著作权法所称创作，是指直接产生文学、艺术和科学作品的智力活动"，"创作性"要求作品中要体现作者的取舍、选择、安排、设计等。

在具体的侵权判定中，"独立完成"可以通过相关证据予以认定：一是要考察其是否与原告作品有"接触"，即接触前一作品的机会，作为"独立完成"的判断依据；二是要考察其与原告作品是否"相同"或"实质相似"，即两者在文字、图形、动作等方面的"取舍、选择、安排、设计"是否"完全一致"或"在本质上一致"。其中，后者是认定的重点和难点。

在认定原告、被告的作品是否"实质相似"时，需要将原告作品中受著作权保护的部分（不包括"思想"及已处于公有领域中的"思想的表达"）与被告作品的相应部分逐一进行对比，考察两者在"取舍、选择、安排、设计等"方面的异同，判定两者是否实质相似。例如，图形设计中图案线条的轮廓、布局、色彩等的异同，文字作品中词语、表述方式、格式等的异同，音乐作品中节奏、韵律等的异同，舞蹈作品中肢体动作、连接等的异同。

2）被控侵权作品是否经著作权人许可。《著作权法》第47条规定："有下列侵权行为的，应当根据情况，承担停止侵害、消除影响、赔礼道歉、赔偿损失等民事责任：（一）未经著作权人许可，发表其作品的；（二）未经合作作者许可，将与他人合作创作的作品当作自己单独创作的作品发表的；（三）没有参加创作，为谋取个人名利，在他人作品上署名的；（四）歪曲、篡改他人作品的；（五）剽窃他人作品的；（六）未经著作权人许可，以展览、摄制电影和以类似摄制电影的方法使用作品，或者以改编、翻译、注释等方式使用作品的，本法另有规定的除外；（七）使用他人作品，应当支付报酬而未支付的；（八）未经电影作品和以类似摄制电影的方法创作的作品、计算机软件、录音录像制品的著作权人或者与著作权有关的权利人许可，出租其作品或者录音录像制品的，本法另有规定的除外；（九）未经出版者许可，使用其出版的图书、期刊的版式设计的；（十）未经表演者许可，从现场直播或者公开传送其现场表演，或者录制其表演的；（十一）其他侵犯著作权以及与著作权有关的权益的行为"。

《著作权法》第48条规定："有下列侵权行为的，应当根据情况，承担停止侵害、消除影响、赔礼道歉、赔偿损失等民事责任；同时损害公共利益的，可以由著作权行政管理部门责令停止侵权行为，没收违法所得，没收、销毁侵权复制品，并可处以罚款；情节严重的，著作权行政管理部门还可以没收主要用于制作侵权复制品的材料、工具、设备等；构成犯罪的，依法追究刑事责任：（一）未经著作权人许可，复制、发行、表演、放映、广播、汇编、通过信息网络向公众传播其作品的，本法另有规定的除外；（二）出版他人享有专有出版权的图书的；（三）未经表演者许可，复制、发行录有其表演的录音录像制品，或者通过信息网络向公众传播其表演的，本法另有规定的除外；（四）未经录音录像制作者许可，复制、发行、通过信息网络向公众传播其制作的录音录像制品的，本法另有规定的除外；（五）未经许可，播放或者复制广播、电视的，本法另有规定的除外；（六）未经著作权人或者与著作权有关的权利人许可，故意避开或者破坏权利人为其作品、录音录像制品等采取的保护著作权或者与著作权有关的权利的技术措施的，法律、行政法规另有规定的除外；（七）未经著作权人或者与著作权有关的权利人许可，故意删除或者改变作品、录音录像制品等的权利管理电子信息的，法律、行政法规另有规定的除外；（八）制作、出售假冒他人署名的作品的"。

对于经分析认定被控侵权作品与著作权人的作品相同或实质相似的，若被控侵权作品未经著作权人许可，存在上述《著作权法》相关条款规定的情况，又不属于合理使用和法定许可的，即属于侵权行为。

3）被控侵权作品是否属于合理使用和法定许可的范围。《著作权法》第22条规定："在下列情况下使用作品，可以不经著作权人许可，不向其支付报酬，但应当指明作者姓名、作品名称，并且不得侵犯著作权人依照本法享有的其他权利：（一）为个人学习、研究或者欣赏，使用他人已经发表的作品；（二）为介绍、评论某一作品或者说明某一问题，在作品中适当引用他人已经发表的作品；（三）为报道时事新闻，在报纸、期刊、广播电台、电视台等媒体中不可避免地再现或者引用已经发表的作品；（四）报纸、期刊、广播电台、电视台等媒体刊登或者播放其他报纸、期刊、广播电台、电视台等媒体已经发表的关于政治、经济、宗教问题的时事性文章，但作者声明不许刊登、播放的除外；（五）报纸、期刊、广播电台、电视台等媒体刊登或者播放在公众集会上发表的讲话，但作者声明不许刊登、播放的除外；（六）为学校课堂教学或者科学研究，翻译或者少量复制已经发表的作品，供教学或者科研人员使用，但不得出版发行；（七）国家机关为执行公务在合理范围内使用已经发表的作品；（八）图书馆、档案馆、纪念馆、博物馆、美术馆等为陈列或者保存版本的需要，复制本馆收藏的作品；（九）免费表演已经发表的作品，该表演未向公众收取费用，也未向表演者支付报酬；（十）对设置或者陈列在室外公共场所的艺术作品进行临摹、绘画、摄影、录像；（十一）将中国公民、法人或者其他组织已经发表的以汉语言文字创作的作品翻译成少数民族语言文字作品在国内出版发行；（十二）将已经发表的作品改成盲文出版。前款规定适用于对出版者、表演者、录音录像制作者、广播电台、电视台的权利的限制"。

《著作权法》第23条规定："为实施九年制义务教育和国家教育规划而编写出版教科书，除作者事先声明不许使用的外，可以不经著作权人许可，在教科书中汇编已经发表的作品片段或者短小的文字作品、音乐作品或者单幅的美术作品、摄影作品，但应当按照规定支付报酬，指明作者姓名、作品名称，并且不得侵犯著作权人依照本法享有的其他权利。"

凡属于上述法律规定可以合理使用和法定许可的情形，不能认定为著作权的侵权行为。

（4）植物新品种权的侵权判定

《最高人民法院关于审理侵犯植物新品种权纠纷案件具体应用法律问题的若干规定》第2条规定："未经品种权人许可，为商业目的生产或销售授权品种的繁殖材料，或者为商业目的将授权品种的繁殖材料重复使用于生产另一品种的繁殖材料的，人民法院应当认定为侵犯植物新品种权。被控侵权物的特征、特性与授权品种的特征、特性相同，或者特征、特性的不同是因非遗传变异所致的，人民法院一般应当认定被控侵权物属于商业目的生产或者销售授权品种的繁殖材料。被控侵权人重复以授权品种的繁殖材料为亲本与其他亲本另行繁殖的，人民法院一般应当认定属于商业目的将授权品种的繁殖材料重复使用于生产另一品种的繁殖材料"。因此，对于植物新品种权的侵权判定，主要是考察被控侵权物的特征、特性与授权品种的特征、特性是否相同，考察两者特征、特性的不同是否属于因非遗传变异所致，考察被控侵权品种是否属于以授权品种的繁殖材料为亲本与其他亲本另行繁殖的情形。

2. 知识产权损害赔偿评估的行为前提

行为前提是评估行为发生的第一个环节，实际上是评估委托或合同关系的建立。就目前国内的环境而言，知识产权损害赔偿评估涉及的委托主体通常包括人民法院、知识产权行政执法管理部门，以及知识产权纠纷当事人三种情况，由此而产生三种知识产权损害赔偿行为前提。

（1）人民法院侵权委托

司法诉讼是解决知识产权侵权纠纷最主要的途径。对于经过法庭审判认定侵权行为成立的案件，侵权人除了立即停止侵权行为外，还必须承担给权利人造成的经济、声誉、精神等方面的损失赔偿责任，而对于损害赔偿金额的估算则需要由专门的机构、根据具体的侵权事实、按照规定的程序、遵循科学的方法进行。

在具体的司法实践中，知识产权损害赔偿评估往往带有对损失金额进行司法鉴定的色彩，这是因为评估结论的采纳需要符合相关法律的规定所致。《中华人民共和国民事诉讼法》第76条规定："当事人可以就查明事实的专门性问题向人民法院申请鉴定。

当事人申请鉴定的，由双方当事人协商确定具备资格的鉴定人；协商不成的，由人民法院指定。当事人未申请鉴定，人民法院对专门性问题认为需要鉴定的，应当委托具备资格的鉴定人进行鉴定。"《最高人民法院关于民事诉讼证据的若干规定》第 25 条规定："当事人申请鉴定，应当在举证期限内提出"；第 26 条规定："当事人申请鉴定经人民法院同意后，由双方当事人协商确定有鉴定资格的鉴定机构、鉴定人员，协商不成的，由人民法院指定"。因此，司法诉讼中的知识产权损害赔偿评估活动，往往是在人民法院的委托下而进行的。

（2）知识产权行政执法机关委托

我国知识产权行政管理部门包括专利局、商标局、版权局、文化管理部门、海关、动植物检验检疫部门等，这些都可能成为知识产权损害赔偿评估的委托主体。

1）知识产权行政执法中的知识产权损害赔偿评估委托。行政执法是解决知识产权侵权纠纷的另一主要途径。当权利所有人发现知识产权受到侵权、知识产权被非法使用、知识产权产品被非法销售时，知识产权权利人或合法持有人可以请求行政执法机关对违法行为进行查处，并责令对知识产权的损害承担赔偿责任。

知识产权行政执法是各国知识产权赔偿的重要途径之一。TRIPS 的救济程序中专门规定了行政程序，涉及的条文多达二十条第 41 ~ 61 条）。TRIPS 第 49 条规定："行政程序。在能够决定以任何民事补救作为关于一案件案情实质的行政程序之结果的范围内，此类程序应遵守与本节中所规定的那些原则大体相等的原则"。

在我国，知识产权的行政保护是司法保护的重要补充形式。例如，《商标法》第 60 条规定："有本法第 57 条所列侵犯注册商标专用权行为之一，引起纠纷的，……可以请求工商行政管理部门处理。工商行政管理部门处理时，认定侵权行为成立的，责令立即停止侵权行为，没收、销毁侵权商品和主要用于制造侵权商品、伪造注册商标标识的工具，违法经营额五万元以上的，可以处违法经营额五倍以下的罚款，没有违法经营额或者违法经营额不足五万元的，可以处二十五万元以下的罚款。对五年内实施两次以上商标侵权行为或者有其他严重情节的，应当从重处罚。……"。

2）知识产权行政调处中的损害赔偿评估委托。国内大量的知识产权纠纷通过调处途径解决。《专利法》第 60 条规定："未经专利权人许可，实施其专利，即侵犯其专利权，引起纠纷的，……，可以请求管理专利工作的部门处理。管理专利工作的部门处理时，认定侵权行为成立的，可以责令侵权人立即停止侵权行为，……。进行处理的管理专利工作的部门应当事人的请求，可以就侵犯专利权的赔偿数额进行调解；调解不成的，当事人可以依照《中华人民共和国民事诉讼法》向人民法院起诉"。《商标法》第 60 条规定："对侵犯商标专用权的赔偿数额的争议，当事人可以请求进行处理的工商行政管理部门调解"。因此，知识产权行政调处中涉及赔偿数额时，往往需要委托专门机构进行评估。

知识产权行政调处通常包括如下几个方面，都可能涉及专利损害的评估。

1）知识产权使用费纠纷，未经权利人同意，使用他人的知识产权，应该支付合理使用费而产生的纠纷；

2）知识产权奖励费纠纷，发明人或创作人与所在单位就其应得的奖励及报酬所产生的纠纷；

3）申请权与归属权纠纷，涉及谁有权申请或拥有知识产权的权利；

4）知识产权合同纠纷，包括转让、技术入股、技术合作开发实施、许可贸易纠纷；

5）侵权纠纷。侵权纠纷是知识产权纠纷中最常见、最重要的纠纷，包括生产性侵权、销售性侵权及使用性侵权纠纷等。

（3）当事人委托

《最高人民法院关于民事诉讼证据的若干规定》第 26 条规定："当事人申请鉴定经人民法院同意后，由双方当事人协商确定有鉴定资格的鉴定机构、鉴定人员"。因此，在双方当事人取得一致意见的前提下，可以共同委托有鉴定资格的鉴定机构对知识产权损害赔偿额进行评估。

此外，知识产权侵权纠纷诉讼过程中，常常出现当事人和解而撤诉的情形，这时候的知识产权损害赔偿额的确定可能出现两种方式，一是协商确定，二是共同委托专业评估机构评估确定，此时的知识产权损害评估的委托主体也是当事人。

3. 知识产权损害赔偿评估的经济前提

知识产权损害赔偿评估的经济前提，主要是指知识产权损害价值是否存在。知识产权损害赔偿评估行为，必须建立在侵权行为和经济损害同时得到确认的前提下，才有进行的必要。知识产权损害价值是否存在，可以通过以下方法进行判定。

（1）通过侵权产品销售量判断

侵权产品（包括非法利用知识产权生产的相关产品）的销售量是反映知识产权损害程度的标志之一。尽管在理想状态下，当事人在侵权诉讼过程中提交侵权产品的销售票据、销售合同等，可以作为损害价值存在与否的判断依据或参考，并且若是知识产权行政执法，则可以直接查处到销售的产品或销售记录，作为判断的依据。但大多数情况是通过市场调研，了解和掌握与被侵权的知识产权有关的产品销售数量与价格情况，可以对知识产权遭受损害价值的存在做出判断。

（2）通过侵权者的经营账目进行判断

一般来说，企业经营的收入与支出等经济活动都由财务账簿等资料所记录，通过非法侵权者的经营与财务资料，就可以初步判断知识产权损害价值存在与否。对于财务制度健全且财务账簿保存完好的侵权企业，当财务报表反映其实施侵权行为后的收入较之前有增加时，即表明知识产权损害价值存在；而当财务报表反映其实施侵权行为后的收入较之前没有增加时，则表明知识产权损害价值不存在或很难直接被表现出来。

鉴于侵权人不一定提供真实、完整的财务资料，实践中往往需要通过审计调整侵权企业的财务账目和报表，才能真实反映其侵权获利情况。当侵权人拒不提供或无法提供财务资料时，该方法将无法操作。

（3）通过侵权者的经营税收信息判断

完税资料和信息通常可以反映出侵权单位在非法利用知识产权期间的一些财务信息，如盈亏状况、经营收入与利润、缴税多少等。这些信息往往可以直接或间接反映出知识产权损害价值存在与否。但应注意，通过侵权者的经营税收信息来判断损害价值的存在时，还需要从其他角度了解企业的经营状况，进行综合判断。

（4）通过被侵权者的经营账目进行判断

在生产和经营环境没有太大变化的情况下，通过对比被侵权人在侵权发生前后有关利用知识产权的经营收益情况，同样可以判断知识产权损害价值是否存在。若在其他情况未发生改变的情况下，权利人遭受侵权后收益情况明显下降，则可以判定知识产权损害价值的存在。运用此方法时，还需要注意排除非正常因素或人为因素的干扰和影响。

（5）通过知识产权的应用环境进行考察

所谓与知识产权有关的生产经营环境，是指知识产权合法持有者或侵权人所具备的生产条件、技术条件、经营管理能力，以及所属技术领域的行业状况与政策等。好的宏观经济环境和生产经营环境，必然为知识产权的应用与相关产品的生产经营创造积极条件，知识产权的利用程度和产品销售量就高，此时的侵权损害也就较大。因此，知识产权应用的环境因素有助于对知识产权损害价值的存在做出判断。

二、知识产权侵权损害赔偿评估的条件

与知识产权损害赔偿评估的前提相比，知识产权损害赔偿评估的条件解决的是知识产权损害赔偿评估的可行性问题。

1. 评估主体的条件

（1）委托主体的条件

知识产权损害赔偿评估的委托主体分三类：人民法院、知识产权行政管理部门、当事人。根据纠纷解决的渠道不同，对委托主体的要求也不同。

对进入诉讼程序的知识产权纠纷，委托主体是人民法院。人民法院在进行知识产权损害评估的委托时，必须建立在对侵权事实认定的基础上方可进行。同时，根据《最高人民法院关于民事诉讼证据的若干规定》第26条规定："当事人申请鉴定经人民法院同意后，由双方当事人协商确定有鉴定资格的鉴定机构、鉴定人员，协商不成的，

由人民法院指定";第15条规定:"人民法院认为审理案件需要的证据,是指以下情形:(一)涉及可能有损国家利益、社会公共利益或者他人合法权益的事实;(二)涉及依职权追加当事人、中止诉讼、终结诉讼、回避等与实体争议无关的程序事项"。因此,人民法院在委托评估时,可以根据当事人提出的评估申请,协调委托或指定评估机构;也可根据案件判决的需要,委托评估机构对知识产权损害赔偿额进行评估,作为判决的依据。

对进入行政调处与裁决、执法程序的知识产权纠纷,委托的主体是知识产权行政管理部门。此时的知识产权损害赔偿评估,需要建立在查明案件侵权事实和尊重当事人意愿的基础上,方可进行。

对于未进入司法与行政程序的知识产权纠纷,当事人可以根据自己的需要,以咨询目的委托评估机构对可能存在的知识产权损害进行评估。

(2)评估主体应具备的条件

根据《人民法院司法鉴定工作暂行规定》的要求,若知识产权侵权纠纷已经进入诉讼程序,则知识产权的损害价值评估同时应该遵守有关司法鉴定的规定,评估机构及其评估人员除应该取得财政部门与知识产权部门批准的从业资格以外,还应该同时具备司法部门批准的司法鉴定资格,方有资格接受司法部门的委托开展知识产权损害赔偿评估活动。

对于知识产权行政调处与裁决、执法过程中的知识产权损害赔偿评估,目前尚没有对评估机构与人员的专门规定,实践中有由资产评估机构评估的,也有由司法鉴定机构鉴定的情况。由于行政处理方式属于诉前行为,不受司法诉讼有关法规的限制,此时的知识产权损害评估不属于司法鉴定的范畴,因此,知识产权损害价值评估机构可以不需要取得司法部门批准的司法鉴定资格,而只需要按照财政部、国家知识产权局《关于加强知识产权资产评估管理工作若干问题的通知》的规定,取得财政部门批准的资产评估资格,但评估人员必须接受财政部和国家知识产权局共同组织知识产权评估专业培训与考核,获得知识产权评估专业证书。

对于当事人委托评估的情形,需要根据评估目的和评估行为未来服务的对象,选择由哪种评估机构来进行评估,以满足后续侵权纠纷处理的要求。例如,当事人计划采取行政调处或裁决的方式解决纠纷,则可以参照知识产权行政调处与裁决、执法过程中的知识产权损害赔偿评估,由经过财政部门和知识产权管理部门认可的机构进行评估;若打算今后直接进入司法程序,则可参照司法环节的知识产权损害评估方式,直接由同时经过财政部门、知识产权部门、司法部门认定的评估机构进行评估。

没有取得上述评估或司法鉴定资格的机构,一般不应该作为知识产权损害赔偿的评估主体。即使是咨询性质的评估,也应该由专业评估机构进行。

2. 进行评估的经济条件

经济条件是指知识产权损害赔偿评估行为得以进行的经济依据,以及经济信息的可取得性和可用性，也可称之为知识产权损害赔偿评估的可操作条件。

（1）知识产权损害价值的可估量性

知识产权损害价值的存在并不意味着损害价值能够被评估，可估量性是知识产权损害赔偿评估能够进行的条件之一。当缺乏可以进行计量的条件时，知识产权侵权赔偿只能采用法官酌量裁决方法进行。

1）实际经营损失与非法获利的可计量性。指被侵权所形成的损失或因侵权而获得的利益有计量的依据，能够以其为基础而采用规定或合理的方法进行具体量化。这种可计量性的基础或核心，是能够有足够的证据认定被侵权所形成的损失或因侵权而获得的利益确实存在，而且有明确的侵权或被侵权产品（服务）的数量依据。

2）损害赔偿价值的可估算性。指知识产权因被侵害所形成的价值损失或侵权人因侵权而获得的利益能够被科学、合理地计算。这种可估算性，需要能够获得规范、完整、真实的侵权或被侵权产品（服务）的生产、经营资料和财务资料，或同类知识产权的转让、许可等可利用资料或数据，同时有足够的行业、区域与国家的宏观经济数据及类似企业的经营数据与财务数据，以及知识产权被侵权使用的规模与程度等。

3）知识产权整体价值与损害价值的可分割性。指知识产权损害价值可以按照一定的比例从其整体价值中分离出来的可行性。可分割性的难点在于分离比例的确定，需要根据侵权期间知识产权所处的生命周期位置、已经实施运用状况、时间长短、市场渗透情况等综合确定。若这些因素对知识产权价值的影响程度可以以某种方式量化，则最终可以在整个知识产权价值中对知识产权损害价值进行确定和分离；否则，知识产权损害价值将无法进行估量。

（2）评估参照物的可比性

通过参照物可以实现对知识产权损害价值的估算，这种方法的关键在于所选择的参考对象与被评估知识产权之间的可比性。这种可比性因知识产权的对象不同而不同，专利权或技术秘密的重点在于技术上的可比性，商标权在于商标文字、图案的设计及其所用商品类别的可比性、著作权在于作品的布局、安排、表达方式等的可比性，等等。

例如，对于专利或专有技术而言，参照物的可比性至少应该包括以下几个方面。

1）技术上的可比性。即知识产权在技术领域、技术内容、技术效果、配套技术等方面的相似程度。技术上的相似，使得它们在具体使用时能够发挥相同作用，或取得相同的技术和经济效果，由此可以使得相互独立的知识产权之间具有可替代性和可选择性，即可以彼此成为相互间的参照对象。专利、专有技术的技术内容可比性以技术特征形式表现，而艺术作品的技术内容可比性以作品的图案、色彩、形态等形式表现。

技术上的可比性，是要在相互对比的知识产权之间建立起技术特征、技术效果、技术规模、技术阶段、技术产品、技术条件等之间的修正关系，使得相互对比的知识产权之间的差异可以被量化，而最终反映出价值的差异。

① 技术领域的可比性。技术领域的可比性，是要求参照对象的专利技术与待评估的专利技术属于相同或相似的技术领域。只有属于同一领域或相近领域的专利技术，其发挥的功能与作用才可能相同或相似，它们之间也才可能具有可比性。

② 技术内容的可比性。技术内容上的可比性只是要求进行对比的专利技术的技术要点在形式上接近或相似，并不要求它们在实质上完全相同。否则，比较对象之间必然存在知识产权上的冲突。技术内容上相似的特例就是某一专利技术自身，不同阶段的专利技术的使用与交易情况，本身就可作为参照对象。

③ 技术效果的可比性。技术效果上的可比性，表现为不同的技术可以实现相同或相似的技术结果或经济结果。所谓相同或相似的技术结果，就是在生产中可以解决相同或相似的技术问题、达到相同或相似的技术考核指标，或生产出同样质量的产品，实现相同或相似的经济指标。

④ 技术规模的可比性。技术规模上的可比性，是指专利技术在应用规模上要相近。由于技术特征的差异，或是技术环节的局部不同，可能导致技术效果相似的专利技术的应用规模不同，从而影响其使用价值和损害价值。一些技术在小规模应用（生产规模不大）或非产业化生产时，可以达到预期的技术效果，但在大规模化产业化应用时却往往达不到预期的技术效果，从而使其应用价值受到局限。因此，应用的技术规模存在较大差异的专利技术之间不具备良好的可比性。

⑤ 技术条件的可比性。技术条件的可比性，是指相互比较的技术在其实施应用时需要的配套技术条件应当相同或相似。任何一项技术在使用时都需要配套技术的支持，若不同的技术在应用时所需要的配套技术条件差异较大，则很难对它们之间进行比较。

⑥ 解决技术问题的可比性。解决技术问题是指技术方案所要达到的技术目的。有些技术从表面上看似乎很相近，但它们所实现的技术目的则可能完全不同。只有解决相同的技术问题的技术之间才具有可比性，具备这样条件的对象才可被用于专利或专有技术损害价值评估的参照物。

专利或专有技术在技术上的可比性应该同时满足上述几个方面的要求，只满足部分要求的，则不能作为参照对象。例如，只具备技术领域与技术内容上的可比性，而不具备技术效果等的可比性的专利技术，不能作为参照对象。

2）技术阶段（时间）上的可比性。

① 技术上的时间性。要求对比参照物的形成时间和有效时间差异不能太长。因为时间因素将直接影响知识产权的技术生命周期或价值内涵的变化，当相互对比的知识产权的时间差异较大时，由于技术、知识或认识等的发展与变化，将会导致知识产权之间丧失可比性。

不同知识产权在技术的时间可比性要求程度不同。对于专利和专有技术，要求该类知识产权在时间上尽量相近，特别是形成时间和所处生命周期接近。某些著作权和商标权的时间性较弱，如一般性的小说、书画作品、商标等，时间可比性要求就不高；而有些著作权和商标权的创作带有鲜明的时代特色，对它们的时间可比性要求就很高。

② 经济上的时间性。经济上的时间可比性要求进行对比的知识产权发生损害或交易与运用的时点差异不能够太长。当参照物之间的经济行为发生的时间差异太大的时候，由于知识产权运用所赖以存在的条件都发生了较大的变化，如成本条件、配套技术条件、市场条件、国家宏观经济政策等，从而使得知识产权的经济价值失去了可比性。

一般情况下，在宏观经济环境比较平稳的时期，进行对比的知识产权的类似经济行为发生时间不应该超过三年，否则将需要做较大的修正。

3）使用环境与交易条件上的可比性。

使用环境和交易条件的不同，将导致知识产权价值、从而引起损害价值的不同。使用环境与交易条件通常可分为正常使用环境与交易条件、特定使用环境与交易条件两种情况。所谓正常环境与条件，是指在公开市场条件下、按照普通的交易方式进行交易，按照一般的技术、经济与管理条件支撑知识产权的运用的情况，如公开技术市场上的专利权或专有技术交易，普通生产经营环节的知识产权利用等。在正常环境条件下，知识产权的可比性大。

所谓特定环境与条件，是指非正常情况下的知识产权交易与使用条件，如行业内部或系统内部的知识产权交易与使用、抵债或司法执行的知识产权、拍卖交易的知识产权等。在特定环境条件下，知识产权的价值会产生不同程度的扭曲，而且造成这种扭曲的因素不一，可比性小。

（3）评估数据的可用性

知识产权损害评估数据的可用性，是指用于确定损害赔偿额的具体数据能够合法取得和利用，这些数据包括当事人的财务与经营资料、行业和地方同类型企业的财务与经营资料、国家宏观经济数据、被侵权知识产权的产权资料与交易资料、技术市场有关知识产权的交易信息等。

在知识产权损害赔偿评估实践中，所取得的原始数据往往缺乏针对性和直接关联性，为了保证评估数据的可利用和评估结果的合理，必要时需要根据有关规定对其进行恰当的修正和补充。当取得的原始数据既无法直接采用，也没有办法通过修正而利用时，就意味着损害赔偿额将无法得到量化。

3. 评估资料与数据的合法获取

在知识产权诉讼中，知识产权损害赔偿评估的结论通常具有证据的属性，因而要求其评估过程中所采用的数据、资料等依据也必须依照法律途径合法取得。只有依据的数据合法、采用的方法符合评估规范、实施评估的主体也合法，才能获得合法的结论，评估报告和结论才可以被法庭采纳，作为判决的依据。

诉讼环节中，评估资料与数据的合法获取必须按照《最高人民法院关于民事诉讼证据的若干规定》中有关条款的规定进行，并需要得到人民法院和当事人的配合与支持。当评估所依据的资料与数据不能通过合法渠道、按合法程序取得时（如当事人不配合），或没有按照合法程序（或规定程序）取得时，知识产权损害赔偿评估就不可能进行下去，或评估的报告不能够作为证据使用，评估结果也将不能被采纳。

知识产权行政管理部门与当事人委托的知识产权损害评估，在评估依据和数据的取得方面也应该符合有关知识产权评估管理和资产评估操作规范的要求，知识产权行政管理部门可以要求评估实施主体按规定的程序取得评估资料和数据。

4. 知识产权损害赔偿评估专业人才条件

知识产权损害赔偿评估具有很强的专业性，一般的资产评估师、注册会计师和司法鉴定人员不可能把握其特殊的评估方法和要求，而必须由经过专门培训和考核的评估人员进行操作。在评估过程中还需要配备专业技术人员和知识产权、法律专家，组成专门工作小组，共同实施评估工作，才能保证评估结果的科学、合理、合法、有效。

三、知识产权损害赔偿评估的假设

资产评估存在一系列的假设[1]。根据开展评估工作条件的不同，知识产权损害赔偿评估的假设有公开市场假设、持续使用假设、经营资料真实性假设、正常经营管理假设、行业平均水平假设、地域性假设、合理推理假设等。

在理想状态下，知识产权损害赔偿评估所需要的资料与数据都是可以直接取得的。但评估实践中往往因为各种客观条件的限制，致使评估所需要的部分数据和依据无法直接取得，而必须在假设的基础上，通过合乎逻辑与情理的、科学的推理来确定，以确保评估工作的推进和评估结论的科学性与合理性。

1. 公开市场假设

公开市场假设要求的是自由竞争的市场[2]，从而使影响价值构成的各种要素都具有相同的价值标准来进行衡量，资产交换的价值受市场机制的制约并由市场行情决定，而不是由个别或特殊交易决定。当当事人不愿意提供或无法提供侵权期间的生产经营资料与数据时，公开市场假设能够解决知识产权或销售知识产权产品应当获得的合理收益估算问题。并且，利用参照物对知识产权损害的价值进行比对评估时，要求参照对象的对比指标是在公开市场条件下形成的，或可以被修正为公开市场条件下的水平。

---

[1] 刘玉平. 资产评估［M］. 北京：中国财政经济出版社，2006：16.
[2] 刘玉平. 资产评估［M］. 中国财政经济出版社，2006：17.

2. 持续使用假设

持续使用假设通常包含在用续用、转用续用与移地续用三种情形，❶ 其实质是对评估结论及其适用范围的一种限制。持续使用假设首先设定被评估资产正处于使用状态，包括被评估的资产本身和与之相配套使用或备用的资产，如知识产权及其使用所必须依附的实物资产与流动资产；其次根据有关数据和信息，推断这些处于使用状态的无形和有形资产仍将继续使用下去。

在持续使用假设前提下，被评估资产面临的市场条件和环境具有连续性和延续性，资产本身也处于一种存续状态，由此而使评估工作可以评估基准日为基点向前或后延续，为资产的时间价值和收益预测提供可靠的依据。

当只考虑侵权对知识产权已经造成的直接损失时，只涉及侵权人或被侵权人对原有知识产权利用的用途和方式的续用，此时的持续使用假设属于在用续用。当不仅考虑侵权对知识产权已经造成的直接损失，而且同时考虑侵权行为对知识产权造成的间接损失时，持续使用假设可能同时包含在用续用、转用续用和移地续用；因为间接损失包括了侵权行为对以后使用知识产权的各种用途与利用方式的不利影响。

知识产权损害赔偿评估往往是针对知识产权在侵权这一特定期间内，对知识产权的特定利用方式而形成的损害价值进行的评估，无论是对已经发生的现实损害还是将要发生的隐性损害，都需要建立在已经发生的案件事实基础上，延续对知识产权的使用才能够进行度量。

需要注意的是，将要发生的隐性损害中可能包含有对侵权期间知识产权利用方式的改变，但这种改变只不过是使用形式的不同，并不能够改变对知识产权持续使用的要求。因为，不论是过去还是将来，如果丧失了持续使用的前提，也就失去了持续产生损失的条件，则评估出的损害价值将是片面的、不完整的。

3. 经营资料真实性假设

经营资料真实性假设是指对当事人按规定的程序，向人民法院、知识产权行政管理部门或知识产权损害赔偿评估机构提交的，有关利用知识产权进行生产经营的资料与数据的真实性假设；或对人民法院、知识产权行政管理部门行使司法或执法权直接查取的当事人利用知识产权进行生产经营的资料与数据的真实性假设。它包括资料形式上的真实假设与资料内容和数据的真实假设。

经营资料真实性假设是开展知识产权损害赔偿价值评估工作的重要基础之一，因

---

❶ 刘玉平. 资产评估［M］. 北京：中国财政经济出版社，2008：18. 在用续用指的是处于使用中的被评估资产在产权发生变动后或资产业务发生后，将按其原来或正在使用的用途及方式继续使用下去。转用续用则是指被评估资产将在产权发生变动后或资产业务发生后，改变资产原有或现有的用途及使用方式，采用新的用途继续使用下去。移地续用则是指被评估资产将在产权发生变动后或资产业务发生后，改变资产原来或现在使用的空间位置、转移到其他空间位置上继续使用。

为在评估中常常出现资料和数据不真实的情况。受客观条件限制，司法和行政机关，或知识产权损害评估人员无法判断这些资料和数据的真实性的时候，为保证评估工作能够进行，需要在尽可能核实和判断的基础上，对经营资料的真实性进行假设。这种假设区别于公开市场和持续使用假设，是建立在核实和判断基础上的一种假设。

《最高人民法院关于民事诉讼证据的若干规定》，就有关诉讼证据的合法审核认定进行了明确规定，知识产权侵权纠纷诉讼案件中，经过法庭审核认定或对方当事人认可的经营资料，在进行知识产权损害赔偿评估时可以视为真实的资料。上述规定第 63 条规定："人民法院应当以证据能够证明的案件事实为依据依法作出裁判"；第 65 条规定："审判人员对单一证据可以从下列方面进行审核认定：（一）证据是否原件，原物复印件、复制品与原件、原物是否相符；（二）证据与本案事实是否相关；（三）证据的形式、来源是否符合法律规定；（四）证据的内容是否真实；（五）证人或者提供证据的人与当事人有无利害关系"；第 70 条规定："一方当事人提出的下列证据，对方当事人提出异议但没有足以反驳的相反证据的，人民法院应当确认其证明力：（一）书证原件或者与书证原件核对无误的复印件、照片、副本、节录本；（二）物证原物或者与物证原物核对无误的复制件、照片、录像资料等；（三）有其他证据佐证并以合法手段取得的、无疑点的视听资料或者与视听资料核对无误的复制件；（四）一方当事人申请人民法院依照法定程序制作的对物证或者现场的勘验笔录"；第 72 条规定："一方当事人提出的证据，另一方当事人认可或者提出的相反证据不足以反驳的，人民法院可以确认其证明力"。在对进行诉讼的知识产权损害评估时，对于没有得到审核认定和当事人认可的资料与数据，则需要以真实性假设来作为弥补。

对于行政调解或裁决的知识产权纠纷，可以参照诉讼形式的要求对相关资料进行取证与审核认定，但更大程度依赖于当事人双方对有关资料与数据的认可；而对于当事人委托评估的情况，则基本依赖于当事人双方对资料与数据的认可。在这两种情况下，真实性假设将对评估工作发挥重要作用。

当然，在进行真实性假设时，提供资料的当事人必须对这些资料的真实性负责，并承担由此引发的一切法律责任。同时，评估机构和评估人员必须在评估报告中就采用真实性假设的理由、涉及的内容，以及由此可能导致的结果进行披露，以提示报告使用者注意。

4. 正常经营管理假设

正常经营管理假设是指资产使用者采用正常的经营管理方式，而非特殊的经营手段，进行与资产有关的生产经营活动，并取得收益。其包含两层含义：一是资产的使用者在运用资产的生产经营过程中，在生产条件创造、市场开拓和营销手段方面都与市场中大多数企业一致，没有采取特殊的经营手段或交易方式，而获得非正常的高额利润；二是资产的使用者在运用资产的生产经营过程中，没有采用特殊的管理方法而获得超额利润。

正常经营管理假设的目的是要剔除资产使用者自身的特殊因素对资产利用效率的影响，从公开市场平均经营管理水平的角度来考察资产的价值，使其价值反映更具合理性。

知识产权损害赔偿评估中，特别需要区分知识产权所创造的价值与当事人特殊经营管理因素所创造的价值。当事人双方都不能够提供生产经营资料与数据的情况发生时，对知识产权损害价值的评估只能在正常经营管理假设下，通过对知识产权利用的各相关数据进行合理的推测与预测来实现。

5. 行业平均水平假设

行业平均水平假设是指资产使用者除了利用资产特点能够带来成本的节约或超额的收益外，以行业平均生产与收益水平为参考，采用正常的经营管理方式，进行与资产有关的生产经营活动，在公开市场中通过资产的竞争优势而获取利益。

行业平均水平假设的目的是要剔除非技术原因以外的一些特殊因素造成的成本与收益偏离一般水平的部分，如特殊的劳动力资源、原材料渠道与销售渠道、低息贷款等。在此假设条件下，可以将知识产权利用中涉及的特殊因素剔除，合理地反映知识产权因为侵权而遭受的真实损害价值。对于当事人不能够提供生产经营成本与收益资料的侵权纠纷，行业平均水平假设对损害价值的评估具有更特殊的意义。它是利用知识产权进行生产经营的成本和收益预测和估算的基础。

6. 地域性假设

地域性假设是指对利用知识产权进行生产经营活动的区域和范围进行的一种假定性描述和说明。

对于知识产权损害赔偿价值而言，由于侵权行为发生多有特定的区域性特点，使得与侵权行为关联的知识产权利用的投入与产出带有浓厚的区域性色彩。因此，特别需要对这种损害价值的区域性条件加以限制，否则将造成对知识产权损害价值的高估或低估。

在知识产权损害赔偿评估中，地域性假设的重要作用还表现在当没有当事人利用知识产权的生产经营资料与数据时，评估的许多推测与预测数据都必须建立在区域性假设的基础上，才可能符合案件的实际情况。

上述假设中，公开市场假设、持续使用假设属于基本假设，经营资料真实性假设、正常经营管理假设、行业平均水平假设、地域性假设等属于辅助假设。

四、知识产权损害赔偿评估的原则

1. 知识产权损害赔偿评估的工作原则

工作原则是知识产权损害赔偿评估中应该遵循的总体原则，是从宏观角度把握评估方向的基本原则。

（1）客观性原则

一方面要求评估机构实事求是地进行评估并得出结论，另一方面要求当事人按照法定或规定的程序，提供其评估所需的真实资料。

（2）科学性原则

要求资产评估机构和评估人员必须遵循科学的评估要求和程序，以科学的态度制定评估方案，根据评估的特定目的，选择适用的价值类型，采用科学的评估方法进行资产评估。在整个评估工作中必须把主观评价与客观测算、静态分析与动态分析、定性分析与定量分析有机地结合起来，使评估工作做到科学合理、真实可信[1]。

（3）公平性原则

要求以中立的第三者身份客观地进行评估。

（4）可行性原则

要求评估的方案、方法和条件都是可行的，所依据的资料和数据也是可以获得的。

（5）合理性原则

要求参数选择、数据取用以及评估结论，都应符合评估对象的实际情况，要求评估人员去除不应该计入损害范围的内容，合理计算损害价值的大小，以避免评估价值过于"理论化"而偏离实际价值。

（6）针对性原则

首先要求评估过程要根据评估对象的特点，合理地选择价值类型、评估方法和数据；其次要求知识产权损害赔偿评估必须针对知识产权被侵害的程度与范围，不能将不属于侵权损害范围内的知识产权价值或其他资产的损害价值计入评估价值中。

已进入司法程序或行政处理程序的知识产权纠纷，其受损程度与范围由法庭审理判定，或经行政调处或裁决认定。未进入司法程序或行政处理程序的知识产权纠纷，评估人员就必须自己对知识产权损害的范围与程度进行判断。

2. 知识产权损害赔偿评估的技术原则

知识产权损害赔偿评估的技术原则既包括资产评估需要遵循的预期收益原则、供求原则、贡献原则、替代原则、评估基准日原则，也包括知识产权损害特有的公允价值原则、针对性原则等。

（1）预期收益原则

预期收益原则是指评估工作中，对资产或损害价值的判断，要以资产能否为拥有或利用者带来经济收益或效用为基础，要求资产价值可以不按过去的生产成本或销售价格决定，而是基于对未来收益的期望值决定，其实质是资产的收益能力，包括过去

---

❶　刘玉平. 资产评估［M］. 北京：中国财政经济出版社，2006：20.

的预期收益能力和未来的预期收益能力，并可以以侵权人的非法经营收益或被侵权人的合法收益损失两种形式进行预期。

（2）供求原则

供求原则指资产价值或价格随市场供求关系变化而变化，是价值评估中必须遵循的原则，因为供求规律必然影响知识产权损害价值的大小。知识产权损害赔偿评估中的供求原则的运用通常表现为两个方面：一是知识产权本身的市场供求，二是影响知识产权收益能力的相关要素的市场供求。

同类型、类似效果的知识产权越多，单一知识产权的价值就越低，其受到损害时被损害的价值就越小。知识产权实施所需依赖的相关要素的市场供给越充足，实施知识产权的附加成本就越低，知识产权对利润的贡献率就越大，知识产权受到损害时的损失就越大。

（3）贡献原则

贡献原则是指个别资产对创造整体资产价值的贡献率大小。这一原则将知识产权的价值或损害价值从包括知识产权在内的整体资产价值或损害价值中分离出来，使对知识产权的损害价值不会被夸大而失实，保证评估结果的公平、合理。

（4）替代原则

替代原则是指当同时存在几种效能相同的知识产权时，应以最低价格的知识产权替代其他知识产权。在价值评估时，待评估知识产权的可选择性和有无替代性是必须考虑的因素。

影响评估对象价值构成要素的关联价格或价值的考察和选取，存在评估数据的合理替代问题，正确运用替代性原则是评估结论公平、合理的重要保证。

（5）评估基准日原则

评估基准日原则是指知识产权损害价值评估需要确定一个固定的时点，将评估中涉及的市场条件和一切价值反映都统一到该时点，以保证各关联价格或价值之间的可比性和一致性，使损害价值评估工作具有可操作性，确保评估结论能够经得起市场检验。

在一般的评估实践中，通常会涉及过去、现在和将来三个时点。知识产权损害价值评估基准日的确定，可以根据知识产权纠纷案情的实际情况进行，通常可以选择立案时间、停止侵权时间、判决或结案时间、委托评估时间作为评估基准日。为了减少执行赔偿时损害赔偿的实际价值与评估价值之间的差异，评估基准日的选取应尽量后移，以委托评估日为准比较合理。倘若赔偿执行的时点距离评估基准日较长，则应当酌情考虑时间价值因素，对赔偿金额作适当的调整。

（6）公允价值原则

公允价值原则要求价值评估过程及其结果中所涉及的价值或价格，要以市场和社会公认的价格水平或行业平均水平为标准，使评估结论公平、合理。

知识产权损害价值评估中的公允价值原则有两层的含义：一是评估过程中涉及确定价值与价格问题时，必须遵循公允价值原则；二是评估结论是公允价值的反映。当按照完全补偿原则评估损害价值时，损害赔偿考虑的是对知识产权市场价值遭受到损害部分的完全补偿，此时的评估得到的知识产权损害价值属于基本的公允价值。当按照部分补偿原则或惩罚性原则评估损害赔偿价值时，损害赔偿考虑的是对知识产权市场价值遭受到损害部分的不完全补偿或超额赔偿，此时评估得到的知识产权损害价值属于特殊的公允价值。不论评估结果属于哪一种类型，其评估过程中都必须遵循基本的公允价值标准，只是在结论的表达环节才有区别。

知识产权损害价值可以根据案件情况的不同，表现为反映市场价值的公允价值的基本形式，也可以表现为反映特定赔偿需要、专门服务于司法赔偿的公允价值的特殊形式。

3. 知识产权损害赔偿评估的法律原则

知识产权损害赔偿评估的行为、过程、结果在很大程度上都具有法律的特征。在其评估过程中不仅仅需要遵循工作原则与技术原则，还必须符合有关法律法规的要求，遵循法律原则。

（1）程序合法原则

知识产权损害赔偿评估程序合法通常包括以下几方面。

1）委托的程序合法。委托程序合法包括委托行为合法与接受委托合法两个方面。

就委托行为而言，首先要求委托主体的条件合法，即委托主体必须是各级人民法院、知识产权行政管理部门或发生知识产权纠纷的当事人。其次是要求委托的顺序要合法，即必须要在查清事实、判定知识产权侵权行为成立、明确侵权范围的前提下，才能够实施评估委托；即使是咨询性质的损害价值评估，当事人也要尽量事先通过专家对侵权行为和侵权范围进行判断。然后是只能委托具有知识产权损害赔偿评估资格的机构进行评估。最后是要求委托的形式要合法，即必须以委托书或协议形式进行正式委托，明确评估目的、评估基准日、评估范围，以及评估的特别要求等，不能以口头或没有准确要求和没有确切依据的其他形式进行委托。

就接受委托而言，首先要求评估机构自身条件合法。其次是接受委托的程序合法，即只接受已经有明确侵权及其范围判定的委托；即使是当事人委托，也应当要求当事人提供侵权判定专家意见书，或由当事人声明由评估人员帮助判定，但不对判定结果负责。然后是只能接受具有合法委托主体资格的单位或自然人的评估委托，即只能接受各级人民法院、知识产权行政管理部门或发生知识产权纠纷的当事人的委托。最后是要求接受委托的形式要合法，即要以正式的委托书或评估协议书为依据接受委托。

2）实施评估的程序合法。实施评估的程序合法是指从接受评估委托开始，到提交评估报告的整个过程，都要遵循评估准则，按照规定的步骤和方法进行评估工作。要求评估人员必须按照评估准则规定了解评估对象、制订评估计划、取证、确定评估方法和模型、得出评估结论和提交评估报告，不遗漏或改变评估程序。

知识产权损害赔偿评估中，对实施评估的程序要求更加严格。在接受评估委托和开始其他评估程序之前，必须取得人民法院或知识产权行政管理部门对知识产权的侵权判决或裁决书，作为确定评估范围的依据。对于非诉讼和行政处理环节之外的当事人委托评估的情况，评估机构和评估人员也必须在取得知识产权侵权判断专家意见书之后，才能开展后续评估工作。

3）取证的程序合法。实施评估取证的程序合法，是指在知识产权损害赔偿评估过程中，对知识产权相关经营、财务、技术等资料和数据的取得，必须符合有关法律法规关于诉讼证据的有关规定。《最高人民法院关于民事诉讼证据的若干规定》第 20 条规定："调查人员调查收集的书证，可以是原件，也可以是经核对无误的副本或者复制件"；第 21 条规定："调查人员调查收集的物证应当是原物。被调查人提供原物确有困难的，可以提供复制品或者照片"；第 30 条规定："人民法院勘验物证或者现场，应当制作笔录，记录勘验的时间、地点、勘验人、在场人、勘验的经过、结果，由勘验人、在场人签名或者盖章"。

4）评估报告与结论的使用程序合法。评估报告与结论的使用程序合法主要指知识产权诉讼过程和行政处理过程中，对于评估结论的采纳必须经过法庭质证或专家听证，对评估结论进行认定后，才能够被正式采纳作为司法判决和行政处理（裁决与执法）的依据。

对于经过法庭质证或专家听证认为明显存在评估结论依据不足、缺乏科学性的评估结论，需要根据评估总体的要求进行补充评估或修正；对于价值严重失实、评估程序和主体不合法的，不能采纳评估结论作为判决或裁决赔偿标准的依据。

（2）依据合法原则

依据合法原则，是指知识产权损害赔偿评估所依赖的数据与资料必须是按照法律、法规和评估操作规范取得的，具有法律效力的证据，或符合评估规范要求的依据；同时，评估所依赖的方法与手段应当出自于资产评估准则、会计审计准则和司法鉴定规范所规定的方法与手段。

（3）评估报告合法原则

评估报告合法原则，是指评估报告的形式和记载的内容必须符合评估规范的要求。首先，评估报告必须包括评估报告正文、评估说明、评估明细表与附件四个部分，并要在形式上符合标准格式的要求；其次，评估报告正文至少要对评估对象、评估目的与基准日、评估假设与原则、评估模型与方法的选取、评估依据的取得与选取、评估过程、评估结论，以及对评估中不确定事项和特别事项的声明等内容进行简要描述，评估说明则必须对评估报告涉及的内容进行详尽说明；然后，评估附件必须包括评估所涉及和依据的有关产权与经营资料等证据，以及评估委托书等；最后，评估报告必须由具有评估资格的评估机构出具，并由两个以上具有评估资格的评估人员签署报告。

第三节 知识产权损害赔偿评估的价值类型与评估目的

一、价值类型概述

价值类型是指资产的价值以何种方式表现出来。关于价值类型，代表性观点有两种：一种是将价值分为现行市价、重置成本、收益现值和清算价格；另一种是根据《国际评估准则》将价值划分为市场价值和非市场价值。当然，还有投资价值、转让价值、清算价值、兼并价值、补偿价值等分类。

资产评估的价值类型，是指资产评估结果的价值属性及其表现形式。关于价值的分类方法有多种，主要分类方法与价值类型有四类。

1. 以资产评估的估价标准形式表述

资产评估的估价标准是资产评估的核心内容，每一项具体的资产评估业务都只有唯一的资产评估估价标准与之对应。资产评估有四大估价标准，即收益现值标准、重置成本标准、现行市价标准和清算价值标准，与此对应的资产评估的价值类型也有收益现值类型、重置成本类型、现行市价类型和清算价值类型四种。

2. 从资产评估假设的角度表述

资产评估的假设前提有公开市场假设、持续使用假设、清算假设等，相应的评估结果的价值类型也可以划分为公开市场价值类型、持续使用价值类型和清算价值类型。

公开市场价值是指资产在公开竞争市场上进行交易或处置时所能够获得的最可能价格。持续经营价值是指在持续经营条件下的价值。清算价值是指在非公开市场上限制交易的价值，一般低于现行市场价格，其大小一般取决于资产通用性和清算时间长短，通用性越高，市场价格越高，清算时间越充分，市场价格可能越高。

3. 以评估业务的性质和评估结论的使用范围划分

可分为在用价值、投资价值、转让价值、清算价值、兼并价值、补偿价值、抵押价值等。

4. 以资产评估所依据的市场条件和使用状态划分

可将评估价值划分为市场价值类型和市场价值以外的价值类型。

按照《国际评估准则》的定义，市场价值作为各种市场的价值的标准（standard of value for all market），是指在当事人掌握了所有必要信息进行正常交易且交易额不受任何特殊条件影响的情况下，该评估对象在公开竞争市场上进行处置时能够获得的最可能价格。所有不满足市场价值定义的价值类型都称为非市场价值。非市场价值可以包括在用价值、投资价值、持续经营价值、保险价值等。

二、知识产权损害赔偿评估的价值类型

每一项知识产权损害赔偿评估中都涉及评估价值类型的选择，同一知识产权损害价值可以用不同的价值类型来表现。评估师应当在与委托主体及当事人进行充分讨论之后，根据评估目的选取合适的价值类型，并对选用的价值类型进行明确定义和说明，避免使用未经定义的、笼统的价值概念。

1. 知识产权损害赔偿评估的价值类型分类

（1）以资产评估的估价标准形式表述的价值类型

由于知识产权损害价值在本质上是知识产权价值的一部分，除清算价值以外，资产评估的收益现值标准、重置成本标准、现行市价标准仍然适用于知识产权损害价值。因此，知识产权损害价值类型也可按估价标准形式分为收益现值类型、重置成本类型、现行市价类型三种。

（2）以知识产权损害赔偿评估假设表述的价值类型

知识产权损害赔偿评估的假设前提有公开市场假设、持续使用假设两个基本假设，和经营资料真实性假设、正常经营管理假设、行业平均水平假设等辅助假设，与其相应的评估结果的价值类型也有公开市场价值类型、持续使用价值类型等。

（3）以知识产权损害赔偿评估业务性质和结论的使用范围划分的价值类型

包括诉讼赔偿价值类型、行政裁决赔偿价值类型、行政调解赔偿价值类型、直接损害价值类型、间接损害价值类型、实际损害价值类型、惩罚性赔偿价值类型、完全损害价值类型等。

（4）以市场条件和使用状态划分的价值类型

根据知识产权损害赔偿评估所依据的市场条件和使用状态，可将评估价值划分为市场价值类型和市场价值以外的价值类型。

2. 知识产权损害赔偿评估的基本价值类型

知识产权损害赔偿评估的价值类型尽管有多种分类方法，但在实践中使用较多，并与国内现有知识产权法律、法规及司法解释相适应的价值类型，可以归纳为直接损害价值类型、间接损害价值类型、实际损害价值类型、完全损害价值类型、惩罚赔偿价值类型、收益价值类型、市场价值类型、成本价值类型八种。其中，成本价值类型、收益价值类型、市场价值类型是知识产权损害评估的三种基本价值类型。

（1）成本价值类型

知识产权损害成本价值类型，是指知识产权的损害价值等于按被损害比例分摊的

知识产权成本价值。

知识产权成本价值是重新创造知识产权而实际需要发生的费用总和，分为狭义和广义两种。狭义的成本价值包括：①创作发明成本，是直接用于创作发明的智力消耗和物质消耗费用；②法律保护成本，是作品成果为得到法律保护而支付的一切费用；③发行推广成本，是为公开发行作品、推广成果，以实现其经济权利而支付的费用；④创造知识产权应该得到的合理利润。广义的成本价值在狭义成本的基础上增加表现为预期收益现值的机会成本，即技术、作品的货币成本预期应该得到的回报利润。

值得注意的是，由于知识产权价值表现的特殊性，知识产权产生的收益可能会远远低于或高于其形成的直接成本，因此，应用成本法评估知识产权的价值具有一定的难度。但在特定情况下，成本价值仍然是反映知识产权损害价值的一种重要形式。

依据知识产权种类不同，知识产权损害的成本价值表现形式也不同。对于专利权损害价值而言，通过其重置成本加成本利润的一定分摊比例来表现和反映。专利权的重置成本一般包括原材料费、人工费（包括脑力劳动费）、研究设计费、试验费、试制费、咨询费、验证费、设备折旧维护费、推广应用费、专利权证书费及其他有关费用，而专利成本利润指占用重置成本的货币量所应当获得的行业或社会平均收益或资本市场收益。专利权损害价值的"分摊比例"是指专利权被侵害的部分占总权利或剩余权利的比例，这个比例需要根据专利权的法定剩余有效年限、未来预期获利能力、技术更替速度、市场容量及价格水平等因素估定。

商业秘密的价值构成与专利权基本相同，只不过因为没有申请和得到专利保护，不需要支付申请费、证书费和年费等费用。但与专利不同的是，商业秘密没有法定使用时间的限制，其价值主要取决于经济寿命和保密状况。因此，商业秘密损害价值的"分摊比例"需要综合考虑技术水平、机密情况及应用前景等进行科学的估算。

对于商标权损害价值而言，也可以通过其重置成本加成本利润的一定分摊比例来表现或反映。商标权的重置成本包括：商标设计费（包括脑力劳动费）、注册费、宣传广告费、维护费等。商标损害价值的"分摊比例"是指知识产权被侵害的部分占总权利或剩余权利的比例，这个比例需要根据商标权的法定剩余有效年限、未来预期获利能力、商标市场占有率和商标覆盖率、对应商品的技术质量水平和社会信誉、市场容量及价格水平等因素进行估算。

著作权损害价值也可以通过其重置成本的一定分摊比例来表现或反映。其重置成本应以撰稿费、翻译费、编导费、设备材料费、演出费等为基数，再考虑作品、成果的新颖性、适用性、科学性、艺术性等功能变化因素影响价值额及社会效益影响进行调整。著作权保护作品的归属及其使用范围不同，保护期内不同时间价格和性能也可能发生较大变化，并受地域差异影响，须选择适当因素指标，以确保对其成本价值的科学反映。

（2）收益价值类型

知识产权损害收益价值类型，是指知识产权的损害价值等于其因为被侵权而丧失的应得收益的现值，是知识产权收益价值的部分反映，其基础是知识产权收益价值即收益现值。对于知识产权损害价值而言，由于损害发生在过去，其过去的收益是损害的主要构成，在评估其金额时需要按基准日考虑时间价值；同时，侵权所造成的损害可能不仅仅限于已经发生的，还可能存在对知识产权未来收益能力的潜在影响中。因此，从收益价值的角度来看，知识产权损害既包括已造成的经济损失的现值，也包括未来丧失经济收益的现值。

（3）市场价值类型

知识产权损害市场价值类型，是指从知识产权的市场价值的角度来反映其受到损害的价值，是运用市场价格比较法或销售比较法，来表现知识产权损害价值的一种类型，是知识产权所受到的损失在公开市场条件下的表现。在限制市场条件下或特殊交易所产生的知识产权交易价格，不能够真实反映知识产权及其损失的价值，因此不能作为市场价值类型中的参照物。

3. 知识产权损害赔偿评估的特定价值类型

除了基本的成本价值类型、收益价值类型和市场价值类型外，根据知识产权侵权损害的特点，知识产权赔偿评估还可以有特定的价值类型。直接损害价值类型、实际损害价值类型、完全损害价值类型、惩罚赔偿价值类型属于非市场价值类型，都属于知识产权损害赔偿评估的特定价值类型。

（1）直接损害价值类型

直接损害价值类型，是指以知识产权直接受到的、现实的经济损失来反映其价值的类型。

所谓直接损害是指权利人被侵害的知识产权遭受的直接经济损失，包括侵权直接造成的知识产权使用费等收益减少、丧失的经济损失，因调查、制止和消除不法侵权行为而支出的合理费用等，不包括那些间接的、不被直接反映出来的经济损失，如对知识产权潜在市场的损失、未来价值的损失、机会成本的增加等。

所谓现实的损失是由于侵权行为所导致的经济损失是现实或已经形成的损失，不包括未来的经济损失，即不包括那些知识产权处于生产、经营、转让等增值状态过程中的未来预期可得利益的减少或丧失，也不包括那些潜在的、隐性的损失。

依据考察损失角度的不同，可以将直接损害价值类型划分为侵权获利价值类型与侵权损失价值类型两类。由于确定知识产权损害价值时，知识产权的侵权行为已经发生，因此，直接损害价值类型实际上是反映知识产权已经损失掉的和正在损失的价值。

（2）实际损害价值类型

实际损害价值类型的实质，是将知识产权遭受的显性价值损失（现阶段可以确认的损害价值），转化为应该得到的一定价值量的补偿，通过价值的"补偿"，使知识产权所受到的显性价值损失可以得到现实的"填平"。

这种"补偿"可以分为部分补偿和全部补偿两种形式。在全部补偿前提下，知识产权损害的实际价值是知识产权合法持有人按照原有的生产规模、发展趋势或收益趋势，应该实现的、但由于侵权的发生而无法得到或实现的全部价值，包括由于侵权行为直接影响市场可能导致侵权停止后一定时期内仍然持续的未来损失。

在部分补偿前提下，知识产权的补偿价值是知识产权合法持有人按照原有的生产规模、发展趋势或收益趋势，应该实现的、但由于侵权的发生而无法得到或实现的那部分价值，即利益已受的损失。

（3）完全损害价值类型

知识产权完全损害价值类型，是指知识产权因被侵权而导致的所有关联价值损失，包括所有直接和间接的价值损失，以及由此而衍生的价值损失，是外沿范围最广的损害价值类型，如权利人精神损失的价值化、因为品质低劣的侵权产品对消费取向的潜在影响而导致的知识产权未来获利能力减少等。

知识产权完全损害价值是基于侵权对知识产权的损害最大化来考虑的，它是对被侵权知识产权已经形成的、正在形成的，以及将要形成的直接和间接损害价值的充分反映，并通过知识产权合法持有人运用或许可该知识产权应该得到但又未得到，以及将要丧失的利益来表现。

（4）惩罚赔偿价值类型

惩罚赔偿价值类型是指，知识产权的损害赔偿价值大于其本身受损的价值，使之不但包含知识产权本身受到损害的直接和间接价值，还包含权利人因为被侵权而得到的、超出本身受损价值的超额补偿价值，是知识产权主体的受损价值与超额补偿价值的总和。

惩罚赔偿价值类型适用于知识产权侵权行为恶劣、手段卑鄙、情节严重，不仅给权利人造成重大的经济损失，而且还产生了极坏的社会影响的知识产权损害赔偿评估，其目的是要通过加大侵权人承担的责任，增加违法成本，创造良好的市场环境和法制环境。

4. 知识产权损害赔偿价值类型的法律依据及条款适用

（1）知识产权损害赔偿价值类型的法律依据

国内外的知识产权法以及民商法中对知识产权的有关条款，以及损害赔偿的司法解释和司法实践，都为知识产权损害价值类型的确定提供了法律依据。

我国台湾地区有关著作权方面的规定是："因故意或过失不法侵害他人之著作财产权或制版权者，负损害赔偿责任。数人共同不法侵害者，连带负赔偿责任。前项损害赔偿，被害人得依下列择一请求：（1）依'民法'第216条之规定请求。但被害人不能证明其损害时，得以其行使权利依通常可得预期之利益，被侵害后行使同一权利所得利益之差额，为其所受损害。（2）侵害人因侵权行为所得之利益。但侵害人不能证明其成本或必要费用时，以其侵害行为所得之全部收入，为其所得利益"。

TRIPS 第 45 条规定："对已知或有充分理由应知自己从事之活动系侵权的侵权人，司法当局应有权责令其向权利人支付足以弥补因侵犯知识产权而给权利持有人造成之损失的损害赔偿费"。

在大陆，有关知识产权损害赔偿及其计算的法律条款散见于相关的知识产权法律法规与司法解释中，它们共同为知识产权损害价值类型的划分提供了法律依据。《民法通则》第 117 条第 3 款规定："受害人因此遭受其他重大损失的，侵害人并应当赔偿损失"；《著作权法》第 49 条规定："侵犯著作权或者与著作权有关的权利的，侵权人应当按照权利人的实际损失给予赔偿；实际损失难以计算的，可以按照侵权人的违法所得给予赔偿"；《商标法》第 63 条规定："侵犯商标专用权的赔偿数额，按照权利人因被侵权所受到的实际损失确定；实际损失难以确定的，可以按照侵权人因侵权所获得的利益确定"；《专利法》第 65 条规定："侵犯专利权的赔偿数额按照权利人因被侵权所受到的实际损失确定；实际损失难以确定的，可以按照侵权人因侵权所获得的利益确定"。

1）侵权损害价值类型的法律依据。

《专利法》《商标法》等法律都有相关条款直接或间接地对以侵权造成的实际损害价值或直接损害价值形式反映知识产权损失价值类型的规定。如《著作权法》第 49 条"侵犯著作权或者与著作权有关的权利的，侵权人应当按照权利人的实际损失给予赔偿"的规定；《最高人民法院关于审理专利纠纷案件适用法律问题的若干规定》第 20 条"专利法第 65 条权利人因被侵权所受到的实际损失可以根据专利权人的专利产品因侵权所造成销售量减少的总数乘以每件专利产品的合理利润所得之积计算"的规定；《商标法》第 63 条"侵犯商标专用权的赔偿数额，按照权利人因被侵权所受到的实际损失确定"的规定；《最高人民法院关于审理商标民事纠纷案件适用法律若干问题的解释》第 15 条"商标法第 56 条第一款规定的因被侵权所受到的损失，可以根据权利人因侵权所造成商品销售减少量或者侵权商品销售量与该注册商标商品的单位利润乘积计算"的规定；《专利法》第 65 条"侵犯专利权的赔偿数额按照权利人因被侵权所受到的实际损失确定"的规定；《最高人民法院关于审理专利纠纷案件适用法律问题的若干规定》第 20 条"专利法第 65 条规定的权利人因被侵权所受到的实际损失可以根据专利权人的专利产品因侵权所造成销售量减少的总数乘以每件专利产品的合理利润所得之积计算"的规定。这些规定中的"按照权利人因被侵权所受到的实际损失确定"即为"侵权损失价值"。此外，所谓"实际损失"有较广的内涵，当以"合理利润"为基础而计算得到时，"实际损失"即"直接损失"或"侵权损失"。

2）侵权获利价值类型的法律依据。

侵权获利价值类型关于损害价值的含义与知识产权有关法规的规定是一致的。《著作权法》规定"实际损失难以计算的，可以按照侵权人的违法所得给予赔偿"；《最高人民法院关于审理著作权民事纠纷案件适用法律若干问题的解释》规定"权利人的实际损失，可以根据权利人因侵权所造成复制品发行减少量或者侵权复制品销售量与权利人发行该复制品单位利润乘积计算"；《商标法》规定"实际损失难以确定的，可以按照侵权人因侵权所获得的利益确定"；《最高人民法院关于审理商标民事纠纷案件适用法律若干问题的解释》规定"侵权所获得的利益，可以根据侵权商品销售量与该商品单位利润乘积计算"；《专利法》规定"实际损失难以确定的，可以按照侵权人因侵权所获得的利益确定"，《最高人民法院关于审理专利纠纷案件适用法律问题的若干规定》规定"侵权人因侵权所获得的利益可以根据该侵权产品在市场上销售的总数乘以每件侵权产品的合理利润所得之积计算"。这些法律条款都表达了这样的含义：对被侵权人的损失的赔偿或知识产权的损害赔偿价值可以按"侵权人获得的利益"进行计算。

3）完全价值类型的法律依据。

完全价值的法律依据是全部赔偿法律制度。全部赔偿原则产生于德国，并成为德国民法典损害赔偿规定的基础。如前所述，《专利法》第65条"赔偿数额还应当包括权利人为制止侵权行为所支付的合理开支"的规定，《商标法》第63条"赔偿数额应当包括权利人为制止侵权行为所支付的合理开支"的规定，《著作权法》第49条"赔偿数额还应当包括权利人为制止侵权行为所支付的合理开支"的规定，都表述了"完全或全部赔偿"的含义。此外，在知识产权相关法规中，几乎都有"按照权利人的实际损失给予赔偿"的条款。这里的"权利人的实际损失"既是一个狭义的概念，也是一个广义的概念，对其所包容的范围大小的不同理解与表现，决定了法律对于知识产权损害范围的认同程度，以及与之所对应的损害价值所包容的价值内涵的不同，由此形成不同的知识产权损害价值类型。"实际损失"既可以理解为"直接损失"，也可以理解为"全部损失"，包括显性的"直接损失"和隐性的"间接损失"。

"完全损害价值"类型蕴涵了知识产权损害赔偿价值既包括侵权给知识产权造成的直接损害价值，也包括侵权给知识产权造成的那些没有立即反映出来、但又确实存在的其他隐性损害价值。这些"其他损害价值"属于《民法通则》第117条第3款"受害人因此遭受其他重大损失的，侵害人并应当赔偿损失的"中规定的"其他重大损失"的范围。这种"其他重大损失"有三个特征：①损失的是一种未来或隐含的可得利益，在侵害行为实施时，它只具有一种财产取得的可能性或潜在性，还不是一种现实的、立即反映的利益；②这种丧失的未来利益或潜在利益是具有实际意义的，而不是抽象或假设的；③这种可得利益必须是一定范围的，即损害知识产权直接影响所及的范围。TRIPS第45条也规定"赔偿由于侵犯知识产权而给权利所有者造成的损害"。可见，从法律规定的角度来看，"完全损害价值"是"因被侵权所受到的损失"的广义概括，《民法通则》和《专利法》《商标法》《著作权法》等知识产权法律及其司法解释的相关规定直接或间接地为"全部损失"提供了法律依据。

4）惩罚价值类型的法律依据。

惩罚价值类型的法律依据是由有关民事和知识产权法律来规定的，其直接表现手段就是惩罚性赔偿，通过惩罚性赔偿价值来反映知识产权损害价值。惩罚性赔偿一方面补偿了受害人的损失，同时还对侵权人恶意的不道德行为进行了制裁，并遏止侵权行为的蔓延或因低成本而再犯。

在惩罚性赔偿的原则下，一些侵权案件的损害赔偿都是以巨额赔偿的形式解决的。在英美法系国家和民法法系国家（地区），惩罚性赔偿的理论和司法实践已经比较常见，这种超越民法法系传统的赔偿责任，越来越多地影响着这些国家（地区）的侵权行为法和契约法。❶ 比如日本东芝笔记本电脑事件，在美国就获得了 10 亿美元的惩罚性赔偿。

在国内，《专利法》《商标法》《著作权法》等知识产权法及其司法解释，以及《民法通则》《消费者权益保护法》等相关法规对惩罚性赔偿都有不同程度的规定。例如，《商标法》第 60 条规定："有本法第 57 条所列侵犯注册商标专用权行为之一，引起纠纷的，……可以请求工商行政管理部门处理。工商行政管理部门处理时，认定侵权行为成立的，……。对五年内实施两次以上商标侵权行为或者有其他严重情节的，应当从重处罚"。

此外，《最高人民法院关于审理专利纠纷案件适用法律问题的若干规定》中，就专利侵权的损害赔偿问题提出的计算方法中，"侵权人因侵权所获得的利益一般按照侵权人的营业利润计算，对于完全以侵权为业的侵权人，可以按照销售利润计算"，两种方法都属于惩罚性赔偿的形式。因为侵权人的"营业利润"和"销售利润"中，不仅有利用知识产权直接创造的收益，也有使用者自有资本、人力、经营管理等投入的创造的收益，后者即为惩罚性赔偿。

5）成本价值类型的法律依据。

在国内现有知识产权法规中，《最高人民法院关于审理商标民事纠纷案件适用法律若干问题的解释》和《最高人民法院关于审理著作权民事纠纷案件适用法律若干问题的解释》中都有"当事人就赔偿数额达成协议的，应当准许"的规定，这里的"达成协议"当然包括采用成本价值估算损失的方法。

6）收益价值类型的法律依据。

《著作权法》《商标法》《专利法》中"赔偿数额按照权利人因被侵权所受到的实

---

❶ 张爱军. 惩罚性赔偿若干法律问题研究［OL］. http：//www.law-lib.com. 2002-11-25.

际损失确定；实际损失难以确定的，可以按照侵权人因侵权所获得的利益确定"的条款，以及《最高人民法院关于审理专利纠纷案件适用法律问题的若干规定》等司法解释中"根据专利权人的专利产品因侵权所造成销售量减少的总数乘以每件专利产品的合理利润所得之积计算。或根据该侵权产品在市场上销售的总数乘以每件侵权产品的合理利润所得之积计算"的规定，都涉及"被侵权所受到的实际损失"或"侵权人因侵权所获得的利益"，而这些"侵权期间收益"的估算在一定条件下需要依赖于"收益法"的测算，从而为收益损害赔偿价值类型提供了支持。

例如，在正常情况下，"被侵权所受到的实际损失"的计算，可在合法获得当事人真实生产经营资料的基础上，得出知识产权在被侵权期间的实际经济损失量，但其最终还是需要通过对时间价值因素进行调整才能够反映评估时点的赔偿价值，即对已经失去收益的兑现。当无法获得当事人完整而真实的生产经营资料时，侵权损害赔偿价值的估算则需要完全建立在预测和折现的基础之上。不论出现那种情形，都有收益价值与收益损害价值类型的影子。

7）市场价值类型的法律依据。

知识产权损害市场价值类型是知识产权遭到损害的价值的市场反映，也是知识产权损害赔偿价值的市场价值表现形式。因此，市场价值类型不过是《专利法》《商标法》等知识产权法律条款和相关司法解释中估算损害赔偿价值的一种表现形式而已，因为任何侵权损失或侵权收益均是损害价值的市场价格的体现。

例如，"权利人因被侵权所受到的实际损失"，或者"侵权人因侵权所获得的利益"，以及"参照该专利许可使用费的倍数合理确定赔偿数额"，这些条款中涉及的"损失""收益"或"赔偿数额"无一不是需要以市场价值标准来衡量和计算，以市场损害赔偿价值类型来表现。

（2）知识产权损害价值类型与法律赔偿条款的适用

由于现行各类知识产权法律条款和司法解释对知识产权损害赔偿的规定，都是对计算途径和赔偿价值的总体要求，对具体采纳的价值类型不可能进行要求。因此，在现行法律框架下，知识产权的损害赔偿价值可以采取多种价值类型来表现。

事实上，知识产权损害赔偿价值的价值类型更多的是一个受一定法律因素影响的经济学问题，而且更大程度上应该以遵循经济学的原理为主。因此，在符合有关知识产权法律法规总体要求的前提下，均可根据不同的赔偿目的和案件的实际情况，选择适合的价值类型，对赔偿价值进行科学合理的表现与反映。

三、知识产权损害赔偿价值评估的目的

知识产权损害赔偿价值评估的总体目标和任务就是要得到科学、合理的具体损害价值数量，解决知识产权侵权的赔偿问题，包括一般目的与特定目的。

一般目的是损害赔偿，为对知识产权造成的损害提供具体赔偿金额的量化依据。特定目的则是针对不同的损害赔偿形式和要求所确定的不同的评估目的，如诉讼赔偿评估、行政执法赔偿评估、行政裁决赔偿评估、行政调解赔偿评估、协商赔偿评估、损害咨询评估等，需要与之相适应的价值类型相匹配。

1. 诉讼赔偿评估目的

诉讼赔偿评估目的是专门服务于知识产权侵权诉讼活动，为人民法院判决损害赔偿金额提供依据。诉讼赔偿评估目的在不同的赔偿形式下还有不同的表现形式，如为实际损害赔偿提供价值依据、为完全损害赔偿提供价值依据、为直接性赔偿提供价值依据、为惩罚性赔偿提供价值依据等。

若人民法院在评估委托时未提出具体赔偿目的的要求，评估机构和评估人员应当根据法院提供的庭审资料和案件资料，按照侵权发生的程度和性质，在与委托主体充分协商的基础上，提出合理的赔偿形式和评估目的，作为对评估方法和价值类型选择的依据。

2. 行政执法赔偿评估目的

行政执法赔偿评估目的是专门服务于知识产权行政执法过程中，为知识产权行政机关对知识产权违法行为造成的损失做出行政处理时，提供赔偿或处罚金额的具体依据。其具体表现形式包括为实际损害赔偿执法提供依据、为完全损害赔偿执法提供依据、为惩罚损害赔偿执法提供依据。

若行政执法机关在委托评估时未具体提出赔偿形式的要求，评估机构和评估人员应当根据行政执法机关提供的案件资料，按照违法行为发生的程度和性质，在与行政执法机关充分协商的基础上，提出合理的赔偿评估目的和条件，作为对评估方法和价值类型选择的依据。

3. 行政裁决赔偿评估目的

行政裁决赔偿评估目的是专门服务于知识产权行政裁决活动，为知识产权行政机关在对知识产权进行行政裁决涉及损害赔偿时，提供赔偿金额的具体依据。其具体的表现形式分为为直接损害赔偿裁决提供依据、为实际损害赔偿裁决提供依据、为完全损害赔偿裁决提供依据、为惩罚损害赔偿裁决提供依据。

若行政裁决机关在评估委托时未具体提出赔偿形式的要求，评估机构和评估人员应当根据行政裁决机关提供的案件资料，按照损害发生的程度和性质，提出合理的赔偿评估目的，作为对评估方法和价值类型选择的依据。

4. 行政调解赔偿评估目的

行政调解赔偿评估目的是专门服务于知识产权行政管理部门的知识产权纠纷调解活动，为调解侵犯知识产权所涉及的赔偿数额提供参考依据。

关于行政管理部门对侵害知识产权赔偿的调解，在《专利法》《商标法》等知识产权法规中均有规定。例如,《专利法》第60条规定:"未经专利权人许可,实施其专利,即侵犯其专利权,引起纠纷的,……,专利权人或者利害关系人……,也可以请求管理专利工作的部门处理。……。进行处理的管理专利工作的部门应当事人的请求,可以就侵犯专利权的赔偿数额进行调解"。

《商标法》第60条规定:"有本法第57条所列侵犯注册商标专用权行为之一,引起纠纷的,……,商标注册人或者利害关系人……,也可以请求工商行政管理部门处理。……。对侵犯商标专用权的赔偿数额的争议,当事人可以请求进行处理的工商行政管理部门调解"。

因此,若知识产权行政管理部门在知识产权侵权纠纷调处过程中需要专业的评估意见作为参考时,就可委托评估机构进行知识产权损害赔偿价值的评估,评估机构和评估人员应当根据知识产权管理部门提供的案件资料,在对涉及知识产权及其侵权案件做进一步调查研究的基础上,按照侵权发生的程度和性质,提出相应的赔偿评估目的,作为对评估方法和价值类型选择的依据。

5. 协商赔偿评估目的

协商赔偿评估目的是服务于案件双方当事人协商处理知识产权纠纷案件中损害赔偿的定价问题,为当事人双方通过协商解决知识产权侵权纠纷提供损害赔偿价值的参考。在协商赔偿的评估目的下,一般是以损害补偿的形式解决知识产权赔偿问题,并且补偿的条件通常也是由双方当事人事先已经协商好的。

通过案件双方当事人协商解决问题是处理知识产权侵权纠纷的重要形式之一,《专利法》《商标法》等知识产权法规中均有"由当事人协商解决"知识产权纠纷的规定。例如,《专利法》第60条规定:"未经专利权人许可,实施其专利,即侵犯其专利权,引起纠纷的,由当事人协商解决"。《商标法》第60条规定:"侵犯注册商标专用权……,引起纠纷的,由当事人协商解决"。在最高人民法院就处理专利、商标、著作权等知识产权纠纷问题的相关司法解释中,也有"当事人就赔偿数额达成协议的,应当准许"的规定。因此,在协商解决知识产权纠纷过程中,往往需要由评估机构对知识产权损害赔偿价值发表专业意见。

6. 损害咨询评估目的

损害咨询评估目的是服务于知识产权侵权行为人或知识产权被侵权人,为当事人判断知识产权损害价值大小提供专业咨询意见。

损害咨询评估目的下,评估机构和评估人员应当根据当事人提供的案件资料,按照侵权发生的程度和性质,具体提出合理的赔偿评估目的,作为对评估方法和价值类型选择的依据。

四、评估目的与价值类型的关系

1. 知识产权损害赔偿评估目的与损害价值类型的匹配

知识产权损害赔偿评估的特定目的对于其价值类型的选择具有约束作用。特定的损害赔偿形式决定了知识产权损害价值的表现条件，损害价值受制于这些条件及其可能发生的变化。决定价值类型的主要依据是评估目的，即被损害的待评估知识产权即将承担和发生的赔偿行为，因此，知识产权损害评估的价值类型要与评估目的相匹配，正如《国际评估准则》所指出的，"价值类型和定义需要与特定的资产评估业务相适应"。

知识产权损害赔偿评估人员在进行具体的知识产权损害价值评估时，一定要注意知识产权损害评估的价值类型与特定的评估目的相互匹配，以保证评估结论合理反映特定评估目的或条件下的准确知识产权损害价值，避免出现评估结论与案件环境、赔偿形式和条件不协调，或价值反映不真实、缺乏针对性等现象的发生。如司法诉讼中的实际损害赔偿目的和惩罚赔偿目的限定了两种不同范围的赔偿方式，必须在选择评估价值类型时恰当选择，以保证评估结论的价值内涵与评估目的限定的价值范围和价值表现相一致。

2. 知识产权损害赔偿形式与评估目的、价值类型的关系

（1）损害赔偿形式与评估目的、价值类型的关系

知识产权损害评估目的决定了评估价值类型，而评估目的则取决于知识产权损害赔偿的形式。所谓知识产权损害赔偿的形式，是指对知识产权赔偿所采取的具体方式和范围要求，根据知识产权侵权受侵害的程度、造成的影响、当事人的不同态度，以及案件发生的时间、地点和市场条件等，对知识产权损害的赔偿所采取的方式和范围要求不一，知识产权的赔偿形式就不一样。

当按照直接赔偿形式进行赔偿时，赔偿所涉及的范围限于侵权期间知识产权所实际受到的直接损失，这种直接损失可以以侵权人在侵权期间所得到的非法直接收益或被侵权人所损失的直接应得收益两种形式来表现。此时，知识产权损害赔偿的实质是对侵权人所获直接利益的完全剥夺和对被侵权人所失去直接利益的补偿，评估目的就是为这种赔偿形式提供价值数量依据，损害价值类型则是与之相匹配的直接损害类型，相应的损害价值内涵就是被损害掉的知识产权直接现实价值或因非法利用知识产权获得的直接利益的价值。

（2）基本价值类型与特定价值类型的适用

在知识产权损害赔偿价值评估中，评估的一般目的都是满足知识产权损害赔偿价值确定的需要，只要在进行评估量化时充分考虑知识产权损害的赔偿形式，则无论是以重置成本价值，还是以收益价值或市场价值，都可以对损害价值的大小进行量化。

成本价值类型、收益价值类型、市场价值类型属于知识产权损害价值评估的基本价值类型，在与赔偿形式与范围相结合的前提下，它们可以适用于正常市场条件下的所有知识产权损害赔偿评估目的。

知识产权损害赔偿价值评估的特定价值类型与特定的知识产权损害赔偿形式和价值内涵相对应，它们必须与特定的评估目的相适应、相匹配。在一个特定评估目的下，只有一个特定价值类型，但这个价值类型的表现形式可以直接是某一特定价值类型，也可以是某一基本价值类型。

在知识产权损害赔偿价值评估实践中，为满足对赔偿的判决或裁决等的针对性需要，除了在特定评估目的下，选择合适的特定价值类型，还可根据评估环境的不同，运用基本价值类型来满足特定评估目的需要。如在对实际损害价值进行评估时，若侵权人或被侵权人生产经营资料齐全并容易取得时，可以直接选择实际损害价值类型，直接反映知识产权受到的实际损害；若生产经营资料不全或没有时，也可以采用任意一种基本价值类型进行评估，只不过在使用时需要确定赔偿的范围。

第四章　知识产权损害赔偿评估的内容与方法

第一节　知识产权损害赔偿评估的基本内容

知识产权损害赔偿评估工作的基本内容包括评估委托的接受或委托协议的签订，资料与信息的获取、整理和审查，知识产权及其侵权案件的分析（包括技术、经济、法律等方面），侵权判决或判定结论的分析，与被侵害知识产权相关的生产经营活动的财务审计与分析，知识产权相关市场资料与创造资料的信息与数据分析，损害赔偿价值类型与评估方法的选取，损失价值的评定与估算等。

1. 资料与信息的获取

（1）当事人运用知识产权进行生产或经营的资料与信息的获取

当事人运用知识产权进行生产或经营的资料与信息包括使用知识产权的财务资料、相关产品或服务资料、经营管理资料、配套资源利用资料等。

1）使用知识产权的全部财务资料。知识产权被侵权期间和被侵权前3~5个年度的生产或经营的资产负债表、损益表，全套会计账簿（总账、分类账、明细账），利润分配表、主营业务收支明细表（商品销售利润明细表），原始会计凭证，产品销售与原材料购买合同，固定资产台账，成本与费用账目等。

根据案情的不同，财务资料可以是侵权人的，也可以是被侵权人的，或是两者兼之。对于仅从某一方取得的财务资料尚不足以完成评估工作的，另一方的财务资料中反映的信息和数据则可以作为补充和替代。

2）利用知识产权的产品或服务的产销资料。知识产权被侵权期间和被侵权前3~5个年度中，利用知识产权获得的产品或服务的产销记录，或销售侵权产品的记录，包括产量、库存量、销售量，产品的规格、型号、单价，年度销售收入、销售网络与产品市场占有率等。

知识产权产品产销资料也是损害赔偿评估工作中重要的基础性资料，尤其是当侵权人或被侵权人的财务账目和利润数据不全时，只能通过侵权知识产权产品的产销数量和行业平均利润水平来估算损害价值。

3）使用知识产权的投入与产出资料。知识产权被侵权期间和被侵权前3~5个年度中，流动资产与固定资产投入情况记录、资金利用与借贷情况记录、生产与经营规模情况、配套技术水平与支撑情况、产品宣传与广告投入、生产能力与产出水平、生产设施与资金利用效率、产销量变化情况等。

使用知识产权的投入与产出资料，可以反映运用知识产权的收益和成本状况，为准确划分知识产权侵权损害价值与其他资产等要素贡献价值的边界、合理确定损害价值提供可靠的依据，从而保证知识产权损害价值评估工作的顺利进行。

4）利用知识产权的经营与管理信息资料。管理人员和职工素质、财务管理水平、生产与经营管理水平、市场运作能力、销售网络与协议、特许经营文件等，都会在不同程度上影响知识产权利用的效果，从而最终在知识产权的损害价值上有所反映。在具体开展知识产权损害价值评估工作时，这些相关因素也应该得到充分考虑。

5）侵权期间被侵权人的配套资源利用资料。

包括设计规模与侵权期间生产能力利用资料，侵权期间其他固定资产利用情况、贷款资金利用资料，以及其他资源利用情况资料等。

上述资料与信息的获取，应当按照《最高人民法院关于民事诉讼证据的若干规定》和《司法鉴定程序通则》的规定，在人民法院或知识产权行政管理部门的委托和监督下，依法进行。并需经人民法院、知识产权行政管理部门、委托人和双方当事人的认定，才可作为损害赔偿评估的依据。

（2）知识产权及其产品所属行业、市场，以及国家宏观经济资料的收集

行业信息包括行业准入许可条件、行业平均利润率和收益率、行业平均生产和产出水平、行业技术利润分成率、行业物价指数、国家产业政策、行业发展趋势等。市场信息包括公开市场的变化趋势、市场的繁荣程度、知识产权相关产品的需求变化与类似产品的竞争情况、替代知识产权的出现与市场交易情况、类似知识产权的市场交易情况等。宏观经济数据包括侵权行为发生前后的物价指数、利率水平、经济景气指数、宏观调控政策等。

（3）被侵害知识产权法律文件等相关资料的收集

包括知识产权权利证书或其他权利证明文件，如专利证书、商标证书、著作权登记证书、成果鉴定证书等；知识产权权利维持凭证或依据，如专利年费交纳凭证、商标权续展凭证；知识产权法律状态相关文件，如专利、商标有效性查询证明文件；记载知识产权内容和限定知识产权保护范围的法律文本，如专利说明书、权利要求书等（对于有无效宣告记录的专利，应当取得最终的有效文本）；有关知识产权使用或转让的合同等。

（4）被侵权知识产权评估前诉讼或行政处理资料的收集

包括知识产权诉讼证据、庭审记录、法庭对侵权行为的判决、当事人提交的与知识产权有关的生产经营资料与财务资料、行政调处决定或裁决、当事人已经向法庭或知识产权行政管理部门提交的有关证据、人民法院或知识产权行政管理部门对侵权责

任和侵权范围认定的有关文件、专家针对侵权行为出具的知识产权侵权判定意见书等。

2. 评估资料的整理

（1）资料的分类与编号

可以按照资料性质、类型、用途等进行分类处理，如按经济类、法律类、生产经营类、行业类、宏观经济类、财务类、合同类等进行分类。

（2）资料的真实性审核

如资料记录的内容是否真实、资料在形式上是否真实（是否与原件一致，是否是当时的记录等）。

（3）资料的合法性审核

审核资料是否合法，包括资料是否经过合法程序取得，或是由当事人通过合法程序提交，资料是否经过法庭或行政主管部门的认定，证明文件是否有法律效率等。

（4）资料的有用性审核

将直接反映运用知识产权生产或经营状况的资料筛选出来供评估使用，而将不能够反映运用知识产权进行生产经营的资料或信息不全的资料单独保管备用。

（5）资料的完整性审核

审核评估所需要的数据、依据等资料是否已经齐备，对尚没有获取的数据与资料及时进行补充完善。对无法获取的资料或数据，要及时收集间接的替代资料，为评估工作提供完整的数据支撑与资料支撑。

3. 侵权判决或判定意见的分析

对于人民法院或知识产权行政管理部门的侵权判决或裁决，或专家的侵权判定意见，知识产权损害赔偿评估机构和人员应当进行认真的分析研究，以便正确理解判决、裁决、意见的内容，准确把握侵权的程度。

对于侵权判决或判定意见的分析一般应从三个层面进行：一是要对侵权判决或行政调解裁决决定、侵权判定意见进行审核；二是要从专业的角度和法律的角度，对侵权判定意见进行分析与再审视，充分论证判决、裁决或判定意见的可用性；三是对侵权和造成损害的程度准确把握。

（1）侵权判决的审核

主要是对人民法院做出的侵权行为的判决书，或知识产权行政机关的调解或裁决书，或专家侵权判定意见的提交途径和程序是否合法，以及这些文书的形式要件是否齐备等，进行审查核实，确认他们的合法性、有效性和可用性。

（2）侵权判定意见的分析与再审视

专家提出的侵权判定意见只是对侵权判断的一种参考意见，在评估时不应该被直接采纳，应对其进行分析与评审，对于依据可靠、判断准确的结论予以支持，对于依据不充分、判断不准确的结论不以采纳。对于没有专家侵权判定意见的，必须由评估师和评估机构组织对知识产权的侵权判定，形成判定结论。

（3）侵权程度的判定

侵权范围和程度是影响知识产权损害价值大小的直接因素之一，它通常取决于知识产权本身和其法律文本记载的权利范围的大小与技术特征。当侵权人使用的技术或作品与其有交叉或重叠现象时，即构成了侵权。这种重叠程度的多少，形成了对知识产权侵害的程度的不同。

4. 经营状况与财务状况的审计和分析

经营状况与财务状况的审计和分析需要涉及侵权前、侵权期间，以及侵权之后三个时期的财务资料。审计内容包括以下方面。

（1）审计的主要内容

要做到评估结论客观、公正与尽可能准确，就必须对全面记录和反映当事人生产经营活动的财务资料进行全面的审计，包括报表审计、利润审计、账目审计等，主要审计的内容有以下几种。

1）报表审计。

① 检查资产负债表是否按照会计制度规定的科目及格式编制，复算报表各项之间的钩稽关系。

② 将本期资产负债表各项目数字与前一期或各期相比，查明有无变动较大或异常情况；同时，检查资产负债表与其他报表的钩稽关系，并进行复算核对。

③ 全面核对资产负债表项目与总账科目或有关明细账数字是否相符，以总账的本期发生额及余额与其所属明细账各分类科目的本期发生额及余额之和相核对，检查账与账之间的记录是否相符。

④ 经分析比较，若出现某些项目的数额与企业生产经营活动不相符的情况，就要对这些项目作重点检查，从总账科目追查至原始凭证，必要时应结合对往来账的函证、存货和固定资产等资产的盘点，核实报表数字的真实性。

2）损益审计。损益审计的内容包括销售额的记录是否准确和真实、生产成本与销售成本的核算是否正确与合理、财务费用等期间费用的核算是否正确、投资收益与营业外收入等非知识产权直接创造收益的核算是否正确、知识产权的历史计价与摊销是否正确、应交税金的计算是否正确、往年度损益调整事项等。

3）会计账簿与凭证的审计。

会计账簿的审计包括总账、分类账、明细账之间的账账相符，总账、分类账余额与报表之间的账表相符，各明细账与会计凭证之间的账证相符等。

会计凭证的审计包括记账科目和会计分录的正确性，会计凭证的审核、审批手续是否齐全，非合法票据的入账情况，入账票据的真实性等。

（2）审计的调整事项

对于上述审计过程中发现的账目和会计记录的错误，应该进行纠正和对应科目，直至资产和损益的调整；对不合规费用或票据入账的情况，应进行剔除和对应会计分录、会计科目的调整；对非知识产权关联成本与收益的剥离，以及相关财务账目的调整。

（3）审计结果的利用

对于经过审计和科目、账面值调整后，获得真实反映与知识产权关联的生产经营活动成果的财务报表与财务信息，作为对知识产权损害价值评估的依据。

5. 价值类型与评估方法的选取

根据知识产权侵权案件的具体情况，如被侵害知识产权的性质与法律状态、能够获得的与侵权相关的财务资料、侵权发生的时间和程度、评估目的等，选择恰当的价值类型和评估方法。

6. 损失价值的估算

综合运用当事人运用或创造知识产权的生产或经营资料和财务资料，或企业整体经营收入与各项成本数据，估算权利人的收益损失或侵权人的非法收益，考虑知识产权的受损分摊率，或选取恰当的折现系数和利润分成率等参数，使用选定的评估模型估算知识产权的损害价值，包括侵权期间已形成收益损失的计算或测算、侵权行为停止后知识产权相关未来收益的受损分析与预测、知识产权相关间接损失的分析与预测、知识产权技术与经济生命周期的分析、其他相关影响因素的分析与确定等。

当通过知识产权整体价值计算损害价值时，需要计算损害分摊率。通过文献检索、技术对比与专家鉴定与评估等形式，对知识产权的技术含量和技术成熟度、替代技术等进行全面分析，并结合知识产权自身或类似知识产权已经运用的生产和市场情况，综合分析知识产权的生命周期与经济寿命周期。知识产权技术水平分析，为知识产权侵权程度判定和侵权年度的损害权重的确定提供依据。

当采用市场法时，需要根据功效、技术特征、技术成熟度、使用条件、时间因素等可比因素，选择三个以上最适合的损害赔偿案例或参照物作为对比对象，并进行指标对比与差异量化，分析知识产权的生命周期与经济寿命周期，综合确定知识产权损害赔偿价值。

第二节　知识产权损害赔偿评估的相关要素

一、知识产权收益

1. 收益与损失

根据我国知识产权相关法规的规定和具体案件情况的不同，侵权损害赔偿价值评估中的收益可以是营业利润或净利润。例如，《最高人民法院关于审理专利纠纷案件适用法律问题的若干规定》第20条明确规定："专利法第65条规定的权利人因被侵权所受到的实际损失可以根据专利权人的专利产品因侵权所造成销售量减少的总数乘以每件专利产品的合理利润所得之积计算。权利人销售量减少的总数难以确定的，侵权产品在市场上销售的总数乘以每件专利产品的合理利润所得之积可以视为权利人因被侵权所受到的实际损失。专利法第65条规定的侵权人因侵权所获得的利益可以根据该侵权产品在市场上销售的总数乘以每件侵权产品的合理利润所得之积计算。侵权人因侵权所获得的利益一般按照侵权人的营业利润计算，对于完全以侵权为业的侵权人，可以按照销售利润计算"。

可见，这里所说的权利人因被侵权所受到的实际损失或侵权人因侵权所获得的利益，是以专利产品的"合理利润"或"营业利润"来计算的，而"合理利润"通常是指由知识产权直接创造的营业利润减去所得税后的"净利润"。这是因为：

第一，由于知识产权损害价值评估中，必须遵循贡献原则和针对性原则，使得这里所指的"净利润"主要表现在两个方面：一是它不包括对投资收益、营业外收支及以往年度损益调整的加减，二是仅仅反映知识产权创造的收益与付出的成本。

第二，知识产权作为一种特定的无形资产，它的价值需要与其他有形和无形资产的共同组合使用，才能得到实现，因此，在运用知识产权进行生产经营并获得收益时，存在着知识产权直接创造的价值与整体资产创造的价值之分。知识产权的价值及其损害赔偿价值只限于知识产权直接创造的价值范围内，而不应该包括其他资产组合对价值创造的贡献，否则就会导致价值和损害价值的"扩大化"。实践中，常常需要利用对运用知识产权的企业整体收益进行利润分成的途径来评估确定知识产权价值或其损害赔偿价值。

第三，收益的影响因素涉及与收入、成本及税金相关的要素。与收入相关的要素包括侵权产品销售数量、侵权产品销售价格、销售收入的确认和经营收入计价的客观性等影响销售收入的其他因素。其中，需要指出的是并非销售账簿记录的销售收入都是已经实现的销售收入，因此在知识产权损害价值评估过程中，必须按照以下两个原则来确认知识产权相关产品的销售数量与收入，即产品已经交付，并且为取得收入所应该进行的其他工作和价款实质上已经收讫，或者已经取得收取价款的权利❶。另外，影响销售收入的其他因素主要包括委托代销、分期付款销售、退货及折让等，涉及的会计科目有库存商品、应收货款、其他应该付款科目等。与成本相关的要素包括知识产权产品销售成本费用指标、生产成本费用指标、期间费用指标以及营业税金等，也就是由资本、劳动、地租、成本利润组成。资本、劳动、地租、成本利润的高低是随

---

❶ 牛成喆. 财务会计学［M］. 北京：经济科学出版社，2002：188.

着市场而变化的，因此需要采用评估基准日的现实价格和水平。若无法得到现实的数据，则可通过指数法进行调整得到。

2. 侵权期间的收益与损失

知识产权权利人受到侵权期间损失的收益，是知识产权的损害赔偿价值的主要表现形式之一。当然，按照相关知识产权法律的规定，侵权期间的收益还有一种表现形式，即侵权人非法利用知识产权获得的收益。侵权期间权利人的知识产权收益损失可用式（4.1）表达。

$$P = (P_1 - P_2)i' = (P_1' - P_2')ki' = \sum_{t-1}^{n_1}(p_1 - p_2)i' = \sum_{t-1}^{n_1}(p_1' - p_2')ki' \quad (4.1)$$

式中，P 为侵权期权利人的知识产权收益净损失；P_1 为未被侵权状态下的知识产权正常净收益；P_2 为被侵权后权利人的知识产权净收益；P_1' 为未被侵权状态下权利人应得的知识产权相关收益；P_2' 为被侵权后权利人的知识产权相关收益；p_1 为未被侵权状态下权利人第 t 年知识产权净收益；p_2 为被侵权后权利人第 t 年的知识产权净收益；p_1' 为未被侵权状态下权利人第 t 年知识产权相关收益；p_2' 为被侵权后权利人第 t 年知识产权相关收益；n_1 为侵权行为持续的年限；k 为利润分成率；i' 为复利终值系数。

3. 侵权后的收益损失

在侵权行为停止后，受侵权的影响，权利人的知识产权收益可能会在一定时期内继续减少，从而形成期权价值的损失。权利人在侵权停止后的收益损失可用式（4.2）表达。

$$Q = (Q_1 - Q_2)i = (Q_1' - Q_2')ki = \sum_{t-1}^{n_2}(q_1 - q_2)i = \sum_{t-1}^{n_2}(q_1' - q_2')ki \quad (4.2)$$

式中，Q 为侵权后知识产权直接收益净损失；Q_1 为侵权前或预测的知识产权正常直接净收益；Q_2 为预测的侵权停止后知识产权直接净收益；Q_1' 为侵权前或预测的知识产权正常相关净收益；Q_2' 为预测的侵权停止后知识产权相关净收益；q_1 为预测的第 t 年知识产权正常直接净收益；q_2 为预测的侵权停止后第 t 年知识产权直接净收益；q_1' 为预测的第 t 年知识产权正常相关净收益；q_2' 为预测的侵权停止后第 t 年知识产权相关净收益；n_2 为侵权后的影响持续期，等于恢复知识产权产品市场及价格水平所需要消耗的时间；i 为折现系数；k 为利润分成率。

二、收益分成率

收益分成率是基于知识产权对相关产品或服务所创造整体收益的贡献原则，以利润分享的形式来反映知识产权的直接收益。知识产权的收益分成率或利润分成率可以采用边际分析法、约当投资分析法、综合分析法、层次分析法等进行计算。

1. 边际分析法

边际分析法是选择两种不同的生产经营方式进行比较，一种是运用普通生产技术或企业原有技术进行经营，另一种是运用转让的无形资产进行经营。后者的利润大于前者的利润差额，就是投资于无形资产所带来的追加利润。通过测算各年度追加利润现值的权重，求出无形资产寿命期间追加利润占利润的比重，即评估的利润分成率。其具体步骤是：

首先，对知识产权边际贡献因素进行分析，包括开辟新市场、垄断加价、消耗量下降、低廉材料取代、成本费用降低、产品结构优化、质量改进、功能费用降低、成本销售收入率提高、性能提升加价等。其次，测算知识产权寿命期间的利润总额及追加利润总额，并进行折现。最后，按利润总额现值和追加利润总额现值计算利润分成率。计算公式为式（4.3）。

$$k = \frac{\sum Q_1}{\sum Q_2} \tag{4.3}$$

式中，k 为利润分成率；Q_1 为追加利润现值；Q_2 为利润总额现值。

使用边际分析法的条件是被评估知识产权已经得到运用，且有运用前后的利润数据为依据，否则利润分成率的准确性会降低。当没有直接可以取得的运用数据作支撑时，也可以通过预测结果为基础进行测算。

2. 约当投资分析法

当追加收益不仅仅由知识产权形成，而且还涉及运用知识产权的生产规模和配套投资额度时，可采用约当投资分析法，在成本的基础上附加相应的成本利润率，折算成约当投资的方法来计算知识产权的利润分成率。其具体计算公式为式（4.4）。

$$k = \frac{\sum I_1}{\sum (I_1 + I_2)} \tag{4.4}$$

式中，k 为知识产权利润分成率；I_1 为知识产权约当投资量，$I_1 =$ 知识产权重置成本 $\times$（$1 +$ 知识产权成本利润率），知识产权成本利润率一般按权利人使用该知识产权所获得收益占其相关成本的比重计算，当没有或无法取得企业实际运用的数据时则可按行业或社会平均利润水平确定，或按侵权人侵权时的成本利润率确定；I_2 为知识产权运用时的约当投资。

约当投资分析法需要有知识产权转让或许可使用的案例为基础，运用时需要涉及超额收益与知识产权总成本，以及转让方或受让方的成本利润率，运用难度相对较大。

3. 综合分析法

综合分析法是对评价对象的多种因素的综合价值进行权衡、比较、优选和决策的活动，又称为多属性效用理论。利用综合分析法确定分成率，是以技术贸易中技术提成率的统计数据为基础，通过对分成率的取值有影响的各个因素，即法律因素、技术因素及经济因素，进行评测分析，建立评测体系，确定各因素对分成率取值的影响程度，再根据由专家确定的各项因素权重，最终得到分成率。该方法充分考虑了可能对分成率取值产生影响的各种因素，参考了已得到社会认可的统计数据或经验数据，并引入了专家评审机制，因而具有较强的可操作性和合理性。

4. 层次分析法

层次分析法在知识产权评估中被广泛用于确定收益或利润分成率，以解决资产组合整体收益的分割问题。层次分析法通常分为四个步骤：首先，建立对收益贡献要素（包括知识产权）的递阶层次结构模型；其次，构造两两比较判断矩阵；然后，由判断矩阵计算被比较元素相对权重（层次单排序）；最后，计算得出各元素（包括知识产权）的组合权重（层次总排序）。层次分析法将人的主观判断进行量化表达和处理，通过判断标准较为客观的综合性定量分析，得到相对科学合理的分析结果，是一种可操作性强、结果准确、适宜在评估实践中使用的方法。

三、侵权时间与期间

损害评估涉及的时间因素，包括时间价值因素、侵权期与侵权影响持续期、知识产权经济寿命期。

1. 时间价值

由于货币时间价值的影响，使得知识产权损害评估中的折现率或收益率成为一个重要的评估参数。当考虑货币的时间价值时，知识产权损害价值的评估公式为式（4.5）。

$$P = P_1(1 + i)^{n_1} + \frac{P_1}{(1 + i')^{n_2}} \tag{4.5}$$

式中，P 为知识产权损害价值；P_1 为知识产权已经损失的年净收益；i 为收益率；n_1 为被侵权的年限；n_2 为受损害的知识产权的未来收益年限；i' 为折现率。

需要指出的是，在知识产权损害价值评估中，特别需要关注收益率选择的口径与评估方法、评估目的、价值类型的一致性。同时，对侵权期间已经发生的实际损失的时间修正问题，需要利用复利系数来将其修正成评估基准日的现值。此时的复利系数表现为过去年度中资本市场上的资本收益率，或银行贷款利率。

2. 收益损失期

收益损失期是决定知识产权未来收益损害的一个重要参数。在实际损失法评估中，知识产权的损失价值不仅反映在侵权期间，还反映在侵权之后，即侵权给知识产权造成的影响在侵权停止之后还将延续一定的时间。也就是说，知识产权的收益损失期应当包括侵权实施期和侵权影响持续期，这一完整期间才是知识产权的收益损失期。收益损失期的终点可能是知识产权经济寿命期的终点，也可能早于知识产权经济寿命期的终点，这取决于知识产权受侵害的程度和影响范围的大小，评估实践中需要通过科学分析，确定具体的时间。

（1）侵权期

侵权期是指侵权行为发生的时间段，即被认定的侵权开始时间，到侵权被制止的期间。侵权期的长短直接关系到知识产权损害价值的大小。侵权期与知识产权的损害价值成正比，侵权期越长，知识产权遭受的损害越大，损害价值也越大。

侵权期包括从侵权开始到侵权纠纷立案时，再从立案时间到侵权停止两个时间段。根据我国民法的规定，对知识产权侵权的诉讼时效最长为两年。因此，当从侵权开始到侵权纠纷立案时间超过两年时，只能按照两年计算。

（2）侵权影响持续期

侵权影响持续期，也可称作未来损失期，是指停止侵权后、侵权对知识产权造成的负面影响而导致其被损害仍然继续的时间期限。侵权影响持续期对知识产权的未来收益能力的损失产生重要影响，未来收益期的长短与知识产权损害价值大小成正比，未来损失期越长，知识产权的损失也越大。

3. 知识产权经济寿命期

知识产权经济寿命期是指知识产权能够创造超额收益或垄断收益的时间长短，一般的经济寿命期是知识产权生命周期与法定年限中的短年限（即孰短原则）。由于侵权的不利影响，知识产权的经济寿命期可能缩短而导致知识产权的价值被损害，因此，在对知识产权未来收益损失进行估算时，必须充分考虑侵权对知识产权经济寿命的影响，合理确定经济寿命的缩短时间。

知识产权的经济寿命期的缩短时间与知识产权被损害的未来价值（收益）成正比，寿命期的缩短时间越长，知识产权遭受的损失就越大。

四、侵权因素

侵权因素包括侵权年限权重 ω 与所处生命周期位置权重 σ、侵权利用率 λ 和侵权程度 ρ。

1. 侵权年限权重 ω 与所处生命周期位置权重 σ

侵权年限权重 ω 由知识产权被侵权年限、所处生命周期位置权重 σ，以及知识产权的剩余使用年限共同决定，侵权年限权重 ω 又影响知识产权的受损分摊率 R_d。因此，它们都是影响评估价值大小的重要参数。

侵权年限权重 ω 可以通过年限法等途径计算，但根据知识产权生命周期曲线来确定最为合理。通过对技术水平的分析预测和已使用情况的参考，运用回归法得到知识产权生命周期曲线方程，并据其分析确定知识产权所处生命周期位置权重 σ 和知识产权的剩余使用年限，再根据公式 $\omega = (n_i/n_r)\sigma$（式中，n_i 为知识产权被侵权年限，n_r 为知识产权的剩余使用年限），就可以计算出侵权年限权重 ω。

知识产权被侵害时所处生命周期位置权重 σ 可以通过知识产权生命周期曲线来确定。通过对技术水平的分析预测和已有使用状况的考察，运用回归法得到知识产权生命周期曲线方程，即可据其确定知识产权所处生命周期位置权重 σ 和知识产权的剩余使用年限。

2. 侵权利用率 λ

侵权利用率 λ 指侵权人非法利用知识产权的程度，λ 可以通过侵权人非法利用知识产权的相关产品或服务占整个知识产权产品或服务市场的比例来表现，也可以通过侵权人非法获得的利益占知识产权在侵权期间应当创造的整体利益的比例来表现，即侵权利用率 λ 可以按式（4.6）、式（4.7）计算。

$$\lambda = \frac{Q_1}{Q_2} = \frac{Q_1'}{Q_2'} \tag{4.6}$$

或

$$\lambda = \frac{R_1}{R_2} = \frac{R_1'}{R_2'} \tag{4.7}$$

式中，Q_1 为侵权人销售侵权产品数；Q_2 为侵权人应该正常销售产品数；Q_1' 为权利人销售知识产权产品减少数；Q_2' 为权利人正常状态下应当销售知识产权产品数；R_1 为侵权人非法利用知识产权降低生产成本获得的利润；R_2 为权利人正常运用其知识产权降低生产成本获得的利润；R_1' 为侵权人非法利用知识产权增加产品及其价格获得的利润；R_2' 为权利人运用其知识产权增加产品数量及其售价获得的利润。

3. 侵权程度 ρ

侵权程度 ρ 需要根据人民法院对知识产权侵权的判决，或知识产权行政管理部门对知识产权侵权的处理决定，通过侵权判定进行计算确定。其计算公式为式（4.8）。

$$\rho = \sum (t_i a_i) \Big/ \sum (T_i A_i) \tag{4.8}$$

式中，t_i 为侵权利用知识产权的第 i 项技术特征；a_i 为侵权利用知识产权的第 i 项技术特征的权重；T_i 为被侵权的知识产权的第 i 项技术特征；A_i 为被侵权的知识产权的第 i 项技术特征的权重。

当没有知识产权的侵权判决和行政处理决定时，可以邀请专家进行侵权程度判定。

五、折现率

折现率是影响知识产权损害赔偿价值的重要参数。复利终值系数与折现系数（复利现值系数）是收益率或折现率与时间关系的数字反映。

折现率一般可采用无风险报酬率和风险报酬率之和计算，无风险报酬率可以是银行利率或国债利率，风险报酬率则是超过无风险报酬率以上部分的投资回报率。也可以根据具体情况采用资本资产定价模型和资金加权成本计算的投资回报率作为折现率。

在知识产权损害价值评估中，对于折现率的确定需要根据知识产权的具体特点、功能、运用与投资条件及侵权案件的具体情况，科学地、有针对性地进行测算，并要注意与价值类型和赔偿形式、目的保持一致。

六、其他因素

其他因素主要是指知识产权的可比因素，包括知识产权的功效、技术特征、技术成熟度、技术规模、使用和交易条件、知识产权剩余时间、法律状态等。知识产权的交易条件包括知识产权的许可、转让等交易方式，其中"许可"只是知识产权价值的一部分，而"转让"则强调的是知识产权的完全价值；交易次数（交易次数越多，知识产权整体价值中被占用掉的部分越多）；交易时间与知识产权剩余时间。知识产权剩余时间直接影响知识产权的剩余收益年限，并决定知识产权的剩余价值或市场价值，因此剩余时间也是需要修正的因素。

第三节　知识产权损害赔偿评估的主要方法

知识产权损害赔偿评估的基本方法是指确定损害具体价值量大小的方法与途径，是实现评定与估算知识产权损害价值的技术手段，是在资产评估基本方法的基础上，综合运用经济、会计、统计、技术与法律知识，结合自身特点形成的一整套方法体系。

根据知识产权及其侵权形式的特点，结合传统的资产评估理论和民事赔偿法律制度，可以将知识产权损害赔偿价值评估的方法划分为基本评估方法和特定评估方法两大类。基本评估方法是现有资产评估三大基本方法在知识产权损害价值领域的具体应用，即成本法、收益法和市场法；特定评估方法则是在资产评估基本理论和现行知识产权赔偿法律制度的基础上形成的专门性评估方法，包括直接损失法、期权损失法、许可费用倍数法、完全损失法和惩罚法等。

概括起来说，运用各种方法进行知识产权损害价值评估一般需要涉及的基本前提包括：被侵权者的生产经营活动赖以进行的市场环境是公开市场；与知识产权相关的生产经营资料完整并能够合法取得（依照法定程序或在法庭的委托监督下取得）；与知识产权相关的经营资料和财务资料真实可靠；与知识产权损害评估相关的行业或宏观经济数据能够准确获得；侵害知识产权的行为和程度得到准确的判决或判断；知识产权的未来损失能够被预测和计量；知识产权受到侵害的间接损失具备预测和计量的可行性；惩罚赔偿判决或决定的合法性（惩罚法特有的基本前提）；知识产权的生命周期能够被充分反映；知识产权被损害掉的价值、其权利人已经损失的关联收益或侵权人非法获得的关联收益可以被确认或合理地分析预测；知识产权未来将要损失的预期收益及其所承担的风险可以预测并可以用货币衡量；侵权的时间（包括侵权时点和时期）可以确定，侵权影响持续的时间可以预测；有可比的知识产权参照对象等。在具体的评估方法中，对上述相关前提条件会有所侧重和取舍。

一、直接损失法

直接损失法是通过知识产权侵权人利用知识产权进行生产经营的财务信息与数据，或被侵权人运用知识产权进行生产经营的财务信息与数据，对侵权利用知识产权的非法所得或被侵权正常运用知识产权的经营收益进行审计、分析及核算，以经过审计核算的非法获利或正常经营损失金额作为知识产权损害价值的技术方法的总称。

运用直接损失法进行知识产权损害价值评估，不仅符合国内知识产权现实法律、法规的精神，也在一定程度上符合国际知识产权司法赔偿制度的方向。因为损害赔偿是侵权人应承担的民事责任，也是保护权利人的民事权利手段。以此理论为基础，我国目前采用的知识产权损害赔偿的基本原则就是损益相当原则，这也是直接损害赔偿法的法理基础。

直接损失可以从正常经营损失或非法获利两个角度对知识产权损害赔偿价值进行评估，由于评估的基础直接依赖于侵权者或被侵权者的现实生产经营状况，因而形成侵权获利法和侵权损失法两类基本评估方法。

1. 侵权获利法

侵权获利法是指在判定侵权行为成立和侵权人生产经营活动的财务资料齐全的条件下，通过侵权人非法利用知识产权进行生产或经营活动的财务信息与数据，对侵权人非法利用知识产权的成本和所得收入进行审计、分析及核算，以经过审计、核算确定的非法侵权获利净值作为知识产权损害价值的方法。

侵权获利法是以侵权行为实施者的非法获利去补偿受害者损失的角度估算知识产权损害价值的方法，在具体实施对知识产权损害价值的评估时，可以有不同的表现形式。根据知识产权案件的实际情况，侵权获利法可表现为直接获利法、获利分成法、获利现值法和单位获利法四种。

（1）直接获利法

直接获利法是将侵权人非法利用他人知识产权所获得的合理利润直接作为知识产权损害赔偿价值的方法。这种方法用于可以清楚界定利用知识产权直接产生利润的情况，如侵权人原来的生产经营条件和原料消耗等都不变、侵权行为在原有生产条件下生产，而没有增加新的投入，纯粹由于非法使用他人知识产权而获得新增收益的情况。

直接获利法知识产权损害赔偿价值评估模型如式（4.9）所示。

$$P_{i1} = \sum_{t=1}^{n} I_t = \sum_{t=1}^{n} (i_t' - i_t) \tag{4.9}$$

式中，P_{i1} 为知识产权损害价值；I_t 为侵权人非法利用知识产权第 t 年度增加的净收益中由知识产权直接创造的部分；i_t 为侵权人未利用知识产权前最后年度相关产品或服务所获净收益；i'_t 为侵权人非法利用知识产权后第 t 年度相关产品或服务所创造的净收益；t 为侵害知识产权的年限，$t = 1, 2, \cdots, n$。

当能够获得侵权人非法利用知识产权前后的收益与成本数据时，可以使用该模型对知识产权的损害赔偿价值进行计算评估。

【例4.1】 甲企业未经许可仿制了乙企业的一款服装并使用了乙企业的商标，导致乙企业该服装产品的销量减少，乙企业在调查取证的基础上向人民法院提取诉讼，要求法院判决甲企业停止侵权行为并赔偿损失。经法庭审理，认定甲企业侵犯乙企业商标专用权的行为成立，并委托评估机构评估商标权损害赔偿价值。

评估机构和人员对甲企业的生产经营活动进行了调查，发现甲企业为服装生产企业，由于服装款式和品牌影响力方面的原因，其生产的服装的市场销售情况不佳，因而在未经乙方许可的情况下非法仿制乙方产品并冒用乙方商标，非法获利。评估人员调取的甲企业侵权前后的生产经营和财务资料，经分析发现其侵权前的服装产销量为每月 2000 件、产品单位净利润为 15 元/件（其中自有商标直接贡献的利润为 5 元/件），侵权后服装产销量为每月 5000 件，产品单位净利润为 30 元/件（其中侵权商标直接贡献的利润为 20 元/件），侵权期间为 18 个月。评估机构据此考虑采用直接获利法对侵权损害价值进行评估。乙企业商标权损害赔偿价值

$$P_{i1} = 5000 \times (20 - 5) \times 18 = 1350000(元)$$

（2）获利分摊法

获利分摊法是指从考察分析知识产权对企业整体收益的贡献率的角度，利用侵权企业在侵权期间非法使用知识产权进行生产经营所获得的整体净收益，通过被侵权利用知识产权的贡献率大小，对该非法收益进行分成而获得知识产权损害赔偿价值的方法。

采用获利分摊法进行知识产权损害赔偿价值评估的模型如式（4.10）所示。

$$P_{i2} = \sum_{t=1}^{n} E_t k = \sum_{t=1}^{n} (e'_t - e_t) k = \sum_{t=1}^{n} (E'_t - C_t) k \qquad (4.10)$$

式中，P_{i2} 为获利分摊法知识产权损害赔偿价值；E_t 为侵权人实施侵权行为期间非法利用他人知识产权所获得的净收益；e_t 为侵权人未实施侵权行状态下第 t 年相关产品或服务的净收益；e'_t 为侵权人实施侵权行为期间第 t 年相关产品或服务的净收益；E'_t 为侵权人实施侵权行为期间第 t 年相关产品或服务的收入；C_t 为侵权人实施侵权行为期间第 t 年相关产品或服务的成本；k 为知识产权利润分成（贡献）率；t 为侵害知识产权的年限，$t = 1, 2, \cdots, n$。

当实际侵权案件中只能获取侵权企业非法利用知识产权的整体收益，而无法得到利用知识产权的直接收益与成本数据，不能准确分离非法利用知识产权的直接获利或

分离困难时，可以应用该方法通过对侵权人侵权期间的整体收益进行分成，间接获得知识产权损害赔偿价值。

【例 4.2】 A 企业是一家肥料生产厂家，原有产品属于普通化学肥料，市场情况一般。为了寻求更大的发展空间，在未签订许可的情况下，A 企业使用了 B 研究所的一项生物复合肥料专利技术，生产的侵权产品获得了良好的市场销售业绩。B 研究所在 A 企业侵权产品大量上市后，发现了自己的专利被侵权的事实，为了维护自身的合法权益，B 研究所向人民法院提取诉讼，要求法院依法判决 A 企业停止侵权行为并赔偿损失。经法庭审理，认定 A 企业侵权事实成立，为确定侵权损害赔偿额，遂即委托评估机构进行损害赔偿价值评估。

评估机构接受人民法院的委托后，按规定调取了 A 企业侵权期间的生产经营资料，对相关财务数据进行了审计和核实，发现 A 企业侵权期间的生产经营和财务资料完整齐备、财务管理制度健全规范，能够真实、客观地反映 A 企业实施侵权行为期间的生产经营状况。但 A 企业在侵权期间为了生产销售侵权产品，还投入资金对生产线进行了技术改造，同时改变了生产作业流程和管理措施，对工人进行了技术培训，并在营销环节也进行了新的投入，侵权所获利润无法直接得到反映，因此考虑采用获利分摊法对侵权损害价值进行评估。

根据 A 企业侵权期间的生产经营和财务资料，甲企业在过去一年的侵权期间内，利用 B 研究所的生物复合肥料专利技术共生产销售侵权产品共获得销售收入 2560 万元，生产经营成本 1830 万元（含增值税），经评估人员认真调查研究，采用层次分析法得到该知识产权对产品收益的贡献率为 13%，采用获利分成模型计算得到侵权损害赔偿价值为 71.18 万元，即知识产权侵权损害赔偿价值

$$P_{i2} = (2560 - 1830) \times (1 - 25\%) \times 13\% = 71.18(万元)$$

（3）获利现值法

当知识产权受到侵害的时间较长时，若不考虑被侵权人受到损失的时间价值，则会导致被侵权人的实际损失没有得到充分补偿的不合理现象，此时需要在损害价值中充分考虑时间因素，从而形成获利现值模型。

获利现值法知识产权损害赔偿价值评估模型如式（4.11）所示。

$$P_{i3} = \sum_{t=1}^{n} I_t R = \sum_{t=1}^{n} (E'_t - C_t) k (1+r)^{n-1} \tag{4.11}$$

式中，P_{i3} 为获利现值法知识产权损害赔偿价值；I_t 为侵权人非法利用知识产权所获年度净收益中由知识产权直接创造的部分；E'_t 为侵权人实施侵权行为期间第 t 年相关产品或服务的收入；C_t 为侵权人实施侵权行为期间第 t 年相关产品或服务的成本；k 为知识产权利润分成（贡献）率；R 为复利终值系数；r 为折现率；t 为侵害知识产权的年限，$t = 1, 2, \cdots, n$。

利用该方法对知识产权侵权损害赔偿价值进行评估时，重点在于计算各年度知识产权直接贡献的收益 I_t 和选取折现率 r。各年度知识产权直接贡献的收益 I_t 可通过侵权者实施侵权行为的财务数据直接分析计算得到，或根据知识产权贡献率通过利润分成得到。折现率 r 则可采用行业平均收益率，或同期国债利率（银行定期存款利率）加通胀率。

【例4.3】 A 企业是一家矿山冶金企业，出于环保和废弃物资源化利用的目的，该企业在未经许可的情况下使用了 B 研究所一项利用废弃矿渣生产建筑砌块的发明专利技术，将其多年废弃的矿渣进行处理后生产出大量建筑砌块投放市场，取得了非常好的经济效益。由于被侵权专利属于方法类技术，因此 B 研究所在侵权发生后的较长时间内才发现了 A 企业的侵权行为，在协商无果后随即将 A 企业告上法庭。法庭审理后认定 A 企业侵权事实成立，判令 A 企业立即停止侵权行为，此时距侵权行为发生已经过去 6 年时间，为使 B 研究所的损失得到补偿，法院委托评估机构对损害赔偿价值进行评估。

评估机构和人员在接受人民法院的委托后，按相关规定调取了诉讼证据和 A 企业侵权期间的生产经营资料，对相关财务资料进行了审计和核实，得到 A 企业侵权期间利用 B 研究所专利技术生产侵权产品的相关数据，如表4.1所示。

表 4.1

侵权年份	侵权产品产销量/块	侵权产品单位售价/（元/块）	侵权产品单位成本/（含增值税，元/块）	生产销售侵权产品净收益/元
第一年	200000	5	2	450000
第二年	250000	5	2	562500
第三年	350000	5.5	2.2	866250
第四年	450000	5.5	2.3	1080000
第五年	600000	5.5	2.5	1350000
第六年	750000	6	2.5	1968750

根据表4.1中相关数据，评估人员首先在 A 企业侵权期间相关财务数据的基础上，计算得到其生产销售侵权产品所获净利润；然后在调查研究和认真分析的基础上，将企业正常生产经营应得收益从其生产销售侵权产品所获净利润中扣除，得到 A 企业非法利用知识产权直接获得的净收益；之后，评估人员又根据侵权期间国家公布的宏观经济数据和银行定期存款利率，在考虑时间因素的基础上，计算得到 A 企业非法利用该专利各年度直接所得利益的现值，如表4.2所示。

表 4. 2

侵权年份	专利权直接贡献收益/元	银行定期利率	通胀率	专利权直接贡献收益现值/元
第一年	66150	3.2%	2.3%	91051
第二年	82688	3.2%	2.3%	107880
第三年	127339	3.2%	3.5%	155704
第四年	158760	3.2%	3.6%	181764
第五年	198450	3.2%	3.7%	212540
第六年	289406	3.2%	3.9%	289406
合　计				1038346

最后，评估人员将各年度所得被侵权专利技术直接贡献的收益现值相加，即得到 A 企业因侵权应当承担的知识产权损害赔偿价值 P_{i3} = 103.84 万元。

（4）单位获利法

当侵权人非法利用他人知识产权所获得的直接收益不明确，但能够明确侵权产品的产销数量、单位售价和单位成本时，可以通过侵权产品单位利润得到侵权产品所获总收益，再通过知识产权利润分成率确定知识产权损害赔偿价值。

单位获利法知识产权损害赔偿价值评估模型如式（4.12）所示。

$$P_{i4} = \sum_{t=1}^{n} Q_t(p - c - t')k \qquad (4.12)$$

式中，P_{i4} 为单位获利法知识产权损害赔偿价值；Q_t 为年度售出的侵权产品数量；p 为单位侵权产品价格；c 为单位产品成本；t' 为单位产品税金；k 为知识产权利润分成率；t 为侵害知识产权的年限，$t = 1，2，\cdots，n$。

该方法适合于侵权行为通过知识产权产品形式表现时的知识产权损害价值评估。

【例4.4】　甲企业是一家通信设备生产商，原有产品技术落后、市场竞争力弱，于是在未经许可的情况下使用了乙企业拥有的一项数字信号处理专利技术，导致乙企业该专利产品的销量减少而蒙受经济损失。为了维护自身的合法权益，乙企业在调查取证的基础上向人民法院提起诉讼，要求法院判决甲企业停止侵权行为并赔偿损失。经法庭审理，认定甲企业侵权事实成立，为确定侵权损害赔偿额，人民法院委托评估机构进行损害赔偿评估。

评估机构和人员在接受人民法院的委托后，按相关规定调取了诉讼证据和甲企业侵权期间的生产经营资料，对相关财务数据进行了审计和核实，发现甲企业生产销售侵权产品的数量、成本和价格都有明确的记录，评估机构据此考虑采用单位获利法对侵权损害赔偿价值进行评估。

根据甲企业侵权期间的生产经营和财务资料反映，甲企业在一年的侵权期间内，利用乙企业的数字信号处理专利技术共生产销售相关设备 3500 台，销售价格 8300 元/台，生产成本 6200 元/台（含增值税），经评估人员认真调查和分析研究，计算得到该知识产权对侵权产品利润的贡献率为 12%。由此，利用单位获利法模型计算得到侵权损害赔偿额为 66 万元。

$$P_{i4} = [(8300 - 6200) \times 3500] \times (1 - 25\%) \times 12\% = 661500(\text{元})$$

2. 侵权损失法

侵权损失法是以权利人在其知识产权受到侵害期间因受侵权影响而导致其正常的生产经营净收益的减少额作为知识产权损害赔偿价值的方法。侵权获利法是从侵权人非法获利的角度考虑知识产权损害赔偿价值，而侵权损失法是从被侵权人直接遭受损失的角度考虑知识产权损害赔偿价值。两种评估方法相互对应，两种考虑角度均符合我国现行知识产权法规关于侵权损害赔偿计算方法的规定。

在具体实施对知识产权损害价值的评估时，侵权损失法同样可以有不同的表现形式。根据知识产权侵权案件中获得与知识产权相关的生产经营数据和证据的条件的不同，侵权损失法可以通过直接损失法、损失分摊法、损失现值法和单位损失法四种形式表现和应用。

（1）直接损失法

直接损失法是一种通过对比权利人被侵权前后生产经营中利用知识产权所得到的直接收益的差异，从而反映知识产权损害赔偿价值的方法。该方法的基础是侵权行为直接影响了权利人原有的生产经营活动，导致权利人原知识产权产品的销量或售价下降，从而造成权利人生产经营收入和知识产权直接创造收益减少的情形。

直接损失法知识产权损害赔偿价值计算模型如式（4.13）所示。

$$P_{l1} = \sum_{t=1}^{n} W_t = \sum_{t=1}^{n} (D_t - D_t') \tag{4.13}$$

式中，P_{l1} 为直接损失法知识产权损害赔偿价值；W_t 为权利人因被侵权而导致的年度知识产权创造净收益减少额；D_t 为权利人未被侵权的正常状况下知识产权直接创造的年净收益；D_t' 为权利人被侵权后知识产权直接创造的年净收益；t 为知识产权被侵害的年限，$t = 1, 2, \cdots, n$。

在实际侵权案件中，若权利人在被侵权前后利用知识产权进行生产经营所创造的直接收益与成本数据齐全，且能够被获取和认定时，可以利用该模型对知识产权损害赔偿价值进行评估。

【例 4.5】　A 企业是一家制药企业，在多年研究和临床试验的基础上，获得一项利用三七、党参、山楂等为主要原料配制的治疗心血管疾病的药物专利，并被国家食品药品监督管理总局批准为Ⅱ类新药。A 药企遂即利用该专利技术生产出产品投放市场，并取得了良好的经济效益。B 药企由于产品形式传统而单一，经济效益一直不好，于是在未取得 A 药企许可的情况下，使用 A 药企的该药物专利生产治疗心血管疾病药物，另行命名并冠以自己的商标销售，获取非法利润。由于 B 药企的侵权行为挤占了该类产品的市场，导致 A 药企的产品的销量下降、经济效益受到影响。A 药企因此将 B 药企告上法庭，请求法院判决 B 药企停止侵权行为并赔偿损失。经法庭审理，认定 B 药企侵犯 A 药企专利侵权行为成立，并委托评估机构评估该专利权损害赔偿价值。

评估机构和人员对双方当事人的生产经营活动进行了调查，由于 B 企业不配合评估工作，评估人员无法取得 B 药企生产销售侵权产品的完整财务资料，而 A 药企的生产经营管理规范、生产销售被侵权产品的财务资料齐全。因此，评估人员选择采用直接损失法对该专利权的损害价值进行评估。

评估人员对 A 药企被侵权前后专利产品的直接生产成本和收益进行了审计，发现其被侵权前的专利心血管药品产销量为每年 120 万盒，产品单位净收益为 20 元/盒（其中，该专利直接创造的净收益为 6 元/盒）；侵权后该专利心血管药品产销量为每年 80 万盒，产品单位净收益不变，侵权期间为 2 年。评估机构据此对侵权损害价值进行了如下估算：

$$P_{11} = (120 - 80) \times 6 \times 2 = 480(万元)$$

（2）损失分摊法

损失分摊法是一种通过计算知识产权产品生产销售收益的减少额，继而利用知识产权利润贡献率进一步划分知识产权直接创造价值的减少额，从而间接估算知识产权损害赔偿价值的方法。损失分摊法实际上是利用知识产权对价值创造的贡献率，来分摊因受侵权影响而导致的企业知识产权产品整体收益价值减少额中应由知识产权直接带来的价值部分。

损失分摊法知识产权损害赔偿价值评估模型如式（4.14）所示。

$$P_{12} = \sum_{t=1}^{n} L_t k = \sum_{t=1}^{n} (l_t - l'_t) k \tag{4.14}$$

式中，P_{12} 为损失分摊法知识产权损害价值；L_t 为知识产权权利人因被侵权而导致的生产经营年度收益减少额；l_t 为权利人未被侵权的状态下第 t 年正常生产销售知识产权产品所获得的净收益；l'_t 为权利人被侵权后第 t 年生产销售知识产权产品所获得的净收益；k 为知识产权利润分成率；t 为知识产权被侵害的年限，$t = 1, 2, \cdots, n$。

当没有利用知识产权的直接收益与成本数据，无法分离利用知识产权的直接获利，或分离困难时，可以应用该方法间接获得知识产权损害价值。

【例 4.6】 A 企业是一家依靠自主专利技术生产单晶硅太阳能电池板的高新技术型企业，由于采用自主研发的专利技术，所生产的产品逆变率可以稳定地保持在 16% 以上，而生产成本却低于之前市场上逆变率 15% 的主流产品，因而自产品投放市场后快速得到了消费者的认可，产销量持续上升。B 企业也是一家太阳能电池板生产厂家，基于竞争的压力，在未签订许可的情况下，B 企业使用了 A 企业的专利技术，生产侵权产品获取非法利润。A 企业在发现 B 企业的侵权行为后，向人民法院提起诉讼，请求法院依法判决 B 企业停止侵权行为并赔偿损失。经法庭审理，认定 B 企业侵权事实成立，法院随后委托评估机构对涉及的侵权损害赔偿价值进行评估。

评估机构接受法院的委托后，按规定的程序对原告、被告双方的生产经营和财务管理状况进行了调查取证，发现 A 企业侵权期间的生产经营和财务资料完整齐备，能够真实、客观地反映其生产专利产品期间的生产经营状况，但 B 企业在侵权期间的财务资料不全，因此考虑采用损失分摊法对侵权损害价值进行评估。

根据 A 企业被侵权前后的生产经营和财务资料，其在被侵权之前每年利用被侵权专利技术生产专利产品的销售收入稳定在 3160 万元，生产经营成本为 2030 万元（含增值税）；被侵权期间，每年生产专利产品销售收入减少为 2850 万元，生产经营成本为 1910 万元（含增值税）。经评估人员认真调查分析，得到该专利对产品收益的贡献率为 15%，采用利润分成模型计算得到侵权损害赔偿价值，即

$$P_{12} = \left[(3160 - 2030) - (2850 - 1900) \right] \times (1 - 25\%) \times 15\% = 29.25（万元）$$

（3）损失现值法

当权利人的知识产权受到侵害的时间较长时，从考虑权利人受到损失的时间价值因素的角度，可以得到侵权损失现值模型。

损失现值法知识产权损害赔偿价值计算模型如式（4.15）所示。

$$P_{13} = \sum_{i-1}^{n} W_t R = \sum_{1}^{n} W_t (1 + r)^{n-1} \tag{4.15}$$

式中，P_{13} 为侵权损失法知识产权损害赔偿价值；W_t 为权利人因被侵权而导致的第 t 年知识产权创造净收益减少额；R 为复利终值系数；r 为折现率；t 为知识产权被侵害的年限，$t = 1, 2, \cdots, n$。

该模型适用于权利人的知识产权受到侵害的时间较长，且可以得到权利人在生产经营中使用知识产权的完整财务资料的情况。具体使用时，知识产权直接贡献的收益可通过受害人使用知识产权进行生产经营的财务数据得到，或根据知识产权的贡献率通过利润分成得到；折现率 r 可采用行业平均收益率，或同期国债利率（银行定期存款利率）加通胀率。

【例 4.7】 A 企业是一家食品企业，经过多年的潜心经营和品牌打造，其生产的"果香"牌天然果汁饮料产品受到市场的热捧，成为广大消费者首选的饮料产品，取得了非常好的经济效益。B 企业为了获得非法利益，在未经 A 企业许可的情况下，侵权生产 A 企业的"果香"牌天然果汁饮料并推向市场，影响了 A 企业该产品的生产和销售，导致其产销量下降，造成较大的经济损失。A 企业发现 B 企业的侵权行为后与其进行了协商，希望其停止侵权行为，但 B 企业未予理睬，A 企业遂即将 B 企业告上

法庭。由于多方原因，在侵权发生 4 年后法院才判决认定 B 企业侵权事实成立。为使 A 企业的经济损失得到应有的补偿，人民法院委托评估机构对损害赔偿价值进行评估。

评估机构在接受人民法院的委托后，调取了诉讼证据和 A、B 两企业的生产经营资料，发现 A 企业侵权期间的生产经营和财务资料完整齐备，能够真实、客观地反映其生产专利产品期间的生产经营状况，但 B 企业在侵权期间的财务资料有限，无法清楚地反映其侵权非法所得。考虑到侵权时间较长和 A 企业的生产经营材料较全，因此决定采用损失现值法对侵权损害赔偿价值进行评估。

评估机构对相关财务资料进行了审计和核算，得到 A 企业在被侵权前后生产和销售"果香"牌天然果汁饮料产品的相关数据，如表4.3 所示。

表 4.3

时　　间	产品产销量/ 万瓶	产品单位售价/ （元/瓶）	产品单位成本/ （含增值税，元/瓶）	生产销售"果香"牌 饮料净收益/元
被侵权前一年	300	5	3	600
被侵权后第一年	285	5	3	570
被侵权后第二年	270	5	3.2	486
被侵权后第三年	250	5	3.3	425
被侵权后第四年	220	5	3.5	330

根据表4.3 中相关数据，评估人员首先在 A 企业被侵权期间相关财务数据的基础上，计算得到其被侵权后生产销售果汁产品所承受的净损失；再在调查研究和认真分析的基础上，扣除89%的其他资产和要素对该果汁产品收益的贡献部分，得到 A 企业因被侵权而直接导致的商标权创造收益的净损失额；然后在被侵权期间同期国债利率和通胀率的基础上，考虑时间因素的影响，计算得到 A 企业被侵权期间各年度的净损失额现值，如表4.4 所示。

表 4.4

时　　间	创造收益的 损失额/万元	同期国债利率	通胀率	创造收益的 损失额现值/万元
被侵权后第一年	3.3	3.80%	2.80%	4.04
被侵权后第二年	12.54	3.80%	2.90%	14.37
被侵权后第三年	19.25	3.80%	3.30%	20.60
被侵权后第四年	29.7	3.80%	3.20%	29.70
合　　计				68.70

最后，评估人员将各年度的净损失额现值相加，即可得到 A 企业因商标被侵权而导致的知识产权损害赔偿价值 $P_{13} = 68.7$ 万元。

（4）单位损失法

当受害人使用知识产权所获得的直接收益不明确，但能够认定知识产权产品的产销数量、单位售价和单位成本时，可以通过知识产权的利润分成率对单位产品净收益中知识产权直接创造收益的减少额，继而再考虑知识产权产品销量下降因素所导致的收益下降额，最终确定知识产权损害赔偿价值。该方法主要是从单位产品损失的角度考察侵权对知识产权的损害，可称为知识产权损害赔偿价值评估单位损失法。

单位损失法知识产权损害赔偿价值评估模型如式（4.16）所示。

$$P_{14} = \sum_{i=1}^{n} (Q_t - Q_t')(p - c - t')k \tag{4.16}$$

式中，P_{14} 为单位损失法知识产权损害赔偿价值；Q_t 为权利人未被侵权的正常状态下第 t 年知识产权产品或服务销售量；Q_t' 为权利人被侵权后第 t 年知识产权产品或服务销售量；p 为单位知识产权产品或服务的售价；c 为单位知识产权产品或服务的生产销售成本；t' 为单位知识产权产品或服务的税金；k 为知识产权利润分成率；t 为知识产权被侵害的年限，$t = 1, 2, \cdots, n$。

该方法适用于对知识产权的利用直接与产品相关联，且能够获得单位产品收入与成本数据，以及产品整体生产销售数据时的知识产权损害价值评估。

【例 4.8】　A 企业是一家自行车生产商，针对汽车和电动车发展对传统自行车市场的冲击，该企业组织了专门研发团队，瞄准适合于短途和车载郊游使用的小型折叠自行车产品市场，开发了一款结构简单可靠、重量轻、使用方便的小型自行车，适合于车载、购物、短途和地铁转车使用。该折叠自行车研发成功后 A 企业申请并获得了国家专利，产品投放市场后因其方便、实用而受到消费者的热捧，产销量迅速增长，仅三年时间产销量就达到了 100 万辆。B 企业也是一家自行车生产厂家，由于生产传统产品，经济效益一直不佳，为了改善生产经营状况，该企业在未取得许可的情况下使用了 A 企业的小型折叠自行车专利技术，导致 A 企业该专利产品的销售量下降而蒙受经济损失。为了维护自身的合法权益，A 企业向人民法院提起诉讼，请求法院判决 B 企业停止侵权行为并赔偿损失。经法庭审理，认定 B 企业侵权事实成立，并委托评估机构对该专利权损害赔偿价值评估。

评估人员按规定调取了 A 企业在专利受到侵权前、后的生产经营资料，以及 B 企业在侵犯专利权期间的生产经营资料，对相关财务数据进行了审计和核实，发现 A 企业财务制度健全、资料完整，生产销售被侵权产品的数量、成本和价格都有明确的记录，而 B 企业侵权生产折叠自行车的财务资料不全、相关数据缺乏可靠性，评估机构因此考虑采用单位损失法对侵权损害赔偿价值进行评估。经评估人员对 A 企业财务报表和账目进行审计核实，得到该企业被侵权前后生产销售专利折叠自行车的相关数据，如表4.5所示。

表 4.5

时　间	产品销量/万辆	单位售价/（元/辆）	单位成本/（含增值税，元/辆）
被侵权前一年	100	350	250
被侵权后第一年	95	350	250
被侵权后第二年	85	350	250
被侵权后第三年	78	350	250
被侵权后第四年	73	350	250

评估人员认真调查和分析研究，采用层次分析法计算得到该专利权对被侵权产品创造利润的贡献率为19%，据此计算得到单位产品专利贡献净收益为$(350-250) \times (1-25\%) \times 19\% = 14.25$（元），再将其与每年减少的产品销量减少数相乘后，考虑3.8%的折现率将其换算成现值并加和（见表4.6），得到损害赔偿价值为1020.15万元。

表 4.6

时　间	产品销量减少数/万辆	年专利贡献净收益减少额/万元	年专利贡献净收益减少额现值/万元
被侵权后第一年	5	71.25	79.69
被侵权后第二年	15	213.75	230.30
被侵权后第三年	22	313.50	325.41
被侵权后第四年	27	384.75	384.75
合　计			1020.15

二、期权损失法

期权损失法是在对侵权人或被侵权人使用知识产权进行生产经营活动的收益或损失进行审计、核算的基础上，综合考虑侵权程度、市场影响、行业及宏观经济发展趋势等因素，以侵权行为给权利人造成的现实直接损失和侵权停止后仍然延续的未来收益损失之和，作为知识产权损害赔偿价值的技术方法。期权损失法是将权利人因知识产权被侵犯而损失掉的未来收益作为一种"期权损失"，来综合考虑知识产权损害价值的方法，因而称为"期权损失法"。

期权损失法除考虑侵权行为给权利人直接造成的现实损失外，还同时考虑侵权行为对市场的不良影响而给权利人造成的未来收益损失，但不包括对知识产权权利人的精神损害和那些隐含的、衍生的、不被直接反映的损害而导致的隐形损失。期权损失法仍然是以"填平"或"弥补"的方式来度量权利人的知识产权因被侵犯所遭受的损失价值，但在考虑的"程度"或"范围"上较直接损失法更为充分和全面。

期权损失法的经济学基础是收益价值理论，即资产的价值由其能够创造收益的能力所决定，包括资产创造现实收益的能力和未来创造收益的能力；其法理原则仍然是全部赔偿原则，但该方法得到的评估结果实际上还是一种不十分完全的全部赔偿价值，因为它没有包括精神损害和那些隐含的、衍生的、难以度量的、不被直接反映的损失价值。

1. 期权直接损失法

期权直接损失法是在以权利人被侵权后知识产权直接创造净收益较之前的减少额，或侵权人非法利用知识产权直接所获净收益的基础上，进一步考虑侵权行为在侵权停止后一定时期内造成知识产权直接创造收益能力的减少，从而综合估算知识产权损害赔偿价值的方法。

期权直接损失法可以从侵权人或被侵权人使用知识产权进行生产经营活动，因侵权行为的发生而损失或非法获利两个角度进行估算，具体估算模型如式（4.17）、式（4.18）所示。

$$P_{\mathrm{fl}} = P_{\mathrm{w}} + P_{\mathrm{df}} = \sum_{t_1=1}^{n_1} W_{t1} + \sum_{t_2=1}^{n_2} (L_{\mathrm{df}} - L'_{\mathrm{df}})i = \sum_{t_1=1}^{n_1} (D - D'_{t1}) + \sum_{t_2=1}^{n_2} (L_{\mathrm{df}} - L'_{\mathrm{df}})i \quad (4.17)$$

或 $$P_{\mathrm{fl}} = P_{\mathrm{w}} + P_{\mathrm{df}} = \sum_{t_1=1}^{n_1} I_{t1} + \sum_{t_2=1}^{n_2} (L_{\mathrm{df}} - L'_{\mathrm{df}})i = \sum_{t_1=1}^{n_1} (I - I'_{t1}) + \sum_{t_2=1}^{n_2} (L_{\mathrm{df}} - L'_{\mathrm{df}})i \quad (4.18)$$

式中，P_{fl} 为考虑期权损失的知识产权损害赔偿价值；P_{w} 为知识产权的现实直接损害赔偿价值，$P_{\mathrm{w}} = P_{\mathrm{1l}}$ 或 P_{il}，P_{1l} 为权利人因被侵权而损失的知识产权直接创造的净收益，即采用直接损失法计算的知识产权损害赔偿价值，P_{il} 为侵权人因侵权而非法获得的知识产权直接创造的净收益，即采用直接获利法计算的知识产权损害赔偿价值；P_{df} 为权利人被侵权后未来年度的知识产权直接损害价值；W_{t1} 为权利人因被侵权而导致的年度知识产权创造净收益减少额；D 为权利人被侵权前知识产权直接创造的年净收益；D'_{t1} 为权利人被侵权后知识产权直接创造的年净收益；I_{t1} 为侵权人非法利用知识产权所获年度净收益中由知识产权直接创造的部分；I 为侵权人未利用知识产权前所获年度净收益；I'_{t1} 为侵权人非法利用知识产权后所增加的年度净收益；L_{df} 为权利人正常经营状况下未来年度知识产权直接贡献的净收益；L'_{df} 为权利人被侵权后未来年度知识产权直接贡献的净收益；t_1 为知识产权被侵权年份，$t_1 = 1, 2, \cdots, n_1$；t_2 为知识产权被侵权后可使用年份，$t_2 = 1, 2, \cdots, n_2$；i 为折现系数。

当可以获得受害人在被侵权前后利用知识产权的直接净收益数据，且在被侵权结束后正常使用知识产权和受侵权影响后的未来直接净收益可以预测时，可以使用该模型对知识产权损害赔偿价值进行估算。

【例4.9】 在【例4.5】中，B 企业对 A 企业治疗心血管疾病药物专利的侵权行为，不仅在两年的侵权期内挤占了 A 药企该专利药品的市场，导致其销量和收益下降，而且明显导致了市场对 A 企业专利药品的负面反应，使得 A 企业的专利药品的生产销售情况在 B 企业停止侵权后的一定时期内才能逐步恢复。

评估人员对 B 企业的侵权行为给 A 企业造成的影响进行了充分的调查分析，发现这种影响并不只是发生在侵权期间，而且可以预见到至少还会在侵权停止后的三年内延续。评估人员进一步预测了 A 企业未来三年的专利药品年销售量呈逐年恢复态势，分别为 90 万盒、100 万盒、110 万盒，于第四年恢复被侵权前的正常销量。

评估人员选择采用期权直接损失法对该专利权的损害赔偿价值进行评估。根据当时的宏观经济和行业利润状况，取折现率 $r = 7\%$，采用式（4.17），计算该专利权损害赔偿价值如下：

$$
\begin{aligned}
P_{f1} &= P_{W} + P_{df} = P_{dl} + \sum_{t_2 = 1}^{n_2} (L_{df} - L'_{df})i \\
&= 480 + [(120 - 90) \times 6]/(1 + 7\%)^3 + \\
&\quad [(120 - 100) \times 6]/(1 + 7\%)^2 + [(120 - 110) \times 6]/(1 + 7\%) \\
&= 480 + 180 \times 0.8163 + 120 \times 0.8734 + 60 \times 0.9346 \\
&= 787.82（万元）
\end{aligned}
$$

2. 分摊期权损失法

分摊期权损失法是在通过知识产权利润贡献率分摊知识产权产品净收益损失，从而在获得现实知识产权损害价值的基础上，进一步考虑侵权行为在侵权停止后一定时期内造成知识产权直接创造收益能力的减少，从而综合估算知识产权损害赔偿价值的方法。

分摊期权损失法可以从侵权人或被侵权人使用知识产权进行生产经营活动，因侵权行为的发生而损失或非法获利两个角度进行估算，具体估算模型如式（4.19）、式（4.20）所示。

$$
P_{f2} = P_{l2} + P_{df} = \sum_{t_1 = 1}^{n_1} L_{t1}k + \sum_{t_2 = 1}^{n_2} L_{t2}ki = \sum_{t_1 = 1}^{n_1} (l_{t1} - l'_{t1})k + \sum_{t_2 = 1}^{n_2} (l_{t2} - l'_{t2})ki \qquad (4.19)
$$

$$
或\ P_{f2} = P_{i2} + P_{df} = \sum_{t_1 = 1}^{n_1} E_{t1}k + \sum_{t_2 = 1}^{n_2} L_{t2}ki = \sum_{t_1 = 1}^{n} (i_{t1} - c_{t1})k + \sum_{t_2 = 1}^{n_2} (l_{t2} - l'_{t2})ki \qquad (4.20)
$$

式中，P_{f2} 为考虑期权损失的知识产权损害赔偿价值；P_{l2} 为权利人因被侵权而损失的知识产权直接创造的净收益，即采用损失分摊法计算的知识产权损害价值；P_{i2} 为侵权人因侵权而非法获得的知识产权直接创造的净收益，即采用获利分摊法计算的知识产权损害价值；P_{df} 为权利人被侵权后未来年度的知识产权直接损害价值；L_{t1} 为权利人被侵权后第 t_1 年其知识产权产品创造净收益的减少额；L_{t2} 为权利人被侵权后第 t_2 年知识产权产品可以创造净收益的减少额；l_{t1} 为权利人未被侵权的正常状况下其知识产权产

品第 t_1 年可以创造的净收益；l'_{t1} 为权利人被侵权后第 t_1 年其知识产权产品创造的净收益；E_{t1} 为侵权人实施侵权行为期间第 t_1 年非法利用被侵权知识产权所获得的净收益；i_{t1} 为侵权人实施侵权行为期间非法利用权利人知识产权第 t_1 年所获得的收入；c_{t1} 为侵权人实施侵权行为期间非法利用权利人知识产权第 t_1 年所支出的成本；l_{t2} 为权利人正常经营状况下未来第 t_2 年知识产权产品可以创造的净收益；l'_{t2} 为权利人被侵权后未来第 t_2 年知识产权产品创造的净收益；k 为知识产权利润分成率；t_1 为知识产权被侵权年份，$t_1 = 1$，2，$\cdots$，n_1；t_2 为侵权停止后受侵权因素持续影响的年份，$t_2 = 1$，2，$\cdots$，n_2；i 为折现系数。

当没有可利用的知识产权的直接收益与成本数据，无法分离利用知识产权的直接获利，或分离困难时，可以应用该方法间接获得知识产权损害价值。

【例 4.10】　在【例 4.2】中，A 企业对 B 研究所生物复合肥料专利的侵权行为，不仅在过去一年的侵权期内对 B 研究所该专利权的使用价值造成损害，而且明显影响了市场对该专利技术的认同程度，使得 B 研究所生物复合肥料专利在 A 企业停止侵权后的一定时期内的利用效率受到影响。

评估人员对 A 企业的侵权行为给 B 研究所造成的影响进行了充分的调查分析，发现这种影响并不只是发生在侵权期间，而且可以预测至少还会在侵权停止后的三年内延续。评估人员进一步预测到对生物复合肥料专利的利用在未来四年呈逐年恢复态势，利用效率分别为 70%、80%、90%，于第四年完全恢复到被侵权前的正常状态。

评估人员选择采用分摊期权损失法对 B 研究所的生物复合肥专利权的损害赔偿价值进行评估。根据侵权发生期间及其后一定时期的宏观经济和行业状况，取折现率 $r = 6\%$，$k = 13\%$，采用式（4.20），计算该专利权损害赔偿价值如下：

$$P_{f2} = P_{i2} + P_{df} = \sum_{t_1=1}^{n_1} E_{t1} k + \sum_{t_2=1}^{n_2} (l_{t2} - l'_{t2}) ki$$

$$= (2560 - 1830) \times (1 - 25\%) \times 13\% \times [1 + (1 - 90\%)/(1 + 6\%)^3 +$$

$$(1 - 80\%)/(1 + 6\%)^2 + (1 - 70\%)/(1 + 6\%)]$$

$$= 71.18 \times [1 + 0.1 \times 0.8396 + 0.2 \times 0.8900 + 0.3 \times 0.9434]$$

$$= 109.97(万元)$$

3. 现值期权损失法

现值期权损失法，是在考虑侵权期间知识产权损害时间价值的基础上，进一步考虑侵权行为在侵权停止后一定时期内造成知识产权直接创造收益能力的减少，从而综合估算知识产权损害赔偿价值的方法。

现值期权损失法可以从侵权人或被侵权人使用知识产权进行生产经营活动，因侵权行为的发生而损失或非法获利的现值两个角度进行估算，具体估算模型如式

（4.21）、式（4.22）所示。

$$P_{f3} = P_{il3} + P_{df} = \sum_{t_1 = 1}^{n_1} W_{t1}R + \sum_{t_2 = 1}^{n_2} (L_{df} - L'_{df})i$$

$$= \sum_{t_1 = 1}^{n_1} W_{t1}(1 + r)^{n_1 - 1} + \sum_{t_2 = 1}^{n_2} (L_{df} - L_{df}')i \qquad (4.21)$$

或
$$P_{f3} = P_{il3} + P_{df} = \sum_{t_1 = 1}^{n_1} I_t R + \sum_{t_2 = 1}^{n_2} (L_{df} - L'_{df})i$$

$$= \sum_{t_1 = 1}^{n_1} I_t(1 + r)^{n_1 - 1} + \sum_{t_2 = 1}^{n_2} (L_{df} - L'_{df})i \qquad (4.22)$$

式中，P_{f3} 为考虑期权损失的知识产权损害赔偿价值；P_{il3} 为现值法获得的知识产权的现实损害价值，$P_{il3} = P_{l3}$ 或 P_{i3}，P_{l3} 为权利人因被侵权而损失的知识产权直接创造的净收益现值，即采用损失分摊法计算的知识产权损害价值，P_{i3} 为侵权人因侵权而非法获得的知识产权直接创造的净收益现值，即采用获利分摊法计算的知识产权损害价值；P_{df} 为权利人被侵权后未来年度的知识产权直接损害价值；W_{t1} 为权利人因被侵权而导致的年知识产权创造净收益减少额；I_t 为侵权企业非法利用知识产权所获年度净收益中由知识产权直接创造的部分；L_{df} 为权利人正常经营状况下未来年度知识产权直接贡献的净收益；L'_{df} 为权利人被侵权后未来年度知识产权直接贡献的净收益；t_1 为知识产权被侵权年份，$t_1 = 1, 2, \cdots, n_1$；t_2 为知识产权被侵权后可使用年份，$t_2 = 1, 2, \cdots, n_2$；R 为复利终值系数；r 为折现率；i 为折现系数。

【例4.11】 在【例4.7】中，B 企业对 A 企业"果香"牌天然果汁饮料商标侵权行为，不仅在过去四年的侵权期内对 A 企业的商标价值造成损害，而且明显影响了市场对该品牌果汁饮料的认同程度，使得 B 企业停止侵权后的一定时期内，A 企业所生产的"果香"牌天然果汁饮料产品销量仍然受到影响。

评估人员对 B 企业的侵权行为给 A 企业造成的影响进行了充分的调查分析，发现这种影响并不只是发生在侵权期间，而且预测在停止侵权后还将延续四年，评估人员进一步预测到 A 企业未来"果香"牌天然果汁饮料的分别为 260 万瓶、270 万瓶、280 万瓶、290 万瓶，于第五年完全恢复到被侵权前的正常状态，产品单位售价仍为 5 元/瓶、单位成本平均 3.2 元/瓶。

评估人员选择采用现值期权损失法对 A 企业的"果香"商标权的损害赔偿价值进行评估。根据侵权发生期间及其后一定时期的宏观经济和行业状况，取折现率 $r = 5\%$，商标权利润分成率 $k = 11\%$，采用式（4.21），计算得到该商标权损害赔偿价值如下：

$$P_{f3} = P_{l3} + P_{df} = \sum_{t_1 = 1}^{n_1} W_{t1}R + \sum_{t_2 = 1}^{n_2} (L_{df} - L'_{df})i = \sum_{t_1 = 1}^{n_1} W_{t1}(1 + r)^{n_1 - 1} + \sum_{t_2 = 1}^{n_2} (L_{df} - L'_{df})i$$

$$= 68.7 + [(5 - 3.2) \times (1 - 25\%) \times 11\%] \times [(300 - 290)/(1 + 5\%)^4 +$$

$$(300 - 280)/(1 + 5\%)^3 + (300 - 270)/(1 + 5\%)^2 + (300 - 260)/(1 + 5\%)]$$

$$= 68.7 + 0.1485 \times [10 \times 0.8227 + 20 \times 0.8638 + 30 \times 0.9070 + 40 \times 0.9524]$$

$$= 82.19(万元)$$

4. 单位期权损失法

单位期权损失法是在考虑侵权人或被侵权人单位产品净收益中知识产权直接创造收益的非法获取额或减少额的基础上，进一步考虑侵权行为在侵权停止后一定时期内造成知识产权直接创造收益能力的减少，从而综合估算知识产权损害赔偿价值的方法。

单位期权损失法可以从侵权人或被侵权人使用知识产权进行生产经营活动，因侵权行为的发生而损失或非法获利两个角度进行估算，具体估算模型如式（4.23）、式（4.24）所示。

$$P_{f4} = P_{il4} + P_{df} = \sum_{t_1 = 1}^{n_1} (Q_{t1} - Q'_{t1})(p - c - t')k + \sum_{t_2 = 1}^{n_2} (L_{df} - L'_{df})i \qquad (4.23)$$

$$或 \qquad P_{f4} = P_{il4} + P_{df} = \sum_{t_1 = 1}^{n_1} Q_{ts}(p - c - t')k + \sum_{t_2 = 1}^{n_2} (L_{df} - L'_{df})i \qquad (4.24)$$

式中，P_{f4}为考虑期权损失的知识产权损害赔偿价值；P_{il4}为单位法估算获得的知识产权的现实损害价值，$P_{il4} = P_{l4}$ 或 P_{i4}，P_{l4}为单位损失法知识产权损害赔偿价值，P_{i4}为单位获利法知识产权损害赔偿价值；Q_{t1}为权利人为被侵权的正常状态下第t_1年知识产权产品销售量；Q'_{t1}为受害人被侵权后年知识产权产品销售量；Q_{ts}为售出的侵权产品数量；p为单位知识产权产品售价；c为单位知识产权产品生产销售成本；t'为单位知识产权产品税金；k为知识产权利润分成率；i为折现系数；L_{df}为权利人正常经营状况下未来年度知识产权直接贡献的净收益；L'_{df}为权利人被侵权后未来年度知识产权直接贡献的净收益；t_1为知识产权被侵权年份，$t_1 = 1, 2, \cdots, n_1$；t_2为知识产权被侵权后持续受损年份，$t_2 = 1, 2, \cdots, n_2$。

该方法首先将知识产权的损害价值以产品销量进行划分，以单位知识产权关联产品应获净收益或净损失，以及减少的知识产权关联产品销量来反映损害价值，然后再进一步将知识产权未来直接创造收益能力的减少额一并纳入损害赔偿价值的范围。该方法适合于对知识产权的利用直接与产品相关联时的知识产权损害价值评估。

【例4.12】　在【例4.8】中，B企业对A企业小型折叠自行车专利侵权行为，不仅在过去四年的侵权期内对A企业的生产经营和专利价值造成损害，而且明显影响了A企业小型折叠自行车专利产品的市场销售行情，使得B企业停止侵权后的一定时期内，A企业所生产的小型折叠自行车的销售量不及被侵权前。

评估人员对B企业的侵权行为给A企业造成的影响进行了调查分析，预测侵权对A企业的影响在法院判决后还将延续三年，A企业未来小型折叠自行车的销售量分别为75万辆、85万辆、95万辆，于第四年完全恢复到被侵权前的正常状态，产品单位售价和成本不变。

评估人员选择采用单位期权损失法对 A 企业小型折叠自行车专利权的损害赔偿价值进行评估。根据侵权发生期间及其后一定时期的宏观经济和行业状况，取折现率 $r = 5.5\%$，专利技术利润分成率 $k = 19\%$，采用式（4.23），计算得到该商标权损害赔偿价值如下：

$$
\begin{aligned}
P_{f4} &= P_{il4} + P_{df} = \sum_{t_1=1}^{n_1} (Q_{t1} - Q'_{t1})(p - c - t')k + \sum_{t_2=1}^{n_2} (L_{df} - L'_{df})i \\
&= 1020.15 + [(350 - 250) \times (1 - 25\%) \times 19\%] \times \\
&\quad [(100 - 75)/(1 + 5.5\%)^3 + (100 - 85)/(1 + 5.5\%)^2 + \\
&\quad (100 - 95)/(1 + 5.5\%)] \\
&= 1583.12（万元）
\end{aligned}
$$

5. 期权损失预测法

期权损失预测法是指通过间接预测侵权给权利人造成的，在期权期内和侵权后一定时期内，知识产权产品销量减少、产品价格下降，以及收益期缩短等情况，计算权利人的知识产权因被侵犯而导致其净收益减少，从而确定知识产权损害价值的方法。

期权损失预测法的计算模型如式（4.25）所示。

$$
P_{f5} = P_t + P'_f = \sum_{t_1=1}^{n_1} N_{t1}(p - c - t')kR + \sum_{t_2=1}^{n_2} N_{t2}(p' - c' - t')ki \tag{4.25}
$$

式中，P_{f5} 为考虑期权损失的知识产权损害赔偿价值；P_t 为知识产权在侵权期内的损害价值；P'_f 为知识产权在侵权停止后延续受损期内的损害价值；N_{t1} 为侵权期内知识产权产品销量预测减少数；N_{t2} 为侵权期停止后延续受损期内知识产权产品销量预测减少数；p 为侵权期间单位知识产权产品售价；c 为侵权期间单位知识产权产品生产销售成本；p' 为侵权停止后知识产权延续受损期内单位知识产权产品售价；c' 为侵权停止后知识产权延续受损期内单位知识产权产品生产销售成本；t' 为单位知识产权产品税金；k 为知识产权利润分成率；R 为复利终值系数；i 为折现系数；t_1 为知识产权被侵权年份，$t_1 = 1, 2, \cdots, n_1$；t_2 为知识产权被侵权后持续受损年份，$t_2 = 1, 2, \cdots, n_2$。

该方法适用于知识产权侵权案件中，既无法获得侵权人非法利用知识产权的生产经营资料，又无法获得被侵权人使用其知识产权相关资料的情况。例如，知识产权被侵权前尚未投入生产使用，或侵权人和被侵权人使用知识产权的生产经营资料不全的情况。

【例 4.13】 某发明人设计了一种"多用干鲜粉碎机"，随即向国家知识产权局提出专利申请并获得实用新型专利权。该多用干鲜粉碎机包括机架、固定于机架上的电机及套置于电机轴上的工作部分。工作部分包括固定于机架侧面且下部带出料口的筒形罩壳、带喂料口并盖置于罩壳盖之间的密封胶皮圈、经其上端两边凸轴横置于喂料口根部两侧壁上端的喂料挡板、在罩壳内固定于电机输出轴上的粉碎刀、插置于罩壳底部出料口处的弧形筛网、固定于罩壳一侧用于压紧罩壳与罩壳盖的活动螺栓铰扣组成。粉碎刀为带上下对称刀口的条形结构，其一侧上下对称各凸起一组刀齿、中部与刀齿同侧为电机轴套接的套轴结构。喂料口在罩壳盖水平轴线右边位置，其根部两侧壁上端为供喂料挡板两边凸轴搭置的半圆槽结构。罩壳下部内侧出料口两边圆弧处为供筛网插置的槽形结构。罩壳盖一侧边与罩壳铰链，另一侧边带有耳扣。喂料挡板上端两边有凸出凸轴。

发明人在获得该专利权后自行实施了专利技术，因其粉碎效率高、用途广、成本低，在农村市场受到了广大消费者的普遍欢迎，但之后很快就出现了非法侵权产品。权利人经调查，发现某农机厂是侵权产品的生产者，于是在收集相关证据的基础上，以该农机厂侵犯其专利权生产、销售专利产品为由，向人民法院提起诉讼，请求判令追究侵权人法律责任，并赔偿侵权损失。同时原告提出证据保全申请，人民法院裁定同意后，在被告厂区内保全到被控侵权产品并拍摄了照片。

法院对本案进行了法庭审理，经综合原告被告双方的意见，同时结合专利说明书及附图，将保全的被控侵权产品与原告权利要求书记载的权利要求进行了比对，发现被控侵权产品的进料口及罩壳盖与原告的权利要求有区别，保全的照片中没有被控侵权产品所用的粉碎刀，其他技术特征与原告专利的权利要求基本一致和对应。而就进料口与原告权利要求的不同来说，被控侵权产品的进料口在该产品的罩壳右侧中部、与电机同侧，原告权利要求书及说明书记载的原告专利产品的进料口位于产品的罩壳左侧的罩壳盖偏右处、与电机不同侧，但此不同只是一个简单的位移，无须创造性劳动就能够联想到，与原告相对应的技术特征手段、功能、效果基本相同，故仍等同于原告专利的相应特征。另外，虽然保全的照片中没有被控侵权产品所用的粉碎刀，但庭审中核实，被控侵权产品所用的粉碎刀的构造与原告专利中粉碎刀的构造基本相同，至于是以什么方法制造出来的，并不影响其构造。至于被控侵权产品的罩壳盖上有粉碎钉，原告专利没有，此不同属于增加的特征，原告专利中并无此特征。据此，法院认定被控侵权产品再现了原告专利的全部必要技术特征或与其相等同的特征，已落入了原告专利权的保护范围，构成对原告专利权的侵犯。为合理确定专利侵权损害赔偿价值，法院委托评估机构进行评估。

评估机构接受法院委托后，对侵权人生产销售侵权产品的情况进行了调查，发现侵权人属于一家个体性质的农机厂，主要针对农村市场需求雇佣临时工生产农用器械，缺乏正规的生产车间和生产经营管理，没有清楚、完整的财务资料和销售记录，而且侵权人提供的侵权产品销售数量和售价均缺乏可靠性。于是评估人员又对权利人的情况进行了调查，发现权利人的情况与侵权人有类似之处，也没有完整、准确的生产经营财务资料，但权利人提供了其销售部分专利产品的收据，反映该专利产品售价为1800 元/台。同时，经法庭认定，被告侵犯专利权的时间共持续了两年。

由于缺乏原被告双方审查销售专利产品的确切数据，评估机构在征得法院和双方当事人同意的前提下，决定采用期权损失预测法对该专利权的损害赔偿价值进行评估。评估人员一方面根据原告被告双方的生产条件和专利产品图纸，采用重置成本法对涉案的"多用干鲜粉碎机"生产成本进行了核算，得到该粉碎机的单位生产成本为 1100 元（含税）。另一方面，评估人员结合权利人提供的线索，对该粉碎机的市场进行了调研，发现用户主要集中在案发地区的广大农村，区域市场年消化量约为 2500 台，根据双方当事人的生产条件判断，权利人具备生产产销市场需要数量专利产品的能力，但因侵权的发生，权利人消耗了大量精力处理被侵权案件，不但影响了被侵权期间的生产经营活动，而且还影响了侵权案件判决后的生产恢复；在多方调查和分析的基础上，评估人员估测权利人被侵权的两年期间专利产品的产销量分别减少 500 台和 800 台，预测侵权停止后第三年才能恢复该专利产品的正常生产与销售，预计产销量分别为第一年 1800 台、第二年 2100 台、第三年 2500 台。由于权利人用工和场地的灵活性，以及被侵权前后一定时期内生产经营环境和国家宏观经济环境的相对平稳，因此，预测产品售价和审查成本均与被侵权前基本一致。

评估人员在上述预测的基础上，取折现率 $r = 7\%$，专利利润分成率 $k = 15\%$；采用式（4.25），计算得到该知识产权损害赔偿价值如下：

$$
\begin{aligned}
P_{f5} &= \sum_{t_1=1}^{n_1} N_{t1}(p - c - t')kR + \sum_{t_2=1}^{n_2} N_{t2}(p' - c' - t')ki \\
&= \left[500 \times (1 + 7\%) + 800 \right] \times (1800 - 1100) \times 15\% + \left[(2500 - 1800)/(1 + 7\%) \right. \\
&\quad \left. + (2500 - 2100)/(1 + 7\%)^2 \right] \times (1800 - 1100) \times 15\% \\
&= 140175 + \left[700 \times 0.9346 + 400 \times 0.8734 \right] \times 700 \times 15\% \\
&= 245551(元)
\end{aligned}
$$

三、许可费用倍数法

许可费用倍数法是利用被侵害知识产权的许可费来计算损害赔偿数额的方法。《专利法》第 65 条规定："权利人的损失或者侵权人获得的利益难以确定的，参照该专利许可使用费的倍数合理确定"。《商标法》第 63 条规定："权利人的损失或者侵权人获得的利益难以确定的，参照该商标许可使用费的倍数合理确定"。因此，当权利人的损失或者侵权人获得的利益难以确定时，可以参照知识产权许可使用费的倍数来合理确定其损害赔偿价值。

1. 评估模型

许可费用倍数法是建立在知识产权许可费用基础上的知识产权损害赔偿估算方法，即首先以市场上类似的知识产权许可案例及其费用为参照，通过在技术（设计、创意）内容、交易时间和条件、权利内涵、使用条件等方面的修正，得出被评估知识产权正常的许可费用，再根据侵权案件的具体情况，进一步考虑侵权程度、侵权影响等因素，以被评估知识产权正常许可费的合理倍数，作为知识产权损害赔偿价值。

许可费用倍数法的计算公式如式（4.26）所示。

$$P_{am} = k_1 P_1 = k_1 (P_{11} + P_{12} + \cdots + P_{1N})(a_1 a_2 \cdots a_n)/N \qquad (4.26)$$

式中，P_{am} 为许可费用倍数法知识产权损害赔偿价值；P_1 为被评估知识产权的许可费用；k_1 为许可费损失倍率系数，$k_1 = 1 \sim 3$；$P_{11} \sim P_{1N}$ 为第 $1 \sim N$ 个类似知识产权许可参照案例；$a_1 \sim a_n$ 为第 $1 \sim n$ 项影响因素修正系数。

2. 许可费损失倍率系数 k_1

许可费用倍数法的难点是确定许可费损失倍率系数 k_1。我国现有知识产权法规中对于 k_1 的取值范围尚无确切的规定。例如，《专利法》《商标法》中涉及采用许可使用费来估算专利或商标侵权损害赔偿金额的条款，都只是规定"参照该专利或商标许可使用费的倍数合理确定"。这里只提到按许可使用费的倍数来"合理"确定，而并未明确具体是多少倍。因此，"合理"是具体确定 k_1 数值所依据的重要标准。

许可费用倍数法是一种比较便捷的知识产权损害赔偿价值估算方法，只要能够找到被侵权知识产权之前的许可收益证据或市场上类似知识产权许可交易证据材料，即可结合侵权案件的具体情况，通过考虑以其恰当的倍数来估算具体损害赔偿数额。由于没有具体的法律规定，实际操作中，许可费损失倍率系数 k_1 需要根据案件的具体情况合理地分析和确定，不过，相关法律规定的法官酌情裁量权的范围可以作为一定的参考。例如，《专利法》规定"人民法院可以根据专利权的类型、侵权行为的性质和情节等因素，确定给予一万元以上一百万元以下的赔偿"，而《商标法》也规定"权利人因被侵权所受到的实际损失、侵权人因侵权所获得的利益、注册商标许可使用费难以确定的，由人民法院根据侵权行为的情节判决给予三百万元以下的赔偿"。

【例4.14】 某科研机构经过多年的研究与开发工作，获得一项金属粉体材料制备专利技术，特别适用于生产环保绿色涂料达克罗液、富锌涂料等其他防腐涂料。工艺过程包括配料、研磨、分级、包装工序：将金属粉末和研磨介质按比例混合、加入助磨剂及表面活性剂，在密闭研磨机内研磨；通过调节研磨机水冷夹套的水量，控制恰当的研磨温度；通入惰性气体、防止氧气进入气氛中，避免金属氧化；调节研磨机转速，并控制不同的研磨机转速分段研磨。该方法不仅可用于生产鳞片状锌粉、铝粉，还可以用于生产铜粉、铜锌粉和银粉等金属粉或合金粉。因其可以替代国外同类先进技术，自取得专利权后，该研究所将这项专利技术许可给多家企业使用，其中主要的许可情况如表4.7所示。

表 4.7

被许可企业	许可时间	许可方式	生产规模/（万吨/年）	许可金额/万元	物价指数
A 企业	3 年前	普通	20	100	1.1
B 企业	2 年前	普通	30	130	1.15
C 企业	1 年前	普通	30	150	1.3
D 企业	1 年前	普通	30	150	1.3

两年前，该科研机构发现 E 企业未经许可而非法使用其专利技术，并采取不正当手段大量倾销侵权产品，严重扰乱了同类产品的正常市场秩序，给专利权利人和被合法许可使用该专利的企业造成了严重的经济损失。该科研机构在协商无果的情况下将 E 企业告上法院，要求其停止侵权行为并赔偿经济损失。在庭审过程中，E 企业态度蛮横、拒不配合法庭调查，也不承认和停止侵权行为。经法院调查和取证，认定 E 企业侵权行为成立，并决定采用惩罚赔偿原则要求侵权人承担惩罚性赔偿责任。

经评估机构调查查明，E 企业每年侵权使用该专利技术生产销售侵权产品规模为 50 万吨，据此对该专利已有许可案例进行修正，得到该专利的合理许可费用为：

$$P_1 = \left[(50/20) \times 100 \times (1.3/1.1) + (50/30) \times 130 \times (1.3/1.15) \right.$$
$$\left. + (50/30) \times 150 + (50/30) \times 150 \right]/4$$
$$= 260.10（万元）$$

由于 E 企业拒不配合法院的调查，不提供侵权期间的真实财务资料，评估机构决定采用许可费用倍数法估算该专利权的损害赔偿价值。根据该侵权案件的性质和实际情况，经与法庭研讨决定，取许可费损失倍率系数 $k_l = 1.2$。据此，采用许可费用倍数法可以得到该专利的损害赔偿价值为：

$$P_{am} = k_1 P_1 = 1.2 \times 260.10 = 312.12（万元）$$

四、完全损失法

完全损失是指某一行为所导致的直接的和非直接的、衍生的损失结果。完全损失法是基于被侵害知识产权所受到的损害可能不局限于侵权当时发生的且被明显表现出来的损失的假设条件下，充分考虑了侵权可能给权利人及其知识产权带来的各方面损害的一种损害价值评估方法。

完全损失法不仅计算侵权给知识产权造成的现实直接损失和显性的未来损失，而且还计算侵权给知识产权及其权利所有人带来的市场萎缩、生产销售成本增加、机会成本的出现，以及权利人声誉和其他精神损害等形成的损失。也就是说，以被侵权人关于其知识产权现实的直接损失、未来的直接损失，以及其他所有间接的隐性损失为前提的评估方法。

与直接损失法和期权损失法相同，完全损失法遵循的仍然是现代民法的最基本的"全面赔偿"或"损失填平"原则，但较之前两类方法相比，完全损失法在落实对"损失"的"填平"方面最彻底和全面。从理论上来讲，完全损失法有其科学性与合理性；但在实践中，该方法的运用往往受到实际环境条件的影响和限制，可能因为间接损失的不确定性或量化困难等，而导致无法具体操作。

从被侵权后知识产权本身及其权利人可能受到的全部损失的角度来看，知识产权的损害价值不应只限于现实的直接损失和侵权停止后一定时期内存在的未来价值损失，还应当包括那些因为侵权而导致的隐性的间接损失。因此，当从充分、完整的角度来考察对知识产权权利人的损害赔偿时，就需要提出一个全面体现知识产权损害价值的方法，即"完全损失法"。

1. 基本模型

完全损失法的基本评估方法，是分别估算直接损害、未来损害和间接损害三个部分的赔偿价值，再将它们加和，作为知识产权损害赔偿价值。

运用完全损失法进行知识产权损害赔偿价值评估的具体模型如式（4.27）所示。

$$P_h = P_d + P_f + P_o \qquad (4.27)$$

式中，P_h 为完全损失法知识产权损害赔偿价值；P_d 为知识产权直接损害赔偿价值，P_d 可以是 P_i、P_l、P_{am}；P_f 为知识产权未来损害赔偿价值；P_o 为知识产权间接损害赔偿价值。

2. 间接损害价值的估算

完全损失法的基本模型中，知识产权直接损害赔偿价值 P_d 和知识产权未来损害赔偿价值 P_f 的估算方法在前面章节中已有讨论，此处仅就知识产权间接损害赔偿价值 P_o 的特点、存在方式及其具体估算方法进行讨论。

（1）知识产权间接损害赔偿价值的特征

从知识产权本身及其侵权案件的特殊性来看，知识产权遭受侵权后，其间接损失一般具有三方面的特征。

1）损失的是一种现实的或可能的利益，但该损失往往是以一种"潜在的""非显性"的形式存在，往往不易被察觉或发现；

2）这种损失的利益是确实存在或具有实际意义的，而不是抽象的或假设的；

3）这种损失具有明确的边界，知识产权及其权利人受到的间接损害限于一定的范围，超出这一范围，不应被认为或认定为是知识产权间接损失。

（2）知识产权间接损害赔偿价值的范围与估算方法

基于上述知识产权间接损害赔偿价值的特征，知识产权被侵害时权利人受到的间接损失应该包括但不限于以下可以具体确认的损失。

1）权利人因恢复知识产权及其相关产品的正常市场而需要追加的投入损失 C_1；

2）因被侵权后权利人仍然占用固定资产折旧、管理费用、财务费用等固定支出而形成的机会成本 C_2；

3）权利人因应对侵权而采取相关措施的投入等支出 C_3；

4）权利人因被侵权而遭受声誉和身心等精神损害而造成的损失 C_4；

5）因侵权给知识产权本身及其权利人造成的其他可以确认的间接损失 C_5。

由此可以得出知识产权间接损害价值的计算公式如式（4.28）所示。

$$P_o = C_1 + C_2 + C_3 + C_4 + C_5 \tag{4.28}$$

上式中，各项间接损害可能因具体侵权案件的不同而存在或不存在，需要针对每个侵权案件的实际，在充分调查、取证的基础上，具体加以认定和估算。

（3）分项间接损失的估算

1）市场恢复追加投入。知识产权侵权行为停止后，受害人原有的知识产权产品销售状况一般不会立刻就恢复到被侵权前的水平，其产品市场的恢复通常需要经历一段时间。同时，由于受到侵权影响，市场对权利人的知识产权产品的认可也不可能像之前一样，往往需要权利人对其受影响的产品市场进行主动的"修复"，而这种"修复"必然要求受害人在其之前正常的生产经营投入之外，通过追加投入营销费和宣传费等，方能够实现。

由于"负面影响的消除"和"正常的市场营销"需要同时进行，因而现实社会中的市场恢复追加投入（即追加的"修复成本"）往往表现为受害人的知识产权产品营销费用在受到侵权之前（正常市场经营状态）与受到侵权之后的差额，即

$$C_1 = \sum_{t=1}^{n} (C'_{1t} - C_{1t}) \tag{4.29}$$

式中，C_1 为知识产权产品市场恢复追加投入；C_{1t} 为被侵权之前知识产权产品的年度销售费用；C'_{1t} 为侵权停止后经营恢复期知识产权产品的年度销售费用；t 为侵权停止后经营恢复期年份，$t = 1, 2, \cdots, n$，n 为侵权停止后经营恢复期。

2）资产费用占用成本。知识产权侵权行为往往影响权利人的正常生产销售活动，可能导致被侵权期间和侵权停止后一段时间内知识产权产品的产销量达不到设计或正常规模，继而造成生产设备和车间等固定资产闲置、人员和财务费用等费用的空转支出，以及其他不能产生直接效益的固定费用支出，从而形成直接浪费和机会成本。因此，资产费用占用成本是指因知识产权被侵权后仍然占用的固定资产折旧、管理费用、财务费用等形成的机会成本，包括被侵权期间和侵权停止后经营恢复期的机会成本，即

$$C_2 = \sum_{t_1=1}^{n_1} (C_{2dt1} + C_{2mt1} + C_{2et1}) R + \sum_{t_2=1}^{n_2} (C_{2dt2} + C_{2mt2} + C_{2et2}) i \tag{4.30}$$

式中，C_2 为固定费用机会成本；C_{2dt1} 为侵权期间闲置的固定资产折旧额；C_{2mt1} 为侵

权期间管理费用、财务费用等占用成本；C_{2et1}为侵权期间其他未产生直接效益的固定费用支出；C_{2df2}为经营恢复期闲置的固定资产折旧额；C_{2mf2}为经营恢复期管理费用、财务费用等占用成本；C_{2ef2}为经营恢复期其他未产生直接效益的固定费用支出；R为复利终值系数；i为折现系数；t_1为知识产权被侵权年份，$t_1 = 1, 2, \cdots, n_1$；t_2为知识产权被侵权后持续受损年份，$t_2 = 1, 2, \cdots, n_2$。

3）维权追加投入。维权追加投入是指权利人为了应对侵权给其生产经营活动带来的负面影响而采取相关措施所增加支出的费用。该类追加投入通常包括知识产权维权过程中需要发生的调查取证费、谈判费、请求调处费、诉讼费等，其估算公式如式（4.31）所示。

$$C_3 = \sum (C_{3r} + C_{3t} + C_{3l} + C_{3o}) \tag{4.31}$$

式中，C_3为维权追加投入；C_{3r}为调查取证费，包括证据购买或提取费，调查取证差旅费、通信和人工费等；C_{3t}为谈判费，包括与侵权人协商、谈判付出的相关费用；C_{3l}为诉讼费，包括向法院提取维权诉讼或请求行政调处的律师费、案件审理费，以及证据、财产保全费等；C_{3o}为其他维权支出。

关于维权追加投入赔偿的依据，在我国相关知识产权法中均有规定。例如，《专利法》第65条规定："侵犯专利权的赔偿数额按照权利人因被侵权所受到的实际损失确定；……赔偿数额还应当包括权利人为制止侵权行为所支付的合理开支"。《著作权法》第49条规定："侵犯著作权或者与著作权有关的权利的，侵权人应当按照权利人的实际损失给予赔偿；……赔偿数额还应当包括权利人为制止侵权行为所支付的合理开支"。《商标法》第63条规定："侵犯商标专用权的赔偿数额，按照权利人因被侵权所受到的实际损失确定；……赔偿数额应当包括权利人为制止侵权行为所支付的合理开支"。此外，最高人民法院在关于审理知识产权纠纷案件适用法律问题的相关规定中也有相应的规定。例如，《最高人民法院关于审理专利纠纷案件适用法律问题的若干规定》第22条规定："人民法院根据权利人的请求以及具体案情，可以将权利人因调查、制止侵权所支付的合理费用计算在赔偿数额范围之内"。

具体案件中，应当避免将与维权无关的费用纳入维权追加投入的范围。即在考虑侵权人因维权支出的费用时，必须认真审核和确认相关费用与维权之间的因果关系，只有具有明确证据表明是为知识产权维权而发生的调查费、取证费、谈判费等才能计入，而权利人的日常差旅费、营销费不能被认定为侵权调查费和取证费。

4）受害人人身损失。侵权行为在给知识产权所有者带来直接财产损失的同时，往往还会给其带来精神和身体方面的损害，如侵权导致针对个人或法人名誉或声誉的损害，或是针对个人精神或身体的损害。名誉或声誉的损害往往会传导到权利人的产品市场，影响其知识产权产品的销量，损害权利人的声誉或商誉；而身心或精神的损害则会分散权利人的精力、影响权利人的情绪，甚至引发疾病，不仅会影响其生产经营管理，还会直接伤害权利人的身体和心灵。无论是遭受名誉或声誉的损害，还是精神或身体的损害，最终将或多或少地给权利人带来间接的经济损失，当这种间接损失达到一定数额时，即成为评估侵权时必须考虑的对象。

如前面章节所述，给受害人的生命权、健康权、姓名权、名誉权等民事权益造成损害的，相关法律均有施害人应当承担相应的法律和赔偿责任的规定。例如，《侵权责任法》第 2 条规定："侵害民事权益，应当依照本法承担侵权责任。本法所称民事权益，包括生命权、健康权、姓名权、名誉权、……"；第 15 条规定："承担侵权责任的方式主要有：……；（六）赔偿损失……"；第 16 条规定："侵害他人造成人身损害的，应当赔偿医疗费、护理费、交通费等为治疗和康复支出的合理费用，以及因误工减少的收入。造成残疾的，还应当赔偿残疾生活辅助具费和残疾赔偿金。造成死亡的，还应当赔偿丧葬费和死亡赔偿金"；第 20 条规定："侵害他人人身权益造成财产损失的，按照被侵权人因此受到的损失赔偿；被侵权人的损失难以确定，侵权人因此获得利益的，按照其获得的利益赔偿；侵权人因此获得的利益难以确定，被侵权人和侵权人就赔偿数额协商不一致，向人民法院提起诉讼的，由人民法院根据实际情况确定赔偿数额"；第 22 条规定："侵害他人人身权益，造成他人严重精神损害的，被侵权人可以请求精神损害赔偿"。

《最高人民法院关于确定民事侵权精神损害赔偿责任若干问题的解释》第 8 条规定："因侵权致人精神损害，造成严重后果的，人民法院除判令侵权人承担停止侵害、恢复名誉、消除影响、赔礼道歉等民事责任外，可以根据受害人一方的请求判令其赔偿相应的精神损害抚慰金"。《最高人民法院关于审理名誉权案件若干问题的解答》第 10 条规定："公民、法人因名誉权受到侵害要求赔偿的，侵权人应赔偿侵权行为造成的经济损失；公民并提出精神损害赔偿要求的，人民法院可根据侵权人的过错程度、侵权行为的具体情节、给受害人造成精神损害的后果等情况酌定"。《最高人民法院关于审理名誉权案件若干问题的解释》第 10 条规定："因名誉权受到侵害使生产、经营、销售遭受损失予以赔偿的范围和数额，可以按照确因侵权而造成客户退货、解除合同等损失程度来适当确定"。

现实评估中对精神损害赔偿数额的确定，需要按照相关法律的规定，根据侵权情节、损害后果、被侵害人所在地区的经济发展水平，以及受害人与侵权人的具体情况等因素，进行合理地核算，具体计算公式如式（4.32）所示。

$$C_4 = C_{4S} + C_{4b} = (B' - B) + C_{4b} \tag{4.32}$$

式中，C_4 为知识产权权利人被侵权后遭受的精神与人身损失；C_{4S} 为知识产权权利人被侵权后遭受的精神损失，$C_{4S} = (B' - B)$，B' 为知识产权权利人被侵权前的声誉价值；B 为知识产权权利人被侵权后的声誉价值；C_{4b} 为知识产权权利人被侵权后遭受的人身损失。

从理论上来讲，企业的声誉通常表现为商誉，而自然人的声誉则表现为个人的名声和信誉，受害人的职业、社会知名度和影响力、经营状况等，都与其所遭受的精神损害结果有一定联系。在实际工作中，企业声誉的损失可以依据相关评估理论和方法，在考察企业知识产权被侵害前后其声誉的变化来加以量化，但自然人的声誉损失受多方面因素影响，其量化往往较为困难。

知识产权权利人被侵权后遭受的人身损失主要是针对自然人的情况，包括权利人的身体和心理受到损伤而导致的损失，这种损失表现为侵权而使权利人身心损害需要补偿的医疗费、生活补助费、误工费，以及延误研发成果产出或导致科研能力、水平下降而给权利人造成的损失。在此类损害中，权利人因疾病医治的费用和误工费、生活费相对容易核实和估算，但对权利人科研能力及其成果产出能力的损害的考量非常困难，值得讨论和研究。

5）其他间接支出损失。知识产权侵权行为给权利人造成的间接损失不会仅仅局限于前述讨论内容，还可能包括产品和原材料仓储积压成本、物流成本等方面，需要在具体开展损害价值评估时，根据实际案情情况具体分析，其原则是确有发生、证据明确和能够被计量的，都应该计入赔偿范围之内。鉴于现实情况的复杂性，核实和估算间接损失是非常困难的，在考虑此类损失时，需要在充分考察和与法庭、双方当事人沟通的基础上审慎进行。但出于遵循"填平原则"和"充分补偿"的需要，对客观存在的损失，也不能视而不见，造成对受害人的不公。

五、惩罚法

所谓惩罚性赔偿是指法庭要求侵权人承担的赔偿数额超出被侵权人实际受损害数额的赔偿。惩罚性赔偿是一种加重赔偿，目的是在针对被告过去故意的侵权行为造成的损失进行弥补之外，对被告进行处罚以防止将来重犯，同时也达到惩戒他人的目的。❶

惩罚法是指针对情节严重、影响恶劣的知识产权侵权案件，在具体确定损害赔偿价值时，从经济惩罚的角度出发，不仅仅考虑侵权给知识产权持有人带来的实际损害，而且还进一步考虑让侵权人承担扩大的经济赔偿或加倍补偿责任的方法。惩罚法在考虑知识产权损害赔偿价值时，除了按照"填平原则"补偿受害人的正常损失外，对于情节严重的侵权行为，还要求侵权人承担惩罚性赔偿责任。惩罚法的实质是在知识产权权利人因被侵权而遭受的直接损失、未来收益损失和间接损失价值的基础上，进一步要求侵权人为其违法行为承担额外的经济赔偿责任，从而加大侵权成本，遏制侵权行为。

---

❶ 惩罚性赔偿. 好搜百科，http://baike.so.com.

如前所述，惩罚性赔偿制度源于英美法系国家，为了对性质恶劣的侵权行为进行遏制，目前许多国家均建有这种制度。TRIPS 第 45 条第 2 款规定："缔约方可以授权司法部门，责令权利人返还所得利润或令其支付法定赔偿额，或二者并处"。该"二者并处"实际上就是一种惩罚性赔偿规定。《商标法》和最高人民法院有关知识产权纠纷案件适用法律问题的规定中已有涉及惩罚性赔偿规定的情形。例如，《商标法》第 63 条规定："权利人的损失或者侵权人获得的利益难以确定的，参照该商标许可使用费的倍数合理确定。对恶意侵犯商标专用权，情节严重的，可以在按照上述方法确定数额的一倍以上三倍以下确定赔偿数额"。

事实上，知识产权的惩罚损害价值是被侵权人现实的实际损失价值、补偿损失价值或完全损失价值的扩大或倍数，即除了考虑被侵权人应该得到的正常补偿之外，再从惩罚破坏市场秩序和社会法制环境行为的角度而进一步考虑侵权人应当由承担更大的性经济责任。因此，可以在前面讨论的系列知识产权损害价值评估方法或模型的基础上，通过进一步追加计算惩罚赔偿金额，从而建立惩罚法的基本方法与模型。

1. 关联收益赔偿法

由于知识产权具有附着性的特点，侵权人在非法利用他人知识产权时，还需要利用自身的资源，并在资金、设备、场地和其他生产资料等方面进行投入，才能将知识产权转化为现实的经济收益。因此，侵权人非法利用他人知识产权所获得的全部收益中，既有知识产权直接创造的部分，也有侵权人其他资产和资源所创造的部分，前者即是正常情况下侵权人应当承担的知识产权损害赔偿价值，后者则是侵权人自身资源所带来的"关联收益"。从"公平"或"衡平""填平"的角度来讲，该"关联收益"不应当作为侵权人承担的经济赔偿的一部分，但从对侵权人惩罚的角度，则可以考虑将其纳入赔偿价值的范围，即要求侵权人将其非法利用知识产权而获得的"关联收益"一并赔偿给被侵权人，作为对受害人损失的"进一步补偿"，从而形成关联收益赔偿法。

《最高人民法院关于审理专利纠纷案件适用法律问题的若干规定》中明确规定："专利法第 65 条规定的侵权人因侵权所获得的利益可以根据该侵权产品在市场上销售的总数乘以每件侵权产品的合理利润所得之积计算。侵权人因侵权所获得的利益一般按照侵权人的营业利润计算，对于完全以侵权为业的侵权人，可以按照销售利润计算"，这里的"侵权人的营业利润"或"销售利润"实际上就包括了侵权人利用知识产权获得的关联收益。

《最高人民法院关于审理商标民事纠纷案件适用法律若干问题的解释》中规定："商标法第 56 条第一款规定的侵权所获得的利益，可以根据侵权商品销售量与该商品单位利润乘积计算；该商品单位利润无法查明的，按照注册商标商品的单位利润计算"；"商标法第 56 条第一款规定的因被侵权所受到的损失，可以根据权利人因侵权所造成商品销售减少量或者侵权商品销售量与该注册商标商品的单位利润乘积计算"。这里所说的"商品的单位利润"实际上也包括了侵权人利用知识产权获得的关联收益。

由此,可以得出关联收益赔偿法的计算公式如式(4.33)~式(4.35)所示。

$$P_{\text{pr}} = P_{\text{d}} + P_{\text{r}} \tag{4.33}$$

或

$$P_{\text{pr}} = \sum_{t=1}^{n} W_t = \sum_{t=1}^{n} (w_t - w'_t) = \sum_{t=1}^{n} \left[(p_t - c_t)q_t - (p'_t - c_t)q'_t \right] \tag{4.34}$$

$$P_{\text{pr}} = \sum_{t=1}^{n} E_t = \sum_{t=1}^{n} (i_t - c_t) \tag{4.35}$$

式中,P_{pr} 为关联收益赔偿法惩罚性知识产权损害赔偿价值;P_{d} 为知识产权直接损害赔偿价值,它可以是获利损失知识产权损害赔偿价值 P_{i}(P_{i1}、P_{i2}、P_{i3}、P_{i4}),或侵权损失知识产权损害赔偿价值 P_{l}(P_{l1}、P_{l2}、P_{l3}、P_{l4}),或期权损失知识产权损害赔偿价值 P_{f}(P_{f1}、P_{f2}、P_{f3}、P_{f4}、P_{f5})、完全损失知识产权损害赔偿价值 P_{h};P_{r} 为权利人或侵权人利用知识产权获得的关联收益,包括权利人或侵权人利用知识产权而投入的资金、设备、土地等其他资产组合而应分摊的收益;P_{l1} 为直接损失法知识产权损害价值;W_t 为被侵权期间权利人因被侵权而导致的第 t 年知识产权产品净收益减少额;w_t 为权利人未被侵权的正常状况下第 t 年知识产权产品的净收益;w'_t 为权利人被侵权后第 t 年专利产品的净收益;p_t 为权利人未被期权的正常状态下第 t 年的专利产品单位价格;p'_t 为权利人被侵权后第 t 年专利产品单位价格;q_t 为权利人未被侵权的正常状态下第 t 年专利产品的产销数量;q'_t 为权利人被侵权后第 t 年专利产品的产销数量;E_t 为侵权人实施侵权行为期间非法利用被侵权专利所获得的净收益;i_t 为侵权人实施侵权行为期间非法利用被侵权专利第 t 年所获得的收入;c_t 为权利人第 t 年专利产品的成本或侵权人实施侵权行为期间非法利用被侵权专利第 t 年所支出的成本;t 为专利权被侵害的年限,$t = 1, 2, \cdots, n$。

【例4.15】 续【例4.1】,甲企业在侵权仿制乙企业服装的过程中,对乙企业要求其停止侵权行为的通知不予理睬,而且侵权产品扩散面广,严重扰乱了正常的市场竞争秩序,人民法院在判定甲企业商标侵权行为成立的同时,决定采取惩罚性赔偿原则,要求甲企业承担更大的赔偿责任。此时,可以采用关联收益赔偿法,估算惩罚性知识产权损害赔偿价值:

$$
\begin{aligned}
P_{\text{pr}} &= P_{\text{d}} + P_{\text{r}} = P_{\text{i1}} + P_{\text{r}} \\
&= 1350000 + 5000 \times (30 - 15) \times 18 \\
&= 2700000(\text{元})
\end{aligned}
$$

【例4.16】 续【例4.3】,鉴于 A 企业实施侵权行为时间长,且拒不承认侵犯了 B 研究所的专利权,也不配合法庭的调查,严重损害了 B 研究所的合法利益,因此,法庭判决 A 企业对其侵权行为承担惩罚性赔偿责任。评估机构即以其非法使用 B 研究所专利获得的全部净收益，包括侵权专利所直接创造的收益和 A 企业使用该专利所投入的其他资产组合所创造收益的现值（见表4.8），作为 A 企业因侵权应当承担的惩罚性专利损害赔偿价值。

表4.8

侵权年份	生产销售侵权产品净收益/元	银行定期利率	通胀率	生产销售侵权产品净收益现值/元
第一年	450000	3.2%	2.3%	893198
第二年	562500	3.2%	2.3%	1081877
第三年	866250	3.2%	3.5%	1060911
第四年	1080000	3.2%	3.6%	1246078
第五年	1350000	3.2%	3.7%	1468508
第六年	1968750	3.2%	3.9%	1968750
合计				7719323

$$P_{pr} = P_d + P_r = P_{i3} + P_r$$
$$= 各年度生产销售侵权产品净收益现值 \times 物价指数修正值$$
$$= 7719323（元）$$

【例4.17】 续【例4.5】，B 药企在未取得 A 药企许可的情况下，使用 A 药企的药物专利生产治疗心血管疾病药物，另行命名并冠以自己的商标销售，严重扰乱了该类药品的市场，社会影响恶劣，因此，法庭判决 B 企业对其侵权行为承担惩罚性经济赔偿责任。

$$P_{pr} = P_d + P_r = P_{i3} + P_r = （120-80）\times 20 = 800（万元）$$

2. 损害价值倍数法

损害价值倍数法是惩罚法中一种相对便捷的估算知识产权损害赔偿价值的方法，《商标法》等知识产权法规中均有该类赔偿价值计算方式的规定。《商标法》第63条规定："侵犯商标专用权的赔偿数额，按照权利人因被侵权所受到的实际损失确定；实际损失难以确定的，可以按照侵权人因侵权所获得的利益确定；权利人的损失或者侵权人获得的利益难以确定的，参照该商标许可使用费的倍数合理确定。对恶意侵犯商标专用权，情节严重的，可以在按照上述方法确定数额的一倍以上三倍以下确定赔偿数额"。

损害价值倍数法是以知识产权的直接损失价值（可以通过直接获利法或侵权损失法获得）、期权损失价值、完全损失价值或知识产权合理许可费用的倍数等来评估知识产权损害价值的方法，即以知识产权损害赔偿价值的一定倍数来估算知识产权损害赔偿价值。其具体计算公式如式（4.36）所示。

$$P_{\text{pm}} = k_{\text{d}} P_{\text{d}} \tag{4.36}$$

式中，P_{pm} 为损害价值倍数法惩罚性知识产权损害赔偿价值；P_{d} 为知识产权直接损害赔偿价值，它可以是获利损失知识产权损害赔偿价值 P_{i}（P_{i1}、P_{i2}、P_{i3}、P_{i4}），或侵权损失知识产权损害赔偿价值 P_{l}（P_{l1}、P_{l2}、P_{l3}、P_{l4}），或期权损失知识产权损害赔偿价值 P_{f}（P_{f1}、P_{f2}、P_{f3}、P_{f4}、P_{f5}）、许可费用倍数知识产权损害赔偿价值 P_{am}、完全损失知识产权损害赔偿价值 P_{h}；k_{d} 为侵权惩罚倍率系数，$k_{\text{d}} = 1 \sim 3$。

损害价值倍数法取决于对知识产权直接损害赔偿价值 P_{d} 的估算和对侵权惩罚倍率系数 k_{d} 的确定，其中知识产权直接损害赔偿价值 P_{d} 的估算方法在前面章节中已有讨论，而侵权惩罚倍率系数 k_{d} 的确定是该方法的重点。侵权惩罚倍率系数 k_{d} 的数值范围目前在我国的相关法律中尚无明确的规定，学术界对其的探讨也相对较少，而知识产权损害赔偿实务案例也少有报道。从国际上惩罚赔偿制度的发展来看，有向高额惩罚赔偿方向的趋势，其主要目的是希望通过"重罚"来加大侵权成本，从而取到遏制侵权行为的作用。实际上，侵权惩罚倍率系数 k_{d} 主要取决于侵权行为的恶劣程度和所产生的负面影响，具体的取值范围需要综合考虑"惩罚"所维护的公共利益与侵权人的经济承受能力之间的平衡关系。

《消费者权益保护法》第 55 条规定："经营者提供商品或者服务有欺诈行为的，应当按照消费者的要求增加赔偿其受到的损失，增加赔偿的金额为消费者购买商品的价款或者接受服务的费用的三倍，……。经营者明知商品或者服务存在缺陷，仍然向消费者提供，造成消费者或者其他受害人死亡或者健康严重损害的，受害人有权要求经营者依照本法第 49 条、第 51 条等法律规定赔偿损失，并有权要求所受损失二倍以下的惩罚性赔偿"。而与此相呼应的是《商标法》中"对恶意侵犯商标专用权，情节严重的，可以在按照上述方法确定数额的一倍以上三倍以下确定赔偿数额"的规定。笔者认为，在目前市场环境下，可以参考《消费者权益保护法》的相关规定，或将《商标法》中关于商标侵权的惩罚性规定扩展应用到专利等其他知识产权的侵权赔偿额的计算中，在被侵权人所受损失的三倍的范围内考虑侵权惩罚倍率系数 k_{d} 的取值，即 $k_{\text{d}} = 1 \sim 3$。

【例 4.18】　续【例 4.1】，甲企业在侵权仿制乙企业服装的过程中，对乙企业要求其停止侵权行为的通知不予理睬，而且侵权产品扩散面广，严重扰乱了正常的市场竞争秩序，人民法院在判定甲企业商标侵权行为成立的同时，决定采取惩罚性赔偿原则，要求甲企业承担更大的赔偿责任。评估机构根据案件的具体情况，决定选择损害价值倍数法估算知识产权损害赔偿价值。考虑到侵权行为的恶劣程度，选取侵权惩罚倍率系数 $k_{\text{d}} = 2$，由此得到惩罚性知识产权损害赔偿价值为

$$P_{\text{pm}} = k_{\text{d}} P_{\text{d}} = k_{\text{d}} P_{\text{i1}} = 2 \times 1350000 = 2700000 \text{（元）}$$

【例 4.19】　续【例 4.3】，鉴于 A 企业实施侵权行为时间长，且拒不承认侵犯了 B

研究所的专利权，也不配合法庭的调查，严重损害了 B 研究所的合法利益，因此，法庭判决 A 企业对其侵权行为承担惩罚性赔偿责任。评估机构根据法院的判决和案件的具体情况，决定选择损害价值倍数法估算知识产权损害赔偿价值。考虑到侵权行为的恶劣程度，选取侵权惩罚倍率系数 $k_d = 3$，由此得到惩罚性知识产权损害赔偿价值为

$$P_{pm} = k_d P_d = k_d P_{i3} = 3 \times 103.84 = 311.52 \text{（万元）}$$

上述评定估算方法，只是对惩罚法基本方法的总体描述，评估实践中需要根据案件的具体条件，以及能够取得的信息与数据支撑情况，对上述基本方法进行灵活运用。特别是对相关因素的具体计算与确定，可以采用多种途径与方法进行确定。

六、成本法

成本法是指根据知识产权重置成本价值，按知识产权被损害比例分摊计算知识产权的损害价值的方法。知识产权重置成本价值就是重新创造相同技术特征和功效的知识产权而现实需要发生的费用总和。一般包括直接用于创作发明的智力消耗和物质消耗费用，作品成果得到法律保护而支付的一切费用，为公开发行作品、推广成果以实现其经济权利而支付的费用和创造知识产权所支出的货币成本应该得到的合理的成本利润。

成本法的经济学理论依据是成本价值论。成本价值论强调商品的价值取决于构成该商品的各种要素的贡献，这些要素包括创造商品的资本、劳动、地租、原材料与生产资料等的消耗，以及支出成本应该得到的合理利润。所有创造商品所付出的要素的价格之和，就是商品的价值反映。由于在不同时点要素的价格是不同的，成本定价有投入时的成本价值与估价时的现实价值之分，因此存在时间因素调整的需要，从而形成重置成本的概念。

法理基础是赔偿法学理论。最高人民法院在《关于审理专利纠纷案件若干问题的解答》中的"对于专利侵权损害赔偿额计算，可以由当事人双方商定用其他公平合理的计算方法计算损失赔偿额"的规定，实际上就是基于对各种补偿基础（包括成本补偿），进行赔偿的具体规定。

1. 评估模型

成本法知识产权损害赔偿价值评估方法，是在以成本法获得知识产权价值的基础上，通过知识产权受损分摊率，将知识产权因被侵权而损失的价值从其整体价值中分割出来，从而得到知识产权损害赔偿价值的方法。

成本法估算知识产权损害赔偿价值的基本模型如式（4.37）、式（4.38）所示。

$$P_c = V_c R_d \tag{4.37}$$

或 $$P_c = (C_n - C_a + p_c)R_d = \left[(C_n n_r / _{ne})(1 + r_c) \right]R_d \tag{4.38}$$

式中，P_c 为知识产权损害赔偿价值；V_c 为知识产权成本价值；R_d 为知识产权受损

分摊率；C_n 为知识产权的重置成本；C_a 为知识产权已摊销价值；p_c 为知识产权重置成本利润；r_c 为知识产权重置成本利润率；n_r 为知识产权的剩余使用年限，指从侵权赔偿起点时间起的剩余使用年限，由于现有法律条款对诉讼时效的限制，对侵权赔偿的时间起点距案件起诉时间不超过 2 年；n_e 为知识产权的经济寿命年限。

2. 受损分摊率 R_d 的计算

成本法通过分析测算受损分摊率来间接分摊知识产权成本价值中遭受损失的部分。关于知识产权成本价值的评估，已有成熟的方法与步骤，而知识产权受损分摊率的计算问题，则是需要讨论的关键。知识产权的受损分摊率 R_d 是指知识产权因被侵权而损失掉的价值占整个知识产权价值的比重。分析确定知识产权受损分摊率是一个复杂的过程，可以考虑采用综合评分法和年限法等方法进行估算。

（1）综合评价法

综合分析法是对侵权程度（包括技术覆盖程度、市场和经济规模、地域范围等）、侵权时间（包括侵权时点、侵权时长等）、侵权影响（包括消费群体影响、社会影响、未来市场影响等）等因素进行综合评测，通过实施调查和邀请专家参与评议，确定主要影响因素及其权重，再结合知识产权的具体类型和特点，综合确定受损分摊率 R_d。

综合分析法的具体步骤如下。

1）建立综合评测模型。首先，确定侵权程度、侵权时间、侵权影响等影响受损分摊率的指标体系，构建评价矩阵；其次，对影响因素的因果、隶属等逻辑关系进行分解，形成评测指标的层次关系；然后，通过调查研究和征询专家意见，确定评测体系及指标分值，并运用德尔菲法，进行对比求和评分，确定各指标权重；最后，根据已经确定的指标和权重，构造综合评测模型。

根据已经建立的评测模型，结合知识产权的具体类型和特点，综合确定受损分摊率 R_d。

（2）年限权重法

1）计算公式。

年限权重法是通过侵权年限在整个知识产权经济寿命年限中的位置权重 ω，以及侵权期间知识产权产品的侵权利用率 λ，来间接反映受损分摊率 R_d 的方法。其计算公式如式（4.39）所示。

$$R_d = \omega\lambda = \sum_{t-1}^{n} \omega_t \lambda_t \qquad (4.39)$$

式中，R_d 为知识产权受损分摊率；ω 为知识产权侵权年限权重；λ 为知识产权侵权利用率；ω_t 为第 t 年侵权年度权重，$t = 1 \sim n$；λ_t 为第 t 年侵权利用率，$t = 1 \sim n$。

2）相关影响要素。

① 知识产权被侵权年限权重 ω。

　　根据具体情况，侵权年限权重可以采用直线平均年限权重法和生命周期年限法计算得到。

　　a. 直线平均年限权重。直线平均年限权重法是以知识产权被侵权的年限占知识产权的经济年限的直线百分比来反映侵权年限权重的方法，其计算公式如式（4.40）所示。

$$\omega_1 = n_i / n_r = n_i / (n_e - n_p) \qquad (4.40)$$

　　式中，ω_1 为侵权年限权重；n_i 为知识产权被侵权年限；n_r 为知识产权被侵权时的剩余使用年限；n_e 为知识产权经济寿命年限；n_p 为知识产权侵权赔偿起点时间前已使用年限。

　　根据侵权情况的不同，知识产权被侵权年限可能是侵权赔偿起点时间到侵权终止的时间，也可能还包括侵权停止后对知识产权收益能力影响的时间。相应的，侵权利用率 λ 也可以分为侵权期间和侵权之后两个时段来考虑。

　　直线平均年限权重法的优点是计算相对比较方便，缺点是采用直线年限比例的方法，存在没有充分考虑知识产权收益能力随年度变化的因素，即没有考虑知识产权的技术生命周期。对于处于技术成熟阶段或知识产权产品市场已经比较成熟的情况，适宜采用此方法。

　　b. 生命周期年限权重法。生命周期年限权重法是按照知识产权的生命周期曲线规律，考虑知识产权被侵权时在整个知识产权非线性生命周期中所处的位置来计算年限权重的方法，其具体计算公式如式（4.41）所示。

$$\omega_2 = (n_i / n_r)\sigma = [n_i / (n_e - n_p)]\sigma \qquad (4.41)$$

　　式中，ω_2 为侵权年限权重；n_i 为知识产权被侵权年限；n_r 为知识产权的剩余使用年限；n_e 为知识产权技术或经济寿命年限；n_p 为知识产权被侵权前已使用年限；σ 为所处生命周期位置权重。

　　生命周期年限权重法与直线平均年限权重法的主要区别在于增加了对侵权期间知识产权收益能力的修正，即通过所处生命周期位置权重 σ 来进行修正。σ 的具体数值取决于知识产权自身的技术水平高低与所属技术领域等因素所形成的生命周期曲线，以及行业状况、宏观经济趋势等外部环境的共同作用，需要进行充分的分析与评估，采用综合评价法等科学的方法来确定。

　　具体评估过程中，可以先绘制反映时间与知识产权收益能力的关系生命周期曲线，再通过对知识产权的法律保护时间等的修正，得到知识产权的经济寿命曲线，然后利用该曲线找出侵权时段知识产权的获利能力占整个收益能力的比例，作为所处生命周期位置权重 σ。其计算公式如式（4.42）所示。

$$\sigma = R_i / R_r \qquad (4.42)$$

　　式中，σ 为被侵权知识产权所处生命周期位置权重；R_i 为被非法利用的知识产权收益能力；R_r 为知识产权剩余收益能力。

R_i、R_r 可以通过知识产权的收益额来反映，即被非法利用的 R_i 可以采用侵权人非法使用知识产权所获得的收益，知识产权剩余收益能力 R_r 则可以在已有知识产权产品市场的基础上，通过预测其未来收益得到。

② 侵权利用率 λ。侵权利用率 λ 是指知识产权被非法利用的程度，即侵权人在何种程度上使用了权利人的知识产权。侵权利用率 λ 是影响知识产权损害赔偿价值的重要指标之一，根据知识产权侵权案件的实际情况和掌握的评估基础数据，可以通过三种途径来计算侵权利用率 λ。

a. 知识产权侵权产品销量法。该方法是从侵权产品的生产销售规模来考察知识产权被非法利用程度的方法。即以权利人或合法使用人在侵权行为发生之前知识产权产品的正常年产销规模（年知识产权产品生产和销售数量）为基础，或以被侵权知识产权产品预期的合理产销数量为基础，与侵权行为发生期间侵权产品的年生产销售规模进行比较，从而反映知识产权被侵权利用的程度。

侵权产品销量法的计算公式如式（4.43）所示。

$$\lambda_1 = Q_i/Q_c \tag{4.43}$$

式中，λ_1 为知识产权侵权利用率；Q_i 为侵权产品年产销量；Q_c 为知识产权产品正常或合理的年产销量。

【例 4.20】 某企业侵权使用了一项专利技术，年侵权产品的产销量为 100 万台。经评估机构调查，该专利产品之前已由权利人生产销售了五年，年产销规模基本稳定在 80 万台。根据调查获得的数据，可以计算得到该专利的侵权利用率为：

$$\lambda_1 = Q_i/Q_c = 100/80 = 1.25$$

b. 知识产权产品成本降低法。该方法是从利用知识产权给权利人和侵权人的相关产品的成本降低所带来收益的角度，而间接反映知识产权被非法利用的程度的方法。即将侵权人非法利用知识产权降低其相关产品的产销成本获得的利益，与权利人或被合法许可人正常利用知识产权降低其相关产品成本而获得的利益进行比较，从而得到知识产权被侵权利用的程度。

产品成本降低法的计算公式如式（4.44）所示。

$$\lambda_2 = R_{i1}/R_{c1} \tag{4.44}$$

式中，λ_2 为知识产权侵权利用率；R_{i1} 为侵权人运用知识产权降低成本所获利益；R_{c1} 为权利人正常运用其知识产权降低成本所获利益。

c. 知识产权侵权产品利润增加法。该方法是从利用知识产权给权利人和侵权人的相关产品的售价增加所带来收益的角度，而间接反映知识产权被非法利用的程度的方法。即将侵权人非法利用知识产权增加其相关产品的销售价格所获得的利益，与权利人或被合法许可人正常利用知识产权增加其相关产品的售价而获得的利益进行比较，从而得到知识产权被侵权利用的程度。

侵权产品利润增加法的计算公式如式（4.45）所示。

$$\lambda_3 = R_{i2}/R_{c2} \qquad (4.45)$$

式中，λ_3 为知识产权侵权利用率；R_{i2} 为侵权运用知识产权增加产品售价获得的利润；R_{c2} 为权利人运用知识产权增加产品售价获得的利润。

③ 影响受损分摊率 R_d 的要素。根据前述讨论，侵权年限权重 ω、知识产权侵权利用率 λ、所处生命周期位置权重 σ 都是影响知识产权受损分摊率 R_d 的重要因数。侵权年限权重 ω 由知识产权被侵权的年限、所处的生命周期位置权重 σ，以及知识产权的剩余使用年限 n_r 共同决定，这需要根据知识产权生命周期曲线来确定。通过对知识产权技术水平的分析预测，并利用已有使用情况作为参考，可以运用回归法得到知识产权生命周期曲线方程。再据此分析确定知识产权所处生命周期位置权重 σ，以及知识产权的剩余使用年限，根据式（4.39）就可以计算出知识产权受损分摊率 R_d。

（3）侵权程度法

通过对知识产权的侵权程度判定，从知识产权的实质性特征或技术要点的覆盖程度，可以计算出受损分摊率 R_d。侵权程度法的计算公式如式（4.46）所示。

$$R_d = \rho\lambda = \left[\sum (t_i a_i) / \sum (T_i A_i)\right]\lambda \qquad (4.46)$$

式中，ρ 为知识产权被侵权程度，即侵权人非法利用知识产权的实质性特征或技术要点的程度；λ 为知识产权侵权利用率；t_i 为侵权利用知识产权的第 i 项技术特征、设计要点、或作品要素；a_i 为侵权利用知识产权的第 i 项技术特征、设计要点、或作品要素的权重（即第 i 项技术特征对知识产权价值的贡献率）；T_i 为被侵权的知识产权的第 i 项技术特征、设计要点、或作品要素；A_i 为被侵权的知识产权的第 i 项技术特征、设计要点、或作品要素的权重（即第 i 项技术特征对知识产权价值的贡献率）。

其中，$i = 1 \sim n$，n 因具体的知识产权而不同。对于发明或实用新型专利而言，其表现为被侵权专利的权利要求书中记载的全部技术特征的数量；对于商标权，表现为商标图案、文字、字母等的具体设计要素数量；对于著作权，则表现为具体作品的实质性构成要素的数量。

七、收益法

知识产权损害价值评估的收益法，指通过估测知识产权侵权期间和侵权停止后一定期间内的价值损失（主要是因侵权而导致知识产权权利人利用知识产权可获得的利益的损失）的现值，来判断损害价值的评估方法。与之前相关章节讨论的期权损失法不同的是，这种方法是在首先通过收益法获得知识产权价值的基础上，再通过受损分摊率 R_d 来分割知识产权被损害的价值。但从本质上来讲，该方法得到的仍然是对已经损失的和将要损失的知识产权获利的还原，即已经产生的收益损失的复利终值和将要产生的收益损失的现值，只不过是从价值分割的途径来间接得到损害赔偿价值。

使用知识产权创造收益损失来折算知识产权的损害价值，遵循的仍然是常规资产评估收益法所遵循的"任何理智的投资者在购置或投资于某一项资产时，所愿意支付或投资的货币数额不会高于所购置或投资的资产在未来能给其带来的回报，即收益"❶这一经济学原理，只不过这里是从因侵权原因而损失的在正常情况下权利人本来应该得到的收益的角度来考虑。当没有条件获得相应的证据和数据来确定侵权期间和停止侵权后一定时期内的具体损失时，选择先计算和折现知识产权的价值，再通过确定受损分摊率 R_d，继而将被侵权而损失掉的价值从知识产权的主题价值中分割出来。

1. 收益法评估模型

（1）直接损失法

直接损失法是直接通过预测已经形成的损失和未来的损失之和而得到知识产权损害价值的方法，其计算公式如式（4.47）所示。

$$P_r = (p_n + p_f) = \left(\sum_{t_1=1}^{n_1} p_{t1} R \right) + \left(\sum_{t_2=1}^{n_2} p_{t2} i \right) \tag{4.47}$$

式中，P_r 为收益法估算的知识产权损害赔偿价值；p_n 为侵权行为发生期间已经实现的知识产权损害额或非法收益额；p_f 为停止侵权后被侵权延续影响期内知识产权的预期收益较正常情况下的损失或减少额；p_{t1} 为侵权行为发生期间已经实现的第 t_1 年知识产权损害额或非法收益额；p_{t2} 为侵权行为停止后的侵权影响期内第 t_2 年知识产权的预期收益较正常情况下的损失或减少额，$t_2 = 1 \sim n_2$；R 为复利终值系数；i 为折现系数。

（2）分摊损失法

分摊损失法是通过预测侵权行为发生期间已经实现的知识产权价值 P_n 和停止侵权后一定时期（侵权影响期）内知识产权的收益价值，再由知识产权受损分摊率 R_d 来分离其受损害价值的方法，其计算公式如式（4.48）所示。

$$P_r = P_a R_d = (P_n + P_f) R_d = \left[\sum_{t_1=1}^{n_1} P_{t1} R + \sum_{t_2=1}^{n_2} P_{t2} i \right] R_d \tag{4.48}$$

式中，P_r 为收益法估算的知识产权损害赔偿价值；P_a 为侵权期间及其延续影响期内收益法估算的知识产权价值；P_n 为侵权行为发生期间正常应该实现的知识产权价值；P_f 为停止侵权后被侵权延续影响期内知识产权的正常收益价值；P_{t1} 为侵权行为发生期间应该正常实现的第 t_1 年知识产权收益额，$t_1 = 1 \sim n_1$，n_1 为知识产权被侵害使用的年限；P_{t2} 为侵权行为停止后被侵权延续影响年限内第 t_2 年知识产权的正常预期收益额，$t_2 = 1 \sim n_2$，n_2 为知识产权因被侵权而延续产生负面影响的年份；R_d 为知识产权受损分

---

❶ 刘玉平. 资产评估 [M]. 中国财政经济出版社，2003：46.

摊率；R 为复利终值系数；i 为折现系数。

2. 收益法的相关要素

（1）收益额和损失额

鉴于进行知识产权损害赔偿价值评估时，相应的知识产权已经被权利人或侵权人使用了一定的时间。同时，即便是侵权行为停止了，侵权行为对其价值造成的影响仍然会持续一定的时间。因此，采用收益法计算知识产权损害赔偿价值时，不仅要考虑其侵权影响期内的知识产权预期收益额或预期损失额的现值，还需要考虑评估基准日之前侵权期间内已经形成的知识产权收益额的终值，或收益减少额或非法获利额的终值。

1）侵权期间已经实现或损失的收益额。收益法中，被侵权期间的知识产权收益额或损失额是一种已经实现的收益或损失，因此，对于该部分收益或损失的估算与传统收益的预测是一个逆向过程，即对已经形成的收益或损失进行核算或推测，并向评估基准日兑现（计算复利终值）。计算公式如下

$$P_{\mathrm{n}} = \sum_{t_1=1}^{n_1} P_{t1}R \quad \text{或} \quad p_{\mathrm{n}} = \sum_{t_1=1}^{n_1} p_{t1}R$$

当被侵权知识产权已经由权利人和被侵权人使用，并且能够提供运用知识产权的相关生产经营资料与财务资料证据时，可以直接通过对相关财务资料的审计来确定侵权期间知识产权的合理收益额或损失额。当没有使用知识产权的相关经营与财务资料，或资料与数据不全、不能作为评估的依据时，需要依据仅有的数据和行业、宏观经济等数据，对这一期间知识产权的合理收益或损失额进行估算。

2）侵权停止后侵权行为影响期内知识产权的预期收益或损失额。侵权停止后的侵权行为影响期内知识产权的预期收益或损失额，可以通过收益或损失现值法进行评估，计算公式如下

$$P_{\mathrm{f}} = \sum_{t_2=1}^{n_2} P_{t2}i \quad \text{或} \quad p_{\mathrm{f}} = \sum_{t_2=1}^{n_2} p_{t2}i$$

（2）时间因素

时间因素包括已使用年限、侵权年限与侵权停止后的侵权行为影响年限。知识产权的已使用年限是指侵权发生前的知识产权使用时间，侵权年限是指侵权人非法利用知识产权的时间 n_1（即侵权损失期）。知识产权因被侵权而形成的价值影响年限 n_2 取决于侵权的程度和知识产权自身的技术特点，以及知识产权的经济寿命年限或法定使用年限。

侵权损失期 n_1 越长，知识产权受到的损害越大，包括对其未来价值的损害，即所产生的损害价值也越高。需要注意的是，知识产权损害评估中所指的侵权期间的起点

受制于法律条款有关诉讼时效的规定，并非在任何情况下都是知识产权侵权的实际发生时间。当起诉立案时间与侵权的实际发生时间超过两年时，只能按两年来计算。

（3）利率与折现率

利率与折现率是影响知识产权收益价值的重要参数，也是收益法中影响知识产权损害赔偿价值的重要参数。对于侵权前已实现的知识产权收益的时间价值需要通过利率进行修正，对于未来收益损失的时间修正则需要依赖于折现率。

在知识产权损害价值评估中，对于折现率的确定一定要根据知识产权的具体特点、功能、运用与投资条件、收益获得的可能性条件和形成概率，以及侵权案件的具体情况等因素，科学地、有针对性地进行测算，并要注意与价值类型和赔偿形式、目的保持一致。

（4）受损分摊率

受损分摊率 R_d 对知识产权的损害赔偿价值有重要影响，其确定方法在前述章节中已有论述，此处不再重复。当运用收益法、市场法、成本法评估知识产权损害赔偿价值时，受损分摊率 R_d 的确定均是重要的因素和环节。

八、市场法

市场法是通过选择若干类似知识产权损害赔偿案例，以案例的赔偿金额为基础，考虑赔偿案例与评估对象在技术、功能、设计、使用条件、时间、侵权程度等方面的差异，通过对比分析与差异量化，调整计算出被评估知识产权的损害赔偿价值。或者通过在市场上选择若干类似知识产权参照物，以参照物的市场价格（许可或转让价格）为基础，考虑参照物与评估对象在功效、技术特征、技术成熟度、技术规模、使用条件、时间因素等方面的差异，通过对比分析与量化差异，调整估算出被评估知识产权价值，再根据知识产权侵害发生时所处价值期间的位置，确定其价值受到损害的分摊率，将受损分摊率与市场法计算出的知识产权价值相乘，得出知识产权的损害价值。市场法的理论依据是经济学的效用论和均衡价格论。

1. 市场法基本模型

市场法知识产权损害赔偿价值的估算公式如式（4.49）、式（4.50）所示。

$$P_m = p_m r_1 r_2 \cdots r_n = [p_{m1}(r_1 r_2 \cdots r_n) + p_{m2}(r_1 r_2 \cdots r_n) + \cdots + p_{mn}(r_1 r_2 \cdots r_n)]/n \quad (4.49)$$

$$或\ P_m = V_m R_d = (V_m r_1 r_2 \cdots r_n) R_d$$

$$= \{[V_{m1}(r_1 r_2 \cdots r_n) + V_2(r_1 r_2 \cdots r_n) + \cdots + V_{mn}(r_1 r_2 \cdots r_n)]/n\} R_d \quad (4.50)$$

式中，P_m 为市场比较法估算的知识产权损害价值；$p_{m1} \sim p_{mn}$ 为经选取的 n 个侵权赔偿案例的知识产权损害价值；V_m 为知识产权的市场价值；$V_{m1} \sim V_{mn}$ 为市场上 n 个可参照知识产权价值；$r_1 \sim r_n$ 为选取的知识产权赔偿案例或参照对象修正系数，包括侵权程度、时间，以及知识产权类型、技术差异、产品功能、使用条件等修正系数。R_d 为被评估知识产权的受损分摊率。

运用市场法时，通过参照物知识产权市场价值来计算被评估知识产权的市场价值只是第一步，更重要的是还需要按照分摊率的大小，来分摊知识产权的市场价值而得到损害价值。知识产权市场价值的评估，已经有比较成熟的方法与步骤，而知识产权的受损分摊率 R_d 的确定方法在前述章节中已有论述，此处不再重复。

2. 市场法的相关要素

（1）知识产权的可比因素

1）知识产权的功效。知识产权的功能与效果，是影响知识产权价值的重要因素。知识产权的功能越全，其能够发挥的作用就越大，价值也越高。知识产权使用的效果越好，它能够创造的价值就越大。知识产权的功效取决于其技术或艺术内涵，如技术含量和水平高的专利技术或艺术水平高的作品著作权，其被利用的范围和产生的收益相对要高。

2）技术特征。技术特征是决定知识产权价值的核心要素。由于知识产权是一种区别于实物资产的、受法律保护的无形资产，它的价值由经法律认定和保护的技术特征来决定，而非实物形态的物质价值实体。知识产权所包含的这些技术特征与其他实物资产共同组合作用而创造垄断价值或超额价值，从而实现知识产权的价值。

知识产权的技术特征范围大小决定知识产权的价值，因为技术特征决定了知识产权的保护范围，即权利范围。《专利法》第59条规定："发明或者实用新型专利权的保护范围以其权利要求的内容为准，说明书及附图可以用于解释权利要求的内容。外观设计专利权的保护范围以表示在图片或者照片中的该产品的外观设计为准，简要说明可以用于解释图片或者照片所表示的该产品的外观设计"。

3）技术成熟度。技术成熟度是知识产权能够被应用并转化为生产力的前提，成熟的技术才能直接在生产环节使用，或节约生产成本，或增加产量，或增加产品功效而提高产品价格和竞争力，等等。

技术成熟度不够，一方面需要在生产环节追加投入，使其净收益能力下降；另一方面因为需要改进，知识产权可以被使用的时间被推迟，使得其价值减少。因此，技术成熟度是反映知识产权价值大小的一个因素。

4）技术规模。技术规模或能力，是知识产权能够产生效用的能力与表现，是反映其价值大小的一个重要指标。技术能力越强，知识产权能够适应的生产规模就越大，创造价值的能力就越强，价值就越大。

知识产权的技术能力最主要是表现在它适应生产规模或运用规模的能力，一些知识产权能够在大规模、工业化层次上使用，另一些则只能在一定规模或范围内使用。由于适用面的不同，知识产权创造价值的能力也就不同。

5）使用条件。使用条件是指知识产权运用所需要匹配的资金、技术、设备、场所等条件。使用条件越高，就意味着知识产权运用所需要配套的要求越高，在同样功效条件下，需要的附加成本就越高，知识产权的价值就受影响。此外，使用条件越高，知识产权对整体价值创造的贡献率也越低，这也影响了知识产权的价值。

（2）交易条件

交易条件包括交易形式、交易次数、交易时间、付款方式等。

1）交易形式。交易形式主要指知识产权的许可、转让方式。"许可"强调的是使用权的价值，它只是知识产权价值的一部分；而"转让"则强调的是知识产权的完全价值。"许可"有独占许可、独家许可、平台许可等形式，因涉及权利使用程度不同而使得其许可费用表现出较大的差异。因此，交易形式的不同，直接影响知识产权的价值。

2）交易次数。交易次数主要存在于知识产权许可的情况中。一般而言，交易次数越多，知识产权整体价值中被占用掉的部分越多。不过，频繁的交易也有扩大知识产权产品市场和影响面的作用，对于一些知识产权可能具有提升其价值的作用。因此，交易次数影响交易价格。当运用市场法或许可倍数法评估知识产权损害赔偿价值时，交易次数是重要的考虑因素。

3）交易时间。在不同的时间进行的交易，交易价格也会有差别。不同的时点，市场环境和价格因素都不一样，当运用收益法或市场法等评估知识产权损害赔偿价值时，需要对时间因素进行修正。交易时间还影响知识产权剩余时间，而知识产权剩余时间直接影响知识产权的剩余收益年限，并决定知识产权的剩余价值或市场价值。因此，剩余时间也是需要修正的因素。

（3）侵权因素

侵权因素主要涉及侵权利用率 λ、侵权程度 γ，它们对受损分摊率 R_d 和损害赔偿价值有较大的影响，当运用市场法、收益法、成本法、许可倍数法评估知识产权损害赔偿价值时，均需要考虑侵权因素。

九、模糊多级综合评判法

模糊多级综合评判法首先使用模糊数学的方法，利用对影响知识产权价值的各种要素及其影响要素的分析，综合得出被侵权知识产权的价值；然后再根据知识产权被侵害时所处价值期间的具体位置确定其受损分摊率；最后利用其受损分摊率对之前得到的知识产权价值进行分割，从而得到知识产权损害赔偿价值。

1. 知识产权价值的模糊多级综合评判模型

模糊多级综合评判作为模糊数学的一种具体应用方法，最早由我国学者汪培庄提出，并在多因素工业控制等领域得到广泛的应用，在矿业中被用来勘探矿井设计、新井建设、煤炭开采、煤炭洗选等。其优点是数学模型简单、容易掌握，对多因素多层次的复杂问题评判效果比较好，是别的数学分支和模型难以代替的。

随着社会的进步和经济的发展，知识产权作为一种无形财富，在现实经济中的地位正在不断提高，对专利资产等知识产权价值的准确评估日显重要。而由于受诸多因素的影响，目前在知识产权价值评估中广泛采用的成本法、收益法和市场法均具有其局限性，法律因素、技术因素、环境因素、时间因素等许多不确定因素都会对其价值产生影响，从而对评估结果造成极大的影响。由于这些不确定因素具有模糊性，因而在使用常规评估方法时，往往可能对相关影响因素的考虑或选择不当，从而导致评估结果严重失真。因此，利用模糊多级综合评判的数学方法对影响知识产权价值的各相关模糊因素进行科学的评判和选择，从而可以较为准确地确定知识产权的价值。

模糊多级综合评判是在信息不充分的条件下进行评判，信息量的多少由相应的参量描述。对于相同的问题，信息的充分程度不同，得到评判结果也会不同，可信度也将不同。因此在采用多级综合评判方法时，若能尽可能地将影响评估对象的主要因素考虑到，将可能得到相对精准的评估结果。在模糊数学中，空间 $X = \{x\}$ 中的模糊集合 A，是以 $uA：X \rightarrow [0，1]$ 这个隶属函数表示其隶属度的模糊集合。若 $uA（X）$ 越靠近 1，表示 X 属于模糊集合 A 的程度越高；若 $uA（X）$ 越接近 0，则表示 X 属于模糊集合 A 的程度越低。

通过以下模糊综合评判步骤，我们可以得到知识产权的价值。

（1）确定知识产权价值影响因素模糊集

1）分析确定影响知识产权价值的各相关因素，构造评语集与评判矩阵。

评语集：$V =$（非常重要，比较重要，重要，不是很重要）；

评判矩阵如式（4.51）所示。

$$R = \begin{pmatrix} r_{11} & r_{12} & \cdots & r_{1m} \\ r_{21} & r_{22} & \cdots & r_{2m} \\ \vdots & \vdots & & \vdots \\ r_{n1} & r_{n2} & \cdots & r_{nm} \end{pmatrix} = \begin{pmatrix} \tilde{R}_1 \\ \tilde{R}_2 \\ \vdots \\ \tilde{R}_n \end{pmatrix} \tag{4.51}$$

2）通过专家调查法确定各因素权重，如式（4.52）所示。

$$\tilde{A}_t^{(1)} = （a_1^{(1)}，a_2^{(1)}，\cdots，a_p^{(1)}） \tag{4.52}$$

于是，在上述工作的基础上可得出知识产权价值影响因素模糊集，如式（4.53）所示。

$$\tilde{B}_t^{(1)} = \tilde{A}_t^{(1)} \times R \tag{4.53}$$

（2）确定价格参数列向量

1）设被评估知识产权产品的历史销售量为 x_1，相关成本费用为 x_2、x_3，y 为所获利润，则通过线性回归方程，可以得到利润与费用之间的关系，如式（4.54）所示。

$$y = \alpha x_1 + \beta x_2 + \gamma x_3 + \delta \qquad (4.54)$$

式中，α、β、γ 分别为 x_1、x_2、x_3 的物价系数，δ 为常数。

2）设知识产权产品的历史销售数量为 $x_1 \in [a, b]$，相关成本费用数额 $x_2 + x_3 \in [c, d]$，其中，$0 \leqslant a < b$，$0 \leqslant c < d$。

于是，销售量与其他费用的外项积可记为

$$销售量 \times 其他费用 = x_1(x_2 + x_3) \in [y_{min}, y_{max}]$$

由此，可以得到价格参数向量，如式（4.55）所示。

$$C = (c_1, c_2, \cdots, c_n)^T \qquad (4.55)$$

式中，c_1、c_2、$\cdots$、$c_n \in [y_{min}, y_{max}]$，且 $c_t = c_1 + \dfrac{y_{max} - y_{min}}{n}$，$c_1 = y_{min}$，$c_n = y_{max}$。

（3）确定知识产权价值

利用模糊综合评判模型，将价值影响因素模糊集与价格参数向量相乘，并考虑知识产权的利润分成率 k，即可得到被评估知识产权的价值 V_u，如式（4.56）所示。

$$V_u = k \tilde{B} \cdot C \qquad (4.56)$$

2. 知识产权损害赔偿价值的模糊多级综合评判

在利用模糊多级综合评判模型得到知识产权价值的基础上，通过分析确定知识产权受损分摊率 R_d，可以将知识产权因被侵权而损失的价值从其整体价值中分割出来，从而得到知识产权损害赔偿价值的方法。

模糊多级综合评判法估算知识产权损害赔偿价值的基本模型如式（4.57）所示。

$$P_u = V_u R_d \qquad (4.57)$$

式中，P_u 为模糊多级综合评判法估算知识产权损害赔偿价值；V_u 为模糊多级综合评判法估算的知识产权价值；R_d 为知识产权受损分摊率。

知识产权受损分摊率 R_d 的确定方法已在前述章节进行讨论，此处不再赘述。

第五章　专利权损害赔偿评估

专利权损害赔偿评估是关于专利权的损害价值确定的经济与法律行为的总和，是知识产权损害评估专业机构和人员，按照国家法律法规和知识产权损害评估准则，遵循评估原则，依照相关法律与评估程序，选择适当的价值类型，运用科学方法，对专利权价值进行评定和估算的行为。

第一节　专利权损害赔偿评估的分类与特点

一、专利权损害赔偿评估的分类

1. 按专利权类型分类

（1）发明专利权损害赔偿评估

发明专利权损害赔偿评估，指对于非法使用或利用发明专利技术进行生产、经营、商业宣传等侵权行为，对发明专利权所造成损害的价值进行的评估。

（2）实用新型专利权损害赔偿评估

实用新型专利权损害赔偿评估，指对于非法使用或利用实用新型专利技术进行生产、经营、商业宣传等侵权行为，对实用新型专利权所造成损害的价值进行的评估。

（3）外观设计专利权损害赔偿评估

外观设计专利权损害赔偿评估，指对于非法使用或利用外观设计专利技术进行生产、经营、商业宣传等侵权行为，对外观设计专利权所造成损害的价值进行的评估。

2. 按损害价值表现形式分类

（1）专利权直接损害赔偿评估

专利权直接损害赔偿评估，是对由于侵权行为而导致和表现出来的专利权直接经济损失价值进行评定估算的行为。

专利权直接经济损失价值主要是专利权在被侵权期间损失掉的收益或获利能力，其表现形式是权利人运用或持有专利权正常收益的减少，或侵权人利用知识产权获得的非法利润。因此，专利权直接损害的评估，实际上就是对专利权正常收益的损失数量或非法获利的数量进行评估。

（2）专利权间接损害赔偿评估

专利权间接损害赔偿评估，是对专利权遭受到的、没有被直接或立即反映出来的经济损失价值进行的评估。

由于间接损失是侵权行为给专利权合法持有者带来的潜在的、不直接反映出来的损失，专利权间接损害赔偿的评估往往表现为对侵权行为导致的专利权未来收益能力减小量的评估，或对由于侵权产品的信誉下降、质量得不到保障等造成的消费者对专利权产品消费倾向减少的潜在损失价值的评估，或对因为恢复生产经营活动所追加付出的代价的评估，等等。

（3）专利权未来损害赔偿评估

专利权未来损害赔偿评估，是针对专利权未来收益能力减少而带来的价值减少部分进行的评估，其评估的核心就是对知识产权因为受侵权影响而在未来丧失的收益的预测、估算与折现。

专利权未来损害价值的大小与专利权被损害的程度、未来受损影响期间、未来市场环境等有直接关系。

（4）专利权实际损害赔偿评估

专利权实际损害赔偿评估，是针对专利权受到损害而形成的实际损失价值进行的评估，包括对专利权直接损害和未来损害价值所进行的评估。这种评估结论反映的是专利权所遭受的实际损害价值，即侵权造成的现实直接损害价值与未来损害价值的现值之和。

可以看出，实际损害价值评估是直接损害价值评估与未来损害价值评估的综合表现。

3. 按赔偿形式或范围分类

根据损害赔偿的形式或要求赔偿的专利权损害范围，可将专利权损害赔偿价值评估分为部分损害价值的评估与完全损害价值的评估。

专利权完全损害价值的评估，是指对包括直接损害和间接损害、显性损害和隐性损失等所有的损害价值进行的评估。这些损害价值包括因专利权被侵权而丧失的现实经济利益和未来利益，专利权所有人的声誉受损而导致的经济利益丧失，以及知识产权保护、维权的所有付出等。

专利权部分损害价值的评估，是对专利权受到损害的某一部分或某一种类价值进行的评估，如只对专利权丧失的现实经济利益进行的评估等。

二、专利权损害赔偿评估的特点

专利权是一种特定的技术资产，由此决定了它的损害价值评估带有一系列不确定性因素，这些因素对其损害赔偿价值有不同程度的影响。

1. 专利权损害价值确认困难

专利权是无形的，其受到的损害也是无形的，因此在判定其损害价值存在与否及大小时，有较大的难度。当专利受到侵权时，理论上可以肯定地判断专利权受到了侵害，但在对其损害的程度及其价值进行判定和评估时却有很大难度。

（1）专利的技术特征受到侵害的程度难于确认

专利的技术特征被非法利用的程度确认比较困难，即使是在法院已经判定侵权、某几个技术特征已经落入侵权范围的前提下，对这些技术特征利用程度的判定也不是一件容易的事，需要将定性与定量相结合，运用统计与数学的方法，进行综合分析与测算。

（2）专利权贡献率大小确定困难

由于对侵权利益产生贡献的要素不只专利权本身，还包括专利权运用需要依托的实物资产和资金等，专利权损害价值需要通过专利权贡献率（利润分成率）从整个非法侵权获得的所有收益或权利人失去的所有收益中分离出来。

因此，专利权贡献率是反映专利权价值的重要参数。由于专利权贡献率依赖多方因素的综合确定，侵权案件的具体情况也很复杂，导致专利权的贡献率确定困难，以至于在对专利权被侵权损害利益与其他利益之间的分配时出现困难。

（3）侵权主体不同，专利权损害价值不同

专利权的技术性与无形性，使得利用或使用专利权的主体具备的个体能力和条件影响着专利权产生的价值的大小。当侵权主体的条件变化时，专利权受到损害的程度和表现程度都不一样，这无疑增加了对损害量价值的确定难度。

（4）专利权的无形性与技术性决定其损害赔偿的不确定性

不同于实物资产，作为专利权实质内容的技术的价值可变性较大，随着时间的推移，技术的生命周期在不断动态变化，特别在当今知识经济的环境下，技术的更新与突破时间无法准确预测，这对被侵权的专利技术在侵权期间和侵权之后的损害价值的估算带来一定的不确定性。

2. 专利权损害赔偿评估受制于侵权判定的途径与准确性

侵权行为及其程度的确认，直接关联到商业秘密权损害赔偿价值的大小。在商业秘密权损害赔偿评估时，对商业秘密权的侵权确定或判定通常有法庭判定、仲裁认定、行政执法认定、评估人员判定四种方式。侵权判定是确认侵权程度与范围的过程，不同的侵权判定途径对侵权范围的认定会有很大的不同，使得对损害赔偿价值的评估产生不同的结果。

3. 专利权损害赔偿评估受制于时间因素

一方面，专利权损害价值的大小取决于侵权时间的长短；另一方面，时间对损害评估的作用又是有限的。由于受诉讼时效的影响，对于侵权损害的赔偿的时间起点最多只能够从起诉之日起向前推移两年，而侵权造成损害影响的时间终点最大值是专利权的到期之日。当考虑到专利权技术实质的经济寿命时，专利权损害赔偿评估的时间范围将进一步缩小。

4. 专利权损害赔偿评估受制于法律状态

专利权的法律状态决定专利权的状态，从而影响专利权的损害价值。不同的法律状态下，专利权的有效性不同；专利权年费的交纳与否，是专利权维持的关键环节。在专利权有效的前提下，对专利权的损害才成立，也才有对损害价值的评估。

第二节　专利权损害赔偿评估方法

一、专利权损害赔偿评估方法的法律依据

损害赔偿是指当事人一方因侵权行为或不履行债务而对他方造成损害时应承担补偿对方损失的民事责任。对于权利人而言，损害赔偿是一种重要的保护其民事权利的手段；而对于侵权人而言，损害赔偿则是一种重要的承担民事责任的方式。目前，我国民事损害赔偿中普遍采用的基本原则是"损益相当原则"或"填平原则"，即在具体考虑赔偿金额时以"补偿对方损失"为标准。以此为基础，《专利法》和《最高人民法院关于审理专利纠纷案件适用法律问题的若干规定》对专利权损害价值的估算方法进行了规定。

《专利法》第65条规定："侵犯专利权的赔偿数额按照权利人因被侵权所受到的实际损失确定；实际损失难以确定的，可以按照侵权人因侵权所获得的利益确定。权利人的损失或者侵权人获得的利益难以确定的，参照该专利许可使用费的倍数合理确定。赔偿数额还应当包括权利人为制止侵权行为所支付的合理开支"。《最高人民法院关于审理专利纠纷案件适用法律问题的若干规定》第20～22条则对"被侵权所受到的实际损失"和"侵权所获得的利益"等估算方法进行了具体的规定。

即"专利法第65条规定的权利人因被侵权所受到的实际损失可以根据专利权人的专利产品因侵权所造成销售量减少的总数乘以每件专利产品的合理利润所得之积计算。权利人销售量减少的总数难以确定的，侵权产品在市场上销售的总数乘以每件专利产品的合理利润所得之积可以视为权利人因被侵权所受到的实际损失。专利法第65条规定的侵权人因侵权所获得的利益可以根据该侵权产品在市场上销售的总数乘以每件侵权产品的合理利润所得之积计算。侵权人因侵权所获得的利益一般按照侵权人的营业利润计算，对于完全以侵权为业的侵权人，可以按照销售利润计算。"

"权利人的损失或者侵权人获得的利益难以确定，有专利许可使用费可以参照的，人民法院可以根据专利权的类型、侵权行为的性质和情节、专利许可的性质、范围、

时间等因素，参照该专利许可使用费的倍数合理确定赔偿数额；没有专利许可使用费可以参照或者专利许可使用费明显不合理的，人民法院可以根据专利权的类型、侵权行为的性质和情节等因素，依照专利法第65条第2款的规定确定赔偿数额。权利人主张其为制止侵权行为所支付合理开支的，人民法院可以在专利法第65条确定的赔偿数额之外另行计算。"

二、专利权损害赔偿评估的方法

根据《专利法》和《最高人民法院关于审理专利纠纷案件适用法律问题的若干规定》的具体规定，专利权损害赔偿价值的评估主要通过三种途径实现：一是以专利权人因侵权行为受到的实际损失，即专利权人的专利产品因侵权所造成销售量减少的总数乘以每件专利产品的合理利润所得之积，作为损害赔偿价值；二是以侵权人因侵权行为获得的全部利润，即侵权产品在市场上销售的总数乘以每件侵权产品的合理利润所得之积，作为损失赔偿价值；三是以不低于专利许可使用费的合理数额，即专利许可使用费的合理倍数，作为损失赔偿额。当然，由于侵权案情的不同，该三种方法并不能够完全适用，还需要根据实际情况来具体考虑。

专利权是一种以技术特征组合的技术方案为对象的知识产权，前述章节中关于知识产权损害赔偿价值评估的基本方法均可用于对专利权损害价值的评估，包括侵权损失法、损失获利法、许可倍数法、完全损失法、惩罚法等。另外，当事人双方也可以在公平合理的基础上，商定其他计算损失赔偿数额的方法。

1. 侵权获利法

（1）直接获利法

直接获利法是将侵权人非法使用侵权专利技术，将其原有产品的价格或销售数量提高而获得的超额收益作为专利权损害价值的方法，即通过计算侵权人非法利用他人专利后相关产品较之前所增加的净收益，从而获得专利权的损害价值。

直接获利法专利权损害价值评估模型如式（5.1）所示。

$$P_{zi1} = \sum_{t=1}^{n} I_{zt} = \sum_{t=1}^{n} (i'_{zt} - i_z) = \sum_{t=1}^{n} \left[(p'_{zt} - c'_{zt})q'_{zt} - (p_{zt} - c_{zt})q_{zt} \right] \tag{5.1}$$

式中，P_{zi1}为直接获利法专利权损害价值；I_{zt}为侵权人非法利用他人专利后相关产品第t年增加的净收益；i_z为侵权人未利用他人专利前最后年度相关产品创造的净收益；i'_{zt}为侵权人非法利用他人专利后第t年度相关产品创造的净收益；p_{zt}为侵权人非法利用他人专利前最后年度相关产品的单位价格；p'_{zt}为侵权人非法利用他人专利后第t年度相关产品的单位价格；c_{zt}为侵权人非法利用他人专利前最后年度相关产品的单位成本；c'_{zt}为侵权人非法利用他人专利后第t年度相关产品的单位成本；q_{zt}为侵权人非法利用他人专利前最后年度相关产品的产销数量；q'_{zt}为侵权人非法利用他人专利后第t年度相关产品的产销数量；t 为侵害他人专利权的年限，$t = 1, 2, \cdots, n$。

直接获利法是以侵权人利用他人专利技术改善其产品的性能和质量、提高其产品的售价或销量、降低其产品的成本，从而增加的直接收益，作为专利权损害赔偿价值。该方法适用于在实施侵权行为前侵权人已经生产相关产品，通过侵权使用他人专利使得其产品价格和销量提高或成本降低而非法获利，且能够取得侵权人非法利用他人专利前后相关产品的销售、收入和成本数据的情形。

（2）获利分成法

获利分成法是在估算侵权人非法利用他人专利权向市场提供新的商品所获得收益的基础上，通过分析测算侵权专利权对整体收益的贡献率（分成率），继而对侵权人利用他人专利而获得的非法收益进行分成，从而获得专利权损害价值的方法。

获利分成法专利权损害价值评估模型如式（5.2）所示。

$$P_{zi2} = \sum_{t=1}^{n} E_{zt} k_z = \sum_{t=1}^{n} (I_{zt} - C_{zt}) k_z = \sum_{t=1}^{n} (p'_{zt} - c'_{zt}) q'_{zt} k_z \tag{5.2}$$

式中，P_{zi2} 为获利分成法专利权损害价值；E_{zt} 为侵权人实施侵权行为期间非法利用他人专利所获得的净收益；I_{zt} 为侵权人实施侵权行为期间非法利用他人专利第 t 年所获得的收入；C_{zt} 为侵权人实施侵权行为期间非法利用他人专利第 t 年所支出的成本；p'_{zt} 为侵权人非法利用他人专利后第 t 年度相关产品的单位价格；c'_{zt} 为侵权人非法利用他人专利后第 t 年度相关产品的单位成本；q'_{zt} 为侵权人非法利用他人专利后第 t 年度相关产品的产销数量；k_z 为被侵害专利权的收益分成率；t 为侵害专利权的年限，$t = 1, 2, \cdots, n$。

当侵权人之前并未生产销售相关专利产品，而利用他人专利生产销售全新的产品获得侵权收益时，该侵权收益中不仅包括被侵害专利所做出的贡献，还包括侵权人所投入的资金、原材料、固定资产等其他资产组合的贡献。此时，可以使用该方法对侵权人所获整体侵权收益进行分割，从而间接获专利权的损害赔偿价值。

2. 侵权损失法

（1）直接损失法

直接损失法是从专利权人因其专利被侵权而导致相关产品价格或销量下降产生的收益减少而形成损失的角度，通过对比权利人在其专利被侵权前后相关产品的收益差额，从而直接反映专利权的损害赔偿价值的方法。

直接损失法专利权损害价值评估模型如式（5.3）所示。

$$P_{zl1} = \sum_{t=1}^{n} W_{zt} = \sum_{t=1}^{n} \left[(p_{zt} - c_{zt}) q_{zt} - (p'_{zt} - c'_{zt}) q'_{zt} \right] \tag{5.3}$$

式中，P_{zl1} 为直接损失法专利权损害价值；W_{zt} 为因被侵权而导致权利人第 t 年减少的相关产品净收益中由专利权直接创造的净收益；p_{zt} 为权利人未被侵权的正常状况下

第 t 年其相关产品的单位价格；p'_{zt} 为权利人被侵权后第 t 年其相关产品的单位价格；c_{zt} 为权利人未被侵权的正常状况下第 t 年其相关产品的单位成本；c'_{zt} 为权利人被侵权后第 t 年其相关产品的单位成本；q_{zt} 为权利人未被侵权的正常状况下第 t 年其相关产品的产销数量；q'_{zt} 为权利人被侵权后第 t 年其相关产品的产销数量；t 为专利权被侵害的年限，$t = 1$，2，$\cdots$，n。

该方法是以专利权被侵权前后专利权利人运用专利权所获得净收益的减少额来反映其损害赔偿价值的。当侵权行为直接给专利权利人原有的生产经营活动造成影响，导致其相关产品的价格、产销量下降时，专利权贡献率的下降直接表现为专利权价值遭受到的损失。

（2）损失分摊法

损失分摊法是在估算专利权利人相关产品收益减少额的基础上，通过分析测算专利权的收益分成率，继而利用收益分成率分割出专利权直接创造价值的减少额，从而间接估算出专利权损害价值的方法。

损失分摊法专利权损害价值评估模型如式（5.4）所示。

$$P_{zl2} = \sum_{t=1}^{n} L_{zt}k_z = \sum_{t=1}^{n} (l_{zt} - l'_{zt})k_z = \sum_{t=1}^{n} \left[(p_{zt} - c_{zt})q_{zt} - (p'_{zt} - c'_{zt})q'_{zt} \right]k_z \quad (5.4)$$

式中，P_{zl2} 为损失分排法专利权损害价值；L_{zt} 为权利人被侵权期间第 t 年专利权相关产品净收益的减少额；l_{zt} 为权利人未被侵权的正常状况下第 t 年专利权相关产品可以创造的净收益；l'_{zt} 为权利人被侵权后第 t 年专利权相关产品创造的净收益；p_{zt} 为权利人未被期权的正常状态下第 t 年的专利权相关产品单位价格；p'_{zt} 为权利人被侵权后第 t 年专利权相关产品单位价格；q_{zt} 为权利人未被侵权的正常状态下第 t 年专利权相关产品的产销数量；q'_{zt} 为权利人被侵权后第 t 年专利权相关产品的产销数量；c_{zt} 为权利人未被侵权的正常状况下第 t 年专利权相关产品的成本；c'_{zt} 为权利人被侵权后第 t 年专利权相关产品的成本；k_z 为专利权的收益分成率或贡献率；t 为专利权被侵害的年限，$t = 1$，2，$\cdots$，n。

在实际评估活动中，往往不能直接得到权利人因被侵权而导致的专利权直接创造收益能力的差额，因此，往往需要使用该方法，通过估算权利人利用其专利权所创造的整体收益的减少额，继而利用收益分成率对其进行分成，间接地获得专利权的损害赔偿价值。

3. 期权损失法

期权损失法是在对侵权人或被侵权人使用专利权所得收益或损失进行审计和核算的基础上，通过综合考虑专利权的类型、技术特征、法律状态，以及相关产品行业与市场状况、宏观经济环境等因素，以侵权行为给权利人造成的现实损失和侵权停止后仍然延续的未来收益损失之和，作为其损害赔偿价值的技术方法。

专利权损害价值的期权损失法模型如式（5.5）、式（5.6）所示。

$$P_{zfl} = P_{zi2} + P_{zdf} = \sum_{t_1=1}^{n_1} E_{zt1}k_z + \sum_{t_2=1}^{n_2} L_{zt2}k_z i = \sum_{t=1}^{n} (i_{zt1} - c_{zt1})k_z + \sum_{t_2=1}^{n_2} (l_{zt2} - l'_{zt2})k_z i$$

(5.5)

$$或\ P_{zfl} = P_{zl2} + P_{zdf} = \sum_{t_1=1}^{n_1} L_{zt1}k_z + \sum_{t_2=1}^{n_2} L_{zt2}k_z i = \sum_{t_1=1}^{n_1} (l_{zt1} - l'_{zt1})k_z + \sum_{t_2=1}^{n_2} (l_{zt2} - l'_{zt2})k_z i$$

(5.6)

式中，P_{zfl} 为考虑期权损失的专利权损害赔偿价值；P_{zl2} 为权利人因被侵权而损失的专利权直接创造的净收益，即采用损失分摊法计算的专利权损害价值；P_{zi2} 为侵权人因侵权而非法获得的专利权直接创造的净收益，即采用获利分摊法计算的专利权损害价值；P_{zdf} 为权利人被侵权后未来年度的专利权直接损害价值；E_{zt1} 为侵权人实施侵权行为期间非法利用被侵权专利所获得的净收益；L_{zt1} 为权利人被侵权后第 t_1 年其专利相关产品创造净收益的减少额；L_{zt2} 为权利人被侵权后第 t_2 年其专利相关产品可以创造净收益的减少额；i_{zt1} 为侵权人实施侵权行为期间非法利用权利人专利第 t_1 年所获得的收入；c_{zt1} 为侵权人实施侵权行为期间非法利用权利人专利第 t_1 年所支出的成本；l_{zt1} 为权利人未被侵权的正常状况下其专利相关产品第 t_1 年可以创造的净收益；l'_{zt1} 为权利人被侵权后第 t_1 年专利相关产品创造的净收益；l_{zt2} 为权利人未被侵权的正常状况下其专利相关产品第 t_2 年可以创造的净收益；l'_{zt2} 为权利人被侵权后第 t_2 年专利相关产品创造的净收益；k_z 为专利权的收益分成率或贡献率；t_1 为专利被侵权年份，$t_1 = 1, 2, \cdots, n_1$；t_2 为侵权停止后受侵权因素持续影响的年份，$t_2 = 1, 2, \cdots, n_2$；i 为折现系数。

该方法在获利分成法或损失分摊法的基础上，进一步追加侵权停止后由于期权的负面影响而导致的未来一定期间内的损失，其难点是合理预测和确定未来损失期和收益减少额。

4. 许可费用倍数法

许可费用倍数法是以侵权行为导致专利权许可费用的损失额的合理倍数作为其损害赔偿价值的估算方法，即以专利权被侵犯前的许可使用合同（或市场上类似专利权许可交易案例）的许可费用金额为依据，通过对技术内容、时间因素、使用状况、法律状态等差异因素的调整或修正，得到被侵害专利权合理的许可费用；并根据被侵害专利权的使用状况、产品市场情况、侵权行为所造成影响等因素，分析确定合理的倍率系数 k_z；再将两者的乘积作为专利权的损害赔偿价值。

许可费用倍数法专利权损害赔偿价值的估算模型如式（5.7）所示。

$$P_{zpm} = k_z P_{zl}$$

(5.7)

式中，P_{zpm} 为损许可费用倍数法专利权损害赔偿价值；P_{zl} 为专利权许可费用；k_z 为专利权许可费损失倍率系数，$k_z = 1 \sim 3$。

许可费用倍数法的难点是合理的"倍数"k_z 的具体范围。鉴于侵权案件和专利技术具体情况的多样性，许可费损失倍率系数 k_z 应在遵循损害赔偿"填平原则"的基础上，充分考察被侵权专利权的技术内容、相关产品市场状况、前期许可使用情况、类似专利的许可情况、所处行业前景和技术竞争状况等因素，综合分析确定。

5. 完全损失法

完全损失法就是对侵权给专利权带来的所有损害进行评定估算的专利权损害价值评估方法，即在对被侵权人运用专利权侵权前后的经营活动收入与支出进行审计、分析及核算的基础上，得出被侵权前后的专利权收益差额，再预测专利权的未来收益损失，估算专利权的间接损失，并综合考虑侵权程度、市场因素、行业及宏观经济发展趋势等因素，以专利权遭受的直接损失价值、未来收益损失价值，以及所有其他间接损失价值之和，作为专利权损害赔偿价值。其他间接损失包括侵权给权利人相关产品或服务带来的市场萎缩、成本增加、机会成本的出现，以及权利人声誉和其他精神损害等所形成的所有损失。

完全损失法专利权损害价值的估算模型如式（5.8）所示。

$$P_{zh} = (P_{zd} + P_{zf}) + P_{zo} = P_{zfl} + P_{zo} \tag{5.8}$$

式中，P_{zh} 为完全损失法估算的专利权损害价值；P_{zd} 为专利权的现实损害价值，P_{zd} 可以是 P_{zi}、P_{zl} 或 P_{zpm}，P_{zpm} 为许可费用倍数法估算的专利权损害赔偿价值，P_{zi} 为侵权获利法估算的专利权损害价值，P_{zl} 为侵权损失法估算的专利权损害价值；P_{zf} 为专利权的未来损害价值；P_{zfl} 为考虑期权损失的专利权损害赔偿价值，P_{zfl} 可以通过式（5.5）或式（5.6）计算得到；P_{zo} 为专利权的间接损害价值，$P_{zo} = C_1 + C_2 + C_3 + C_4 + C_5$，$C_1$ 为权利人因恢复专利权相关产品的正常市场而需追加的投入，C_2 为被侵权后权利人仍然需要占用固定资产折旧、管理费用、财务费用等固定支出而形成的机会成本，C_3 为权利人因应对侵权行为而采取相关措施的律师费、调查取证费、诉讼费等支出，包括为制止侵权行为、挽回名誉刊登广告、发表声明所支付的费用，为请求行政救济或司救济所支付差旅费、律师代理费等，提起侵权诉讼所需的案件受理费、鉴定费、勘察费等，C_4 为权利人因被侵权而遭受声誉和身心等精神损害而造成的损失，C_5 为侵权给专利权本身及其权利人造成的其他可以确认的间接损失，包括因侵权而耽误专利权的正常使用而较少其寿命期所产生的损失等。

6. 成本法

成本法是在利用传统成本法获得专利权价值（即侵权发生时专利权的重置成本价值）的基础上，通过分析确定专利权的受损分摊率，将专利权因被侵权而损失的价值从其整体价值中分割出来，从而得到专利权损害赔偿价值的方法。即从构成专利权成本诸要素的价格，以及为此而付出的机会成本的角度，来考虑知识产权的损害赔偿价值。

专利权损害赔偿价值成本法估算的模型如式（5.9）所示。

$$P_{zc} = V_{zc}R_{zd} = \left[C_{zn}(1 + r_{zc}) - V_{za} \right]R_{zd} = (C_{zn}n_{z2}/n_{z1})(1 + r_{zc})R_{zd} \qquad (5.9)$$

式中，P_{zc} 为成本法估算的专利权损害赔偿价值；V_{zc} 为侵权行为发生时通过成本表现的专利权价值；R_{zd} 为专利权受损分摊率；C_{zn} 为专利权在侵权行为发生时的重置成本；V_{za} 为专利权侵权行为发生前已消耗掉的价值；r_{zc} 为专利产品的行业平均利润率或社会资本平均利润率；n_{z2} 为专利权的剩余使用年限，指从侵权赔偿时点起的剩余使用年限；受制于诉讼时效，对侵权赔偿的时间起点距案件起诉时间不应超过两年；n_{z1} 为专利权的经济寿命年限。

如前面章节的讨论，专利权的受损分摊率 R_{zd} 可以使用综合评分法和年限权重法等对其进行估算。综合分析评分法是组织技术、经济和法律专家团队，对专利技术内涵和生命周期、专利产品市场状况、专利法律状态，以及侵权程度、时间、影响范围等主要影响因素进行赋权打分，经综合评测得出受损分摊率。

年限权重法则是从专利权使用时间的角度，通过侵权年限在整个专利权剩余经济年限或技术生命中的所处的位置权重 ω，以及侵权期间的侵权产品销量比 λ 来进行计算受损分摊率。具体计算公式如式（6.10）所示。

$$R_{zd} = \omega_z\lambda_z = \sum_{t=1}^{n} \omega_{zt}\lambda_{zt} \qquad (5.10)$$

式中，ω_z 为专利权的侵权时间系数，即侵权行为发生时，专利权所处其生命周期的位置；λ_z 为专利权的侵权利用系数，即专利权被非法利用的程度；ω_{zt} 为第 t 年的侵权时间系数，$t = 1 \sim n$；λ_{zt} 为第 t 年的侵权利用系数，$t = 1 \sim n$。

ω_z 可以根据专利的被侵权年限占其技术生命周期曲线或经济寿命曲线年限的百分比来反映，侵权利用率 λ_z 则可通过侵权产品销量法或侵权产品成本降低法、侵权产品利润增加法等来计算。其具体计算方法可以参考前述章节相关内容。

7. 市场比较法

市场比较法是通过寻求若干类似专利权侵权赔偿案例，或在市场上寻找若干类似专利权交易参照物，以赔偿案例的赔偿价值或参照物的市场价格为基础，考虑具体案例或参照物专利权与评估对象在专利类型、技术差异、使用条件、交易条件、时间因素、法律因素、侵权程度等方面的差异，通过对比分析与差异量化，调整得出被评估专利权的损害赔偿价值。

市场比较法专利权损害赔偿价值的估算公式如式（5.11）、式（5.12）所示。

$$P_{zm} = p_{zm}r_{z1}r_{z2}\cdots r_{zn} = \left[p_{zm1}(r_{z1}r_{z2}\cdots r_{zn}) + \right.$$
$$\left. p_{zm2}(r_{z1}r_{z2}\cdots r_{zn}) + \cdots + p_{zmn}(r_{z1}r_{z2}\cdots r_{zn}) \right]/n \qquad (5.11)$$

或
$$P_{bm} = V_{zm}R_{zd} = (V_{zm}r_{z1}r_{z2}\cdots r_{zn})R_{zd} = \left\{ \left[V_{zm1}(r_{z1}r_{z2}\cdots r_{zn}) + \right.\right.$$
$$\left.\left. V_{zm2}(r_{z1}r_{z2}\cdots r_{zn}) + \cdots + V_{zmn}(r_{z1}r_{z2}\cdots r_{zn}) \right]/n \right\}R_{zd} \qquad (5.12)$$

式中，P_{zm}为市场比较法估算的专利权损害价值；p_{zm}为专利侵权赔偿案例的损害价值；$p_{zm1} \sim p_{zmn}$为经选取的n个侵权赔偿案例的专利权损害价值；V_{zm}为专利权的市场价值；$V_{zm1} \sim V_{zmn}$为市场上n个可参照专利权价值；$r_{z1} \sim r_{zn}$为选取的专利赔偿案例或参照对象修正系数，包括侵权程度、时间，以及专利类型、技术差异、产品功能、使用条件等修正系数；R_{zd}为被评估专利权的受损分摊率。

目前，我国专利侵权纠纷案件呈增长态势，经济发达地区的专利交易也比较繁荣，一些地区可以从市场上找到与被侵害专利权类似的侵权赔偿案例或专利权交易案例，此时可考虑采用市场比较法来估算专利权的损害赔偿价值。

8. 收益法

收益法指通过估测专利权侵权期间和侵权停止后未来收益损失的现值，来判断其损害赔偿价值。即利用资产的投资回报和收益的折现等技术手段，把专利权在侵权期内被非法占有的产出能力（收益）和侵权停止后的预期获利能力，作为评估的标的，来评测专利权损害价值。该方法适用于无法取得权利人和侵权人使用专利的相关财务数据的情形。此时，可以直接预测权利人因被侵权而丧失的经济利益或侵权人获得的侵权收益，从而获得专利权的损害赔偿价值；或者在预测专利权的整体价值的基础上，通过分析确定专利权的受损分摊率，从而估算专利权的损害赔偿价值。

收益法专利权损害赔偿价值的估算模型如式（5.13）所示。

$$P_{zr} = P_{zp} + P_{zf} = \sum p'_{zt1} R + \sum p'_{zt2} i = \sum_{t_1=1}^{n_1} (p_{zt1} k_z R_{zd}) R + \sum_{t_2=1}^{n_2} (p_{zt2} k_z R_{zd}) i \quad (5.13)$$

式中，P_{zr}为收益法估算的专利权损害赔偿价值；P_{zp}为侵权行为发生期间形成的专利权损害价值；P_{zf}为侵权行为停止后侵权影响期限内专利权的预期受损价值；p'_{zt1}为侵权行为发生期间第t_1年已经损失或实现的专利产品的收益额，可以从权利人直接损失或侵权人获利的角度进行预测；p'_{zt2}为侵权行为停止后，侵权影响期限内第t_2年专利产品的预期收益损失额，应当从权利人直接损失的角度进行预测；p_{zt1}为侵权行为发生期间第t_1年使用专利权应获得的收益额，$t_1 = 1 \sim n_1$，n_1为专利权被侵害的年限；p_{zt2}为侵权行为停止后的侵权影响期内第t_2年使用专利权应获得的收益额，$t_2 = 1 \sim n_2 = (n_1 + 1) \sim n_2$，$n_2$为侵权影响期的年限；$k_z$为专利权收益分成率；$R_{zd}$为专利权受损分摊率；$R$为复利终值系数；$i$为折现系数。

在实际案件中，常常会发生不能提取到侵权人或权利人利用专利权的财务资料和数据的情况，此时可以通过现场调查、技术和市场分析，提出侵权期间和侵权影响期内可能的专利产品产销数量、价格和成本等相关数据，从而合理预测专利权的收益额。侵权影响期限n_2可以根据侵权行为的具体情节和市场的反映程度，找出主要影响因素，并结合专利产品的特点，通过专家法、回归法等方法进行综合预测。

9. 惩罚法

惩罚法就是从惩罚恶意侵权和严重侵权的角度，不仅仅考虑侵权行为对专利权人造成的实际损害，还以扩大或加倍的方式额外考虑对权利人的经济补偿，来对专利权损害价值进行评定估算的方法。

（1）关联损失法

关联损失法是以专利权人因其专利权被侵害而导致的全部关联收益的减少，或以侵权人非法利用他人专利权所获得的所有关联收益，溢价反映专利权损害价值的方法。关联损失法可以分别从权利人损失或侵权人获利两个角度进行估算，即以权利人被侵权前后专利产品的全部相关收益的差额，或以侵权人的侵权产品所获得的全部收益，作为专利权的损害赔偿价值。

关联损失法专利权损害价值评估模型如式（5.14）、式（5.15）所示。

$$P_{zpr} = \sum_{t=1}^{n} W_{zt} = \sum_{t=1}^{n} (w_{zt} - w'_{zt}) = \sum_{t=1}^{n} \left[(p_{zt} - c_{zt})q_{zt} - (p'_{zt} - c_{zt})q'_{zt} \right] \quad (5.14)$$

或
$$P_{zpr} = \sum_{t=1}^{n} E_{zt} = \sum_{t=1}^{n} (i_{zt} - c_{zt}) \quad (5.15)$$

式中，P_{zpr}为关联损失法专利权损害价值；W_{zt}为被侵权期间权利人因被侵权而导致的第t年专利产品净收益减少额；w_{zt}为权利人未被侵权的正常状况下第t年专利产品的净收益；w'_{zt}为权利人被侵权后第t年专利产品的净收益；p_{zt}为权利人未被期权的正常状态下第t年的专利产品单位价格；p'_{zt}为权利人被侵权后第t年专利产品单位价格；q_{zt}为权利人未被侵权的正常状态下第t年专利产品的产销数量；q'_{zt}为权利人被侵权后第t年专利产品的产销数量；E_{zt}为侵权人实施侵权行为期间非法利用被侵权专利所获得的净收益；i_{zt}为侵权人实施侵权行为期间非法利用被侵权专利第t年所获得的收入；c_{zt}为权利人第t年专利产品的成本或侵权人实施侵权行为期间非法利用被侵权专利第t年所支出的成本；t为专利权被侵害的年限，$t = 1, 2, \cdots, n$。

关联损失法是在按正常情况考虑补偿权利人实际损失的基础上，再将实施利用专利技术的其他资产组合对相关产品收益的贡献额追加作为侵权人应额外承担的经济责任，因而所得到的损害赔偿价值带有明显的惩罚性质，适用于故意侵权、案情严重、影响恶劣的案件。

（2）损害价值倍数法

损害价值倍数法是以专利权实际或直接损害赔偿价值的一定倍数来估算专利权损害赔偿价值的方法。这里的实际或直接损害赔偿价值是未考虑惩罚赔偿因素的损害赔偿价值，如侵权获利法、侵权损失法等方法获得的损害赔偿价值。

损害价值倍数法的估算模型如式（5.16）所示。

$$P_{zpm} = k_{zd}P_{zd} \quad (5.16)$$

式中，P_{zpm}为损害价值倍数法估算的惩罚性专利权损害赔偿价值；P_{zd}为专利权直接损害赔偿价值，它可以是侵权获利专利权损害赔偿价值P_{zi}（P_{zi1}、P_{zi2}等），或侵权损失专利权损害赔偿价值 P_{zl}（P_{zl1}、P_{zl2} 等），或期权损失专利权损害赔偿价值 P_{zf}、许可费损失专利权损害赔偿价值 P_{zpm}、完全损失商标权损害赔偿价值 P_{zh}；k_{zd} 为专利侵权惩罚倍率系数。

鉴于"惩罚性赔偿"制度在国内尚处于探索阶段，关于专利侵权的"惩罚性"赔偿标准目前尚无统一的规定，因此，如何合理确定侵权惩罚倍率系数 k_{zd} 是采用本方法的难点所在。具体操作时，应当根据具体案情，充分考虑侵权行为的恶劣程度、情节严重程度、社会影响，以及当事人的承受能力等因素，综合分析确定。

10. 模糊多级评估法

（1）模糊多级专利权损害赔偿价值评估模型

目前对于专利资产评估常用的方法主要是收益法，由于受诸多因素的影响，使得收益法本身具有局限性，即在实际操作中能否科学、合理地预测预期收益、折现率及持续获利时间这些不确定的基本参数，对评估结果的准确性造成了很大的影响。依据《专利法》《专利法实施细则》和有关经济学理论、资产评估方法，结合专利资产自身的特点和影响专利资产价值的各种因素，可以运用模糊数学原理的方法，以分级的形式罗列出影响专利资产估价的主要因素，通过对各影响因素赋值，得到相应的评判矩阵，从而构造出模糊多级模型，对专利权价值进行综合评估。模糊多级评估法是在采用模糊多级模型得到专利权整体价值的基础上，通过被侵权专利的受损分摊率，而间接获得专利权损害赔偿价值的方法。

模糊多级评估法专利权损害价值评估模型如式（5.17）所示。

$$P_{zu} = V_{zu} R_{zd} \tag{5.17}$$

式中，P_{zu} 为模糊多级评估法获得的专利权损害价值；V_{zu} 为利用模糊多级模型得到的专利权整体价值；R_{zd} 为专利权受损分摊率。

（2）影响专利资产价值的指标体系

在构建模糊多级评估模型时，需要综合分析确定对专利权价值产生影响的各相关因素，这些因素主要包括经济、技术、环境、法律（状态）、转让形式等。

1）经济因素。专利保护的主要目的之一是通过维护权利人的经济利益，促进专利技术的市场应用，推动技术进步，从而激励创新。专利的价值在很大程度上受市场因素和宏观经济环境的影响，市场对专利的需求程度、同类专利技术的交易价格、金融风险、经济发展趋势等，都会对专利的价值产生影响。

2）技术因素。影响专利资产价值的技术因素主要有专利技术水平、专利技术的生命周期及专利技术的成熟度。而影响技术水平的因素主要包括专利技术的替代性、防御性、垄断性、创造性、适用性和新颖性；影响生命周期的因素主要包括专利权利的寿命和技术寿命；影响技术成熟度的因素主要包括专利技术是否处在萌芽阶段、成长开发阶段、成熟阶段或是衰退阶段。

专利技术水平是指专利技术所开发的高度。一项具有重要价值的专利技术，往往是着眼于未来几年甚至是十几年市场发展前景所研发的。而且在研发阶段，应当确保该专利技术能够产生和能被运用，以这样理念开发出来的专利技术将领先于同行业的专利技术水平，该专利技术在整个市场上就理所当然地具有很高的价值。但是，在研发的过程中，还必须考虑所研发的专利技术在研发期间被其他专利技术取代的可能性及专利技术自身的防御性。如果该专利技术的发明点相对简单，则其所要求保护的技术方案很容易被其他技术所取代或是被攻破，从而使得自身专利失去了原有的价值。专利技术的自身防御性同样影响到专利技术的价值，主要表现在该专利技术所依存的专利群和该专利在该专利群中所处的位置，即是否是基本专利技术，以及该专利权利要求书的撰写质量。如果该专利技术处于该专利群的基本专利位置，且其权利要求书撰写质量很高，那么该专利技术将具有很高的专利资产价值。

同样地，专利技术的行业垄断性、创造性、新颖性和实用性同样也影响着专利技术的价值。如果一项或是一类专利技术在本行业领域中始终处于领先和垄断性地位，那么该项专利或是这一类专利技术的价值将会远远高于同行业的其他专利资产的价值。在专利审查制度中，发明专利必须经过实质审查后才能授予发明专利权，实用新型专利和外观设计专利则只要通过初步审查就可以授予专利权。而实质审查实际上就是审查发明专利技术的创造性和实用性，初步审查则只审查专利的新颖性和实用性。显然，对发明专利技术的审查标准高于实用新型和外观设计专利。一项专利的创造性越高、实用性越广或是新颖性越好，则该专利就越容易获得专利权，而该专利权的价值就越高。

专利技术的生命周期对专利权的价值有重要影响。专利技术的生命周期越长，其专利权的价值就会越高。专利技术的生命周期主要由专利权利的寿命和专利技术的寿命决定。在我国，一件发明专利获准专利权利保护期限为 20 年，而实用新型和外观设计专利获准专利权利保护期限为 10 年，以上保护期限均以申请日起算，不包括优先权日。而一件专利权从向国家专利局提出专利申请到专利申请授权的时间是不确定的，即一件专利技术从获准专利权到专利权保护期限结束，该专利技术获准的排他权的时间实际上没有 20 年或是 10 年那么长，所以一件专利在保护期限内的价值与专利技术保护期限成正比。但是，专利审查程序中会出现这样的一种情况，一件专利可能还处于审查阶段或是在专利权保护期限内就很快被其他专利技术所超越或是取代，这样的情况称为专利技术寿命。技术寿命越长，专利技术价值就越高。

此外，专利技术的成熟度同样会影响着专利资产的价值。专利技术的成熟度一般包括四个阶段，即技术萌芽阶段（专利价值形成阶段）、技术成长开发阶段（专利潜在价值阶段）、技术成熟阶段（专利价值彰显阶段）、技术衰退阶段（专利价值渐亡阶段）。四个阶段的专利技术的价值由大到小依次为：成熟阶段专利技术、成长开发阶段专利技术、衰退阶段专利技术、萌芽阶段专利技术。处于萌芽阶段的专利技术往往还只是一些探索性的想法，其价值具有很大的不确定性。

3）环境因素。影响专利资产价值的环境因素主要包括国际政治经济环境、国家政策环境和专利权人拥有的专利技术的使用情况。国际政治经济环境影响企业的产品市场范围，国家的经济和产业政策影响企业的长远发展。企业要想在残酷的市场竞争中拥有一席之地，需要充分运用专利战略，利用好国家相关政策，研发和掌握主导产品的专利技术。

专利技术使用情况主要包括所属行业发展情况、权利人的技术条件和财务状况。一项专利技术的价值会因为权利人的使用条件的不同而不同，即使是一项价值连城的专利技术，若权利人不懂得如何将其实施转化与应用，而只是将其束之高阁，则该项专利技术会一文不值。一项专利即使投入了使用，如果该专利技术的实施人不具备相关技术条件和良好的财务状况，那么该专利技术的价值也不会得以全部展现。所谓技术条件包括已有技术基础、技术配套能力、工人技术水平等。财务状况是指在该专利技术实施的过程中的资金保障情况，专利技术能否顺利实施也将会影响到专利技术的价值。

4）法律因素。影响专利资产价值的法律（状态）因素主要包括专利技术所处保护阶段、保护国别和地域界限。专利的价值是指处在有效的法律保护期限之内的专利权价值。《专利法》明文规定，专利技术只有在专利权保护期限才能享有排他权，如果一项专利技术超过了专利权保护期限，则该专利技术已经属于任何人都可以实施的公有技术，此时的"专利"也就没什么价值了。因此，专利权的有效维持是专利具有价值的前提。

对于发明专利技术，根据《专利法》第13条以及《专利法实施细则》第85条2款的规定，发明专利享有一段时间的临时保护期限，即在发明专利公布到发明专利授权期间，个人或单位实施该专利技术的，申请人可以要求实施该专利技术的个人或单位支付适当的费用。因此，在此阶段保护的发明专利申请在某种程度上是具有价值的，但很显然，这种价值是临时的，其价值量也不可能很高。

专利权的无效状态对其价值也有一定影响。无效宣告往往会改变专利权的保护范围，甚至使原本获得的专利权"自始不存在"，从而破坏或缩减专利权的价值。此外，专利技术保护的国别，即专利技术的地域性，也同样影响着专利技术的价值，一件专利要求保护的国别越多，该项专利技术越具有价值。

5）转让形式因素。根据《专利法》实施许可中的规定，专利权人有权利许可他人实施其专利技术并取得相应的经济利益，而在实施许可中主要分为独占许可、排他许可、普通许可、交叉许可和分实施许可。所谓独占许可是指在一定的时效范围内，专利权人只许可一个被许可人来实施该专利技术，同时许可人不得实施该专利；排他许可指的是在一定的时效范围内专利权人只许可一个被许可人来实施该专利技术，同时许可人可以实施该专利；普通许可指的是在一定的时效范围内专利权人保留许可第三被许可人的权利，同时许可人可以实施该专利；交叉许可指的是在一定的时效范围内双方专利权人可以互相许可对方使用该专利，如果两项专利技术的经济价值相差不大可以免交使用费，如果经济价值相差过大，则另一方可以给予适当的经济补偿；分实施许可指的是在一定的时效范围被许可人依照与许可人签订的协议可以许可第三被许可人，同时被许可人与第三被许可人签订合同时必须得到专利权人的同意。

专利技术的价值同样受转让形式的制约。一般可以从单个专利权利人所拥有整个市场上商品的份额来衡量专利权人在不同转让形式下所获得的专利权价值。通常认为获得市场份额越大的专利权人拥有该项专利资产的价值越大。根据《专利法》规定的各种许可形式中，独占实施许可的方式可以实现市场上拥有商品份额全部属于专利权人，这种实施许可方式使得专利权人获得的专利技术价值最大，其他许可方式的价值由大到小依次是：排他许可、普通许可、交叉许可和分实施许可。

6）影响专利资产价值的指标体系。根据上述影响专利权价值的各种因素，结合专利资产自身的特点和相关价值理论，可将影响专利价值因素归纳为如图 5.1 所示的指标体系，共涉及经济因素、技术因素、环境因素、法律因素、转让形式 5 个一级指标，具体包括 15 个二级指标和 18 个三级指标。

在建立专利资产价值评估指标体系中，充分考虑了相关经济学理论的因素。在经济因素的子因素市场需求中体现了效用价值论的思想，即效用和稀缺是价值的源泉，边际效用是价值量的尺度。而均衡价格论中的物的价值则表现在其替代率的思想在技术因素的子因素（技术水平、生命周期、技术成熟度）中得以体现，即物的价值量大小与该物的替代率有关。生产要素价值论则体现在环境因素中，即价值的大小取决于生产费用。而劳动价值论与功能价值论均在经济、技术、环境、法律、转让形式因素中得以体现。专利技术属于智力劳动成果，即专利技术也属于人力资源，其价值也由功能、社会必要劳动时间所决定。

（3）构建专利权价值的模糊综合评估模型

根据模糊数学原理，模糊综合评估模型的构建过程是：首先确定被评估对象影响因素的指标集和评语集；然后分别确定各个影响因素的权重以及它们的隶属度向量，从而获得模糊评估矩阵；最后将模糊评估矩阵与因素的权向量进行模糊运算并进行归一化，得到模糊评估综合结果。

1）构造评语集与评估矩阵。

设因素集合为

$U = \{u_1, u_2, \cdots, u_n\}$、抉择评语集合为 $V = \{v_1, v_2, \cdots, v_m\}$，对因素集 U 划分，即

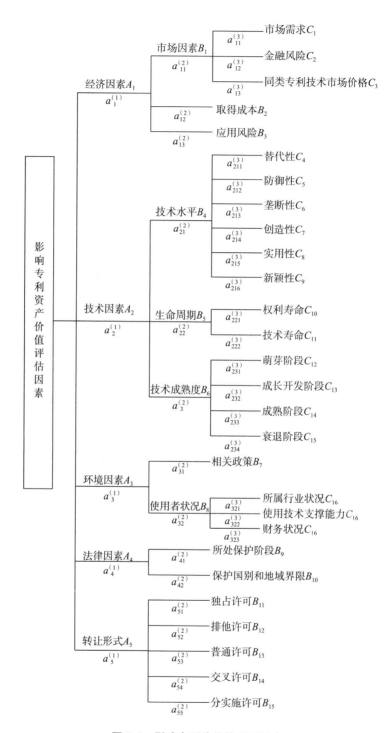

图 5.1　影响专利价值的重要因素

$$U = \{U_1, U_2, \cdots, U_N\}$$

式中，$U_i = \{u_{i1}, u_{i2}, \cdots, u_{ik}\}$，$i = 1, 2, \cdots, N$

即 U_i 中含有 k 个因素，且满足以下条件：

$$\bigcup_{i=1}^{N} U_i = U, \quad U_i \cap U_j = \phi \ (i \neq j), \quad u_{ij} = \{u_{ij1}, u_{ij2}, \cdots, u_{ijp}\} \quad (i = 1, 2, \cdots, N, \ j = 1, 2, \cdots, k)。$$

u_{ij} 中含有 p 个子因素，当 $p = 0$ 时，表示此因素不受子因素影响。由每个因素的抉择评语集合都会得到一个模糊评价集 $\tilde{R}_i \{r_{i1}, r_{i2}, \cdots, r_{im}\} \in F(V)$，于是对 n 个模糊评价 $\tilde{R}_1, \tilde{R}_2, \cdots, \tilde{R}_n$，用矩阵表示为

$$R = \begin{pmatrix} r_{11} & r_{12} & \cdots & r_{1m} \\ r_{21} & r_{22} & \cdots & r_{2m} \\ \vdots & \vdots & & \vdots \\ r_{n1} & r_{n2} & \cdots & r_{nm} \end{pmatrix} = \begin{pmatrix} \tilde{R}_1 \\ \tilde{R}_2 \\ \vdots \\ \tilde{R}_n \end{pmatrix} \tag{5.18}$$

矩阵（5.18）称为单因素评价矩阵。

2）构建模糊初始综合评估模型。

设 u_{ijk} 因素的评价矩阵为 $\tilde{R}_i^{(1)} = \{r_{i1}^{(1)}, r_{i2}^{(1)}, \cdots, r_{im}^{(1)}\}$（$i = 1, 2, \cdots, p$），因素权重分配为 $\tilde{A}_i^{(1)} = (a_1^{(1)}, a_2^{(1)}, \cdots, a_p^{(1)})$（$0 \leqslant a_i^{(1)} \leqslant 1$，$\sum_{i=1}^{p} a_i^{(1)} = 1$），

则有综合评估

$$\tilde{B}_i^{(1)} = \tilde{A}_i^{(1)} \circ \tilde{R}_i^{(1)} = (b_1^{(1)}, b_2^{(1)}, \cdots, b_m^{(1)}), \quad i = 1, 2, \cdots, p \tag{5.19}$$

且 $\quad b_j^{(1)} = \sum_{i=1}^{p} a_i^{(1)} r_{im}^{(1)} \Big/ \sum_{i=1}^{m} b_i^{(1)}, \quad j = 1, 2, \cdots, m$

其中，"$\circ$" 为合成算子，$\tilde{B}_i^{(1)}$ 为 u_{ijk} 的单因素评估。

3）构建模糊二级综合评估模型。

根据一级综合评估得，u_{ij} 的评估矩阵为

$$\tilde{R}_i^{(2)} = (\tilde{B}_1^{(1)}, \tilde{B}_2^{(1)}, \cdots, \tilde{B}_p^{(1)}, \tilde{R}_{ui1}, \tilde{R}_{ui2}, \cdots, \tilde{R}_{uiq})^{\mathrm{T}}$$

其中，$p + q = k$，$\tilde{R}_{uij}$（$i = 1, 2, \cdots, p, \ j = 1, 2, \cdots, q$）为 u_{ij} 中无子因素的评价集。

设各因素权重分配为 $\tilde{A}_i^{(2)} = (a_1^{(2)}, a_2^{(2)}, \cdots, a_k^{(2)})$（$0 \leqslant a_i^{(2)} \leqslant 1$，$\sum_{i=1}^{k} a_i^{(2)} = 1$），

则有综合评估

$$\tilde{B}_i^{(2)} = \tilde{A}_i^{(2)} \circ \tilde{R}_i^{(2)} = (b_1^{(2)}, b_2^{(2)}, \cdots, b_m^{(2)}), \quad i = 1, 2, \cdots, k \quad (5.20)$$

其中，"$\circ$"为合成算子，且 $b_j^{(2)} = \sum_{i=1}^{k} a_i^{(2)} r_{im}^{(2)} \Big/ \sum_{i=1}^{m} b_i^{(2)}, \quad j = 1, 2, \cdots, m$

4）构建模糊三级综合评估模型。

由二级综合评估知，U_i 的评价矩阵为 $\tilde{R}_i^{(3)} = (\tilde{B}_1^{(2)}, \tilde{B}_2^{(2)}, \cdots, \tilde{B}_k^{(2)})^{\mathrm{T}}$，设备因素权重分配为 $\tilde{A}_i^{(3)} = (a_1^{(3)}, a_2^{(3)}, \cdots, a_N^{(3)})(0 \leq a_i^{(3)} \leq 1, \sum_{i=1}^{N} a_i^{(3)} = 1)$，

则有综合评估

$$\tilde{B} = \tilde{A}_i^{(3)} \circ \tilde{R}_i^{(3)} = (b_1^{(3)}, b_2^{(3)}, \cdots, b_m^{(3)}), \quad i = 1, 2, \cdots, N \quad (5.21)$$

其中"$\circ$"为合成算子，且 $b_j^{(3)} = \sum_{i=1}^{N} a_i^{(3)} r_{im}^{(3)} \Big/ \sum_{i=1}^{m} b_i^{(3)}, \quad j = 1, 2, \cdots, m$

如果因素 U 的元素非常多时，可对它多级划分，并进行更高层次的综合评估，即在具体运用模糊综合评估模型时，可以根据具体研究对象将评估指标体系分为多个等级。如果只有一个评估指标等级就称为初始综合评估模型，也叫一级模糊综合评估模型。同样的，根据评估指标体系的等级可以有二级、三级模糊综合评估模型。根据实践经验，评估指标体系中列出的影响指标越详细、评估等级越多，那么得到的评估结果就越可信。

（4）专家评判

在专利价值的模糊多级评判中，各价值影响因素的权重可以通过专家评判法获得。即将上述分析中影响专利价值的各相关因素制成表格，聘请专利技术业内专家和经济专家，就各因素的重要程度发表意见，在专家意见趋于一致的基础上，汇总计算得出各影响因素的权重。具体步骤如下。

1）编制评判表，如表5.1所示。

表5.1　专利价值影响因素权重系数调查表

因素 u_i	u_1	u_2	$\cdots\cdots$	u_m
因素重要程度 a_{ij}				

表中 a_{ij} 表示第 j 位专家对因素 u_i 给定的重要系数值，且要求 a_{ij} 满足 $\sum_{i=1}^{m} a_{ij} = 1$。在调查中专家人数越多越好，而且要求专家独立评定各因素权重系数值。

2）编制评判汇总表，如表5.2所示。

表 5. 2 专利价值影响因素权重系数（a_{ij} 值）调查汇总表

因素 u_i	u_1	u_2	……	u_m
专家 1	a_{11}	a_{21}	……	a_{m1}
专家 2	a_{12}	a_{22}	……	a_{m2}
⋮	⋮	⋮	⋮	⋮
$t_i = \dfrac{1}{n}\sum a_{ij}$	$\dfrac{1}{n}a_1$	$\dfrac{1}{n}a_2$	…	$\dfrac{1}{n}a_m$

取各指标权数的平均数作为权数。a_i（$i = 1，2，\cdots，m$）表示 $\sum a_{ij}$，即各行之和，那么 a_i 对应于指标 u_i 的权数为

$$t_i = \frac{1}{n}\sum_{i=1}^{m} a_{ij} = \frac{a_i}{n}$$

在计算 t_i 前剔除 $a_{kj} = \max\ (a_{ij})$ 及 $a'_{kj} = \min\ (a_{ij})$，其余平均后得 t_i。由此，得出因素模糊子集

$$\tilde{A} = (a_1，a_2，\cdots，a_m) \tag{5.22}$$

（5）进行等级参数评估、获取专利相关资产组合价值

1）确定价格参数列向量。经济学指出，价值决定价格。价值由商品的社会必要劳动时间决定，当消耗在商品上的社会必要劳动时间发生变化时，价值会发生变化，商品的价格也会相应变化。而价格又受市场供求关系的影响，当商品的供给量达不到市场的需求量时，价格将会上升，当商品的供给量大于市场的需求量时，价格将会下降。虽然供求关系会影响价格，但不能决定价格，价格的决定因素是价值，供求关系只是能在短时期内影响到价格波动，最

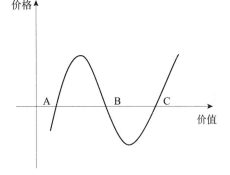

图 5. 2 价格围绕价值波动

终还是要达到供求平衡关系，所以价格是在一定范围内围绕着价值上下波动，如图 5. 2 所示。

图中，AB 段表示此时市场商品供不应求，导致通货紧缩，商品价格高于商品的价值；BC 段表示此时市场上的商品供大于求，导致通货膨胀，使得商品自身价格在短期内会低于其自身商品价值；A、B、C 三个交点则表示在经过通货紧缩与通货膨胀焦灼时期后，市场通过"看不见的手"进行调控，使得市场上商品的价格等于价值，这时市场处于供需平衡状态。然而供需平衡状态只是一个理想的状态，现实生活中这种状态是无法实现的，一般状态是供大于求或供小于求。

所以，当我们要评估某一个对象的价值时，可以根据该对象的销售历史价格采用线性回归方程，找出一条与价值相拟合的价值曲线，从而估算出该商品未来的价值，如图5.3所示。而具有销售历史成本的评估对象，往往对其评估时只知道销量和销售价格，根据等级参数法，必须还要知道该物品在近期的销售数量与销售价格之间的参数列向量。

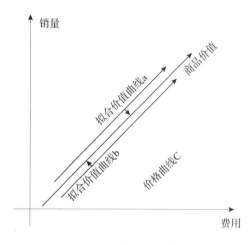

图5.3 价值拟合曲线图

图5.3表明，作为一个企业，在一定时期内，随着销量的增长费用也会逐步增加。根据经济学原理，此时商品的价格是围绕商品价值上下波动的，即图中的价格曲线C。又根据数学原理，可以根据销量与费用的关系拟合出价值曲线a或价值曲线b。

对于评估对象的历史销售情况，用x_1表示销量，x_2、x_3表示其他费用，y为所获利润，则通过线性回归方程，找到利润与费用之间的关系为

$$y = \alpha x_1 + \beta x_2 + y x_3 + \delta$$

式中，α、β、γ分别为x_1、x_2、x_3的物价系数，δ为常数。

设历史销售数量为$x_1 \in [a, b]$，其他费用数额$(x_2 + x_3) \in [c, d]$，其中$0 \leqslant a < b$，$0 \leqslant c < d$，则销售量与其他费用的外项积记为

$$销售量 \times 其他费用 = x_1 (x_2 + x_3) \in [y_{\min}, y_{\max}]$$

则价格参数向量$c = (c_1, c_2, \cdots, c_n)^{\mathrm{T}}$，其中$c_i \in [y_{\min}, y_{\max}]$，且

$$c_i = c_{i-1} + \frac{y_{\max} - y_{\min}}{n}, \ c_1 = y_{\min}, \ c_n = y_{\max}, \ i = 2, 3, \cdots, n-1。$$

2）确定专利相关资产组合价值。按照最大隶属度原则，即选择$\tilde{B}$最大者$b_j^{(i)}$作为评判结果时没有充分利用等级模糊子集$\tilde{B}$所带来的信息。为了充分利用等级模糊子集带来的信息，把各种等级的评价参数和评判结果$\tilde{B}$综合考虑，使得评估结果更加符合实际。

由多级综合评估法所得出的评估结果是等级模糊子集 $\tilde{B} = \tilde{A} \circ \tilde{R} = (b_1, b_2, \cdots, b_n)$，设相对于各等级 u_j 确定的参数列向量为 $c = (c_1, c_2, \cdots, c_n)^{\mathrm{T}}$，

则可利用模糊综合评估模型得出等级参数评价结果（即专利相关资产组合的价值）为

$$Q = \tilde{B} \cdot C = (b_1, b_2, \cdots, b_n) \cdot (c_1, c_2, \cdots, c_n)^{\mathrm{T}} = \sum_j^n b_j \cdot c_j = p^* \qquad (5.23)$$

式中，p^* 是一个实数，此时 p^* 反映了由等级模糊子集 $\tilde{B}$ 和等级参数向量 C 所带来的综合信息。

由于专利技术的无形性，其价值只能依附于其他资产才能实现。因此，上述通过该模糊综合评估方法得到的 Q 值是包括专利和其他相关资产在内的整个专利资产组合的价值，而被评估专利技术的价值只是其中的一部分。

（6）层次分析法确定专利技术贡献率和价值

为将模糊综合评估模型得到的价值 Q 中专利技术的价值分离出来，需要进一步分析确定专利的技术分成率。专利的技术分成率可以采用统计数据法或层次分析法等进行确定。其中，层次分析法目前运用较广。

一般而言，商品所获得的超额收益主要来自专利技术、商标、商誉、销售技巧和客户网络。影响商品超额收益的主要因素有同类商品的价格优势、制造同类商品的成本、商品竞争力和商品的销售增长量。根据层次分析法及商品获得超额收益与专利技术、商标、商誉、销售技巧、客户网络和影响超额收益因素的关系，可以建立如图5.4所示递阶层次结构。

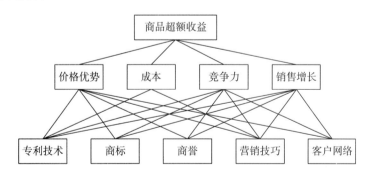

图5.4 商品超额收益递阶层次结构

假设1： 生产某种产品采用了 A、B、C 三件专利技术；

假设2： 专利技术 A 拥有 a 项技术特征；专利技术 B 拥有 b 项技术特征；专利技术 C 拥有 c 项术特征；

定义： 技术总和 $S = a + b + c$，贡献率 = 单件专利技术拥有技术特征数占技术总特征数的百分比。

当专利技术为同一种专利技术时（以商业秘密进行保护的等同于发明专利），即要么都是发明专利，要么都是实用新型专利，则专利技术 A 在技术总和 S 中的贡献率为

$$P_{\mathrm{A}} = \frac{a}{a+b+c} = \frac{a}{S}$$

同样，专利技术 B、C 的贡献率分别为

$$P_{\mathrm{B}} = \frac{b}{a+b+c} = \frac{b}{S}, \quad P_{\mathrm{C}} = \frac{c}{a+b+c} = \frac{c}{S}$$

当专利技术既有发明专利也有实用新型专利时，这里采取发明专利的贡献率占实用新型专利贡献率的 70%，即根据上述定义，若 A 为发明专利，B、C 为实用新型专利，则专利技术 A、B、C 在技术总和 S 中的贡献率分别为：

$$P_{\mathrm{A1}} = \frac{a}{S} + (P_{\mathrm{B}} + P_{\mathrm{C}}) \times 300\%, \quad P_{\mathrm{B1}} = \frac{b}{S} - \frac{b}{S} \times 30\%, \quad P_{\mathrm{C1}} = \frac{c}{S} - \frac{c}{S} \times 30\%$$

假设 3：通过层次分析法构建的比较矩阵均通过一致性检验，并通过计算得出方案层中专利技术对目标层超额收益的分成率为 W，则此时生产某种产品采用的专利技术 A、B、C 的专利技术贡献率分别为

$$P'_{\mathrm{A}} = P_{\mathrm{A1}}W, \quad P'_{\mathrm{B}} = P_{\mathrm{B1}}W, \quad P'_{\mathrm{C}} = P_{\mathrm{C1}}W$$

当同一专利技术带来的收益不变时，被评估专利技术的最终评估值为

$$Z_{\mathrm{A}} = \frac{QP'_{\mathrm{A}}}{R}\left[1 - \frac{1}{(1+R)^n}\right] = \frac{\tilde{B} \cdot C \times P_{\mathrm{A1}} \times W}{R}\left[1 - \frac{1}{(1+R)^n}\right] \quad (5.24)$$

$$Z_{\mathrm{B}} = \frac{QP'_{\mathrm{B}}}{R}\left[1 - \frac{1}{(1+R)^n}\right] = \frac{\tilde{B} \cdot C \times P_{\mathrm{B1}} \times W}{R}\left[1 - \frac{1}{(1+R)^n}\right] \quad (5.25)$$

$$Z_{\mathrm{C}} = \frac{QP'_{\mathrm{C}}}{R}\left[1 - \frac{1}{(1+R)^n}\right] = \frac{\tilde{B} \cdot C \times P_{\mathrm{C1}} \times W}{R}\left[1 - \frac{1}{(1+R)^n}\right] \quad (5.26)$$

式中，R 为折现率，n 为收益为年限。

（7）利用模糊多级评估法评估专利损害赔偿价值的案例

某公司拥有 A、B、C 三件生产螺纹钢筋的组合专利，且已用于产品生产多年。其中专利 A 为关于螺纹钢筋加工工艺的发明专利，有 9 项技术特征；专利 B 和 C 为关于钢筋加工配套设备的实用新型专利，B 专利有 7 项技术特征，C 专利有 8 项技术特征。评估人员经过现场调查和分析研究，发现该专利技术组合处于本领域的中上水平，且生产中不涉及其他的商业秘密。公司使用该专利组合已生产螺纹钢筋产品多年，因其产品质量和价格优势，生产销售状况和财务状况一直较好。根据公司提供的财务资料反映，公司螺纹钢筋产品第 1 年加工成本为 4205 元/t、第 2~5 年每年加工成本较上年下降 10%、第 6~7 年每年加工成本较上年下降 5%（每年的其他生产成本均为 220 万元），第 1 年产品产销量为 1200t、第 2 年产品产销量为 3000t、第 3~7 年产品产销量均

为5000t，投资利润率长期稳定在10%。因这三件专利权受到侵害，现需对其损害赔偿价值进行评估。

假设公司提供的资料真实，相关法律、法规和政策无重大改变，不发生影响宏观经济环境的突发事件，不发生不可预见或不可抗拒的不利因素。根据宏观经济环境分析和行业、技术分析，取折现率R＝无风险报酬率＋通货膨胀率＋风险报酬率＝2%＋3%＋5%＝10%。

1）构造模糊集。根据该案例的假定条件和专利技术所处的情况，经过认真的分析综合，定义抉择评语集V＝（非常重要，比较重要，重要，不是很重要），并据此构造评判模糊集。

① 确定初级评估矩阵$\tilde{R}_i^{(1)}$及各因素权重分配$\tilde{A}_i^{(1)}$。根据图5.1建立指标体系，采用专家评判法得出各因素在整个评估过程中的重要程度（见图5.5横线下的数字）和初级评判矩阵$\tilde{R}_i^{(1)}$及各因素的权重分配$\tilde{A}_i^{(1)}$。

$$\tilde{R}_1^{(1)} = \begin{bmatrix} 0.4 & 0.3 & 0.2 & 0.1 \\ 0.3 & 0.2 & 0.4 & 0.1 \\ 0.4 & 0.4 & 0.1 & 0.1 \end{bmatrix}, \quad \tilde{R}_2^{(1)} = \begin{bmatrix} 0.3 & 0.3 & 0.2 & 0.2 \\ 0.4 & 0.3 & 0.2 & 0.1 \\ 0.3 & 0.4 & 0.2 & 0.1 \\ 0.7 & 0.1 & 0.1 & 0.1 \\ 0.6 & 0.2 & 0.1 & 0.1 \\ 0.6 & 0.2 & 0.1 & 0.1 \end{bmatrix},$$

$$\tilde{R}_3^{(1)} = \begin{bmatrix} 0.4 & 0.3 & 0.2 & 0.1 \\ 0.5 & 0.2 & 0.2 & 0.1 \end{bmatrix}, \quad \tilde{R}_4^{(1)} = \begin{bmatrix} 0.2 & 0.5 & 0.2 & 0.1 \\ 0.4 & 0.3 & 0.2 & 0.1 \\ 0.5 & 0.3 & 0.1 & 0.1 \\ 0.1 & 0.3 & 0.4 & 0.2 \end{bmatrix},$$

$$\tilde{R}_5^{(1)} = \begin{bmatrix} 0.4 & 0.3 & 0.2 & 0.1 \\ 0.7 & 0.1 & 0.1 & 0.1 \\ 0.6 & 0.2 & 0.1 & 0.1 \end{bmatrix},$$

$\tilde{A}_1^{(1)} = (0.4, 0.3, 0.3)$，$\tilde{A}_2^{(1)} = (0.1, 0.1, 0.1, 0.3, 0.2, 0.2)$，

$\tilde{A}_3^{(1)} = (0.2, 0.8)$，$\tilde{A}_4^{(1)} = (0.2, 0.3, 0.4, 0.1)$，$\tilde{A}_5^{(1)} = (0.2, 0.4, 0.4)$

由$\tilde{B}_i^{(1)} = \tilde{A}_i^{(1)} \circ \tilde{R}_i^{(1)}$知，一级模糊评估集

$\tilde{B}_1^{(1)} = (0.37, 0.3, 0.23, 0.1)$，$\tilde{B}_2^{(1)} = (0.55, 0.21, 0.13, 0.11)$，

$\tilde{B}_3^{(1)} = (0.48, 0.22, 0.2, 0.1)$，$\tilde{B}_4^{(1)} = (0.37, 0.34, 0.18, 0.11)$，

$\tilde{B}_5^{(1)} = (0.6, 0.18, 0.12, 0.1)$

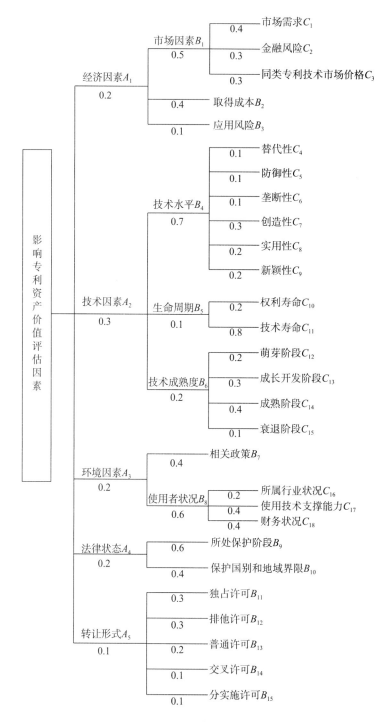

图 5.5　各因素重要程度

② 确定二级评估矩阵 $\tilde{R}_i^{(2)}$ 及各因素权重分配 $\tilde{A}_i^{(2)}$。根据一级模糊评估可得二级模糊评估矩阵 $\tilde{R}_i^{(2)}$ 及各因素的权重分配 $\tilde{A}_i^{(2)}$。

$$\tilde{R}_1^{(2)} = \begin{bmatrix} 0.37 & 0.3 & 0.23 & 0.1 \\ 0.6 & 0.2 & 0.1 & 0.1 \\ 0.3 & 0.4 & 0.2 & 0.1 \end{bmatrix}, \quad \tilde{R}_2^{(2)} = \begin{bmatrix} 0.55 & 0.21 & 0.13 & 0.11 \\ 0.48 & 0.22 & 0.2 & 0.1 \\ 0.37 & 0.34 & 0.18 & 0.11 \end{bmatrix},$$

$$\tilde{R}_3^{(2)} = \begin{bmatrix} 0.4 & 0.3 & 0.2 & 0.1 \\ 0.6 & 0.18 & 0.12 & 0.1 \end{bmatrix}, \quad \tilde{R}_4^{(2)} = \begin{bmatrix} 0.7 & 0.1 & 0.1 & 0.1 \\ 0.6 & 0.2 & 0.1 & 0.1 \end{bmatrix},$$

$$\tilde{R}_5^{(2)} = \begin{bmatrix} 0.6 & 0.2 & 0.1 & 0.1 \\ 0.5 & 0.3 & 0.1 & 0.1 \\ 0.4 & 0.3 & 0.2 & 0.1 \\ 0.3 & 0.3 & 0.3 & 0.1 \\ 0.2 & 0.3 & 0.3 & 0.2 \end{bmatrix};$$

$\tilde{A}_1^{(2)} = (0.5, 0.4, 0.1)$，$\tilde{A}_2^{(2)} = (0.7, 0.1, 0.2)$，$\tilde{A}_3^{(2)} = (0.4, 0.6)$，

$\tilde{A}_4^{(2)} = (0.6, 0.4)$，$\tilde{A}_5^{(2)} = (0.3, 0.3, 0.2, 0.1, 0.1)$

由 $\tilde{B}_i^{(2)} = \tilde{A}_i^{(2)} \circ \tilde{R}_i^{(2)}$ 知，二级模糊评估集

$\tilde{B}_1^{(2)} = (0.455, 0.27, 0.175, 0.1)$，$\tilde{B}_2^{(2)} = (0.507, 0.237, 0.147, 0.109)$，

$\tilde{B}_3^{(2)} = (0.52, 0.228, 0.152, 0.1)$，$\tilde{B}_4^{(2)} = (0.66, 0.14, 0.1, 0.1)$，

$\tilde{B}_5^{(2)} = (0.46, 0.27, 0.16, 0.11)$

③ 确定三级评估矩阵 $\tilde{R}^{(3)}$ 及各因素权重分配 $\tilde{A}^{(3)}$。根据二级模糊评估集 $\tilde{R}_i^{(2)}$，三级模糊综合评估矩阵 $\tilde{R}^{(3)}$ 及各因素的权重分配 $\tilde{A}^{(3)}$ 为

$$\tilde{R}^{(3)} = \begin{bmatrix} 0.455 & 0.270 & 0.175 & 0.1 \\ 0.507 & 0.237 & 0.147 & 0.109 \\ 0.520 & 0.228 & 0.152 & 0.1 \\ 0.66 & 0.14 & 0.1 & 0.1 \\ 0.46 & 0.27 & 0.16 & 0.110 \end{bmatrix}, \quad \tilde{A}^{(3)} = (0.2, 0.3, 0.2, 0.2, 0.1)$$

所以，模糊评价结果为

$$\tilde{B} = \tilde{A}^{(3)} \circ \tilde{R}^{(3)} = (0.5251, 0.2257, 0.1455, 0.1037)$$

2）构建拟合价值曲线。

① 建立拟合价值曲线回归方程。根据评估案例中销量、加工费与利润的关系，可以得出表5.3。

表5.3 销售收入

年份	加工费 x_1/（元/t）	销量 x_2/t	其他生产成本/万元	资本投资/元	销售收入 y/元
第1年	4205	1200	220	7246000	724600
第1年	3784.5	3000	220	13553500	1355350
第1年	3406.05	5000	220	19230250	1923025
第1年	3065.45	5000	220	17527250	1752725
第1年	2758.9	5000	220	15994500	1599450
第1年	2620.96	5000	220	15304800	1530480
第1年	2489.48	5000	220	14647400	1464740

用 Eviews 软件进行分析，得到销售收入 y 与加工费 x_1、销量 x_2 在专利权有效期内的关系，如表5.4所示。

表5.4 销售收入与费用、销量拟合结果

Dependent Variable：Y

Method：Least Squares

Date：05/11/14 Time：20：14

Sample：1 7

Included observations：7

	Coefficient	Std. Error	t − Statistic	Prob.
C	− 1951014.	224723.0	− 8.681860	0.0010
X1	523.3786	46.62507	11.22526	0.0004
X2	421.9262	19.74930	21.36410	0.0000

R − squared	0.994239	Mean dependent var	1478624.
Adjusted R − squared	0.991359	S. D. dependent var	381630.9
S. E. of regression	35475.82	Akaike info criterion	24.08862
Sum squared resid	5.03E + 09	Schwarz criterion	24.06544
Log likelihood	− 81.31016	Hannan − Quinn criter.	23.80210
F − statistic	345.1711	Durbin − Watson stat	2.896678
Prob（F − statistic）	0.000033		

从表5.4中可以得出回归方程

$$y = 523.3786x_1 + 421.9262x_2 - 1951014$$

② 经济意义检验。从回归结果可以看出，回归方程中 x_1、x_2 的参数值均为正数且均大于1，与生产销售理论中 y 与 x_1、x_2 各数值的意义相符。

从图5.6中也可以看出，由于参数 x_1、x_2 的系数均大于1，销售收入在一定时期内随着销量的增加而增加，而当销售量增加时随着销售费用的降低将会导致销售收入也会随着减少，这是因为在总投资呈减少的趋势下总成本保持居高不下的一个主要原因，所以通过销售数量与销售费用在拟合出销售收入的拟合曲线是符合经济理论的。

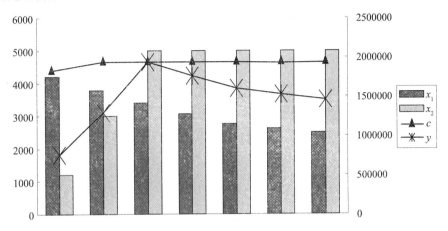

图5.6 销售收入与销量、费用关系

③ 拟合度检验。由表 5.4 可读出样本拟合度为 0.994239，修正样本拟合度为 0.991359，结果表明回归估计的样本方程很好地拟合了样本观测值。

④ 统计检验。

F 检验：提出检验的原假设为 H_0：$x_1 = x_2 = 0$，对立假设为 H_1、x_1、x_2 至少有一个不等于 0，由表 5.4 可知，F 统计量为 345.1711，取显著水平 $\alpha = 0.05$，查 F 分布表得 $F_{0.05}(2, 7-2-1) = F_{0.05}(2, 4) = 6.94 < 345.1711$，所以拒绝 H_0，即该回归方程是显著的，解释变量 x_1、x_2 与被解释变量之间是显著成立的。

t 检验：提出检验的原假设为 H_0：$x_1 = x_2 = 0$，由表 5.4 可知，x_1 的 t 统计量为 11.22526，x_2 的 t 统计量为 21.36410，取显著水平 $\alpha = 0.05$，查 t 分布表得 $t_{0.025}(4) = 2.132$，由于 $t = 2.132$ 均小于 x_1、x_2 的 t 统计量，所以拒绝原假设，即解释变量 x_1、x_2 之间是显著的。

通过以上统计检验，选取的销售收入 y 与加工费 x_1、销量 x_2 作为回归方程的拟合变量，即拟合价值曲线，是符合经济规律的，也是科学的。

3）构造价格参数列向量。由于利润与费用之间的关系方程为

$$y = 523.3786x_1 + 421.9262x_2 - 1951014$$

费用 $x_1 \in [2489.48, 4205]$，历史销售数量 $x_2 \in [1200, 5000]$，则销售量与其他费用的外项积记为

销售量 × 费用 = $[1200, 5000] \times [2489.48, 4205] \in [724600, 2439978.671]$

则价格参数向量取

$$C = (724600, 1153444.66775, 1582289.3355, 2439978.671)^T$$

4）计算专利组合的价值。根据模糊综合评估模型得到该评估对象的价值为

$$Q = \tilde{B} \cdot C$$
$$= (0.5251, 0.2257, 0.1455, 0.1037) \cdot$$
$$(724600, 1153444.66775, 1582289.3355, 2439978.671)^{\mathrm{T}}$$
$$= 1124068.808$$

取 $Q = 1124069$，这里评估值 Q 只是该公司经营下这三件专利为该公司带来的利润，而并非是这三件专利的真正价值。一个公司能够正常运行，离不开一个好的管理体制，公司要获利，就离不开一个好的运营模式和销售手段，如构建自己的商标、打造属于自己的品牌商誉等技术手段。所以该评估值 Q 除了包括这三件专利所带来的价值外还包括了商标、销售技巧等所带来的利润价值。

5）利用层次分析法计算各件专利的价值。

① 计算各件专利的分成率。根据该公司提供的信息，经过市场调查分析，该公司螺纹钢筋产品所获得的超额收益主要来自专利技术 A、B、C，公司自主商标，公司长期形成的良好商誉，管理上的销售技巧和稳定的客户网络。影响该公司螺纹钢筋超额收益的主要因素是该公司的螺纹钢筋在同类商品中的价格优势、制造同类产品的成本、产品竞争力和产品的销售增长量。根据层次分析法及产品获得超额收益与专利技术、商标、商誉、销售技巧和客户网络和影响超额收益因素的关系，建立递阶层次结构如图5.7所示。

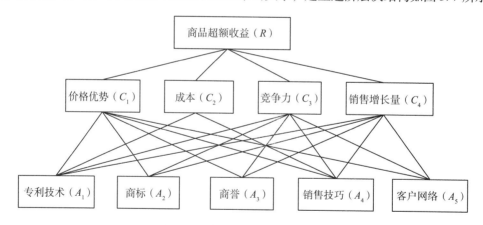

图5.7 商品超额收益层次结构

根据商品超额收益层次结构建立评估矩阵如表5.5～表5.9所示。

表5.5　评估矩阵 $R-C$

R	C_1	C_2	C_3	C_4	W_0	
C_1	1	5	5	5	0.125	$\lambda_{max} = 4.049$
C_2	1/5	1	5	1/3	0.109	$C.I. = 0.16$
C_3	1/5	1/5	1	7	0.900	$C.R. = 0.018 < 0.1$
C_4	1/5	3	1/7	1	0.075	

表 5.6 评估矩阵 $C_1 - A$

C_1	A_1	A_2	A_3	A_4	A_5	W_{11}	
A_1	1	3	5	3	5	0.970	$\lambda_{max} = 4.118$
A_2	1/3	1	1/3	5	5	0.081	$C.I. = -0.221$
A_3	1/5	3	1	5	5	0.149	$C.R. = -0.197 < 0.1$
A_4	1/3	1/5	1/5	1	3	0.042	
A_5	1/5	1/5	1/5	1/3	1	0.053	

表 5.7 评估矩阵 $C_2 - A$

C_2	A_1	A_4	W_{12}	$\lambda_{max} = 2$
A_1	1	5	0.417	$C.I. = 0$
A_4	1/5	1	0.417	$C.R. = 0$

表 5.8 评估矩阵 $C_3 - A$

C_3	A_1	A_2	A_3	A_4	A_5	W_{13}	
A_1	1	5	3	3	3	0.091	$\lambda_{max} = 4.122$
A_2	1/5	1	1/3	5	5	0.106	$C.I. = -0.220$
A_3	1/3	3	1	5	5	0.127	$C.R. = -0.196 < 0.1$
A_4	1/3	1/5	1/5	1	3	0.042	
A_5	1/3	1/5	1/5	1/3	1	0.035	

表 5.9 评估矩阵 $C_4 - A$

C_4	A_1	A_2	A_3	A_4	A_5	W_{14}	
A_1	1	5	5	7	5	0.115	$\lambda_{max} = 4.126$
A_2	1/5	1	1/3	5	7	0.107	$C.I. = -0.219$
A_3	1/5	3	1	3	3	0.143	$C.R. = -0.2 < 0.1$
A_4	1/7	1/5	1/3	1	3	0.086	
A_5	1/5	1/7	1/3	1/3	1	0.053	

根据评判矩阵，求出排序向量为

$$W_1 = \begin{bmatrix} 0.970 & 0.417 & 0.091 & 0.115 \\ 0.081 & 0 & 0.106 & 0.107 \\ 0.149 & 0 & 0.127 & 0.143 \\ 0.042 & 0.417 & 0.042 & 0.086 \\ 0.053 & 0 & 0.035 & 0.053 \end{bmatrix} \begin{bmatrix} 0.125 \\ 0.109 \\ 0.900 \\ 0.075 \end{bmatrix} = (0.666, 0.113, 0.130, 0.096, 0.042)^T$$

对 $W_1 = 1958674$ 元，进行归一化处理得

$$W_1 = (0.6361, 0.1079, 0.1241, 0.092, 0.0409)^T$$

即该公司出售螺纹钢筋获得的超额收益中，专利技术、商标、商誉、销售技巧和客户网络的贡献率分别为 63.61%、10.79%、12.41%、9.2%、4.09%。因为专利技术中包括了 1 件发明专利和 2 件实用新型专利，且其申请文件中的技术特征分别为 9、7、8 项。所以根据定义，可以求出每项技术特征的贡献率如下。

$$S = 9 + 7 + 8 = 24$$

发明专利 A 在技术总和 S 中的贡献率为

$$P_A = \frac{9}{24} + \left(\frac{7}{24} + \frac{8}{24}\right) \times 0.3$$

实用新型专利 B 在技术总和 S 中的贡献率为

$$P_B = \frac{7}{24} - \frac{7}{24} \times 0.3$$

实用新型 C 专利在技术总和 S 中的贡献率为

$$P_C = \frac{8}{24} - \frac{8}{24} \times 0.3$$

发明专利 A 在超额收益中的贡献率为

$$P'_{A1} = \left[\frac{9}{24} + \left(\frac{7}{24} + \frac{8}{24}\right) \times 0.3\right] \times 0.6361 = 35.78\%$$

实用新型专利 B 在超额收益中的贡献率为

$$P'_{B1} = \left(\frac{7}{24} - \frac{7}{24} \times 0.3\right) \times 0.6361 = 24.12\%$$

实用新型专利 C 在超额收益中的贡献率为

$$P'_{C1} = \left(\frac{8}{24} - \frac{8}{24} \times 0.3\right) \times 0.6361 = 27.56\%$$

根据该公司的螺纹管商品总体的评估值 Q 和各个专利技术的贡献率，可以评估出每一个专利技术资产的价值如下。

发明专利 A 的评估价值为

$$Z_A = \frac{QP'_A}{R}\left[1 - \frac{1}{(1+R)^n}\right] = \frac{\tilde{B} \cdot CP_{A1}W}{R}\left[1 - \frac{1}{(1+R)^n}\right]$$

$$= \frac{1124069 \times 35.78\%}{10\%} \times \left[1 - \frac{1}{(1+10\%)^7}\right] = 1958674.4955$$

实用新型专利 B 的评估价值为

$$Z_B = \frac{QP'_B}{R}\left[1 - \frac{1}{(1+R)^n}\right] = \frac{\tilde{B} \cdot CP_{B1}W}{R}\left[1 - \frac{1}{(1+R)^n}\right]$$

$$= \frac{1124069 \times 24.12\%}{10\%} \times \left[1 - \frac{1}{(1+10\%)^7}\right] = 1320380.9064$$

实用新型专利 C 的评估价值为

$$Z_{\mathrm{C}} = \frac{QP'_{\mathrm{C}}}{R}\Big[1 - \frac{1}{(1+R)^n}\Big] = \frac{\tilde{B} \cdot CP_{\mathrm{C1}}W}{R}\Big[1 - \frac{1}{(1+R)^n}\Big]$$

$$= \frac{1124069 \times 27.56\%}{10\%} \times \Big[1 - \frac{1}{(1+10\%)^7}\Big] = 1508693.9378$$

最终取评估值 $Z_{\mathrm{A}} = 1958674$ 元，$Z_{\mathrm{B}} = 1320381$ 元，$Z_{\mathrm{C}} = 1508694$ 元。

6）专利损害价值估算。在利用模糊多级综合评估模型得到专利权整体价值的基础上，需要通过分析确定专利受损分摊率 R_{d}，并利用受损分摊率将专利因被侵权而损失的价值从其整体价值中分割出来。

采用前述章节中受损分摊率的计算方法，通过绘制专利 A、B、C 的技术生命周期曲线，结合三件专利的已使用年限和经济寿命年限，根据具体的侵权案件情况，经分析计算得到专利 A、B、C 的受损分摊率分别为 $R_{\mathrm{dA}} = 0.15$，$R_{\mathrm{dB}} = 0.11$，$R_{\mathrm{dC}} = 0.13$。据此，采用模糊多级综合评判法，估算得到三项专利的损害赔偿价值分别为

专利 A 的价值 $P_{\mathrm{uA}} = Z_{\mathrm{A}}R_{\mathrm{dA}} = 1958674 \times 0.15 = 293801$（元）

专利 B 的价值 $P_{\mathrm{uB}} = Z_{\mathrm{B}}R_{\mathrm{dB}} = 1320381 \times 0.11 = 145242$（元）

专利 C 的价值 $P_{\mathrm{uC}} = Z_{\mathrm{C}}R_{\mathrm{dC}} = 1508694 \times 0.13 = 196130$（元）

总之，对专利权侵权损害的赔偿，应当在确定侵权归责原则的基础上，根据损害赔偿的原则，结合每起损害赔偿案件的具体案情，综合考虑予以确定赔偿的计算。承办案件的法官，以及参与具体案件处理并做出司法决策的法官或法官集体，应当严格依照法定程序，最大限度地追求公平、公正与正义，努力做到既合法又合情，将专利权法律的基本原则与知识产权案件审判指导思想贯彻案件处理的始终。

三、专利权损害价值评估的步骤与影响因素

专利权损害价值的评估步骤与前述知识产权损害价值评估步骤基本一致，需要注意的是对专利权的侵权程度的判定与法律状态的审查应该予以关注。

前述评估知识产权损害价值的各种方法中涉及的具体影响因素或参数，都是专利权损害价值评估的影响因素，如侵权损失期、侵权直接收益、时间因素等，在前面相关章节已有讨论。

第三节　专利权损害赔偿评估的相关问题

一、法律状态对专利权价值的影响

在进行专利权损害价值评估中，专利技术的损害价值首先取决于专利权价值的存

在。专利权的价值取决于它作为一种财产权的存在，以及能够创造收益的能力的大小。由于技术在取得专利权后，并不代表该技术的专利权一直持续有效，也不代表权利范围或创造收益的能力一成不变，法律状态对专利权的有效性和权利范围的影响，是决定专利权价值、继而影响专利权损害价值的重要因素之一。

1. 权利状态影响专利权损害价值

一项技术在取得专利权后，其权利并不是就一直存在，而是会随着时间、技术等因数的变化而丧失或改变。既然一项技术可以取得专利权，也可以丧失专利权，那么，所谓专利技术价值的存在与否自然要受制于专利权的存在与否，没有专利法保护的技术是不具备形成无形财产权和价值条件的。也就是说，在不同的时间、条件下，一项技术可以因为专利权的存在而存在价值，也可以因为专利权的丧失而丧失价值，而专利权的维持状态则是通过其法律状态来决定的。

尽管在进行专利权损害价值评估之前，人民法院或专利管理机关已经就专利权的侵权行为进行了判决和定性，但法庭判决或专利管理机关处理决定的准确性仍然需要进一步研究和确认。这是因为法庭判决或专利管理机关处理决定还有被推翻的可能性（存在起诉、复审、上诉、重审的可能性），即使这些决定经得住推敲，也只能够说明专利权在侵权期间的合法有效和权利要求范围的不改变，对于停止侵权后的法律状态却不可能一成不变，而侵权对专利权的损害影响还会在停止侵权后继续延续一定时间。因此，对于专利权损害价值的评估，除了前述相关环节的考虑外，还需要对专利权的法律状态进行评估评估和判断。

（1）权利维持状态对专利损害价值的影响

《专利法》第43条及第44条规定："专利权人应当自被授予专利权的当年开始缴纳年费。有下列情形之一的，专利权在期限届满前终止：（一）没有按照规定缴纳年费的；（二）专利权人以书面声明放弃其专利权的"。《专利法实施细则》第98条规定："专利权人未按时缴纳授予专利权当年以后的年费或者缴纳的数额不足的，国务院专利行政部门应当通知专利权人自应当缴纳年费期满之日起6个月内补缴，同时缴纳滞纳金；期满未缴纳的，专利权自应当缴纳年费期满之日起终止"。

年费的按时缴纳决定了专利权的维持状态，当一项技术取得专利权后，随时会因为费用没有按时及足额缴纳而丧失专利权，而该技术的实质内容却在申请专利时已被公开，根据《专利法》及《专利法实施细则》的规定，该技术就不再能够受专利法的保护，所谓"专利"技术也就变成了可以被他人随意使用的一般技术，其独占使用的排他性也不复存在，该技术自然也就不再具有财产和价值的属性。

因此，在进行专利损害价值评估时，需要对反映专利权维持的年费交纳情况进行调查取证明，判断专利权在侵权期间和侵权停止后的有效性。对于已经失效的时间段，不能计算专利损害价值。

（2）权利的无效状态对专利技术价值的影响

一项技术在取得专利权后，还可能因为该专利权的授予不符合《专利法》有关规定，而导致权利的丧失。《专利法》第 45 ~ 47 条规定："自国务院专利行政部门公告授予专利权之日起，任何单位或者个人认为该专利权的授予不符合本法有关规定的，可以请求专利复审委员会宣告该专利权无效。专利复审委员会对宣告专利权无效的请求应当及时审查和做出决定，并通知请求人和专利权人。宣告专利权无效的决定，由国务院专利行政部门登记和公告"。

出现与申请日之前发表过或者国内公开使用过的技术相同或近似的情况，或专利文件的权利要求书的技术特征表述不清楚、不准确的，或独立权利要求没有从整体上反映专利的技术方案和记载解决技术问题的必要技术特征，且说明书对技术内容的描述不清楚、不完整而使所属技术领域的技术人员不能够实现其技术方案时，专利权都可以被宣告无效。而"宣告无效的专利权视为自始即不存在"。因此，"宣告无效"状态可能直接导致专利权的权利丧失，使该技术的未来损害价值不复存在。

此外，必要技术特征的"类似""等同"或"实质上等同"等，也会引起部分无效宣告，而改变专利权的权利要求范围，对专利权的损害价值产生影响。

2. 专利类型与专利损害价值的关系

我国的专利权种类有发明、实用新型、外观设计三种，各类专利权都有时间期限。《专利法》第 42 条规定："发明专利权的期限为 20 年，实用新型专利权和外观设计专利权的期限为 10 年，均自申请日起计算"。专利权的时间状态是指在不同的时点，专利权的有效期及其技术的替代期不同。

由于专利权是有固定时限的，而且是自申请日计算，当专利权取得后，它的剩余权利时间是逐日减少的，因此，专利权能够创造价值的时间也在逐日减少，它的价值也表现出随时间逐步衰减的特征。专利权持有（取得权利后）的时间越长，其剩余权利时间越短，价值也就越小，即专利权的持有时间与其价值成反比。

专利权的类型对其损害价值的影响在很大程度上是以时间形式表现的。不同的专利类型，其享有的权利时限不同，受到损害时的未来收益损害价值不同，使其损害价值不同。假设在 20 年内技术都不会被替代，同一技术若取得发明专利，其权利持续时间就比取得实用新型的权利时间长 10 年，获利时间也就长 10 年，该技术的发明专利权损害价值自然就比实用新型专利权损害价值大得多。

3. 专利权许可状态对专利损害价值的影响

一件专利权的所有权与使用权可以分离，而分离出来的使用权又可进一步分离为多个部分，这种分离是通过专利权的许可来实现的。不同于实物资产，专利权以技术内容形式表现，同一件专利权可以由多人在多个地点同时使用，不受时空限制。权利人可以在持有专利所有权的同时，允许不同的对象使用该专利技术，也就是将该专利的使用权许可（转让）出去，形成"专利权许可"。

专利权的许可状态，是指一件专利技术的使用权被转让、分割给专利权人外其他人使用的状况。专利权的许可状态显示了其权利的分割状态，而权利分割的结果，将直接导致专利权价值创造能力的分割，继而形成专利权价值的分割与变化。当一件专利权没有许可情况发生时，其价值反映的是完全的获利能力；而当该专利存在许可情况时，其价值反映的仅仅是剩余权利的获利能力。

由此看来，专利许可对专利权价值的影响是通过削弱所有人对该专利持有的权利来实现的。若进行更深层次的研究可以发现，专利许可对权利人权利的削弱，表现为被许可者对专利技术产品市场的分割与挤占。假定一项专利技术的产品市场规模是一定值 M，第一次专利许可分割掉一部分产品市场 m_1，第二次专利许可又分割掉一部分产品市场 m_2，则经过 n 次许可后，该专利权的剩余产品市场变为 $M_n = M - m_1 - m_2 - \cdots - m_n$。专利许可过程中，每发生一次专利许可则会分割掉一部分产品市场 m_i。市场份额减少的必然结果，就是专利权收益获利能力的减小，而获利能力减小则形成剩余专利权价值的缩小。

在技术产权的实际交易运作中，专利权许可形式表现得更为复杂多样，被许可者还可以进一步将其取得的专利使用权再许可给第三者、第四者，由此产生专利许可的多重许可，形成专利使用权的多重分割，专利许可对专利权价值的影响也表现得更为复杂。但不论专利许可的次数、程度、范围等状态如何，专利权价值都有随许可次数增加而减小的趋势。由此，专利权的许可状态将影响其被侵权时的剩余价值量，从而影响其损害价值的多少。这在运用市场法对专利权的损害价值进行评估时，尤其需要注意对参照对象的许可状态进行修正。

二、专利技术的生命周期

1. 产品生命周期的内涵

一般而言，专利技术的寿命有一定的规律性，这种规律性与专利技术相关产品的生命周期基本一致。技术的应用依赖于其产品的载体，因而通常有一个开始运用到发展、成熟和被淘汰的过程，其发展变化轨迹可以用一条曲线来描述，这条曲线就称为专利技术的生命周期曲线（又称为成长曲线），它是指专利技术从投入市场运用开始，经过运用规模的发展与成长，到成熟和被淘汰为止的整个过程的全部时间。

一般来说，专利技术的生命周期可划分为四个阶段，即投入期、成长期、成熟期和衰退期，这四个阶段组成了完整的技术生命周期系统。投入期的主要特征是运用成本高、投入配套资金大、设备费用多、生产的专利产品销售量增长缓慢、运用技术的获利极少甚至为负数；从投入期转入成长期的标志是专利产品产量与销售量迅速增长，生产成本大大下降，使得相关利润额迅速上升，生产效率和市场占有率均显著提高，但竞争技术和产品也纷纷进入市场；第三阶段是成熟期，是专利技术与产品在市场上基本饱和，市场竞争日益激烈，专利技术和产品销售量基本趋于稳定，利润开始减少；最后，由于新技术和新产品的替代作用，专利技术的成本回升、需求减少，导致产品销售量减少，利润额明显下降，专利技术面临被淘汰。

2. 技术生命周期曲线预测模型

技术生命周期理论是确定专利权生命周期和损害价值的基础。通过预测专利技术的生命周期曲线，可以推算出专利侵权损失分摊率，作为计算专利损害价值的基础。

如图 5.8 所示，技术生命周期曲线通常呈一条对称的 S 形曲线，这种曲线被称为龚柏兹曲线，我们可以将其利用来进行专利技术生命周期预测。

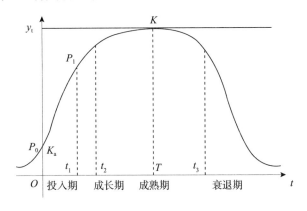

图 5.8 专利技术生命周期

技术生命周期曲线的预测模型如式（5.27）所示。

$$y_t = Ka^{b^t} \tag{5.27}$$

式中，y_t 为专利技术收益预测值；K 为限值或饱和点；参数 a 决定曲线的位置，参数 b 决定曲线中间部分的斜率；参数 t 为时间权数（单位为年），可通过市场调查分析确定。

对 y_t 求一、二阶导数，有

$$y'_t = Ka^{b^t} \cdot b^{t\ln a\ln b}$$

$$y''_t = Ka^{b^t} \cdot b^{t\ln a(\ln b)^2(\ln a + 1)}$$

令 $y''_t = 0$，可求得曲线拐点 P 的位置为 $(t, y_t) \rightarrow \left(\dfrac{\ln \left[-(\ln a)^{-1} \right]}{\ln b}, \dfrac{K}{e} \right)$，$0 < a < 1$，$e = 2.71828$。曲线过此拐点 P_1，由向上凸变为向下凹，当 $K > 0$，$0 < a < 1$，$0 < b < 1$ 时，由于 $\ln a < 0$，$\ln b < 0$，故 $y_t > 0$。此时，y_t 为增函数，即 Y_t 随 t 的增大而增大。且在点 P 出现转折，y_t 的增长率由逐渐增大变为逐渐减小。拐点 P_1 是投入期与成长期的转折点，P_1 点左下方向曲线为投入期，P_1 点右上方向曲线为成长期，当 y_t 到达 K 点则达到成熟期顶点。整个成熟期可分为成熟前和成熟后期，它是以 $y_t = K$ 点所对应的

t 点值 $\pm \alpha_i$（$i=1$，2，3），α_i 的取值根据整个产品生命周期的时间长短而定。若生命周期小于 1 年，则选 $\alpha_i=1$；若生命周期为 1~5 年，则选 $\alpha_i=2$；若生命周期大于 5 年，则选 $\alpha_i=3$。当 $t=0$ 时，$y_t=Ka$，即为 P_0 点，此点为投入期的原点。当 $t\to -\infty$ 时，由于 $b^t\to\infty$，$a^{b^t}\to 0$，有 $y_t\to 0$；当 $t\to +\infty$ 时，由于 $b^t\to 0$，$a^{b^t}\to 1$，有 $y_t\to K$，故 $y_t=0$ 和 $y_t=K$ 都是它的渐近线。它的图形是一条对称的 S 形曲线。

为了确定模型中的参数，通常把该预测模型改写为对数形式

$$\log y_t = \log K + \log a \cdot b^t$$

若令 $y_t=\log y_t$，$K=\log K$，$a=\log a$，则上式变为

$$y_t = K + ab^t \tag{5.28}$$

式（6.28）为修正指数曲线预测模型。

根据式（6.28），采用三段对数总和法，设 r 为原始数据观察值 n 的 1/3（若 n 不能被 3 整除，则去掉远期的首项和第二项数据），则可得 b、$\log a$、$\log K$ 的计算公式为

$$b = \sqrt[r]{\frac{\sum_{t=2r+1}^{3r}\log y_t - \sum_{i=r+1}^{2r}\log y_t}{\sum_{t=r+1}^{2r}\log y_t - \sum_{t=1}^{r}\log y_t}} \tag{5.29}$$

$$\log a = \left(\sum_{t=r+1}^{2r}\log y_t - \sum_{t=1}^{r}\log y_t\right)\frac{b-1}{(b^r-1)^2} \tag{5.30}$$

$$\log K = \frac{1}{r}\left[\sum_{t=1}^{r}\log y_t - \left(\frac{b^r-1}{b-1}\right)\log a\right] \tag{5.31}$$

对于 $\log a$、$\log K$ 求指数可得 a、K 的值。

在技术生命周期曲线的预测中，龚柏兹曲线只能够预测到成熟期。根据经济学原理，当技术或产品进入衰退期时，技术或产品的需求量或销售量（销售额）从饱和点 K 开始逐渐下降。因此，从 $Y_t=K$ 点向横轴作垂线 KT，以 KT 为中心轴线将其左边的正 S 形曲线翻转 $180°$，中心轴线 KT 右方的反向 S 形曲线就是衰退期曲线。衰退期曲线与投入期和成长期曲线之值正好大小相等且方向相反，由此可以直接反映出与之对应的衰退期各个时点的预测值❶。

三、专利侵权受损分摊率的计算

在专利侵权赔偿案件中，运用上述龚柏兹曲线，以被侵权专利技术的运用情况和相关产品销售数据为基础，即可绘制出专利技术的生命周期曲线。若没有专利实际运用的情况或数据，则可以参考类似专利技术的情况，通过分析预测解决。

以预测得到的生命曲线为基础，综合考虑专利权的保护期，确定专利权的经济寿

---

❶ 谢慧. 产品生命周期曲线预测模型及其在营销决策中的应用［J］. 市场研究，2006（4）.

命年限，然后在经济寿命年限内考虑专利权各时期的获利能力，将侵权时点所处生命周期曲线的具体位置的专利收益能力与整个生命周期的专利收益能力进行比较，即可得出侵权期间专利权的获利能力指标——所处生命周期位置权重 σ，然后再根据式（4.39）、式（4.41）、式（4.43），就可以计算出专利技术的受损分摊率 R_d。

即，假设图 5.7 为某专利生命周期曲线 $y = f(t) = Ka^{b^t}$，$y = f(t)$ 为专利技术的时间收益函数，t_1 为侵权开始期，t_2 为侵权结束期，t_3 为经济寿命期，则生命周期位置权重为

$$\sigma = \frac{\int_{t_1}^{t_2} f(t)}{\int_{t_0}^{t_3} f(t)} \tag{5.32}$$

第六章 商标权损害赔偿评估

商标权损害价值评估是关于商标专用权的损害价值确定的经济与法律行为的总和，是知识产权损害评估专业机构和人员，按照国家法律法规和知识产权损害评估准则，遵循评估原则，依照相关法律与评估程序，选择适当的价值类型，运用科学方法，对商标专用权收到损害的价值进行评定和估算的行为。

第一节 商标权损害赔偿评估的分类与特点

一、商标权损害价值评估的分类

商标权损害赔偿价值评估可以有多种分类，主要可以从商标权的类型、商标权损害价值的表现形式、商标权损害赔偿的形式或范围进行分类。

1. 按商标权的类型分类

商标是将自然人、法人或者其他组织的商品与他人的商品区别开的标志，包括文字、图形、字母、数字、三维标志、颜色组合和声音等，以及上述要素的组合。根据《商标法》的规定，商标可以分为商品商标、服务商标、集体商标和证明商标四种类型。

商品商标是用来区别商品生产者或销售者的商品的标记，是商标的最基本表现形式。商品商标又可分为商品生产者的产业商标和商品销售者的商业商标。服务商标是用来区别与其他同类服务项目的标志，如金融、保险、旅游、信息等单位使用的标志。集体商标是以团体、协会或者其他组织名义注册，供该组织成员在商事活动中使用，以表明使用者在该组织中的成员资格的标志。证明商标是由对某种商品或者服务具有监督能力的组织所控制，而由该组织以外的单位或者个人使用于其商品或者服务，用以证明该商品或者服务的原产地、原料、制造方法、质量或者其他特定品质的标志。

（1）商品商标权损害赔偿评估

商品商标权损害赔偿评估，指未经许可而在侵权产品上非法使用权利人的注册商标专用权，利用权利人的品牌效应而获取非法利润，或影响权利人的产品形象和市场，给权利人造成的经济损害（损害赔偿价值）而进行的评估。

（2）服务商标权损害赔偿评估

服务商标权损害赔偿评估，指未经许可而在其服务过程中非法使用权利人的注册商标专用权，利用权利人的品牌效应而获取非法利润，或影响权利人的形象和市场，给权利人造成的经济损害（损害赔偿价值）而进行的评估。

（3）集体商标权损害赔偿评估

集体商标权损害赔偿评估，指未经许可而在其产品或服务过程中非法使用某团体、协会或者其他组织注册的、仅供该协会或组织中的成员使用的集体商标专用权，利用权利人的品牌效应和社会效应而获取非法利润，或影响权利人的形象和市场，给权利人造成的经济损害（损害赔偿价值）而进行的评估。

（4）证明商标权损害赔偿评估

证明商标权损害赔偿评估，指未经许可而在其产品或服务过程中非法使用某些组织注册和控制的证明商标，利用其证明其商品或者服务的原产地、原料、制造方法、质量或者其他特定品质，从而获取非法利润，或影响权利人或利害关系人的形象和市场，给权利人或其他利害关系人造成的经济损害（损害赔偿价值）而进行的评估。

2. 按商标权损害价值的表现形式分类

（1）商标权直接损害价值评估

商标权直接损害价值评估是指对由于侵权行为而导致和表现出来的商标权直接经济损失价值进行评定估算的行为。商标权直接经济损失价值主要是商标权在被侵权期间损失的收益或获利能力，其表现形式是权利人运用或持有商标权正常收益的减少，或侵权人非法利用知识产权获得的利润。因此，商标权直接损害赔偿价值的评估，实际上是对商标权正常收益的损失额或非法获利额进行评估。

（2）商标权间接损害价值评估

商标权间接损害价值评估是指因侵权行为而给商标的权利人带来的、没有被直接或立即表现出来的经济损失（或商标权的损失价值）而进行的评估。由于间接损失是侵权行为给商标权合法持有者带来的潜在的、不直接被立即反映出来的损失，因此，商标权间接损害赔偿价值的评估往往表现为对侵权行为导致的商标权的关联收益能力减小量的评估，或对由于侵权产品的信誉下降、质量得不到保障等造成的消费者对商标权产品消费倾向减少的潜在损失价值的评估，或对因为恢复生产经营活动所追加付出的代价的评估，或对权利人的精神损失的评估，等等。

（3）商标权期权损害价值评估

商标权期权损害价值评估是指对因被侵权而导致的商标权未来收益能力减少而导致价值减少的部分进行的评估，其评估的实质是对商标权因为受到侵权影响而丧失的未来收益的预测、估算与折现。商标权未来损害赔偿价值与商标权被损害的程度、未来受损影响期间、未来市场环境等有直接的关系。

（4）商标权完全损害价值评估

商标权完全损害价值评估是指对由于侵权行为使商标权受到损害而导致的全部损失价值进行的评估。完全损害价值评估反映的是商标权遭受的所有损害价值，包括直接损害和间接损害价值，即侵权造成的现实直接损害价值、未来损害价值的现值，以及精神损失等其他间接损失之和。可以看出，商标权完全损害价值评估是直接损害价值评估与未来损害价值评估等的综合表现。

3. 按商标权损害赔偿的范围分类

（1）商标权完全损害价值评估

商标权完全损害价值评估是指对商标权因被侵权而损失的所有价值进行估算的行为。所谓商标权的完全损害价值包括商标权的直接的和间接的损失、显性的与隐性的损失等，即权利人因其商标专用权被侵害而丧失的现实经济利益和未来经济利益，声誉受损而丧失的经济利益，以及保护和维护权利的所有付出等。

（2）商标权部分损害价值评估

商标权部分损害价值评估是指对商标权受到损害的某一部分或某一类价值进行的估算行为。例如，只对商标权因被侵权而损失掉的现实直接应获利益而进行的评估，或对其损失掉的未来应获利益而进行的评估等。

二、商标权损害价值评估的特点

商标权是与商品和服务密切相关的知识产权，是一种特定的无形财产权，由此决定了它的价值体现带有一系列不确定因素，这些因素对其损害赔偿价值均会产生不同程度的影响。

1. 商标权的侵权判定和侵权范围确定困难

对于商标权的侵权判定不仅是开展商标权损害价值评估工作的前提，也是确定评估价值的关键环节。不同于专利权，商标是一种将商品与他人的商品区别开的标志，包括文字、图形、字母、数字、三维标志、颜色组合和声音等，以及上述要素的组合；而且，商标应当有显著特征、便于识别，并不得与他人在先取得的合法权利相冲突。使用与权利人商标类似设计的标识可能属于或不属于侵权，而同样设计的标识可以针对不同的商品分类提出申请并获得多项注册商标专用权，因此，在评估商标权的损害价值时，除了需要判断商标侵权是否成立之外，还需要判断被侵权商标所涉及的商品分类范围。

关于商标权的侵权标准，《商标法》第57条有明确的规定："有下列行为之一的，均属侵犯注册商标专用权：（一）未经商标注册人的许可，在同一种商品上使用与其注册商标相同的商标的；（二）未经商标注册人的许可，在同一种商品上使用与其注册商标近似的商标，或者在类似商品上使用与其注册商标相同或者近似的商标，容易导致混淆的；（三）销售侵犯注册商标专用权的商品的；（四）伪造、擅自制造他人注册商标标识或者销售伪造、擅自制造注册商标标识的；（五）未经商标注册人同意，更换其注册商标并将该更换商标的商品又投入市场的；（六）故意为侵犯他人商标专用权行为提供便利条件，帮助他人实施侵犯商标专用权行为的；（七）给他人的注册商标专用权造成其他损害的"。

依《商标法》规定，商标权的侵权是否成立主要取决于以下三个条件：

（1）未经商标注册人许可使用了该商标

未经许可使用商标，包括在同一种商品（服务）上或类似商品（服务）上使用了该商标，或销售侵犯注册商标专用权的商品。也就是说，如果未经权利人许可在同一种商品或服务上使用与注册商标相同商标的，属于侵犯商标权的行为。

（2）被控侵权商标的使用满足商标意义上的使用

《商标法》第48条规定："本法所称商标的使用，是指将商标用于商品、商品包装或者容器以及商品交易文书上，或者将商标用于广告宣传、展览以及其他商业活动中，用于识别商品来源的行为"，即商标意义上的"使用"，是指使用商标来标识商品或者服务的来源、区分不同主体的商品或者服务。如果只使用商标图样，而没有将该图样用于标识商品或者服务的来源，则不属于使用商标的行为，即使使用的图样与他人的注册商标完全相同也不属于侵犯商标权的行为。

（3）被控侵权商标与权利人的商标相同或近似，容易导致消费者对两者的混淆

商标权意义上的"相同"是指商标的设计在视觉上没有差别，而"近似"则是指商标的文字、读音、含义相似，或图形的构图和颜色相似。商标相同或近似的直接结果，是容易导致消费者对两者混淆，这种混淆不仅会使相关消费者误将不同的商品或服务的来源混为同一来源，还会使相关消费者误认为不同商品或者服务的来源之间有经济上、经营上、组织上或法律上的关联。当然，判断商标的"相同"或"相似"应当以一般公众的注意力为标准，并考虑商标的显著性，即"商标应当有显著特征，便于识别"。值得注意的是，商品或服务的类似有别于商标的近似，对商标近似的判断不能脱离其应用的商品而进行，否则就会变成符号的近似而不是商标的近似。一般而言，在判断商品或服务是否类似时，可以参考根据《尼斯协定》制定的《类似商品和服务区分表》，同时结合商品的功能、用途、生产部门、销售渠道、消费对象等方面和服务的目的、内容、方式、对象等方面的因素进行综合判断。

可见，商标权的侵权判定受多方面因素的影响，不仅涉及使用商标的行为，还涉及被控标识与权利人的商标是否相同或近似，以及是否在相同或类似商品和服务上使用。此外，在确定构成侵权的基础上，还需要确定涉及的商品或服务分类的范围，方能对商标侵权损害价值做出客观、合理的估算。

2. 商标权损害价值确认困难

与专利权一样，商标权也是无形的，当商标专用权受到侵权时，商标的整体价值

也受到了相应的损害，在对其受到损害的程度及其价值进行估算时却有很大难度。

（1）商标受到侵害的程度判断困难

商标权被非法利用的程度确认比较困难，即使是在法院已经判定侵权、某几个技术特征已经落入侵权范围的前提下，对这些技术特征利用程度的判定也不是一件容易的事，需要将定性与定量相结合，运用相应的统计与数学的方法综合分析与测算。

（2）商标权创造收益的贡献率确定困难

由于商标权创造收益需要依赖其他资产组合，对因被侵权而损失的商标价值做出贡献的要素不限于商标权本身，还包括相应的实物资产、资金和其他无形资产等，商标权损害价值需要通过其贡献率（利润分成率）来从权利人失去的整体收益或非法侵权获得的整体收益中分离出来。因此，商标权贡献率是反映其损害价值的重要参数。鉴于商标权贡献率依赖于多方因素，侵权案件的具体情况也很复杂，确定商标权的贡献率往往很困难。

（3）侵权主体不同使得商标权损害价值的确定具有复杂性

商标权的无形性与依附性，使得其使用者的个体能力和条件，对其价值大小的发挥各不相同。侵权主体的不同和其拥有条件的不同，商标权被侵权时受到损害的程度和表现形式可能完全不一样，这无形中增加了对其损害价值定价的难度。尤其是当缺乏侵权人或权利人使用商标权的完整财务资料或证据时，如何考虑侵权主体不同对商标权损害价值的影响显得更为重要。

3. 商标权损害赔偿评估受制于侵权判定的途径与准确性

侵权行为及其程度的确认，直接关联到商标权损害赔偿价值的大小。在商标权损害赔偿评估时，对侵权的确定或判定通常有法庭判决、行政裁定、评估人员判定等方式。侵权判定是确认侵权事实与侵权范围的过程，不同的侵权判定途径必然对侵权事实的确认和侵权范围的认定产生差异，最终对商标权损害赔偿价值的评估产生不同的影响。

一般而言，经过严格程序的法庭调查、取证、辩论和专家质证，以及严谨的案件分析和事实判断，法庭判决的准确性、可信度和权威性更高。但无论是法庭判决还是行政裁定，从严谨、科学、合理的角度，在正式估算商标权损害价值之前，评估机构和人员都应当履行侵权判定的程序。在当事人直接委托、以咨询为目的的特殊情况下，评估机构和人员则需要单独进行侵权判定，并以其为基础考虑后续的商标权损害价值评估。

第二节　商标权损害赔偿评估方法

一、商标权损害评估的方法

商标权是一种重要的知识产权形式，在对其损害价值进行评估时，前述知识产权损害赔偿的基本方法均对商标权损害赔偿价值的评估具有适用性。本节仅针对商标权及其价值表现的特点，结合《商标法》和《最高人民法院关于审理商标民事纠纷案件适用法律若干问题的解释》的规定和解释，对商标权损害价值进行评估的一些主要方法和相关问题进行讨论。

按《商标法》第63条"侵犯商标专用权的赔偿数额，按照权利人因被侵权所受到的实际损失确定；实际损失难以确定的，可以按照侵权人因侵权所获得的利益确定；权利人的损失或者侵权人获得的利益难以确定的，参照该商标许可使用费的倍数合理确定。对恶意侵犯商标专用权，情节严重的，可以在按照上述方法确定数额的一倍以上三倍以下确定赔偿数额。赔偿数额应当包括权利人为制止侵权行为所支付的合理开支"的规定，可以结合具体案件和商标权的情况，分别从权利人实际损失、侵权人非法获利、惩罚恶意侵权等角度，采用侵权获利法、期权损失法、许可费用倍数法、完全损失法、收益法、惩罚法等对商标权损害价值进行评估。

1. 侵权获利法

（1）直接获利法

直接获利法是将侵权人非法使用侵权商标使其原有产品或服务的价格提高而获得的超额收益作为商标权损害价值的方法，即通过计算侵权人利用侵权商标后相关产品或服务较之前增加的净收益，从而获得商标权的损害价值。

直接获利法商标权损害价值评估模型如式（6.1）所示。

$$P_{bi1} = \sum_{t=1}^{n} I_{bt} = \sum_{t=1}^{n} (i'_{bt} - i_{bt}) = \sum_{t=1}^{n} \left[(p'_{bt} - p_{bt}) q_{bt} \right] \tag{6.1}$$

式中，P_{bi1} 为直接获利法商标权损害价值；I_{bt} 为侵权人非法利用侵权商标后相关产品或服务第 t 年增加的净收益；i_{bt} 为侵权人未利用侵权商标前最后年度相关产品或服务创造的净收益；i'_{bt} 为侵权人非法利用侵权商标后第 t 年度相关产品或服务创造的净收益；p_{bt} 为侵权人非法利用侵权商标前最后年度相关产品或服务的单位价格；p'_{bt} 为侵权人非法利用侵权商标后第 t 年度相关产品或服务的的单位价格；q_{bt} 为侵权人非法利用侵权商标后第 t 年度相关产品或服务的产销数量；t 为侵害商标权的年限，$t = 1, 2, \cdots, n$。

该方法适用于在实施侵权行为之前侵权人已经生产相关产品或提供相关服务，通过将他人商标用于自己原有产品或服务使得其价格提高而非法获利，且能够取得侵权人非法利用侵权商标前后相关产品或服务的收入和成本数据的情形。

（2）获利分成法

获利分成法是在估算侵权人非法利用他人商标权向市场提供新的商品或服务所获得收益的基础上，通过分析测算侵权商标权对整体收益的贡献率（分成率），继而对侵权人利用他人商标而获得的非法收益进行分成，从而获得商标权损害价值的方法。

获利分成法商标权损害价值评估模型如式（6.2）所示。

$$P_{bi2} = \sum_{t=1}^{n} E_{bt} k_b = \sum_{t=1}^{n} (i_{bt} - c_{bt}) k_b \tag{6.2}$$

式中，P_{bi2} 为获利分成法商标权损害价值；E_{bt} 为侵权人实施侵权行为期间非法利用侵权商标所获得的净收益；i_{bt} 为侵权人实施侵权行为期间非法利用侵权商标第 t 年所获得的收入；c_{bt} 为侵权人实施侵权行为期间非法利用侵权商标第 t 年所支出的成本；k_b 为被侵害商标的收益分成率或贡献率；t 为侵害商标权的年限，$t = 1, 2, \cdots, n$。

该方法适用于侵权人之前并未生产销售相关产品或提供相关服务，侵权行为针对的不仅是对他人商标的非法利用，而且对侵权人而言是全新产品的产销或服务的提供，此时的侵权收益中不仅包括被侵害商标的贡献，还包括侵权人其他资产组合的贡献。只能获取侵权人在相关产品或服务上非法利用侵权商标所创造的总体收入及其成本数据，而无法得到侵权商标直接创造的收益数据的情形，通过对侵权人所获侵权商标相关商品或服务的整体收益进行分成，间接获取商标权损害价值。

2. 侵权损失法

（1）直接损失法

估算商标权损害价值的直接损失法，是从商标所有权人因其商标被侵权而导致其产品或服务价格下降、造成商标的直接收益减少而形成损失的角度，通过对比权利人被侵权前后相关产品或服务因价格差异所得直接收益的差额，从而直接反映商标权的损害价值的方法。

直接损失法商标权损害价值评估模型如式（6.3）所示。

$$P_{bl1} = \sum_{t=1}^{n} W_{bt} = \sum_{t=1}^{n} \left[(p_{bt} - p'_{bt}) - c_{bt} \right] q_t \tag{6.3}$$

式中，P_{bl1} 为直接损失法商标权损害价值；W_{bt} 为因被侵权而导致权利人第 t 年减少的相关产品净收益中由商标直接创造的净收益；p_{bt} 为权利人未被侵权的正常状况下第 t 年其相关产品或服务的价格；p'_{bt} 为权利人被侵权后第 t 年其相关产品或服务的价格；c_{bt} 为权利人被侵权后第 t 年其相关产品或服务的成本；q_t 为权利人被侵权后第 t 年其相关产品或服务的产销数量；t 为商标权被侵害的年限，$t = 1, 2, \cdots, n$。

该方法适用于当侵权行为直接给权利人原有的生产经营活动造成影响，导致其商标产品或服务的价格下降而单位成本和数量不变，其受到的损失直接表现为商标贡献率下降而造成产品或服务价格下降的情形。

（2）损失分摊法

损失分摊法是通过计算权利人商标权相关产品或服务的收益减少额，继而通过分析测算商标权的收益分成率或贡献率，并利用其分割出商标权直接创造价值的减少额，从而间接估算商标权损害赔偿价值的方法。

损失分摊法商标权损害价值评估模型如式（6.4）所示。

$$P_{bl2} = \sum_{t=1}^{n} L_{bt} k_b = \sum_{t=1}^{n} (l_{bt} - l'_{bt}) k_b = \sum_{t=1}^{n} \left[(p_{bt} - c_{bt}) q_{bt} - (p'_{bt} - c_{bt}) q'_{bt} \right] k_b \quad (6.4)$$

式中，P_{bl2} 为损失分摊法知识产权损害价值；L_{bt} 为被侵权期间权利人因被侵权而导致的第 t 年商标权相关产品或服务净收益的减少额；l_{bt} 为权利人未被侵权的正常状况下第 t 年商标权相关产品或服务可以创造的净收益；l'_{bt} 为权利人被侵权后第 t 年商标权相关产品或服务创造的净收益；p_{bt} 为权利人未被侵权的正常状态下第 t 年的商标权相关产品或服务单位价格；p'_{bt} 为权利人被侵权后第 t 年商标权相关产品或服务单位价格；q_{bt} 为权利人未被侵权的正常状态下第 t 年商标权相关产品或服务的产销数量；q'_{bt} 为权利人被侵权后第 t 年商标权相关产品或服务的产销数量；c_{bt} 为权利人第 t 年相关产品或服务的成本；k_b 为商标的收益分成率或贡献率；t 为商标权被侵害的年限，$t = 1$，2，$\cdots$，n。

该方法适用于无法估算被侵权前后权利人能够利用其商标权直接创造的净收益的情形，通过对权利人利用商标权所创造的总体净收益损失的分成，间接获得商标权的损害价值。

3. 期权损失法

期权损失法是在对侵权人或被侵权人使用商标权所得收益或损失进行审计、核算的基础上，综合考虑商标的类型、知名度，以及相关产品或服务所处行业及市场状况、宏观经济发展趋势等因素，以侵权行为给权利人造成的现实损失和侵权停止后仍然延续的未来收益损失之和，作为商标权损害价值的技术方法。

考虑期权损失的商标损害价值估算，主要可以采用分摊期权损失法，即在通过商标权利润贡献率分摊相关产品或服务净收益损失，从而获得现实商标权损害价值的基础上，进一步考虑侵权行为在侵权停止后一定时期内造成商标权直接创造收益能力的减少，从而综合估算商标权损害价值的方法。

商标损害价值的期权损失法的模型如式（6.5）、式（6.6）所示。

$$P_{bfl} = P_{bi2} + P_{bdf} = \sum_{t_1=1}^{n_1} E_{bt1} k_b + \sum_{t_2=1}^{n_2} L_{bt2} k_b i = \sum_{t_1=1}^{n_1} (i_{bt1} - c_{bt1}) k_b + \sum_{t_2=1}^{n_2} (l_{bt2} - l'_{bt2}) k_b i$$

$$(6.5)$$

或 $$P_{bfl} = P_{bl2} + P_{bdf} = \sum_{t_1=1}^{n_1} L_{bt1} k_b + \sum_{t_2=1}^{n_2} L_{bt2} k_b i = \sum_{t_1=1}^{n_1} (l_{bt1} - l'_{bt1}) k_b + \sum_{t_2=1}^{n_2} (l_{bt2} - l'_{bt2}) k_b i$$

$$(6.6)$$

式中，P_{bfl} 为考虑期权损失的商标权损害赔偿价值；P_{bl2} 为权利人因被侵权而损失的商标权直接创造的净收益，即采用损失分摊法计算的商标权损害价值；P_{bi2} 为侵权人因侵权而非法获得的商标权直接创造的净收益，即采用获利分成法计算的商标权损害价值；P_{bdf} 为权利人被侵权后未来年度的商标权直接损害价值；E_{bt1} 为侵权人实施侵权行为期间非法利用侵权商标所获得的净收益；L_{bt2} 为商标权利人因被侵权而导致的生产经营年度净收益减少额；i_{bt1} 为侵权人实施侵权行为期间非法利用侵权商标第 t_1 年所获得的收入；c_{bt1} 为侵权人实施侵权行为期间非法利用侵权商标第 t_1 年所支出的成本；l_{bt} 为权利人未被侵权的正常状况下第 t 年商标权相关产品或服务可以创造的净收益；l'_{bt} 为权利人被侵权后第 t 年商标权相关产品或服务创造的净收益；k_b 为商标的收益分成率或贡献率；t_1 为知识产权被侵权年份，$t_1 = 1，2，\cdots，n_1$；t_2 为知识产权被侵权后可使用年份，$t_2 = 1，2，\cdots，n_2$；i 为折现系数。

该方法是在前面获利分成法或损失分摊法的基础上，进一步考虑期权停止后由于期权的负面影响而导致的未来一定期间内的损失，因此，科学、合理地预测和确定未来损失期和收益减少是其工作的重点。

4. 许可费用倍数法

许可费用倍数法是建立在商标权的许可费用的基础上，以侵权行为导致商标许可费用的损失额的合理倍数作为其损害赔偿价值的商标权损害赔偿价值估算方法。也就是首先以商标权被侵犯前的许可合同（或类似商标许可交易案例）为依据，结合设计要素、时间因素、使用状况等影响商标价值的主要因素，提供调整或修正，得到被侵害商标权合理的许可费用金额；再根据被侵害商标已使用情况和市场影响力、相关商品和服务所属行业、侵权行为造成影响等因素，选择合理的倍率系数 k_p；最后将两者的乘积作为商标权的损害价值。

许可费用倍数法商标权损害赔偿价值的估算模型如式（6.7）所示。

$$P_{bpm} = k_p P_1 \tag{6.7}$$

式中，P_{bpm} 为许可费用倍数法商标权损害赔偿价值；P_1 为商标权许可费用；k_p 为商标权许可费损失倍率系数，$k_p = 1 \sim 3$。

许可费用倍数法是一种比较便捷的商标权损害赔偿价值估算方法，只要能够找到被侵权商标权之前的许可合同或市场上类似商标权许可交易案例，即可结合侵权案件的具体情况，通过选择恰当的倍数来估算具体损害赔偿数额。由于《商标法》只规定了可以以"许可使用费的倍数"合理确定商标权损害赔偿价值，即"权利人的损失或者侵权人获得的利益难以确定的，参照该商标许可使用费的倍数合理确定"，但并未明确合理的"倍数"的具体范围，因此，运用该方法时许可费损失倍率系数 k_p 的取值较为困难。

鉴于侵权案件和商标具体情况的多样性，许可费损失倍率系数 k_p 需要在遵循损害赔偿的"填平原则"的基础上，通过充分考察被侵权商标应用的商品或服务市场状况（包括权利人已经形成的市场范围和潜在的未来市场空间、侵权人占据的市场份额）、权利人对被侵权商标的许可情况和市场上类似商标的许可情况（包括许可形式、范围、时间、费用等），并结合被侵权商标相关商品或服务的类型、所处行业的前景和技术竞争状况，以及商标自身的艺术设计、法律状态等因素，进行综合分析确定。

5. 完全损失法

完全损失法是基于对损害赔偿"填平原则"的充分落实，全面考虑权利人的商标权因遭受侵害而导致的现实直接损失、未来直接损失和其他所有间接的隐性损失的评估方法。完全损失法不仅计算侵权给商标权所有人造成的现实直接损失和显性的未来损失，而且还计算侵权给权利人相关产品或服务带来的市场萎缩、成本增加、机会成本的出现，以及权利人声誉和其他精神损害等所有损失，因而具有商标权受损损害价值对应的财产权边界最广、涉及价值构成要素范围最全的特点。

完全损失法商标权损害价值的估算模型如式（6.8）、式（6.9）所示。

$$P_{bh} = P_{bd} + P_{bf} + P_{bo} \tag{6.8}$$

或
$$P_{bh} = P_{bd} + P_{bf} + P_{bo} = P_{bfl} + P_{bo} \tag{6.9}$$

式中，P_{bh} 为完全损失法估算的商标权损害价值；P_{bd} 为商标权的现实损害价值，P_{bd} 可以是 P_{bi}、P_{bl} 或 P_{bpm}，其中 P_{bpm} 为许可费用倍数法商标权损害赔偿价值，P_{bi} 为侵权获利法估算的商标权损害价值，P_{bl} 为侵权损失法估算的商标权损害价值；P_{bf} 为商标权的未来损害价值；P_{bfl} 为考虑期权损失的商标权损害赔偿价值，P_{bfl} 可以通过式（6.5）和式（6.6）计算得到；P_{bo} 为商标权的间接损害价值，$P_{bo} = C_1 + C_2 + C_3 + C_4 + C_5$，其中 C_1 为权利人因恢复商标权相关商品或服务的正常市场而需追加的投入，C_2 为被侵权后权利人仍然需要占用固定资产折旧、管理费用、财务费用等固定支出而形成的机会成本，C_3 为权利人因应对侵权行为而采取相关措施的律师费、调查取证费、诉讼费等支出，C_4 为权利人因被侵权而遭受声誉和身心等精神损害而造成的损失，C_5 为侵权给商标权本身及其权利人造成的其他可以确认的间接损失。

关于商标权的间接损害价值所包含的各项内容及其估算方法在前面章节已有讨论。值得关注的是，由于商标权自身的特点，在对商标权的损害价值评估时，需要在某些特定因素对其价值影响方面多做考虑。例如，商标权受到侵害时"其他可以确认的间接损失 C_5"的内涵可能更广，与其他知识产权明显不同，商标的"品牌忠诚度"和"品牌领导力"等会受到影响，可以形成间接损失。此外，侵权行为对商标知名度的影响不一定表现为负面效果，在估算其他间接损害时需要对此充分考量。

6. 惩罚法

（1）关联损失法

关联损失法是以商标所有权人因其商标被侵权而导致的全部关联收益的减少，或以侵权人非法利用他人商标权所获得的全部关联收益，全面反映商标权的损害价值的方法。关联损失法可以分别从权利人损失或侵权人获利两个角度进行估算，即以权利人被侵权前后商标相关产品或服务的全部收益的差额，或以侵权人非法利用他人商标权相关产品或服务的全部收益，作为商标权的损害赔偿价值。

关联损失法商标权损害价值评估模型如式（6.10）、式（6.11）所示。

$$P_{\text{bpr}} = \sum_{t=1}^{n} W_{\text{b}t} = \sum_{t=1}^{n} (w_{\text{b}t} - w'_{\text{b}t}) = \sum_{t=1}^{n} \left[(p_{\text{b}t} - c_{\text{b}t}) q_{\text{b}t} - (p'_{\text{b}t} - c_{\text{b}t}) q'_{\text{b}t} \right] \quad (6.10)$$

或

$$P_{\text{bpr}} = \sum_{t=1}^{n} E_{\text{b}t} = \sum_{t=1}^{n} (i_{\text{b}t} - c_{\text{b}t}) \quad (6.11)$$

式中，P_{bpr} 为关联损失法商标权损害价值；$W_{\text{b}t}$ 为被侵权期间权利人因被侵权而导致的第 t 年相关产品或服务净收益减少额；$w_{\text{b}t}$ 为权利人未被侵权的正常状况下第 t 年商标相关产品或服务的净收益；$w'_{\text{b}t}$ 为权利人被侵权后第 t 年商标相关产品或服务的净收益；$p_{\text{b}t}$ 为权利人未被侵权的正常状态下第 t 年的商标权相关产品或服务单位价格；$p'_{\text{b}t}$ 为权利人被侵权后第 t 年商标权相关产品或服务单位价格；$q_{\text{b}t}$ 为权利人未被侵权的正常状态下第 t 年商标权相关产品或服务的产销数量；$q'_{\text{b}t}$ 为权利人被侵权后第 t 年商标权相关产品或服务的产销数量；$E_{\text{b}t}$ 为侵权人实施侵权行为期间非法利用侵权商标所获得的净收益；$i_{\text{b}t}$ 为侵权人实施侵权行为期间非法利用侵权商标第 t 年所获得的收入；$c_{\text{b}t}$ 为权利人第 t 年相关产品或服务的成本或侵权人实施侵权行为期间非法利用侵权商标第 t 年所支出的成本；t 为商标权被侵害的年限，$t = 1, 2, \cdots, n$。

关联损失法是在考虑补偿权利人实际损失的基础上，进一步将其他资产组合所创造的收益追加作为侵权人应当额外承担的经济赔偿责任，因而这种方法所得到的损害赔偿价值带有一定的惩罚性质。从《商标法》第 63 条第 1 款"侵犯商标专用权的赔偿数额……可以按照侵权人因侵权所获得的利益确定"的规定，以及商标权损害赔偿评估的具体实践来看，关联损失法是一种法律依据明确和操作性较强的方法。

不过，正如《商标法》第 63 条第 2 款"人民法院为确定赔偿数额，在权利人已经尽力举证，而与侵权行为相关的账簿、资料主要由侵权人掌握的情况下，可以责令侵权人提供与侵权行为相关的账簿、资料；侵权人不提供或者提供虚假的账簿、资料的，人民法院可以参考权利人的主张和提供的证据判定赔偿数额"所要求的，该方法的实际运用必须依赖于"与侵权行为相关的账簿、资料"来确定侵权行为所关联的生产经营财务数据，当"相关的账簿、资料"或其记载的财务数据不全时，该方法的使用会受到限制。

（2）损害价值倍数法

损害价值倍数法是以商标权实际损害赔偿价值的一定倍数来估算商标权损害赔偿价值的方法。

损害价值倍数法的估算模型如式（6.12）所示。

$$P_{\text{bpm}} = k_{\text{d}} P_{\text{bd}} \quad (6.12)$$

式中，P_{bpm} 为损害价值倍数法估算的惩罚性商标权损害赔偿价值；P_{bd} 为商标权直接损害赔偿价值，它可以是获利损失商标权损害赔偿价值 P_{bi}（P_{bi1}、P_{bi2} 等），或侵权损失商标权损害赔偿价值 P_{bl}（P_{bl1}、P_{bl2} 等），或期权损失商标权损害赔偿价值 P_{bf}（P_{bf1}、P_{bf2} 等），或完全损失商标权损害赔偿价值 P_{bh}；k_d 为侵权惩罚倍率系数。

损害价值倍数法是从各国司法实践中"惩罚性赔偿"制度发展的需要，从更好地保护权利人权益、惩罚恶意和情节严重的侵权行为、维护良好的市场和法制环境的角度，来估算商标权损害赔偿价值的方法。鉴于"惩罚性赔偿"制度仍处于一种发展阶段，各国相关法律和司法实践中对"惩罚性赔偿"的标准尚无统一的规定，我国的"惩罚性赔偿"法律制度也尚不完善，因此，采用本方法的难度在于如何科学、合理地确定侵权惩罚倍率系数 k_d 的数值。

根据《商标法》第 63 条"对恶意侵犯商标专用权，情节严重的，可以在按照上述方法确定数额的一倍以上三倍以下确定赔偿数额"的规定，可以取商标权的侵权惩罚倍率系数 $k_d = 1 \sim 3$。但在评估实践中，如何在 1～3 的数值期间取值，仍然是一个复杂的问题。具体操作时，需要充分考虑期权行为的恶劣程度、侵权情节的严重程度、商标关联商品或服务所属行业，以及当事人的承受能力等多方因素，合理地选取。需要注意的是，"惩罚赔偿"与"衡平原则"之间存在一定的冲突，把握好"惩罚"的度是运用该方法中的关键，尤其是对于损害价值较大的侵权案件，倍率系数的细微差异，都有可能带来惩罚性赔偿金额的巨大差异。

7. 其他方法

在具体侵权案件中，根据所掌握的数据和资料，也可采用收益法、成本法、市场比较法等对商标权的损害赔偿价值进行评估。特别是权利人或侵权人利用商标的相关财务账簿和数据不全时，法庭和评估机构仍然面临需要通过其他途径来合理确定损害赔偿价值的问题。有些情况下只能从商标的成本重构、收益预测、交易比较等角度，结合商标的具体受损程度，间接地考察其损害价值。

（1）收益法

商标权损害赔偿价值的收益法，是在无法取得权利人和侵权人使用商标的财务数据时，通过直接预测权利人因被侵权而丧失的经济利益或侵权人获得的侵权收益，来估算商标权的损害赔偿价值；或者在预测商标权整体价值的基础上，通过分析确定商标权的受损分摊率，继而估算商标权的损害赔偿价值。

收益法商标权损害赔偿价值的估算模型如式（6.13）所示。

$$P_{br} = (p_{bp} + p_{bf}) = \sum_{t_1=1}^{n_1} p_{t1} R + \sum_{t_2=1}^{n_2} p_{t2} i = \sum_{t_1=1}^{n_1} P_{t1} k_{bd} R + \sum_{t_2=1}^{n_2} P_{t2} k_{bd} i \qquad (6.13)$$

式中，P_{br} 为收益法估算的商标权损害赔偿价值；p_{bp} 为侵权行为发生期间形成的商标权损害价值；p_{bf} 为侵权行为停止后侵权影响期限内商标权的预期受损价值；p_{t1} 为侵权行为发生期间第 t_1 年商标权损失价值，$t_1 = 1 \sim n_1$，n_1 为商标权被侵害的年限；p_{t2} 为侵权行为停止后侵权影响期内第 t_2 年商标权预期损失价值，$t_2 = 1 \sim n_2 = (n_1 + 1) \sim n_2$，

n_2 为侵权影响期的年限；P_{t1} 为侵权行为发生期间，已经损失或实现的第 t_1 年商标相关产品或服务的收益额，可以从权利人直接损失或侵权人获利的角度进行预测，$t_1 = 1 \sim n_1$，n_1 为商标权被侵害的年限；P_{t2} 为侵权行为停止后，侵权影响期限内第 t_2 年商标相关产品或服务的预期收益额，应当从权利人直接损失的角度进行预测，$t_2 = 1 \sim n_2 = (n_1 + 1) \sim n_2$，$n_2$ 为侵权影响期的年限；k_{bd} 为商标权收益分成率；R 为复利终值系数；i 为折现系数。

收益法的难点是对权利人利用商标权的损失额或侵权人非法利用商标权的获利额，以及侵权影响期限的预测。由于缺乏侵权人或权利人利用商标权的财务数据，只能根据现场调查和市场调查，在掌握足够依据的基础上，通过分析研究提出合理的商标相关商品或服务的数量、价格和成本等相关数据，从而合理预测相关商品或服务的收益额。侵权影响期限 n_2 的预测需要根据侵权行为的具体情节和市场的反映程度，通过分析提出主要影响因素，再结合相关商品或服务的特点，通过专家法、回归法等方法进行综合确定。

（2）成本法

商标权损害赔偿价值的成本法，是在利用传统成本法获得商标权价值（即侵权发生时商标权的价值）的基础上，通过分析确定商标权的受损分摊率，将商标权因被侵权而损失的价值从其整体价值中分割出来，从而得到商标权损害赔偿价值的方法。

商标权损害赔偿价值成本法估算的模型如式（6.14）所示。

$$P_{bc} = V_{bc} R_{bd} = \left[C_{bn} (1 + r_{bc}) - V_{ba} \right] R_{bd} = (C_{bn} n_{b2} / n_{b1}) (1 + r_{bc}) R_{bd} \quad (6.14)$$

式中，P_{bc} 为成本法估算的商标权损害赔偿价值；V_{bc} 为侵权行为发生时通过成本表现的商标权价值；R_{bd} 为商标权受损分摊率；C_{bn} 为商标权在侵权行为发生时的重置成本；V_{ba} 为商标权侵权行为发生前已消耗掉的价值；r_{bc} 为商标相关商品或服务的行业平均利润率或社会资本平均利润率；n_{b2} 为商标权的剩余使用年限，指从侵权赔偿时点起的剩余使用年限，由于相关法律条款对诉讼时效的限制，对侵权赔偿的时间起点距案件起诉时间不超过 2 年；n_{b1} 为商标权的经济寿命年限。

利用分摊率来分摊商标权的成本价值，一是需要从成本角度来估算商标权在侵权发生时的价值 V_{ba}，二是需要分析确定受损分摊率 R_{bd}。商标权在侵权发生时的价值 V_{bc}，属于侵权行为发生时商标权尚剩余的价值，即扣除了侵权之前商标权已经消耗掉的价值的现存价值。一般而言，商标权的设计和注册申请成本相对较低，而权利人投入的品牌宣传和广告费，以及相关商品或服务营销费等费用相对较高，因此，估算商标权的成本价值时，应重点关注宣传、广告和营销费用。

运用成本法的难点在于商标权受损分摊率 R_{bd} 的确定。如前面章节的讨论，可以使用综合评分法和年限法对其进行估算。综合分析评分法通常需要利用专家团队，通过对侵权程度、时间、影响范围、商标设计、商标相关商品或服务特点等因素进行综合评测，确定出合理的受损分摊率。年限法则可以通过侵权年限在整个商标权剩余经济年限中的权重 ω，以及侵权期间的侵权销量比例 λ 来间接计算，具体计算公式如式（6.15）所示。

$$R_{bd} = \omega_b \lambda_b = \sum_{t-1}^{n} \omega_{bt} \lambda_{bt} \qquad (6.15)$$

式中，ω 为商标权的侵权时间系数，即侵权行为发生时，商标权所处其生命周期的位置；λ_b 为商标权的侵权利用系数，即商标权被非法利用的程度；ω_{bt} 为第 t 年的侵权时间系数，$t = 1 \sim n$；λ_{bt} 为第 t 年的侵权利用系数，$t = 1 \sim n$。

ω 可以根据商标相关商品或服务的生命周期曲线，通过商标权被侵权的年限占商标权相关商品或服务经济年限的非线性百分比来反映。侵权利用率 λ 则可以通过侵权产品销量法、侵权产品成本降低法、侵权产品利润增加法来计算。其具体计算方法可以参考前述章节相关内容。

（3）市场比较法

市场比较法是通过寻求若干类似商标权侵权赔偿案例，或在市场上寻找若干类似商标权交易参照物，以赔偿案例的赔偿价值或参照物的市场价格为基础，考虑具体案例或参照物的商标与评估对象在自身设计样式、使用条件、时间因素，以及相关商品或服务类别、功能和技术水平等方面的差异，通过对比分析与差异量化，调整估算出被评估商标权的损害价值。

市场比较法商标权损害赔偿价值估算的模型如式（6.16）、式（6.17）所示。

$$P_{bm} = p_{bm} r_{b1} r_{b2} \cdots r_{bn} = (p_{bm1} r_{b1} r_{b2} \cdots r_{bn} + p_{bm2} r_{b1} r_{b2} \cdots r_{bn} + \cdots + p_{bmn} r_{b1} r_{b2} \cdots r_{bn}) / n \qquad (6.16)$$

或 $\quad P_{bm} = V_{bm} R_{bd} = V_{bm} r_{b1} r_{b2} \cdots r_{bn} R_{bd}$

$$= [(V_{bm1} r_{b1} r_{b2} \cdots r_{bn} + V_{bm2} r_{b1} r_{b2} \cdots r_{bn} + \cdots + V_{bmn} r_{b1} r_{b2} \cdots r_{bn}) / n] R_{bd} \qquad (6.17)$$

式中，P_{bm} 为市场比较法估算的商标权损害价值；p_{bm} 为商标侵权赔偿案例的损害价值；$p_{bm1} \sim p_{bmn}$ 为经选取的 n 个侵权赔偿案例的商标权损害价值；V_{bm} 为商标权的市场价值；$V_{bm1} \sim V_{bmn}$ 为市场上 n 个可参照商标权价值；$r_{b1} \sim r_{bn}$ 为选取的商标赔偿案例或参照对象修正系数，包括时间修正系数、使用条件修正系数，以及相关商品或服务功能修正系数、技术差异修正系、技术规模修正系数等；R_{bd} 为被评估商标权的受损分摊率。

当可以从市场上找到与被侵害商标权类似的侵权赔偿案例或商标交易案例时，也可考虑采用市场比较法来估算商标权的损害赔偿价值。

第三节　商标权损害赔偿评估的影响因素及相关问题

一、影响商标权损害价值的因素

1. 商标的类型

根据《商标法》的规定，商标分为商品商标、服务商标、集体商标和证明商标四种类型。不同类型注册商标的适用对象不同，能够被权利人和侵权人所利用的范围和程度也会有明显的区别，由此导致不同类型商标权能够创造的收益不同，继而会影响商标权及其损害价值。对于商品商标和服务商标，由于其针对的分别是商品和服务，两者的范围和对象完全不同，它们的利润分成率和所依附对象能够产生的整体收益均不相同，受到侵权时的损害价值也完全不同。这种情况在同样设计的商标被分别核准注册为商品商标和服务商标时显得尤为突出。对于集体商标和证明商标，由于它们的使用对象要么与某一组织或协会有关，要么与某一地域或机构、部门有关，因而不仅它们的适用范围不同，而且与商品和服务商标的适用范围也明显不同。

2. 商标的知名度

商标的知名度对其价值有非常大的影响，商标的知名度越高，其影响面越大，给使用者带来的收益能力也越强，其价值量也就越高。一般而言，驰名商标和著名商标的价值高于普通商标的价值，使用时间久和市场面广的商标价值高于使用时间短和市场面窄的商标。由于侵权人的目的是利用他人商标来混淆自己商品的来源，从而误导消费者而非法获利，因此，商标侵权案多发于高知名度的商标。鉴于各个商标知名度不同，本身的价值有较大的差异，当它们被侵权时所受到的价值损害也完全不同。当估算商标损害价值时，应当充分考虑商标的知名度。

3. 商标权的地域性

商标权的地域性是指一个国家或地区依照本国的商标法或本地区的商标条约所授予的商标权，仅在该国或该地区有效，对他国或该地区以外的地方没有约束力。也就是说，商标权具有严格的地域性，各个国家对他国授予的商标权利不承担保护的义务，在哪个国家取得的权利只能在哪个国家获得保护。此外，由于各地习俗和消费习惯不同，商标还会出现在不同地区知名度和接受程度不同的情况，以特殊的方式表现出地域性。商标的地域性决定了其被运用的地域范围，从而影响使用该商标的商品或服务的数量，继而对其价值和损害价值产生影响。

4. 商标的设计与宣传

商标是由文字、图形、字母、数字、三维标志、颜色等以及这些要素的组合构成的，这些要素及其组合的设计既会产生不同的视觉效果，也会产生不同的艺术价值。设计美观、内涵丰富的商标有利于展示企业的文化和风格，促进使用商品的销量，增强商标的价值；设计简洁、大方、含义直接的商标便于识别，容易被消费者记住，有利于扩大消费群体，提高商品的影响力和商标的价值。由于商标自身的设计因素，当不同设计方案的商标权受到侵害时，侵权人能获得的非法收益或权利人丧失的相关收益必然不同。因此，商标设计是影响商标权损害价值的因素之一。

各种形式的品牌宣传活动有利于扩大商标影响力和提升商标价值。品牌宣传的形式包括媒体广告、品牌产品展览、品牌产品发布，以及各种形式的品牌推介活动。这些活动一方面需要人力、物力的投入，以成本的形式构成品牌（商标）价值的一部分；另一方面扩大了品牌的影响力，从而能够吸引更多的消费者，形成更大的品牌产品市场，增加品牌产品的销售收益，从而提升品牌（商标）的价值。因此，商标权损害价值的估算中，应当充分考虑商标宣传因素的影响。

5. 商标的相关商品或服务

商标本身并不能直接产生收益，其价值的实现主要依赖于所依托的商品或服务。《类似商品和服务区分表》将商标所依附的商品分为 45 大类。这表明，使用商标的商品或服务所涉及的领域非常广泛，不同商品或服务自身的特点和针对的消费群体、范围均有不同，它们所处的行业前景、生命周期、竞争状况、市场消化能力，以及成本和价格等有较大的区别，而且不同商品或服务行业的商标利润分成率也完全不同，因此，所依托的商品或服务对商标权的价值有较大的影响，作为商标整体价值中的一部分的商标权损害价值，统一受其依托商品或服务性质的影响。

世界品牌实验室发布的"世界品牌 500 强"排行榜，根据品牌开拓市场、占领市场和获得利润的能力，通过市场占有率、品牌忠诚度和全球领导力三项关键指标，对全球 8000 个知名品牌进行了评分，最终推出 500 个世界最具影响力的品牌。2014 年的"世界品牌 500 强"共覆盖了 50 个行业，其中食品与饮料行业、传媒行业和汽车行业上榜最多，零售、能源和互联网行业数量第二，互联网行业、银行业、能源行业新增品牌最多。排名前十的品牌中，科技品牌就占了六席，而非科技品牌只占四席。而2014 年"中国 500 最具价值品牌"共涉及饮料、纺织服装、传媒、信息技术、家用电器、汽车、能源等 25 个行业，其中入选数量位居第一到第五的行业分别是食品饮料业（73 个）、建材（44 个）、传媒（43 个）、纺织服装（39 个）、轻工（39 个）❶。这些情况反映了各行业商标价值的差异性（见图 6.1）。

---

❶ 世界品牌实验室. 2014 年中国 500 最具价值品牌排行榜. http：//www. worldbrandlab. com，2014 - 07 - 02.

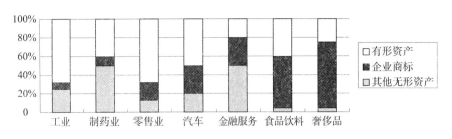

图 6.1　商品商标在不同行业的价值驱动作用

6. 侵权时间与期间

时间是影响商标权损害价值的重要因素，商标权损害赔偿价值的大小在很大程度上取决于侵权时间的长短。一般而言，侵权时间的长短与商标权受到的损害价值成正比，侵权时间（期间）越长、损害价值越高。不过，时间对商标权损害价值的作用也有限制，由于受诉讼时效的影响，对于商标侵权损害的赔偿的时间起点最多只能够从起诉之日起向前推移两年时间（即诉讼时效的限制），而侵权造成损害影响的时间终点极限则是商标权的到期之日。

当商标权被按照法律规定持续续展时，商标权的有效期可以被一直延续下去。但在商标权损害赔偿价值评估时，不仅需要考虑商标权的法定期限及其续展期限，更重要的则是应当根据注册商标的自身特点和所关联的商品或服务所属的行业，来综合考察其经济寿命，并将其作为估算商标损害价值的时间要素。此外，即使是在商标侵权行为停止后，侵权的负面影响仍然有可能持续一段时间。因此，估算商标损害价值应当充分考虑侵权停止后合理时间内的损失。

7. 商标权的法律状态

商标权的法律状态决定了其权利的有效性，从而影响商标权的损害价值。在不同的法律状态下，商标权的有效性将不同，只有在商标权有效的前提下，对商标权的损害才成立，也才有对其损害价值进行评估的必要性。影响商标权损害价值的法律状况主要包括以下几个方面。

（1）商标的注册状况

只有取得商标专用权的注册商标，才能得到商标法的保护，也才能成为评估的对象。

（2）商标权的有效状况

法定有效期内的注册商标才具备作为无形资产的前提，被无效宣告和撤销的商标不能评估。

（3）商标的使用状况

若注册商标未被使用或连续 3 年停用，将会被商标局撤销。

（4）商标权的续展状况

注册商标 10 年有效期到期后是否续展，决定其有效性的延续。

（5）商标核准注册的商品使用范围与实际使用范围的一致性

注册商标的使用范围应符合注册范围，超出范围的部分，应给予特殊的考虑。

（6）商标使用人名称和地址是否与注册证一致

商标使用人名称和地址与注册证不一致，表明使用人不是原商标权人。

（7）商标是否已许可他人使用

不同许可协议中，被许可人得到的商标使用权有所不同。相应地，许可费用也不同。

（8）商标权的地域性

商标权具有严格的地域性，注册商标只能在授予该权利的国家领域内受到保护。

二、商标权损害赔偿评估应注意的问题

1. 客观分析侵权对商标知名度的影响

商标的价值主要取决于其影响力、市场占有率、忠诚度和领导力四个要素，而商标的知名度则与这四个要素有密切的关系，商标知名度的提高，有利于其影响力、市场占有率、忠诚度和领导力的提高，这就是知名度高的商标往往具有较高价值的原因。总体而言，侵权会给商标的权利人带来经济上的损失，主要是由于侵权导致了权利人商标相关商品或服务的正常市场被侵占或瓜分，或需求被提前释放，从而使得权利人的利益受到损害。但值得注意的是，侵权而引发的诉讼对于商标的知名度的影响具有较大的不确定性，有时不但不会降低、反而还会提高其影响力。例如，"加多宝"与"王老吉"的商标之争等一些引发社会关注的商标侵权纠纷案件就属于此类情况。因此，在商标侵权损害赔偿价值评估中，需要根据具体评估对象的情况，客观地考察侵权对商标知名度及其损害赔偿价值的影响。

2. 注重商标的使用状况

商标使用状况不仅能够反映商标相关商品或服务的市场状况和商标对消费者的影响力，而且能够直接反映商标权的现实和未来收益能力，商标的使用程度越高、使用时间越长，其相关商品或服务的市场和范围就越大，商标的知名度和市场影响力也越高，其现实和未来收益能力就越强。任何商标影响力的形成和知名度的提高均需要足够的时间和充分的使用，才能被消费者和市场所接受。可见，商标的使用程度和使用时间对于商标的价值会产生很大的影响。当遭到侵权时，那些被长时间和大范围使用的商标的价值损失往往要高于被短时间和小范围使用的商标的价值损失。因此，在对商标权损害赔偿价值进行评估时，应当充分考虑商标权的使用状况这一影响因素。

3. 注重相关事项的核查

鉴于商标权自身的特点，在商标权损害赔偿评估的过程中，要注意核查以下事项，

并在商标权损害价值评估报告书中进行明确说明。

（1）商标权的法律保护状况

商标权的法律保护状况包括商标权注册登记部门和时间、审批和有关公告文件、商标权人、有效期及续展条件等。

（2）商标权的具体内容

商标权的具体内容包括名称，文字、图案和声像，适用领域和范围，使用、保持、转让等权属。

（3）商标权的使用情况

商标权的使用情况包括商标启用时间，商标使用人数量，授权使用和使用权转让情况，商标使用范围、场所、对象，已使用次数或数量等。

（4）商标权的成本费用和历史收益情况

商标权的成本费用和历史收益情况包括商标权申报或购买、持有等项支出成本，商标使用、授权使用及转让所带来的历史收益。

（5）商标影响力

商标影响力包括商标的知名度、广告宣传情况、同类产品的名牌商标等。

（6）商标的预期寿命和收益情况

商标的预期寿命和收益情况包括使用该商标产品的预期寿命、单位售价、销售量、市场占有率和利润情况，同种产品单位售价情况、主要竞争对象的市场占有率、盈利情况等。

（7）商标权被侵权情况

商标权被侵权情况包括侵权非法销售商标产品的单位售价、销售量、市场占有率和利润情况，或权利人因为被侵权而减少的销售量、市场占有率和利润情况等。

第七章 著作权损害赔偿评估

著作权损害赔偿评估是关于著作权的损害价值确定的经济与法律行为的总和，是知识产权损害评估专业机构和人员，按照国家法律法规和知识产权损害评估准则，遵循评估原则，依照相关法律与评估程序，选择适当的价值类型，运用科学方法，对著作权价值进行评定和估算的行为。

第一节 著作权损害赔偿评估的分类与特点

一、著作权损害赔偿评估的分类

1. 按作品的形式分类

著作权是作者对其独立创作的作品所享有的人身权和财产权的总称，《中华人民共和国著作权法实施条例》（以下简称《著作权实施条例》）第2条规定："著作权法所称作品，是指文学、艺术和科学领域内具有独创性并能以某种有形形式复制的智力成果"，而《著作权法》第3条规定的作品类型包括9大类，即文字作品；口述作品；音乐、戏剧、曲艺、舞蹈、杂技艺术作品；美术、建筑作品；摄影作品；电影作品和以类似摄制电影的方法创作的作品；工程设计图、产品设计图、地图、示意图等图形作品和模型作品；计算机软件；法律、行政法规规定的其他作品（民族民间传统文化作品）。上述类型的作品均有被受到侵权的可能，从而形成著作权的损害，因此，可以从作品类型的角度来划分著作权损害价值评估的类型，如文字作品著作权损害赔偿价值评估、音乐作品著作权损害赔偿价值评估、美术作品著作权损害赔偿价值评估、计算机软件著作权损害赔偿价值评估等。

2. 按著作权的权利类型分类

知识产权是人们对其在科学、技术、文化和艺术领域从事智力活动而创造的知识成果依法所享有的独占所有权。知识产权的权利形式一般包括人身权和财产权两个方面。与专利权和商标权不同，著作权的财产权内涵非常丰富，著作权的价值主要是其财产权的价值。著作权损害价值评估可以从其财产权的不同角度进行分类。

根据《著作权法》的规定，著作权的财产权包括复制权、发行权、出租权、展览权、表演权、放映权、广播权、信息网络传播权、摄制权、改编权、翻译权、汇编权共 12 种形式。因此，可以从著作权的财产权类型的角度来划分著作权损害价值评估的类型，如作品复制权损害赔偿价值评估、作品表演权损害赔偿价值评估、作品信息网络传播权损害赔偿价值评估等。

另外，由于还存在与著作权有关的权利，因此，著作权的损害价值评估还包括作品出版者权利损害价值评估，作品表演者权利损害价值评估，作品录音录像制作者权利损害价值评估，广播电台、电视台播放者权利损害价值评估四种类型。

3. 按损害价值的表现形式分类

（1）著作权直接损害赔偿评估

著作权直接损害赔偿评估是对侵权行为导致的著作权价值的直接损害或权利人经济利益的直接损失所进行的评定估算。著作权人的直接经济损失表现为其运用或持有作品的正常收益的减少。当权利人的直接经济损失难以估算时，可以通过侵权人利用被侵害作品所获得的非法利润来间接体现对著作权价值的直接损害。因此，著作权直接损害价值的评估，实际上就是对著作权正常收益的损失数量或非法获利的数量进行评估。

（2）著作权间接损害赔偿评估

著作权间接损害赔偿评估是对著作权遭受侵害而导致的非直接或即时反映出来的价值损害或其权利人的经济损失所进行的评估。间接损失是由于侵权的各种负面影响而导致对作品利用的减少或成本的增加，其往往表现为一种潜在的、不被直接反映出来的损失，如一定时期内作品读者或观众、发行量的减少，或制作、发行、使用作品的机会成本的增加，等等。与直接损失不同，著作权的间接损失表现得较为隐晦，且形式复杂，因此，其评估较为困难。

（3）著作权未来损害赔偿评估

著作权未来损害赔偿评估是针对作品因受侵权影响产生的未来获利能力减少而导致的价值损失量进行的评估，即对被侵害作品因受侵权影响而丧失的未来收益的预测、估算与折现。著作权未来损害价值的大小与侵权程度、侵权影响期、市场环境和社会环境等有直接关系。由于著作权受历史、文化、习俗、种族、政治、经济、社会和科技等多方因素影响，加之作品一般具有鲜明的时代性，因此，著作权的未来损失评估较为困难。

4. 按赔偿范围分类

根据赔偿的形式或要求赔偿的损害范围，可将著作权损害价值评估分为部分损害价值评估与完全损害价值评估。完全损害价值评估是指对包括直接损害价值、间接损害价值和期权损害价值等在内的所有损失价值，或著作权所包含的所有财产权的损失价值进行的评估。完全损害价值不仅包括权利人因侵权而损失的所有现实利益和未来利益，还包括了权利人的维权支出等。

部分损害价值评估则是对构成著作权损害价值中的某些部分，或是著作权中某些财产权所对应的损害价值而进行的评估。例如，只对作品著作权中发行权所对应的损失价值而进行的评估，等等。由于著作权内涵的丰富性，因作品对象的差异，不同作品所包含的财产权可能也不同，而当其受到侵害时，可能只涉及其中部分财产权价值的损失。

二、著作权损害赔偿评估的特点

如前所述，著作权是作者依法对其独创作品享有的知识产权，是所有知识产权中保护客体和权利内涵形式最丰富的无形财产权。因此，著作权的价值及其损害价值的构成和实现，均表现出与其他知识产权的不同。

1. 著作权损害赔偿评估以侵权判定为前提

著作权的损害赔偿评估需要以对著作权的侵权判定为前提。在判断著作权的侵权时，各国的做法一般均是遵循"接触加实质性相似"原则，即若被控侵权人在创作前接触过权利人的作品（非独立创作），而且两者之间存在实质性的相似，则满足侵权条件。在国内，《著作权法实施条例》第 2 条和第 3 条的规定中对满足著作权侵权的条件已有表述，即"著作权法所称作品，是指文学、艺术和科学领域内具有独创性并能以某种有形形式复制的智力成果"，"著作权法所称创作，是指直接产生文学、艺术和科学作品的智力活动"。《最高人民法院关于审理著作权民事纠纷案件适用法律若干问题的解释》第 15 条进一步规定"由不同作者就同一题材创作的作品，作品的表达系独立完成并且有创作性的，应当认定作者各自享有独立著作权"。可见，按我国相关法律，判断作品是否侵权遵循"具有独创性"原则。而所谓"独创性"，一是指"独立完成"，即"非接触"；二是指"有创作性"，即作品要有创作者的"个性"，属于创作者的"智力成果"。由于著作权保护客体的类型和表现形式非常丰富，要科学确定著作权损害价值，必须对侵权是否成立有明确的判断，而且这种判断是一个复杂的过程。

此外，如前面所述，由于与作品相关的财产权可能包括复制权、发行权、出租权等 12 种，从侵权的范围来看，不同的作品被侵权时可能涉及的财产权会有较大的差异，而且每种财产权受到侵害的程度也可能有所不同，这无疑给确定著作权的损害价值增加了难度。例如，一部小说可能涉及复制权、发行权、信息网络传播权、翻译权等，一部影视作品可能涉及复制权、发行权、出租权、广播权、信息网络传播权、翻译权等。

2. 著作权损害赔偿评估以财产权组合为对象

根据《著作权法》第 10 条的规定，著作权的财产权包括下列 12 种形式：

1）复制权：以印刷、复印、拓印、录音、录像、翻录、翻拍等方式将作品制作一份或者多份的权利。

2）发行权：以出售或赠予方式向公众提供作品原件或复制件的权利。

3）出租权：有偿许可他人临时使用电影作品和以类似摄制电影的方法创作的作品、计算机软件的权利，计算机软件不是出租的主要标的的除外。

4）展览权：公开陈列美术作品、摄影作品的原件或复制件的权利。

5）表演权：公开表演作品，以及用各种手段公开播送作品的表演的权利。

6）放映权：通过放映机、幻灯机等技术设备公开再现美术、摄影、电影和以类似摄制电影的方法创作的作品等的权利。

7）广播权：以无线方式公开广播或者传播作品，以有线传播或者转播的方式向公众传播广播的作品，以及通过扩音器或者其他传送符号、声音、图像的类似工具向公众传播广播的作品的权利。

8）信息网络传播权：以有线或者无线方式向公众提供作品，使公众可以在其个人选定的时间和地点获得作品的权利。

9）摄制权：以摄制电影或者以类似摄制电影的方法将作品固定在载体上的权利。

10）改编权：改变作品，创作出具有独创性的新作品的权利。

11）翻译权：将作品从一种语言文字转换成另一种语言文字的权利。

12）汇编权：将作品或者作品的片段通过选择或者编排，汇集成新作品的权利。

当著作权受到侵害时，可能只是侵害到其中的单项财产权，也可能侵害到其中的多项财产权。对于多数作品而言，其著作权一般都会包含多项财产权。当对某一作品的侵权行为发生时，往往会涉及对其多项财产权的侵害，因此，著作权损害价值评估往往表现为对作品多重财产权组合的损害价值的评估。

3. 被评估对象及其价值内涵复杂

著作权损害赔偿价值以被非法利用的作品的著作权为评估对象，而作品的类型就有文字作品，口述作品，音乐、戏剧、曲艺、舞蹈、杂技艺术作品，美术、建筑作品，摄影作品，电影作品和以类似摄制电影的方法创作的作品，设计图、地图等图形作品，计算机软件，以及法律法规规定的其他作品9大类，每一种具体作品的价值表现及损失形式有很大的区别。因此，著作权损害赔偿价值评估中要明确被损害著作权的作品具体属于哪一种作品，充分考虑损害价值与作品种类的一致性。

著作权的价值并不限于其直接经济价值，即著作权能够为其所有者或使用者直接带来的经济收益，而且还包括作品的艺术价值、社会价值和作者声誉价值。作品的艺术价值通过作品形式与内容的统一来表现，即由作品的构思、表现手法、艺术流派和思想表达等所体现的价值；作品的社会价值则是指由作品的知识性、文化性、时代性和伦理道德性等所体现的价值。因此，对于著作权的损害价值评估，不仅仅只针对权利人直接经济收益的损失，而且还应考虑作品的艺术价值和社会价值等内在价值。

第二节 著作权损害赔偿评估方法

一、著作权损害价值评估的方法

根据《著作权法》第49条"侵犯著作权或者与著作权有关的权利的，侵权人应当按照权利人的实际损失给予赔偿；实际损失难以计算的，可以按照侵权人的违法所得给予赔偿。赔偿数额还应当包括权利人为制止侵权行为所支付的合理开支"的规定，除许可费用倍数法外，前述知识产权损害价值评估的基本方法均适用于著作权损害赔偿价值的评估。

针对著作权及其价值表现的特点，结合《著作权法》和《最高人民法院关于审理著作权民事纠纷案件适用法律若干问题的解释》的规定和解释，可以分别从权利人实际损失、侵权人非法获利等角度，采用侵权获利法、侵权损失法、实际损失法、完全损失法等方法对著作权损害价值进行评估。

1. 侵权获利法

著作权损害价值的侵权获利法（侵权获利分成法），是在估算侵权人非法利用他人作品所获整体收益的基础上，通过分析测算著作权对整体收益的贡献率（分成率），继而对侵权人非法获得的整体收益进行分成，从而获得著作权损害赔偿价值的方法。

著作权损害价值的侵权获利法的模型如式（7.1）所示。

$$P_{ci2} = \sum_{t=1}^{n} E_{ct} k_c = \sum_{t=1}^{n} (i_{ct} - c_{ct}) k_c \tag{7.1}$$

式中，P_{ci2} 为侵权获利法估算的著作权损害赔偿价值；E_{ct} 为侵权人实施侵权行为期间非法利用权利人作品获得的收益；i_{ct} 为侵权人实施侵权行为期间第 t 年非法利用权利人作品获得的收入；c_{ct} 为侵权人实施侵权行为期间第 t 年非法利用权利人作品所支出的成本；k_c 为著作权的收益分成率或贡献率；t 为侵权年限，$t = 1, 2, \cdots, n$。

由于侵权的收益中不仅包括著作权的贡献部分，也包含侵权人为实施侵权活动而投入的资金、设备、场地等其他资产组合的贡献部分，本方法通过著作权收益分成率对侵权人所获非法收益进行分成，间接获得著作权贡献的那部分收益，并将其作为著作权的损害赔偿价值。

需要注意的是，由于作品种类、财产权类型和侵权形式的复杂性，每个案件中侵权人非法利用权利人作品所获得的收入 i_{ct}、支出的成本 c_{ct}，以及著作权的收益分成率 k_c 均会有所不同。因此，个案中侵权收益的计算和收益分成率的确定均需结合具体涉案作品的实际情况进行。

例如，对于书籍盗版，涉及的财产权包括复制权、发行权和版式设计权，侵权收益则是发行销售的书籍收入减去编辑、印刷和发行等的支出，而其著作权的收益分成率则需要在参考行业收益分成率的基础上，结合该书籍的内容、影响力等具体情况，进行综合分析确定。

2. 侵权损失法

侵权损失法（损失分摊法）是通过计算权利人因遭受侵权而导致其作品收益的减少额，继而通过分析确定作品著作权的收益分成率或贡献率，并利用其分割出著作权价值的较少量，从而间接估算著作权损害价值的方法。

侵权损失法估算著作权损害价值的模型如式（7.2）所示。

$$P_{cl2} = \sum_{t=1}^{n} L_{ct} k_c = \sum_{t=1}^{n} (l_{ct} - l'_{ct}) k_b = \sum_{t=1}^{n} \left[(p_{ct} - c_{ct}) q_{ct} - (p'_{ct} - c_{ct}) q'_{ct} \right] k_b \quad (7.2)$$

式中，P_{cl2} 为侵权损失法估算的著作权损害价值；L_{ct} 为被侵权期间权利人因被侵权而导致的第 t 年著作权收益的减少额；l_{ct} 为权利人未被侵权的正常状况下第 t 年著作权应当创造的收益；l'_{ct} 为权利人被侵权后第 t 年著作权实际创造的收益；p_{ct} 为权利人未被期权的正常状态下第 t 年著作权相关产品的单位价格；p'_{ct} 为权利人被侵权后第 t 年著作权相关作品的单位价格；q_{ct} 为权利人未被侵权的正常状态下第 t 年著作权相关产品的发行销售数量；q'_{ct} 为权利人被侵权后第 t 年著作权相关产品的发行销售数量；c_{ct} 为权利人第 t 年著作权相关产品的单位成本；k_b 为著作权的收益分成率或贡献率；t 为侵权年限，$t = 1, 2, \cdots, n$。

侵权损失法适用于不能获取侵权人相关财务资料，或其财务资料不全或不真实、无法估算侵权人非法利用被侵害著作权获得的收益的情形。此时，可以运用该方法，通过提取权利人制作和销售其著作权作品的相关财务资料，对权利人因被侵权而损失的著作权作品收益进行分成，从而间接获得著作权的损害价值。

从上面侵权获利法和侵权损失法的内涵来看，使用这两种方法所得到的损害价值实际上都是著作权整体价值的一部分，即著作权价值中因侵权而损失掉的那部分价值。也就是说，这两种方法估算的著作权损害赔偿价值是从经济学角度来定义和确定边界的，是纯粹的著作权因侵权而被损耗的价值，或者说是一种狭义上的著作权损害价值。

3. 实际损失法（关联损失法）

实际损失法（关联损失法）是以著作权人因其作品被非法利用而导致的全部关联收益的减少，或以侵权人非法利用权利人著作权所获得的全部关联收益，按权利人因侵权而引发的实际损失或侵权人得到的实际收益，全面反映著作权的损害价值的方法。

实际损失法（关联损失法）著作权损害价值评估模型如式（7.3）所示。

$$P_{cpr} = \sum_{t=1}^{n} W_{ct} = \sum_{t=1}^{n} (w_{ct} - w'_{ct}) = \sum_{t=1}^{n} \left[(p_{ct} - c_{ct}) q_{ct} - (p'_{ct} - c_{ct}) q'_{ct} \right] \quad (7.3)$$

或

$$P_{cpr} = \sum_{t=1}^{n} E_{ct} = \sum_{t=1}^{n} (i_{ct} - c_{ct}) \quad (7.4)$$

式中，P_{cpr} 为实际损失法（关联损失法）估算的著作权损害价值；W_{ct} 为被侵权期间权利人因被侵权而导致的第 t 年著作权相关产品净收益减少额；w_{ct} 为权利人未被侵权的正常状况下第 t 年著作权相关产品的净收益；w'_{ct} 为权利人被侵权后第 t 年著作权相关产品的净收益；p_{ct} 为权利人未被期权的正常状态下第 t 年的著作权相关产品单位价格；p'_{ct} 为权利人被侵权后第 t 年著作权相关产品单位价格；q_{ct} 为权利人未被侵权的正常状态下第 t 年著作权相关产品的产销数量；q'_{ct} 为权利人被侵权后第 t 年著作权相关产品的产销数量；E_{ct} 为侵权人实施侵权行为期间非法利用被侵权著作权所获得的净收益；i_{ct} 为侵权人实施侵权行为期间非法利用被侵权著作权第 t 年所获得的收入；c_{ct} 为权利人第 t 年著作权相关产品的成本或侵权人实施侵权行为期间非法利用被侵权著作权第 t 年所支出的成本；t 为商标权被侵害的年限，$t = 1，2，\cdots，n$。

与侵权获利法和侵权损失法不同的是，实际损失法（关联损失法）是在考虑补偿权利人著作权直接损失的基础上，进一步将其他资产组合所创造的收益追加作为侵权人应当额外承担的经济赔偿责任，从而获得的一种边界更大的损害赔偿价值。可见，这种方法所得到的损害赔偿价值中包含了侵权人因被侵权所引发的所有损失或侵权人的侵权行为所获得的所有相关收益，因而是一种扩大了的或广义的损害赔偿价值，并带有一定的惩罚赔偿性质。

4. 完全损失法

完全损失法是全面考虑权利人的著作权因遭受侵害而导致的现实和未来直接损失和其他所有间接的隐性损失的评估方法。完全损失法不仅计算侵权给著作权人造成的直接损失，而且还计算侵权给著作权人作品的相关产品带来的市场萎缩、成本增加、机会成本的出现，以及权利人声誉和其他精神损害等间接损失。

完全损失法著作权损害价值的估算模型如式（7.5）、式（7.6）所示。

$$P_{ch} = P_{cd} + P_{cf} + P_{co} \tag{7.5}$$

或
$$P_{ch} = P_{cd} + P_{cf} + P_{co} = P_{cfl} + P_{co} \tag{7.6}$$

式中，P_{ch} 为完全损失法估算的著作权损害价值；P_{cd} 为著作权的现实损害价值，P_{cd} 可以是 P_{ci2}、P_{cl2} 或 P_{cpr}，其中 P_{ci2} 为侵权获利法估算的著作权损害赔偿价值，P_{cl2} 为侵权损失法估算的著作权损害价值，P_{cpr} 为实际损失法（关联损失法）估算的著作权损害价值，P_{cf} 为著作权的未来损害价值；P_{cfl} 为考虑期权损失的著作权损害赔偿价值；P_{co} 为著作权的间接损害价值，$P_{co} = C_1 + C_2 + C_3 + C_4 + C_5$，其中 C_1 为权利人因恢复著作权作品相关产品的正常市场而需追加的投入，C_2 为被侵权后权利人仍然需要占用固定资产折旧、管理费用、财务费用等固定支出而形成的机会成本，C_3 为权利人因应对侵权行为而采取相关措施的律师费、调查取证费、诉讼费等支出，C_4 为权利人因被侵权而遭受声誉和身心等精神损害而造成的损失，C_5 为侵权给著作权本身及著作权人造成的其他可以确认的间接损失。

完全损失法的难点在于发现和确定各种间接损失。在实际操作时，需要结合被侵害著作权自身的特点，根据具体的侵权行为表现，对影响间接损害价值的因素进行全面分析，发现和估算那些对整体损害价值有较大影响的间接损失。

5. 案例比较法

案例比较法（市场比较法）是通过寻求若干类似著作权侵权赔偿案例作为参照对象，以赔偿案例的赔偿价值为基础，考虑具体参照对象的著作权与被侵害著作权在作品的类型、内容、表现形式、涉及财产权，以及侵权方式和程度、侵权时间等方面的差异，通过对比分析与差异量化，估算出被评估著作权的损害价值。

案例比较法（市场比较法）著作权损害赔偿价值的估算模型如式（7.7）所示。

$$P_{cm} = p_{cm} r_{c1} r_{c2} \cdots r_{cn} = \left(p_{cm1} r_{c1} r_{c2} \cdots r_{cn} + p_{cm2} r_{c1} r_{c2} \cdots r_{cn} + \cdots + p_{cmn} r_{c1} r_{c2} \cdots r_{cn} \right) / n \quad (7.7)$$

式中，P_{cm} 为著作权损害价值；p_{cm} 为侵权赔偿案例商标权损害价值；$p_{cm1} \sim p_{cmn}$ 为选取的 n 个侵权赔偿案例的商标权损害价值；$r_{c1} \sim r_{cn}$ 为选取的赔偿案例参照对象修正系数，包括作品类型、内容、表现形式、涉及财产权等与著作权自身属性相关的修正系数，以及侵权方式、侵权程度、侵权时间、侵权环境等与侵权行为相关的修正系数。

案例比较法（市场比较法）的难点在于赔偿案例的寻找和差异因素的修正，当可以寻找到足够的与被侵害作品著作权类似的侵权赔偿案例，且相互之间具有可比性时，可考虑采用该方法来估算商标权的损害赔偿价值。

6. 损失预测法（收益法）

著作权损害赔偿价值的损失预测法（收益法），是在无法取得权利人和侵权人非法利用著作权的财务数据时，通过直接预测著作权的价值损失，或预测权利人因被侵权而丧失的著作权收益或侵权人利用著作权直接获得的收益，作为著作权的损害赔偿价值；或者在预测著作权的整体价值的基础上，通过分析确定著作权的受损分摊率，继而估算商标权的损害赔偿价值。

损失预测法（收益法）著作权损害赔偿价值的估算模型如式（7.8）所示。

$$P_{cr} = \left(p_{cp} + p_{cf} \right) = \sum_{t_1=1}^{n_1} p_{ct1} R + \sum_{t_2=1}^{n_2} p_{ct2} i = \sum_{t_1=1}^{n_1} P_{ct1} k_{cd} R + \sum_{t_2=1}^{n_2} P_{ct2} k_{cd} i \quad (7.8)$$

式中，P_{cr} 为损失预测法（收益法）估算的著作权损害赔偿价值；p_{cp} 为侵权行为发生期间形成的著作权损害价值；p_{cf} 为侵权行为停止后侵权影响期限内著作权的预期受损价值；p_{ct1} 为侵权行为发生期间第 t_1 年著作权损失价值，$t_1 = 1 \sim n_1$，其中 n_1 为著作权被侵害的年限；p_{ct2} 为侵权行为停止后侵权影响期内第 t_2 年著作权预期损失价值，$t_2 = 1 \sim n_2 = (n_1 + 1) \sim n_2$，其中 n_2 为侵权影响期的年限；P_{ct1} 为侵权行为发生期间，已经损失或实现的第 t_1 年著作权相关产品或使用著作权的收益额，可以从权利人直接损失或侵权人获利的角度进行预测，$t_1 = 1 \sim n_1$，其中 n_1 为著作权被侵害的年限；P_{ct2} 为侵权行为停止后，侵权影响期限内第 t_2 年著作权相关产品或收益著作权的预期收益额，应当从权利人直接损失的角度进行预测，$t_2 = 1 \sim n_2 = (n_1 + 1) \sim n_2$，$n_2$ 为为侵权影响期的年限；k_{cd} 为著作权收益分成率或提成率；R 为复利终值系数；i 为折现系数。

损失预测法（收益法）的难点是对权利人利用著作权的损失额或侵权人非法利用著作权的获利额、侵权影响期限的预测，具体需要根据调查研究，在掌握足够依据的基础上，通过分析研究提出合理的著作权相关商品或使用著作权的数量、价格和成本等相关数据，从而合理预测相关收益额。侵权影响期限 n_2 的预测需要根据侵权行为的具体情节和市场的反映程度，通过分析提出主要影响因素，再结合著作权自身的特点，通过专家法、回归法等方法综合确定。

第三节　著作权损害赔偿评估相关问题

一、影响著作权损害价值的因素

1. 作品类型与内容

著作权是作者对其独立创作的作品享有的独占所有权，按照《著作权法》第 3 条的规定，作品包括文字作品，口述作品，音乐、戏剧、曲艺、舞蹈、杂技艺术作品，美术、建筑作品，摄影作品，电影作品和以类似摄制电影的方法创作的作品，工程设计图、产品设计图、地图、示意图等图形作品和模型作品，计算机软件，法律、行政法规规定的其他作品九大类。《著作权法实施细则》第 4 条对各类作品的具体含义进行了规定，即：

1）文字作品指小说、诗词、散文、论文等以文字形式表现的作品。

2）口述作品指即兴的演说、授课、法庭辩论等以口头语言形式表现的作品。

3）音乐作品指歌曲、交响乐等能够演唱或者演奏的带词或者不带词的作品。

4）戏剧作品指话剧、歌剧、地方戏等供舞台演出的作品。

5）曲艺作品指相声、快书、大鼓、评书等以说唱为主要形式表演的作品。

6）舞蹈作品指通过连续的动作、姿势、表情等表现思想情感的作品。

7）杂技艺术作品指杂技、魔术、马戏等通过形体动作和技巧表现的作品。

8）美术作品指绘画、书法、雕塑等以线条、色彩或者其他方式构成的有审美意义的平面或者立体的造型艺术作品。

9）建筑作品指以建筑物或者构筑物形式表现的有审美意义的作品。

10）摄影作品指借助器械在感光材料或者其他介质上记录客观物体形象的艺术作品。

11）电影作品和以类似摄制电影的方法创作的作品指摄制在一定介质上，由一系列有伴音或者无伴音的画面组成，并且借助适当装置放映或者以其他方式传播的作品。

12）图形作品指为施工、生产绘制的工程设计图、产品设计图，以及反映地理现象、说明事物原理或者结构的地图、示意图等作品。

13）模型作品指为展示、试验或者观测等用途，根据物体的形状和结构，按照一定比例制成的立体作品。

可见，对于不同类型的作品，其具体的内涵、表现形式和涉及领域等均完全不同，如文字作品针对的是以文字形式表现的小说、诗词、散文、论文等，舞蹈作品则针对的是以连续的动作、姿势、表情等表现思想情感的作品。由于不同作品的表现形式和具体内容不同，它们的受众群体和涉及面均完全不同，能够被利用的方式和程度、应用的范围等会有明显的差异，由此导致不同作品的市场需求及其著作权的收益能力的不同，从而对其价值和损害价值形成影响。此外，即使在同一类型的作品中，也会因为作者个性和表达习惯的不同而产生价值上的较大差异，同样都是小说，有的畅销、有的滞销。

2. 财产权的内涵

与专利权和商标权等其他知识产权不同，著作权的权利形式和内涵非常丰富，包括人身权、财产权和邻接权，而财产权包括复制权、发行权、出租权、展览权、表演权、放映权、广播权、信息网络传播权、摄制权、改编权、翻译权、汇编权、应当由著作权人享有的其他权利等多种形式。在现实著作权损害价值评估中，并非每个作品都具有这 12 种财产权，因而需要根据具体情况分析作品财产权存在的基础，从而确定涉及的财产权组合。

一般而言，复制权、发行权、信息网络传播权、改编权、翻译权、汇编权在大部分作品中都会有所体现，广播权、表演权主要体现在文字、音乐、舞蹈、电影作品中，展览权主要在美术、摄影作品中有所反映，出租权则主要在电影和计算机软件作品中。可见，不同的作品涉及的财产权可能完全不同，由此形成作品著作权价值体现的不同财产权的组合，这种不同的财产权组合将导致著作权被侵犯时价值受损的差异。通常情况下，作品的财产权组合越丰富，侵权发生时其价值受到的损害就越大。

3. 作品艺术水平

作品的艺术价值与其著作权的价值有密切的关系，具有较高艺术水平的作品往往有较大的创作难度和较高的欣赏价值，能够得到更多受众的认可和接受，传播面和影响面都会很广，因而表现出较强的收益能力和经济价值。当不同艺术水平的作品著作权受到侵害时，其遭受损害的价值会由于作品艺术水平的不同而产生较大的差异。事实上，艺术价值不高的作品会因为很难得到市场的认可，从而失去被侵权利用的价值，往往被侵权的概率较低；而具有较高艺术水平的作品，因其可能获得较高的非法收益，往往被侵权的概率较高，这也是名著常常被盗版的主要原因。

4. 作品使用状态

作品的使用状态包括使用形式、使用范围、使用时间等。作品的使用形式影响财产权组合中具体财产权的利用及其程度，作品的使用范围涉及作品著作权被利用的程度和相关产品的市场面，作品的使用时间涉及作品的影响力和持续创造收益的能力，从而最终影响到著作权被损害的价值。一般而言，使用形式越丰富、使用范围越广、使用时间越长，著作权的损害赔偿价值越高。

5. 价值实现方式

作品财产权的价值可以通过作品的销售或使用两种方式得以实现。作品的相关产品，如图书、光盘等的销售，可以产生直接收益，从而实现著作权的价值。而作品以各种方式的使用，如美术或摄影作品在广告或图书中的使用，也可以间接地产生收益，实现著作权的价值。对于以销售作品或使用著作权非法获利的侵权行为，不同的著作权价值实现方式，将导致其损害价值的不同。

6. 侵权要素

著作权的侵权要素包括侵权方式、侵权程度、侵权时间等。

按《著作权法》第48条的规定，侵权行为包括以下8种表现方式：

1）未经著作权人许可，复制、发行、表演、放映、广播、汇编、通过信息网络向公众传播其作品的（合理使用及法定许可除外）。

2）出版他人享有专有出版权的图书的。

3）未经表演者许可，复制、发行录有其表演的录音录像制品，或通过信息网络向公众传播其表演的（合理使用及法定许可除外）。

4）未经录音录像制作者许可，复制、发行、通过信息网络向公众传播其制作的录音录像制品的，本法另有规定的除外。

5）未经许可播放或复制广播、电视的（合理使用及法定许可除外）。

6）未经著作权人或与著作权有关的权利人许可，故意避开或破坏权利人为其作品、录音录像制品等采取的保护著作权或有关权利的技术措施的（法律法规另有规的除外）。

7）制作、出售假冒他人署名的作品的。

8）未经著作权人或有关的权利人许可，故意删除或改变作品、录音录像制品等的权利管理电子信息的（法律法规另有规定的除外）。

上述1）～7）种侵权方式都会造成对著作权的损害，直接给著作权人带来经济损失，这些侵权形式可能只是单一发生，也可能几种合并发生。对于多数作品来说，其著作权中一般都会包含有多项财产权，当对某一作品的侵权行为发生时，往往涉及对不同的财产权的侵害。因此，侵权方式的不同，将对侵权损害价值产生影响。

7. 著作权法律状态

与专利权、植物新品种权等其他知识产权形式不同，著作权因作品创作的完成而自然形成，其有效期也相对较长。按照《著作权法》的规定，公民的作品，其发表权和各项财产权的保护期为作者终生及其死亡后 50 年，截止于作者死亡后第 50 年的 12 月 31 日；如果是合作作品，截止于最后死亡的作者死亡后第 50 年的 12 月 31 日。法人或者其他组织的作品、著作权（署名权除外）由法人或者其他组织享有的职务作品，其发表权和各项财产权的保护期为 50 年，截止于作品首次发表后第 50 年的 12 月 31 日，但作品自创作完成后 50 年内未发表的不再受保护。电影作品和以类似摄制电影的方法创作的作品、摄影作品，其发表权和各项财产权的保护期为 50 年，截止于作品首次发表后第 50 年的 12 月 31 日，但作品自创作完成后 50 年内未发表的不再受保护。作品剩余的法定保护期的长短，将直接影响到著作权的收益能力和被侵权时其价值受到的损失。因此，法律因素是影响著作权损害赔偿价值的重要因素之一。

8. 著作权人知名度

著作权人，即作品作者的知名度与著作权的价值有直接的关系。作者知名度越高，社会和消费者对其创作的作品的接受度和认同度就越高，市场对著作权相关作品的需求也越大，其遭受侵权损害时损失的价值也越高。例如，著名作家的作品很容易得到读者的关注和青睐，读者群体一般都很大，其创作作品的著作权受到侵害时的损害价值也就较高；由著名导演指导和著名影星出演的电影作品，发行量和票房收入都会很高，其著作权价值及其损害价值都会较高。

9. 著作权使用环境

作品著作权能够使用和被侵权使用的社会、经济和市场环境，都会对著作权的损害赔偿价值产生影响。社会环境对于作品的保护和有偿使用有较大的影响，政府对著作权保护力度的不同和公众著作权保护意识的强弱不同，将导致作品著作权价值实现程度和范围不同。经济环境决定公众对文化、艺术等精神产品的需求，从而影响作品相关产品的价格和著作权的损害赔偿价值。市场环境的好坏决定文化艺术产品的流通与消费，从而影响作品著作权的价值与损害价值。

10. 文化传统与时尚潮流

不同的国家与地区有着不同的种族和文化传统，其民众的生活习俗、思维方式、价值观念、欣赏水平和主观偏好等，都会导致不同地区民众对作品的选择性接受，从而影响作品的销售数量或使用程度，继而影响被侵权著作权的损害赔偿价值。同样，时尚潮流主导了某一时期民众的欣赏品味和价值取向，从而使得民众对某些种类作品的热捧和对其他作品的排斥，影响作品著作权的损害赔偿价值。

二、著作权损害赔偿评估注意事项

1. 充分考虑影响损害价值的因素

如前所述，著作权的损害赔偿价值受多重因素影响，因此，在实施评估活动的过程中，除了按常规方法考察侵权行为的具体情况及其所导致的损害结果外，还应当重点关注著作权自身的特殊性，以及与著作权相关的环境因素，认真分析研究被侵权作品的类型、财产权组合、艺术水平、作者知名度、使用状态和使用环境等，在准确核算侵权人的非法所得或权利人的收益减少的基础上，充分考虑著作权的自身因素和环境因素等其他影响因素的作用，对著作权的损害赔偿价值进行综合评估。尤其是当难以取得侵权人的财务资料，而权利人的财务资料也不全，或被侵权著作权之前尚未被使用时，著作权的自身因素和环境因素等对于其损害赔偿价值的评估具有重要意义。

2. 把握好损害赔偿评估的原则

除了充分考虑影响损害价值的因素外，著作权损害赔偿评估中还需要把握好以下几个原则。

（1）既定使用与预期使用相结合原则

著作权的财产权有 12 种，每一种权利都代表一种使用方式。但在对一部作品进行价值评估时，不可能按照一般无形资产评估的最大化利用原则，逐一考虑所有可利用方式，而应该是在既定的使用方式下，再进一步考虑有没有其他现实可行的使用方式。

（2）财产权组合原则

著作权的财产权内涵丰富，著作权人享有的权利越多，可能的收益方式就越多，著作权的收益额和评估价值也就越高；而侵权人侵犯的权利越多，则可以非法得到的利益就越高，著作权的价值受到的损害也越大。因此，著作权损害价值评估需要充分考虑具体作品的著作权包含的财产权组合情况。

（3）合理期望原则

著作权的价值主要表现为其能够给权利人创造的收益，对作品的期望值越大，著作权的预期收益和价值就越高，当其被侵权时的价值损失也就越高。当然，这种对著作权价值的期望是基于作品本身的艺术或技术水平，以及与作品使用相关的外部环境而言的。毕竟，脱离了作品自身的使用价值和使用条件而单纯考虑对它的期望值是不科学和缺乏依据的。当考虑著作权的间接损失和使用收益法估算著作权损害赔偿价值时，合理期望原则尤为重要。

第八章　知识产权损害赔偿评估报告

第一节　知识产权损害赔偿评估报告概述

一、知识产权损害赔偿评估报告的定义

知识产权损害赔偿评估报告，是指由专业评估机构和评估人员，按照评估工作的有关规定和准则的要求，在履行必要的评估程序和完成评估工作后，向委托人和利害关系人提交的，说明知识产权损害赔偿价值评估目的、程序、价值类型、依据、方法、结果和适用条件等基本情况，对被评估知识产权在评估基准日因被侵权而损失的价值发表的书面专业意见。

二、知识产权损害赔偿评估报告的特点

评估报告书是对知识产权损害赔偿评估过程的总结，也是评估人员对被评估知识产权在评估基准日和特定条件下的损害赔偿价值所发表的书面专家意见和履行委托评估协议情况的总结，以及为评估行为及结论承担法律责任的证明文件。

知识产权损害赔偿评估报告具有以下特点。

1. **客观性**

评估报告所陈述的事项是真实和准确的；评估所依据的信息来源经过了必要的验证，并且是真实和恰当的；评估工作利用了专家的意见，并对专家工作的结果负责；评估报告的分析和结论是在恪守独立、客观、公正原则的基础上形成的，能够真实、客观地反映评估工作的情况和被评无形资产的情况；评估结论仅在假设和限制条件下成立；评估报告只能用于载明的目的。

2. **相关性**

评估报告所提供的信息与报告使用者的决策相关，评估报告中记载的信息，使评估报告使用者能够合理地理解知识产权损害赔偿价值评估的结论。

3. **完整性**

评估报告能够完整、正确地描述知识产权损害赔偿价值评估的全过程，反映知识产权损害赔偿价值评估的目的、依据、过程、假设条件、价值类型、计价标准和结论

等；评估报告的评估说明和附件能够完善、补充、说明和支持评估报告正文。

4. 及时性

评估工作及结果具有很强的时效性，最好在基准日后 3 个月内提出，一般不要超过 6 个月。

第二节　知识产权损害赔偿评估报告的作用

一、提供专业性的损害赔偿价值参考意见

知识产权损害赔偿评估报告书，是经具有资产评估资格和司法部门认可的机构，根据委托人民法院或知识产权行政主管部门等的委托，结合被侵权知识产权的特点和侵权案件的具体情况，组织评估师及相应的专业技术人员，遵循评估的原则和标准，按照法定的程序和法律的规定，运用科学的方法对被侵权知识产权的损害价值进行评定和估算后，通过报告书的形式提出的专业性意见。

知识产权损害赔偿评估报告针对被侵害知识产权所提出的损害赔偿价值意见，既充分体现出经济、技术、法律等方面的专业性，又不代表任何一方当事人的利益，是一种独立的专家估价意见，具有较强的专业性、公正性与客观性，因而可以作为委托人针对侵权案件做出赔偿判决或相关决定的重要参考依据。

二、全面反映知识产权损害赔评估工作

知识产权损害赔偿评估报告是一种以文字形式全面反映评估工作情况和结论的书面工作成果，是对受托评估业务的背景、目的、范围、依据、程序、方法、假设条件和评估结论等内容进行说明和总结的书面文件。评估报告书一方面体现了评估机构和人员的工作过程与成果，另一方面又展现了评估活动和结论形成的完整过程，以及案件相关信息和知识产权情况，是报告使用者全面了解评估过程和正确使用评估结论的重要材料。

三、作为明确各方责任的重要依据

知识产权损害赔偿评估报告通过对评估范围、依据、目的、程序、方法、过程、结论等的表述和记载，客观上形成了明确评估委托方、受托方和有关各方权利与义务的依据。

对于审理侵权案件的人民法院或法庭而言，应当明确委托评估的对象和范围，并在办理委托评估业务后向评估机构提供与侵权案件有关的审判结论和庭审中获取的相关证据，包括侵权判定依据和结论、当事人使用知识产权的生产经营资料和财务凭证、

被侵害知识产权的技术与法律状态资料，以及其他与被侵害知识产权有关的资料等，帮助评估机构向案件当事人获取评估所需要的证据和资料、数据等，帮助评估人员进行现场调查、取证等。

对于评估机构及评估人员，应当严格遵守国家相关法律和《资产评估准则》《司法鉴定程序通则》，按照规定的程序，依照评估委托书约定的内容，选择适当的评判方法，在调查核实和分析研究的基础上，客观、公正、科学、合理地对被侵害知识产权的损害赔偿价值进行评估，给出评估结论，并对所开展的评估工作的专业性、客观公正性和评估结论的科学合理性承担责任。

对于案件双方当事人，则有责任配合人民法院和评估机构的调查、取证工作，向法庭和评估机构提供被侵害知识产权相关技术资料和财务资料等，并对所提供证据和资料的真实性负责。关于案件双方当事人的责任，《商标法》《专利法》等相关知识产权法律法规中均有规定。例如，《商标法》第 63 条规定："人民法院为确定赔偿数额，在权利人已经尽力举证，而与侵权行为相关的账簿、资料主要由侵权人掌握的情况下，可以责令侵权人提供与侵权行为相关的账簿、资料；侵权人不提供或者提供虚假的账簿、资料的，人民法院可以参考权利人的主张和提供的证据判定赔偿数额"；《商标法》第 62 条规定："工商行政管理部门……，对涉嫌侵犯他人注册商标专用权的行为进行查处时，可以行使下列职权：（一）询问有关当事人，调查与侵犯他人注册商标专用权有关的情况；（二）查阅、复制当事人与侵权活动有关的合同、发票、账簿以及其他有关资料；（三）对当事人涉嫌从事侵犯他人注册商标专用权活动的场所实施现场检查；（四）检查与侵权活动有关的物品；对有证据证明是侵犯他人注册商标专用权的物品，可以查封或者扣押。工商行政管理部门依法行使前款规定的职权时，当事人应当予以协助、配合，不得拒绝、阻挠。"

四、为建立和形成评估档案资料提供信息

损害赔偿评估报告是建立评估档案和归集评估档案资料的重要信息来源。评估机构和评估人员在完成评估任务后，必须根据评估报告的相关记载和描述，按照评估档案管理的有关规定，将评估过程中收集的证据、资料、工作记录及评估过程的有关工作底稿归档保存，作为整个评估工作和评估结论的原始依据和证明材料，供有关部门查阅和使用。

五、作为业务主管部门进行行业管理的重要依据

对损害赔偿评估报告进行审核，是行业管理部门监督评估活动、完善评估管理的重要手段。评估报告是反映评估机构的评估人员职业道德、执业能力水平、评估质量高低和机构内部管理机制完善程度的重要依据。有关管理部门通过审核知识产权损害

赔偿评估报告，可以有效地对评估机构的业务开展情况进行监督和管理，引导知识产权损害赔偿评估行业健康发展。

第三节　知识产权损害赔偿评估报告的基本内容

知识产权损害赔偿评估报告应当包括报告标题、文号、声明、摘要、正文及相关附件。

一、评估报告声明

知识产权损害赔偿价值评估报告声明主要是针对评估过程所遵循的法律、法规、准则，评估机构和人员的责任，以及报告使用的限制和应关注事项等进行的说明。评估报告声明一般应当包括以下内容。

1）注册人员恪守独立、客观和公正的原则，遵循有关法律、法规和资产评估准则的规定，并承担相应的责任。

2）提醒评估报告使用者关注评估报告特别事项说明和使用限制。

3）其他需要声明的内容。

二、评估报告摘要

评估报告摘要应当提供评估业务的主要信息及评估结论。

三、评估报告正文

评估报告正文应当包括以下内容。

1. 首部

评估报告正文的首部应包括标题和报告序号。标题应为"某某（评估项目名称）知识产权损害赔偿价值评估报告"。报告序号应符合公文的要求，包括评估机构特征字、公文种类特征字（如评报、评咨、评函，评估报告正式报告应用"评报"，评估报告预报告应用"评预报"）、年份、文件序号。

2. 序言

评估报告正文的序言应写明该评估报告委托方全称、受托评估事项及评估工作整体情况，一般按特定的表达格式进行表述。例如，"××评估机构接受××的委托，根据国家有关知识产权法规和资产评估的规定，本着客观、独立、公正、科学的原则，按照合理的评估方法，对为××评估目的而涉及的知识产权的损害赔偿价值进行评估工作。本机构评估人员按照必要的评估程序对委托评估的知识产权进行了调查与取证，对委托评估知识产权在×年×月×日所表现的市场损害价值做出公允反映。现将该知识产权损害赔偿价值评估情况及评估结果报告如下"。

3. 委托方与案件当事人情况简介

主要包括委托人名称、地址，侵权案件双方当事人名称、地址及主要经营场所地址、法定代表人、历史情况简介；权利人或侵权人资产、财务、经营状况，行业、地域的特点与地位，以及相关的国家产业政策等。

4. 侵权案件案情简介

简要介绍知识产权侵权案件发生的情况，包括案件发生的时间、地点、原因和造成的影响，主要争议的内容，人民法院对案件的审理情况和对侵权行为的判定结果等。

5. 评估目的

评估目的应写明本次知识产权损害赔偿评估是为了满足委托方的何种需要。

知识产权损害赔偿评估的目的包括司法赔偿、纠纷调解赔偿、损害价值咨询等，在评估报告书中必须根据委托情况，明确评估的目的。评估报告载明的评估目的应当唯一，表述明确、清晰。

6. 评估对象与范围

评估报告中应载明被评估的知识产权和评估的范围，描述被评估知识产权及其被侵害的基本情况，包括知识产权的技术状况、经济状况、使用状况、法律权属状况、历史交易和使用状况等，以及经委托人明确的知识产权被侵害的范围。

7. 价值类型及其定义

评估报告应当明确价值类型及其定义，并说明选择价值类型的理由。

知识产权损害赔偿价值评估的价值类型通常包括直接损失价值类型、期权损失价值类型、完全损失价值类型、惩罚赔偿价值类型。

8. 评估基准日

评估报告应当载明评估基准日的具体日期，并与业务约定书约定的评估基准日保持一致，并确定评估基准日的理由或成立条件，说明选取评估基准日时重点考虑的因素，如法院指定日或侵权停止时间等。

知识产权损害赔偿价值评估的评估基准日可以是现在时点，也可以是过去或者将来的时点，具体需要根据侵权案件实际情况确定。若案件判决和委托评估前已经停止侵权活动，则评估基准日应在过去；若案件判决和委托评估时刚刚停止侵权活动，则评估基准日在现在。

9. 评估原则

评估报告应当说明评估所遵循的法律依据、准则依据、权属依据、取价依据，以及判决或调解依据等。与传统知识产权评估不同的是，知识产权损害赔偿价值评估更强调法律依据、判决或调解依据、取证依据。

10. 评估依据

评估依据包括行为依据、法规依据、产权依据和取价依据等。

知识产权损害赔偿评估的行为依据主要指进行评估的委托书。法规依据应包括知识产权和资产评估的有关法律条文、文件等。产权依据应包括被评估知识产权的权利证书、许可使用协议等。取价依据应包括评估中直接或间接使用的、当事人提供的财务会计经营方面的资料和评估机构收集的国家有关部门发布的统计资料和技术标准资料，以及评估机构收集的有关询价资料和参数资料等。

11. 评估假设

知识产权损害赔偿价值评估报告中应当说明评估过程中采用的假设前提，以及评估结论成立的条件。采用期权损失法、收益法、完全损失法时，尤其需要表述清楚结论成立的假设条件。

12. 评估方法

评估报告应当说明所选用的评估方法及其理由，评估方法中的运算和逻辑推理方式、折现率等重要参数的来源，各种价值结论调整为最终评估价值的逻辑推理方式等，并适当介绍评估方法的原理与适用范围。

知识产权损害赔偿价值评估的方法通常包括直接损失法、期权损失法、完全损失法、许可费用倍数法、市场比较法、收益法、成本法、惩罚法，在条件允许的情况下，优选直接损失法、许可费用倍数法、完全损失法。采用惩罚法、期权损失法、市场比较法、收益法、成本法时，应当充分论述不能选用直接损失法或许可费用倍数法的理由。

13. 评估过程与相关情况

知识产权损害赔偿价值评估报告应对评估机构自接受评估项目委托起至提交评估报告的全过程进行说明，包括受委托过程中确定评估目的、对象及范围、基准日和拟定评估方案的过程；实施评估过程中现场调查取证、资料收集、检查与验证过程，评估方法选择、市场调查与了解、评定估算的具体过程；评估评估结论分析、撰写报告与说明、内部复核过程，以及提交评估报告等过程。

14. 评估结论

知识产权损害赔偿价值评估报告中应以文字和数字形式清晰说明评估结论。评估结论应当是确定的数值，但经与委托方沟通，评估结论也可以使用区间值表达。

15. 评估特别事项说明

知识产权损害赔偿价值评估报告应当披露评估假设及其对评估结论的影响，说明被评估知识产权可能存在的产权瑕疵、未决事项、预测因素等不确定因素，以及重大期后事项和采用的特殊程序和方法。说明评估人员在评估过程中已发现可能影响评估结论，但非评估人员执业水平和能力所能评定估算的有关事项，并提示评估报告使用者应注意特别事项对评估结论的影响，以及评估人员认为还需要说明的其他事项。

16. 评估报告法律效力、使用范围与限制说明

写明评估报告成立的前提条件和假设条件，报告依照有关规定发生法律效率，报

告仅供委托方为载明的评估目的和用途使用，报告有效期自基准日起一年。未征得出具评估报告的评估机构同意，评估报告的内容不得被摘抄、引用或披露于公开媒体。

17. 评估报告提出日期

知识产权损害赔偿价值评估报告中载明的评估报告日，通常为评估机构和评估师形成最终专业意见的日期。

18. 报告签发

知识产权损害赔偿价值评估报告须由评估人员和法定代表人或合伙人签字，评估机构盖章。

四、评估报告附件

评估报告附件通常包括：

1）有关评估行为文件（评估委托书或评估业务协议）。

2）评估对象所涉及的权属证明和法律文件、资料。

3）侵权案件相关材料，包括案情材料、法庭侵权判定结论和其他侵权相关材料。

4）权利人或侵权人在侵权行为发生期间和前3年的生产经营资料和财务凭证。

5）权利人营业执照或身份证明复印件。

6）案件双方当事人和评估机构的承诺函。

7）评估机构和评估人员营业执照、资格证书复印件。

8）知识产权许可、知识产权产品或服务销售等重要合同。

9）评估对象涉及的资产清单和历史成本资料。

10）其他相关文件资料。

第四节　知识产权损害赔偿评估说明

知识产权损害赔偿评估说明的基本内容包括封面和目录、使用范围声明、相关事项说明、评估对象清查核实情况、评估依据说明、评估技术及过程说明、评估结论及其分析。

一、评估说明封面和目录

1. 评估说明封面

封面载明项目名称、评估报告编号、评估机构名称、评估说明提出时间、说明分册情况。

2. 评估说明目录

评估说明目录包括每一部分的标题和起止页码，收录的备查文件或资料复印件的页码。

二、关于评估说明使用范围的声明

评估说明使用范围的声明应写明评估说明仅供人民法院和评估主管机关审查评估报告和检查评估机构使用，非为法律、法规规定，说明材料的全部或部分内容不得提供给其他单位和个人，也不得见诸公开媒体。

三、关于进行知识产权损害赔偿评估有关事项的说明

1）委托方与资产占有方概况。

2）评估目的、范围与基准日。

3）可能影响评估工作的重大事项。

4）被侵权知识产权清查情况。

5）相关证据和资料清单。

四、关于被侵权知识产权清查核实情况的说明

1. 被侵权知识产权清查核实的内容

其中包括对知识产权类型、形成及产权状况、法律依据、有效状况、资产数量、账面价值等的调查核实情况等。

2. 影响被侵权知识产权清查事项的内容

其中包括可能影响知识产权勘察核实的具体事项，如知识产权功能的限制、诉讼保全限制、技术性能的局限、法律状态的限制等。

3. 被侵权知识产权清查的过程与方法

说明对被侵权知识产权清查的主要过程与使用的方法，清查核实所采取的方案与措施。

4. 被侵权知识产权的清查结论

说明清查结果是否与被侵权知识产权的账面记录存在差异及差异的原因，对产权和法律状态不清晰的应详细列示并说明原因，同时说明委托方与资产占有方应当承担的责任。

5. 知识产权清查调整说明

说明根据会计政策等规定，对知识产权取得的账面价值、利用收益等应予以调整的处理及其与调前的比较。

6. 知识产权瑕疵说明

应对清查中发现可能影响知识产权的产权归属，以及使用权和产权有效性等情况，做出具体说明。

五、评估依据说明

1）说明评估行为所依据的行为文件与法律文件。

2）说明评估行为所依据的经济与财务资料。

3）重大合同协议与产权证明文件。

4）采用的取价标准，以及与评估相关的国家宏观经济政策、行业发展政策等情况及其相应文件依据。

5）相关参考资料及其他依据。

六、评估技术及过程说明

具体说明评估假设与价值类型的选择、评估方法的选择、涉及的计算公式、具体数据的来源和依据、折现率及有关参数的选择、具体的评定计算过程、评估结论的确定、评估举例、评估价值与账面价值的差异及原因等。

七、评估结论及其分析

明确描述具体的评估结论，说明影响评估结论的相关因素。

1）说明知识产权损害赔偿价值的评估结果。

2）说明评估结论可能存在的瑕疵事项，如评估所依据的相关财务资料不全可能对评估结论的影响，或其他可能影响知识产权损害价值的事项。

3）说明评定估算过程中方法和参数等的选取可能存在的风险。

4）说明评估结论成立的条件和可能存在的相关期后调整事项。

第五节　知识产权损害赔偿评估报告的基本要求

一、表述清晰简练

评估报告应当清晰、准确、简洁地陈述评估报告的内容，不得使用误导性的表述。

二、记载完整的信息

应当在评估报告中提供必要信息，使评估报告使用者能够合理理解评估结论。

三、说明程序限制

执行评估业务和评估程序受到限制且无法排除，如无法进行现场调查和相关数据核实等，经与委托方协商后仍须出具评估报告的，说明评估程序受限情况及其对评估结论的影响，并明确评估报告的使用限制。

四、按要求签发报告

评估报告应当由两名以上评估师签字盖章，由评估机构的法定代表人或者合伙人在评估报告上签字，并由评估机构盖章。

五、声明报告有效的条件

评估报告应当明确评估报告的有效使用期限和条件。一般而言，评估报告的使用期限应当限于自评估基准日一年内，超期应进行重新评估。

六、声明评估结论的使用限制

评估报告应当明确评估报告的使用条件。评估报告中应当说明，对于评估报告和结论出具后，因上诉、重审等原因而重新判决的知识产权侵权案件，不得使用基于原有判决的评估报告和结论，应按人民法院新的判决和委托要求，对知识产权损害赔偿价值进行重新评估。

七、知识产权损害赔偿评估报告提交要求

知识产权损害赔偿评估报告的提交应严格遵守委托合同的要求，在规定的时间按时提交。确因评估机构和人员的原因，不能按时提交的，应及时与委托方协商延长的时间，并承担相应责任。

评估机构及评估人员提交报告时，应当在评估报告中声明下列内容：

1）评估报告陈述的事项是真实和准确的。

2）对评估所依据的信息来源进行了验证，并确信其是可靠和适当的。

3）评估报告的分析和结论是在恪守独立、客观和公正原则的基础上形成的，仅在假设和限定条件下成立。

4）与被评估知识产权案件及有关当事人没有任何利害关系。

5）利用了专家的工作，并对专家工作的结果负责（如果没有利用专家工作，则不用声明）。

6）评估报告只能用于载明的评估目的，因使用不当造成的后果与评估人员及其所在评估机构无关。

第九章　知识产权损害评估相关法律问题

第一节　知识产权损害评估的法律基础

一、知识产权侵权损害赔偿的法律原则

知识产权损害赔偿的法律原则对知识产权侵权损害事实和侵权损害赔偿责任范围的认定，以及对最终侵权损害赔偿数额的确定均具有重要意义。在知识产权侵权损害赔偿案件的审判中，当人民法院经过开庭审理查明全案的事实情况，依据侵权损害赔偿的归责原则、侵权行为构成要件确定了侵权行为人的侵权责任以后，如何满足受害人的赔偿请求，如何确定侵权行为人的赔偿数额，需要遵循一定的准则和规范。这些准则就是指知识产权损害赔偿的法律原则。

1. 全部赔偿原则

全部赔偿原则是指知识产权损害赔偿责任的范围，应当以加害人侵权行为所造成损害的财产损失范围为标准承担全部责任，即要求以受害人的全部损失或损害为标准和范围来赔偿。

全部赔偿原则是知识产权侵权损害赔偿的基本原则。全部赔偿只能以合理的实际损害作为标准，但应包括受害人为恢复权利、减少损害而支出的必要费用。当然，在实践中受害人合理的全部损失往往不易计算，特别是对未来的可得利益的估算更加困难。

2. 区别对待原则

具体评估知识产权损害赔偿额的时候，在全部赔偿原则的基础上，应当对不同知识产权的损害赔偿予以区别对待，根据各类知识产权的不同特点和案件的具体情况，充分考虑损害赔偿价值的影响因素，依据相应的估算规则，评估出应赔偿的数额。

3. 法定标准赔偿原则

法定赔偿又称酌定赔偿，是指由知识产权法律明文规定对不法侵害知识产权造成的损害应当赔偿的具体数额（或数额幅度）。在人民法院无法查清受害人实际损失和侵权人赢利数额，或者受害人直接要求按法定最低赔偿额进行赔偿时，人民法院可以根据具体案情和律规定的赔偿数额酌情确定赔偿数额。

法定赔偿不是依据某种具体方法计算出来的，而是由法院根据案情酌情确定的赔偿数额。《专利法》《商标法》和《著作权法》都明确规定了法定赔偿。例如，《商标法》第63条规定："权利人因被侵权所受到的实际损失、侵权人因侵权所获得的利益、注册商标许可使用费难以确定的，由人民法院根据侵权行为的情节判决给予三百万元以下的赔偿"。对于其他知识产权侵权案件，虽然法律和司法解释没有具体规定，但法院一般也参照《专利法》《商标法》和《著作权法》的规定适用法定赔偿。

法定标准赔偿原则可以大幅度提高审判知识产权案件的效率，从而在量和质上使知识产权的法律保护更加充分和有力。但使用法定标准赔偿原则应当注意以下几点：一是法定赔偿是一种补充性的赔偿数额确定方式，只有在其他估算方法不能适用时才能采用，在权利人的损失能够确定的情况下一般不应简单适用法定赔偿；二是适用法定赔偿时要考虑相关因素，并在判决理由中进行说明，不能只简单地罗列司法解释的参考因素；三是按法定赔偿确定的赔偿数额二审法院可以改判。

4. 精神损害赔偿限制原则

精神损害赔偿限制原则，是指对公民、法人等民事主体享有的知识产权中精神权益损害，在法律规定的范围内可以适用精神损害赔偿。

《民法通则》确立了精神损害赔偿的法律制度。根据《民法通则》第120条的规定，公民的姓名权、肖像权、名誉权、荣誉权，以及法人的名称权、名誉权、荣誉权受到侵害的，有权要求停止侵害，恢复名誉，消除影响，赔礼道歉，并可以要求赔偿损失。该规定中的"赔偿损失"，一般可以解释为我国精神损害赔偿的法律依据。《最高人民法院关于审理名誉权案件若干问题的解答》《最高人民法院关于确定民事侵权精神损害赔偿责任若干问题的解释》则对"侵权精神损害赔偿"中的若干问题做了明确的规定。

对于侵害知识产权能否造成精神损害、造成精神损害能否要求精神损害赔偿，《民法通则》和《专利法》等多数知识产权法并没有明确的规定。不过，《著作权法》规定的著作权包括著作人身权和财产权，具有人身权与财产权并存的权利双重属性，由此形成了知识产权中的某些权利能够获得精神损害赔偿的客观基础。著作人身权是指发表权、署名权、修改权和保护作品完整权，侵犯著作人身权可能造成著作权人的财产损失，也可能造成著作权人精神利益和人身的损害。精神利益的赔偿属于精神损害赔偿，只有在充分保护著作人身权、作者精神权益受到侵害能够得到精神赔偿的情况下，著作权的保护才能称为完整的保护。

其他知识产权，如商标、专利等虽同著作权有所不同，但侵权同样也会造成知识产权主体的商誉、信誉等关于法人名称权、名誉权的精神利益的损害。某些侵犯法人的名誉权纠纷本身就是企业之间的不正当竞争纠纷，受侵害的权益当属知识产权保护的范畴。因此，知识产权（主要为著作权等）侵权损害赔偿应当包括精神损害赔偿。

当然，出于具体认定和量化的难度，以及社会认同等因素的影响，精神损害赔偿的范围不宜扩大，应该加以必要的限制。这种限制主要表现在三个方面：一是限制范围，知识产权的精神损害赔偿只能限定在对知识产权人身精神权益的损害，即主要是对著作人身权的损害赔偿以及不正当竞争纠纷中涉及公民、法人姓名权、名称权等商誉的损害赔偿；二是限制承担责任方式，对于侵权人精神损害未造成严重后果，可以责令侵权人承担非财产性的民事责任；对于侵权致人精神损害，造成严重后果的，才判令予以精神损害赔偿；三是限制数额，精神损害赔偿金的数额应充分考虑侵权人的负担能力和当地的平均生活水平等情况。

5. 法官自由裁量原则

法官自由裁量原则是指法官在处理知识产权损害赔偿案件时，依自由裁量权确定赔偿金的具体数额。自由裁量权不是无限制的权利，该原则并不意味着法官在确定赔偿金额可以随心所欲，主观臆断，而是要遵循一定的规则和办法。《最高人民法院关于审理名誉权案件若干问题的解答》《最高人民法院关于确定民事侵权精神损害赔偿责任若干问题的解释》对法官的自由裁量都有相关的规定。

例如，《最高人民法院关于审理名誉权案件若干问题的解答》第 10 条规定："公民、法人因名誉权受到侵害要求赔偿的，侵权人应赔偿侵权行为造成的经济损失；公民并提出精神损害赔偿要求的，人民法院可根据侵权人的过错程度、侵权行为的具体情节、给受害人造成精神损害的后果等情况酌定"。

二、知识产权侵权损害赔偿数额的法定计算方法

按照我国知识产权相关法律的规定，知识产权侵权损害赔偿的计算方法主要包括以下四种。

1. 以权利人因侵权行为造成的实际损失计

侵权行为所造成的实际损失是损害赔偿的核心。损害事实是侵权损害赔偿构成的首要条件，任何一种方法都不能脱离实际损失或者损害事实而单独存在，法律即使规定了法定赔偿制度，法定赔偿额标准的制定依然需要以权利人的实际损失作为基础和依托，然后再考虑知识产权的市场因素、社会经济发展水平和侵权状况等诸多因素来决定。

然而，在司法实践中，权利的"实际损失"很难确定和计算。一方面，权利人的损失必须与被告的侵权行为之间具有因果关系，而要证明因果关系有时是很难的。知识产权侵权损害的实际损失应当由受害人提出，并举证证明。因为只有受害人自己最了解自己损失的情况，请求赔偿的请求权也只有由其自己行使和提出才导致一定的法律后果，开始一定法律程序。对方当事人与人民法院不承担对原告损害事实的证明责任。即使在举证责任倒置的情形下，损害事实的举证责任也不会转移为侵权人的举证

责任。受害人作为原告提出的实际损失证明，经过法庭质证、辩论后，查证属实的予以认定，不属实或部分不属实的，不予认定或部分不予认定。另一方面，所谓"实际损失"的内涵非常丰富，狭义的"实际损失"只涉及侵权对知识产权所造成的直接损害，即权利人知识产权直接收益的减少；而广义的"实际损失"则包括侵权对知识产权的所有损害，既有权利人现实利益的损失，也有未来利益和其他关联的间接利益的损失。

当然，为了解决不确定性带来的损失计算的实际操作问题，《专利法》等知识产权法均对"实际损失"规定了具体的计算方法。对于虽有侵权行为但没有实际损失的，应当适用停止侵权等其他的民事责任形式，而不应当适用赔偿的民事责任形式。对于有最低赔偿额规定的，方可不问实际损失按照最低赔偿额予以赔偿。

2. 以被告因侵权行为的非法获利计

为了解决不能直接计算权利人"实际损失"的问题，相关知识产权法又做出了以侵权人因侵权所获得的利益计算的替代方法，即"实际损失难以确定的，可以按照侵权人因侵权所获得的利益确定"。

对于被告的获利，一般是把被告侵权时所获得的全部利润作为损害赔偿额，此时其实同样是基于因果关系来认定侵权损害赔偿额，也就是说被告的所得是因为使用了原告的知识产权，并且这个利润本来是原告应该得到的。

3. 参照许可使用费计

对于参照许可使用费来计算赔偿额，《专利法》和《商标法》均有明确规定。对于其他知识产权侵权案件来说，知识产权许可使用费同样具有重要意义。因为它是决定法定赔偿额的重要依据。知识产权的使用费往往都有明确的合同依据或市场上可以比照的标准，这些标准一般是客观的，不会受到当事人之间纠纷因素的影响，如专利权的技术提成率、商标权的许可费率、著作权的稿酬等。

4. 由法院适用法定赔偿

为了切实保护权利人的合法权益，TRIPS 和不少国家的知识产权立法都规定了知识产权侵权损害赔偿的法定赔偿制度。在我国，知识产权损害的法定赔偿是修订后的《专利法》《商标法》《著作权法》中确立的一项赔偿制度。当无法使用其他方法计算知识产权侵权损害赔偿数额时，可以依照有关知识产权法的规定，由法院依法酌定知识产权侵权损害赔偿数额。

三、知识产权侵权损害赔偿司法实践中存在的问题

知识产权侵权损害赔偿额的确定，一直是知识产权司法审判工作中的重点和难点。知识产权侵权损害赔偿额，应当根据损害赔偿的原则，结合每起案件的具体案情，综合考虑各方因素予以确定。损害赔偿问题是知识产权侵权案件乃至一切民事侵权案件

审判过程中的关键内容。如果赔偿问题处理不好，就影响着知识产权司法保护的整体水平和形象。

目前，知识产权侵权损害赔偿判定过程中面临以下问题。

一是现行法律对赔偿问题所做的原则性规定不适应知识产权制度的发展。随着现代技术的进步，知识产权客体各具特色，侵权手段也日益复杂，特别是互联网技术带来的新的侵权形态，使赔偿问题进一步复杂化。例如，著作权领域中作品种类、载体、传播方式等的多样性，使赔偿的原则和标准难以掌握。

二是知识产权客体的特殊性，带来了取证的困难。一方面，原告基于知识产权客体的无形性，难以举证自己的损失；另一方面，被告对于提供侵权证据持消极态度，原告无法了解被告因侵权获利的情况，也无法证明给自己造成的损失。因此，司法实践中的知识产权损害赔偿案件，或因原告无法提交相关证据，或因其提交的证据达不到证据性要求、原告未能充分举证证明其因侵权所受到的实际损失或被告因侵权所获得的利益，因此许多案件最终只能由法院酌定赔偿数额。

三是法定赔偿制度缺乏合理的规范。司法实践中，相当数量的案件适用了法定赔偿。据统计，北京法院在以判决方式审结的著作权纠纷案件中，以权利人的经济损失作为赔偿额的约占57%，以侵权人违法所得作为赔偿额的约占7%，适用法定赔偿的约占36%。❶ 尽管法定赔偿从一定程度上减轻了司法机关在确定侵权赔偿数额方面的压力，但是鉴于知识产权纠纷案件的复杂性，法官即使掌握丰富的法律知识和审判经验，也很难做到对赔偿数额科学和合理的判断。

由于酌定的数额可能与实际损失数额有相当的差距，法定赔偿有时与我国民法理论中损害赔偿的基本原则"损益相当原则"相悖。"由于法定赔偿仅规定了一个抽象的数额幅度，如何确定具体的赔偿数额尚缺乏必要的规范，法定赔偿额的确定，实质上是法官自由裁量进行心证的结果，因此，如何避免自由裁量成为恣意裁量、如何避免法定赔偿成为随意性赔偿，是知识产权法定赔偿适用过程中，必须予以关注的一个重要问题。"大量的判决在证据分析和说理部分注重对侵权的认定，但却忽略对确定赔偿额所酌定的因素的分析，法院常以"某某的诉讼请求证据不足，本院将依据被告的侵权程度依法确定法定赔偿额"等话语一笔带过，当事人对法定赔偿额怎样确定无从得知，难免给当事人和公众以"暗箱操作"之嫌，不能充分体现"合理赔偿"的原则。❷

基于以上情况，深入研究知识产权的损害赔偿问题和在司法实践中大量引入专业化的损害赔偿价值评估是必要的，尤其是对赔偿数额争议较大的知识产权损害赔偿额应当进行专业评估和估价。尽管在实体上追求绝对公正的赔偿计算方法和实现绝对合

❶ 张鲁民，张雪松. 著作权侵权损害赔偿责任的确定［OL］. 中国民商法律网，2005 – 3 – 23.

❷ 梅雪芳，陈晓峰. 知识产权法定赔偿适用问题研究［J］. 中国发明与专利，2009（1）：64.

理的赔偿结果是不可能的，但是至少应当追求实现在赔偿计算中的程序公正，特别是判决书中应当尽可能对赔偿计算方法做出充分说明。要做到这一点，不借助于专业评估是很困难的。

第二节 知识产权损害赔偿评估的法律关系

知识产权损害赔偿评估法律关系，是法律规范调整知识产权损害评估过程中的行为形成的，以权利和义务为内容的特殊的社会关系。知识产权损害赔偿评估法律关系由主体、内容与客体三要素构成。

一、知识产权损害赔偿评估法律关系的主体[1]

知识产权损害赔偿评估主体是知识产权损害赔偿评估法律关系的最根本的要素，也是整个法律关系的参加者。按照法理学原理，可以作为法律关系主体的有自然人、法人与非法人组织，在特殊情况下，国家也可以成为法律关系的主体。

1. 知识产权损害赔偿评估法律关系主体的现状

在大量的知识产权侵权案件中，知识产权的损害赔偿数额是最关键的问题，也是一直困扰司法机关的难点问题之一。我国从开展知识产权审判工作以来，最高人民法院就陆续制定了关于赔偿数额的司法解释：1998 年最高人民法院在吴县会议纪要中阐明了固定赔偿原则；2000 年《专利法》修订明确了原告损失、被告获利和许可使用费倍数等三种确定专利侵权赔偿数额原则后，最高人民法院在《关于审理专利纠纷案件适用法律问题的若干规定》中对《专利法》的有关规定进一步细化并明确规定了法定赔偿。随着我国知识产权法律制度的不断完善，《专利法》《商标法》《著作权法》等主要的知识产权法律也陆续对知识产权的侵权赔偿相关问题进行了规定，体现了我国司法机关在此问题上的执着探索。

然而，在现实中，除了法定赔偿外，诸多的侵权赔偿数额确定原则及其细化规定难以得到贯彻和执行。在司法实践中，或因原告无法提交相关证据，或因其提交的证据达不到证据性要求、原告未能充分举证证明其因侵权所受到的实际损失或被告因侵权所获得的利益。因此，许多案件最终还是依赖于法院根据知识产权侵权的类别、侵权人的侵权性质和情节等因素，酌定赔偿数额。

虽然法定赔偿从一定程度上减轻了司法机关在确定侵权赔偿数额方面的压力，但

---

[1] 知识产权的损害纠纷可以通过当事人的协商、知识产权行政管理部门的行政裁决以及法院诉讼三种途径解决。依据司法作为最终的救济途径的法理，此处所指的主体是在知识产权侵权诉讼中的主体，因此，知识产权损害评估法律关系主体的构建指的是诉讼阶段的主体构建。实践中如当事人在自由协商阶段或者行政管理部门在裁决过程中需要评估知识产权的损害额的，相关主体可以委托已经构建的司法体系中的评估人进行。

由于酌定的数额可能与实际损失数额有相当的差距，因此，其与我国民法理论中损害赔偿的基本原则"损益相当原则"相悖。在此背景下，知识产权损害赔偿评估应运而生。但是，由于我国的证据与鉴定立法比较滞后，目前诉讼中的知识产权损害评估至少存在以下问题：知识产权损害赔偿评估性质不明；评估机构管理无序，如目前既有司法行政部门的管理，也有财政部门与国家知识产权局的管理；评估人资格没有统一标准；评估人培训考核晋升不完善，评估的范围、对象无法律规定；评估的标准不明确等，但最关键的问题是知识产权损害赔偿评估的性质不清，其究竟属于民事诉讼中的证据（鉴定结论）抑或专家咨询，目前的法律还没有具体涉及，相关的制度也未建立。这样的现状直接导致以下问题的出现。

其一，损害赔偿评估法律关系主体的无序与混乱。因为损害赔偿评估的性质不明，使目前的知识产权损害赔偿评估法律关系的主体要素无法明确界定。一方面，出现了委托权归属不清现象，从而使作为参加人之一的委托主体无法界定，导致实践中既可以由法院委托，也可由当事人委托的混乱局面的出现。另一方面，出现了被委托人——评估人的无序与混乱。在实践中，尚无评估人资格的统一认定标准，评估人员的技术水平、专业素质良莠不齐。此外，鉴定资格的授予也缺乏统一的规范标准及相应的考核制度，各个系统差异较大。按照《财政部、国家知识产权局关于加强知识产权资产评估管理工作若干问题的通知》第2条规定，可以进行知识产权损害赔偿评估的只能是经财政部门批准设立的资产评估机构，而按照《全国人民代表大会常务委员会关于司法鉴定管理问题的决定》第4条、第5条规定，可以进行司法鉴定的主体包括自然人、法人和非法人组织，目前，各地的知识产权司法鉴定机构即属此类。

其二，评估效力不明。因为知识产权损害赔偿评估主体混乱，直接使知识产权损害赔偿评估报告的效力受到了影响，使其是否具有证据效力受到了质疑。这必将导致重复评估、多次评估的现象，拖延了诉讼审理时间，增加了诉讼费用，提高了当事人的诉讼成本。

2. 知识产权损害赔偿评估法律关系主体的构建

前文已述，知识产权损害赔偿评估的性质不明是造成目前法律关系主体混乱的重要原因，因此，明确其性质是解决问题的关键。在知识产权侵权诉讼中，由于其具有专业性强、涉及技术领域广泛的特点，往往使知识产权损害赔偿额的确定成为案件处理中的一个难点问题。在目前的司法实践中，解决上述问题存在两种情形：一种是司法鉴定，另一种是专业咨询。

对于司法鉴定，按照《全国人民代表大会常务委员会关于司法鉴定管理问题的决定》的规定："司法鉴定是指在诉讼活动中鉴定人运用科学技术或者专门知识对诉讼涉及的专门性问题进行鉴别和判断并提供鉴定意见的活动"，在知识产权侵权诉讼中，司法鉴定机构所做的知识产权损害赔偿评估属于司法鉴定的一种，其做出的评估报告当属于鉴定结论，具有证据效力。

从专业咨询角度而言，在民事诉讼中，的确存在法官需向专家进行咨询的情况。其中既有进行技术咨询的情况，也有进行专业法律咨询的情况。如果能聘请专家作为人民陪审员，使咨询专家也受到一系列庭审规则的制约，如回避制度、合议制度等，既符合正当程序原则，也可以较好地解决法官对专门问题的认知能力不足的情况，值得提倡。但是，专家参与咨询，无论是技术咨询还是专业法律咨询，往往都是非书面，也是不通知当事人的，是法官在开庭和合议之外进行的。这种做法剥夺了当事人听审和申辩的权利。它既无法保证咨询专家与当事人无利害关系，又无法使专家对咨询结果承担责任。而将裁判结论建立在没有参加庭审、没有经过质证和辩论、不承担相应后果的所谓专家意见之上，这对当事人是极不公平的，违背了诉讼的正当程序要求，也违背了我国民事诉讼法的法定证据原则和辩论原则，是不应当提倡的。

综上所述，在知识产权损害赔偿诉讼中，将知识产权损害评估在性质上界定为司法鉴定更符合民事诉讼法的精神。其中，最为关键的是鉴定人，即损害赔偿评估人的确定。目前，各国的诉讼模式不同，鉴定人制度也不相同。

（1）国外现行的鉴定人制度

1）大陆法系国家采用的鉴定人制度。大陆法系国家采用的是中立的鉴定人制度，具有以下特点。

其一，受大陆法系职权主义诉讼模式的影响，鉴定人往往被认为是法官的辅助者，承担着近乎法官的司法职能，鉴定被视为是帮助裁判者发现真相、实现正义的活动，因而，鉴定人是"帮助法院进行认识的人"，是"法官的科学辅助人"。这种性质和地位决定法官有权指定、聘请鉴定人，也决定了大陆法系各国法律要求鉴定人对双方当事人采取中立的立场。

其二，鉴定人既然作为"法官的科学辅助人"，因此，如同担任法官必须具备一定的条件一样，担任鉴定人也应该有严格的资格。大陆法系的鉴定人资格原则采取的是法定主义。在法国，法律将鉴定权具体授予特定的人或特定的机构，鉴定人的资格必须具备以下两个条件：第一，必须是已在鉴定人名册上登记的人，特殊情况下可以选任没有在鉴定人名册上登记的人，但必须要附有理由；● 第二，鉴定人的立场或职务必须与鉴定工作不矛盾。例如，《法国刑事诉讼法典》第157条规定："专家应从最高法

● 根据巴黎法院律师、国际保护工业产权协会名誉主席保尔·马特里的论述：在工业产权案件中可能采用的预审措施有调查或专家鉴定两种方式，而实际上有关工业产权的案件很少采用调查的办法。当法庭决定采用专家鉴定时，法庭用判决指定一位专家并规定该专家的任务。专家研究遇到的问题，然后向法庭提交书面鉴定报告。双方律师可以就该报告到法庭交换文书并进行辩论。值得注意的是，在发明专利案件中，法庭也常常不采用专家鉴定进行审理，而是采取双方以专利顾问辅助专门的律师进行辩论的方式，由专利顾问对专业性问题进行十分详尽的解释。可参考保尔·马特里所著《法国司法制度结构和法国法院中的侵权诉讼》，载于最高人民法院经济审判庭编印的《工业产权司法问题讲座》（1984.8）。

院办公厅制定的全国专家名册中所列的自然人和法人中选取，或者从各上诉法院与总检察长商定提出的名册中选取"。因此，法国的最高法院办公厅每年都制作全国性鉴定人名册，各上诉法院也可按不同专业做成鉴定人名单，公布所列的自然人和法人作为鉴定人，法院通常从中指定具体诉讼的鉴定人。鉴定人登入名册或被删除的程序由行政规章予以规定。鉴定人在程序上通常是借助调查，形成书面意见结论后提交法院，该意见结论在诉讼上即可构成案件记录的内容之一，由双方当事人在庭审过程中进行质疑、辩论，然后由法院根据情况做出判决。❶ 而大陆法系的另一重要国家德国，对鉴定人资格的审查主要是由法官进行。德国法律规定，法官有权指定鉴定人，这种鉴定人称之为"官方鉴定人"，倘若无特别情况，一般应首先使用官方鉴定人。❷ 此外，大陆法系在民事诉讼领域中还采用任意主义来界定鉴定人的资格。例如，《法国新民事诉讼法典》第 232 条规定："法官得委派其挑选的任何人，通过验证、咨询或鉴定，以查明应有技术人员协助才能查明的某个事实问题"；《德意志联邦共和国民事诉讼法》第 404 条规定："当事人一致同意某特定人为鉴定人时，法院应即听从其一致意见"，从而表现出对鉴定人资格采取的任意主义。类似的规定也存在于俄罗斯联邦、日本的民事诉讼法典和我国澳门地区的相关规定中。❸

其三，在鉴定人的选任方式上，采用的是法官主导选任方式。在大陆法系不少国家，鉴定人一般是由司法官聘任的，其参与诉讼的目的是帮助法官对事实进行认定，其职责是弥补法官知识和经验的不足，因而被视作法官的助手，是"法官的科学辅助人"。因此，司法鉴定活动带有准司法性质，鉴定人的地位在制度上得到确认。但是，从前面的论述可以看出，在现代许多大陆法系国家，鉴定人的选任制度已经不能简单地概括为由法院或法官指定、聘任或委托，而是更多地体现尊重和重视当事人的意志。

2）英美法系国家采用的鉴定人制度。英美法系国家的诉讼模式属于当事人主义，因此，其采用的是对抗鉴定人制度。该制度具有以下特点。

其一，在英美法系国家，无论民事诉讼还是刑事诉讼，就其形式而言，双方当事人的地位完全平等，因而法律将鉴定人定位于诉讼当事人的科技助手，被称作专家证人（expert witness）。而证人具有很强的附属性，即证人是"当事人的证人"，因此，

❶ 毕玉谦. 民事证据法判例实务研究［M］. 北京：法律出版社，1999：232.

❷ 鉴定人通常应提出书面意见。法院在收到鉴定结论后，应将它发给各方当事人，当事人可以做出书面评论。在必要时，鉴定人应对此评论做出答复。法院也可依职权要求鉴定人进一步阐明其看法。作为对抗措施，任何一方当事人也可以提出己方鉴定人的鉴定意见，从而质疑官方鉴定人的鉴定意见。如遇此情形，法院应通过庭审来询问官方鉴定人以及当事人选聘的鉴定人，决定是否重新鉴定，或再指定第三鉴定人进行鉴定。但大多数情况下，双方当事人对官方鉴定人的意见是没有争议的。参见马东晓："知识产权诉讼中的专业鉴定"，http：//www. haolawyer. com/，2007 年 10 月 20 日。

❸ 沈健. 比较与借鉴：鉴定人制度研究［G］//范方平. 建构统一司法鉴定管理体制的探索与实践. 北京：中国政法大学出版社，2005：508.

这种定位完全不同于大陆法系国家对鉴定人是"法官的科学辅助人"的定位。但是，由于专家证人具有相应的专业知识，其证词就比一般证人的证词对陪审员具有更大的影响作用，如美国。

其二，受对抗鉴定人制度的影响，英美法系在鉴定人资格方面采用的是有限的任意主义原则，如美国，在立法上并不确定鉴定人资格，也不将鉴定权固定授予特定的人或特定的机构，任何人（所有"经过该学科科学教育"的人，或者"掌握从实践经验中获得的特别或专有知识"的人）都可能成为案件的鉴定人，只要参与审理有关案件的法官或陪审团认为具备鉴定人资格即可。当事人选定鉴定人是通过委托方式实现的，采取的是当事人委托鉴定制度。然而，值得注意的是，从20世纪90年代开始，英格兰对初级鉴定人实行登记准入制度。尤其在2000年，英国成立了全国性的鉴定人执业登记委员会（CRFP），这个机构的建立标志着英国在鉴定领域中迈出了重要的一步，其职能是对所有的司法鉴定人进行登记管理，其中包括警署内部的现场勘验鉴定人和社会鉴定机构的鉴定人。目前登记工作正在逐步推开，英国从事鉴定工作的有1万人，现有4000多人申请执业登记，未进行登记的人员将不能从事司法鉴定活动。❶

其三，此种模式的鉴定人选任最为主要的是当事人主导方式。在英美法系传统的对抗式诉讼模式下，专家证人和律师一样，是当事人重要的诉讼武器，当事人都有权委托鉴定人。专家证人根据当事人指示就技术问题提出意见并服务于委托人。因此，当事人选定的这些专家证人，尽管提供所谓"科学"证据，但事实上专家意见一般皆对委托人有利，在许多情况下，其与代理律师合为一体置于同一当事人阵营而与对方对抗，故在美国经常发生所谓的"鉴定大战"❷。然而，值得注意的是，虽然美国在近十几年的鉴定制度改革过程中，力求建立一个选任无利害关系的公平的专家证人制度，似乎并不成功。根据《美国联邦证据规则》第706条规定，法院可依职权选任公平的专家证人，并由公共机关对这个专家给予一定的补偿，同时并制定出各专门领域权威机构提名的公共专家名册，由法院从中选任专家。当专家证人的意见对立时，法院选任的专家证人由于不具偏袒性，易取得陪审团的信任。但是尽管如此，法庭选任专家证人的情况不多，当事人选任鉴定人的情况仍占主流。出现这种现象，正如日本著名法学家谷口安平所指出的那样：尽管《美国联邦证据规则》规定了旨在谋求鉴定人中立化的条文，但是根据一些报告，由法院选择中立鉴定人的情况极为罕见，当事人指定的所谓的"自由鉴定人"仍是最一般的。关于为什么对抗式的鉴定难以得到抑制，有不少理由可以列举。但是，最根本的原因恐怕仍在于历史形成的对当事者对抗制的

---

❶ 沈健. 比较与借鉴：鉴定人制度研究［G］//范方平. 建构统一司法鉴定管理体制的探索与实践. 北京：中国政法大学出版社，2005：508.

❷ ［日］谷口安平. 程序的正义与诉讼［M］. 王亚新，刘荣军，译. 北京：中国政法大学出版社，2002：265.

信仰以及助长这种信仰的庞大律师队伍的存在。对于美国一般的律师来说，除了这样的诉讼方式，其他的方法都是不可想象的。❶

与美国相比较，英国民事诉讼改革取得了重大成果。1999 年 4 月 26 日英国新《民事诉讼规则》正式生效，是英国民事司法制度现代化的全新起点。新《民事诉讼规则》关于专家证人的规定作了许多修改，主要包括四方面：进一步强化专家的公正职责；限制专家证据不必要的使用；法院有权强制运用单一的共同专家；鼓励专家证人之间的合作等。这些修改集中表现了对专家证人的限制。

综上所述，两大法系的鉴定人制度各有其优势。目前，两大法系都在努力从对方鉴定制度中获得灵感，以改革自身鉴定制度的弊端。英美法系国家主要致力于强化鉴定人的公正地位，以遏制鉴定的过分当事人化。大陆法系国家则努力强化鉴定程序中的制约机制，并增强控辩双方对鉴定程序的参与能力，以减少鉴定中可能出现的错误。对于我国而言，目前的司法鉴定制度还有诸多问题亟须解决，❷ 在未来的改革中，可充分借鉴两大法系的优点，来完善我国的司法鉴定制度，以及构建属于司法鉴定领域的知识产权损害赔偿评估制度。

（2）我国知识产权损害赔偿评估法律关系主体的构建

1）知识产权损害赔偿评估主体界定。知识产权损害赔偿评估法律关系的主体包括委托人与被委托人，委托人即要求被委托人对受到侵害的知识产权进行评估的人，其有广义与狭义之分。广义的委托人包括诉讼阶段的委托人与非诉阶段的委托人，具体而言，包括人民法院；知识产权权利人和其他的利害关系人（如被独占许可使用人），即自然人、法人和非法人组织；知识产权行政管理机构。而狭义的知识产权委托人仅指知识产权侵权诉讼中的委托人，其确定取决于知识产权损害赔偿评估的性质。前文已述，我国的知识产权损害赔偿评估应该属于司法鉴定的一种，目前，我国的司法鉴定尚存诸多问题，可在未来的改革中借鉴大陆法系的做法，即委托人包括法院和当事

❶ 沈健. 比较与借鉴：鉴定人制度研究［G］//范方平. 建构统一司法鉴定管理体制的探索与实践，北京：中国政法大学出版社，2005：508.

❷ 如鉴定人的选任问题、鉴定人的回避问题，以及鉴定人出庭作证、质证、认证制度问题等。首先，对于鉴定人的选任问题，最高人民法院颁布的《关于民事诉讼证据的若干规定》第 26 条规定："当事人申请经人民法院同意后，由双方当事人协商确定有鉴定资格的机构、鉴定人员，协商不成的，由人民法院指定。"尽管该条规定对"鉴定人的选任"作了较大的改进，但从本条规定看，并没有规定当事人的鉴定申请应当符合何种条件，也没有规定法院依据何种标准审查当事人的鉴定申请。这种鉴定属于诉讼中的鉴定，其启动的真正决定权仍在法院。其次，对于鉴定人的回避问题，尽管目前的诉讼法规定鉴定人由法院指定，但一旦指定完毕，法院就不再具有进一步的审查权，更无须说当事人。因此，当事人如何切实行使要求鉴定人回避的权利就成为严重问题。最后，关于鉴定人出庭作证、质证、认证制度问题。在中国，绝大多数鉴定人都不出庭作证，法庭仅仅通过宣读书面的鉴定结论对这一极为重要的证据进行法庭调查。正如一位资深法官所说："在中国，因为鉴定人不出庭作证而得不到纠正的鉴定错误，成为产生冤假错案的主要原因之一。"事实上，鉴定人不出庭，法庭就很难保证整个审判"程序公正"。从目前诉讼法及相关司法解释看，鉴定人是诉讼参与人之一，这是明确的，但是对于鉴定结论的示证、质证、认证等缺乏明确的规定，尤其缺乏对法庭要求鉴定人到场言词陈述鉴定结果及其依据。可参考前述文献。

人。而知识产权损害赔偿评估的另外一方主体为被委托人，按照法理学原理，有权进行知识产权损害赔偿评估的主体应该包括自然人、法人和非法人组织，具体而言，包括自然人、社会中介机构，如资产评估机构或者专门的知识产权评估机构，以及目前实践中的一些司法鉴定机构。在法律体系中，我国属于大陆法系。因此，按照大陆法系的传统，我国应建立中立的知识产权损害赔偿评估主体制度，在此制度中，被委托人是"帮助法院进行认识的人"，是"法官的科学辅助人"。❶

2）知识产权损害赔偿评估法律关系主体的资格。知识产权损害赔偿评估法律关系主体资格中，最为重要的是被委托人，即评估人的资格界定。前文已述，评估人是作为"帮助法院进行认识的人"，是"法官的科学辅助人"，法官有权指定、聘请知识产权损害评估人，但是，人选必须有严格的条件限制。

我国可以借鉴法国等国的鉴定人名册制度，建立知识产权损害评估人名册。凡是符合相关法律规定的评估人条件的自然人、法人和非法人组织都可进入评估人名册，而能够进行知识产权损害赔偿评估的主体必须是在评估人名册中登记的特定人或特定机构。但是，在特殊情况下，可以选任没有在鉴定人名册上登记的人，但必须要附有选任理由。这种制度至少会有以下益处：①对委托方来讲，建立知识产权损害赔偿评估人名册，明确了评估人具有的法定资格，使委托人对拟选评估人的执业经历、专业水平以及职业道德有简要了解，让法院或当事人在选任评估人时有更多的灵活性和更大的选择范围；②对评估人而言，建立知识产权损害赔偿评估人名册，可以起到监督的作用。评估人在评估过程中，拖延评估时限，提供的评估文书制作粗糙，无故不出庭作证，管理机构可以视情况暂时或永久性除名。

建立评估人名册制度，最为重要的是哪些主体可以进入名册，即进入名册须具备的条件，其又可分为积极条件和消极条件。对于评估人而言，进入名册须具备以下积极条件。①自然人的积极条件：具有与所申请从事的知识产权损害赔偿评估业务相关的高级专业技术职称；具有与所申请从事的知识产权损害赔偿评估业务相关的专业执业资格或者高等院校相关专业本科以上学历，从事相关工作五年以上；具有与所申请从事的知识产权损害赔偿评估业务相关工作十年以上经历，具有较强的专业技能；参加了执业责任保险。②法人、非法人组织的积极条件：有明确的知识产权评估资格，有业务范围、章程；有在业务范围内进行知识产权损害赔偿评估所必需的仪器、设备；有在业务范围内进行知识产权损害赔偿评估所必需的依法通过计量认证或者实验室认可的检测实验室；每项知识产权损害赔偿评估业务有两名以上知识产权评估师负责；能够独立的承担民事责任。

---

❶ 按照我国现行诉讼法的规定，目前我国的司法鉴定人是与法定代理人、诉讼代理人、证人、辩护人并列的独立诉讼参与人，因此，其既不同于大陆法系的"法官的科学辅助人"，也不同于英美法系的"专家证人"。

而消极条件，即自然人、法人以及非法人组织的成员具备以下情形中一项，不得担任知识产权损害赔偿评估的评估人的条件，其具体如下：因执业、经营中故意或者重大过失行为，受到行政机关、监管机构或者行业自律组织行政处罚或者纪律处分之日起未逾三年；因涉嫌违法行为正被相关部门调查；因不适当履行职务或者拒绝接受人民法院指定等原因，被人民法院从评估人名册除名之日起未逾三年；缺乏知识产权评估资格的人员；缺乏担任评估人所应具备的专业能力；缺乏承担民事责任的能力；故意犯罪或者职务过失犯罪受过刑事处罚的，受过开除公职处分的，以及被撤销知识产权损害赔偿评估人登记的人员；人民法院认为可能影响履行评估人职责的其他情形。

3）知识产权损害赔偿评估主体的选任方式。在知识产权损害赔偿评估主体制度中，最重要的问题是如何选任合适的评估人。评估人的选任包含两方面的含义：一是由谁来选任评估人；二是选任谁做评估人。后者实际上是评估人的资格问题，而前者是鉴定人的选任方式所探讨的主要问题，也就是评估的委托权的归属问题。前文已述，大陆法系不少国家的鉴定制度中，鉴定人的选任一般是由司法官聘任的，但是，在现代许多大陆法系国家，鉴定人的选任制度也更多地体现了尊重和重视当事人的意志。我国知识产权损害赔偿评估主体制度的构建，可以借鉴此种做法，由法官在评估人名册中指定评估人，如果当事人一致同意某特定人为鉴定人时，法院应听从其一致意见。

二、知识产权损害赔偿评估法律关系的客体❶

知识产权损害赔偿评估法律关系的客体是损害评估行为，而评估行为的对象是知识产权损害。知识产权损害是指由于侵权行为而导致知识产权价值的减少或丧失，因此，知识产权损害的类别可以从知识产权的分类、造成知识产权损害的不同或损害形式与程度不同的角度来进行。根据知识产权的种类，可以将知识产权损害的种类划分为专利权损害、著作权损害、商标权损害、专有技术损害、其他知识产权损害五大类。按知识产权受损的表现形式分类时，可以将其分为直接损害与间接损害、部分损害与完全损害。依据知识产权受损所表现的直观程度不同，可将知识产权分为显性损害与隐性损害。根据损害结果的不同，可以将知识产权损害分为经济损害与精神损害。

三、知识产权损害赔偿评估法律关系的内容

按照法理学相关理念，法律关系的内容是构成法律关系的又一必备要素，是指法律关系主体间形成的权利义务关系。在知识产权损害赔偿评估法律关系中，其内容具体的体现为委托人与被委托人的权利和义务，而其核心是被委托人，即评估人的权利和义务。因此，在界定法律关系的内容时，应首先界定评估人的权利义务，而评估人

---

❶ 郑成思. 知识产权论（修订版）［M］. 北京：法律出版社，2001：377 -427.

的权利恰恰就是委托人的义务，其义务就是评估委托人的权利。因此，下面主要阐述评估人的权利义务。

1. 评估人的权利

前文已述，评估人属于鉴定人的一种，为了确保评估活动的顺利展开，评估人作为法律关系的一方主体，应当享有与其工作相适应的主体权利。目前，尽管大陆法系各国在鉴定人的权利方面规定不一，但主要有以下几项。

（1）了解案情

评估人应当拥有获取当事人案卷的权利。例如，《法国新民事诉讼法典》第 268 条规定：为了使鉴定人完全了解其接受的任务，有必要让鉴定人了解本案的"当事人案卷"。❶

（2）独立出具鉴定意见权

评估人应当拥有独立出具鉴定意见的权利。例如，在法国，通常情况下，鉴定人都要向法院书记员提交一份书面的"鉴定报告"。在指定数名鉴定人的情况下，诸位鉴定人只能制定一份鉴定报告。所有的人都应当在这份报告上签字。如果诸鉴定人的意见不一致，鉴定报告中应当反映出这种意见分歧，以便法庭更全面地了解情况。

（3）获取鉴定报酬权

评估人应当拥有通过鉴定工作而获取报酬的权利。例如，在法国，鉴定人完成鉴定任务后，要向法官提交一份有关其缺勤与支出费用的证明。鉴定报告一经提交，法官即依据鉴定人的工作量大小、是否遵守了规定的期限及所完成的工作的质量确定鉴定人应得的报酬，并允许鉴定人从存缴在法院书记室的款项中按应得数额领取报酬。

我国在构建知识产权损害评估法律关系中的评估人权利时，除充分考虑我国的诉讼法相关规则外，还可借鉴大陆法系的做法，规定评估人具有以下权利。

1）评估人有了解案情的权利。为了确保能够及时、客观、准确地对被侵权的知识产权进行评估，评估人有权查阅与评估有关的案卷资料，询问与评估有关的当事人、证人等，以便了解与进行评估所必需的案件资料。

2）要求补充评估材料的权利。所谓评估材料，是指评估必需的检查材料、样本以及有关案情和当事人的个人情况。如果评估人在评估活动中发现已有的评估材料在数量或质量上达不到预期的要求，不能满足评估工作的需要，评估人有权要求委托机关补充收取相关的资料。如果委托机关拒绝补充收取或者客观上无法补充收取时，评估人可以通知委托机关中止评估。

3）独立出具评估意见的权利。在知识产权的损害评估中，评估人有权独立地出具

---

❶ 让·文森，塞尔日·金沙尔. 法国民事诉讼法要义（下）[M]. 罗结珍，译. 北京：中国法制出版社，2001：1003.

评估的意见，不受任何力量的干涉。在有数个评估人参与评估的情况下，可以借鉴法国的做法，数评估人只能出具一份评估报告。所有的人都应当在这份单一的报告上签字。如果数评估人的意见不一致，评估报告中应当反映出这种意见分歧，以便法庭更全面地了解情况，同时，也有利于明确评估人的职责。

4）获取评估报酬的权利以及费用偿还请求权。当评估人完成评估活动、提交评估报告时，有权要求委托人支付合理的报酬，并偿还在评估过程中支付的合理费用。

2. 评估人的义务

作为知识产权损害赔偿评估法律关系的主体之一，评估人在享有各项权利的同时应当履行相应的义务。在大陆法系国家，鉴定人的义务主要有：宣誓的义务、在规定期限内完成鉴定任务的义务、按要求制作鉴定书并署名的义务、出庭作证的义务。除此之外，多数大陆法系国家还规定了鉴定人的回避义务、保密义务等。我国在构建知识产权损害赔偿评估人的义务时，应包括以下几点。

（1）按时完成评估任务、提交评估结论的义务

按时完成评估任务、提交评估结论是评估人的一项根本任务。评估工作是为了解决侵权诉讼中的赔偿额问题，其目的是为准确、快捷地解决争诉事项。因此，评估时限是一项严肃的法律规定，只有在规定的时限内向委托人提交评估结论，才能够保证诉讼活动有序进行。为此，法律应该规定评估人应当按时完成委托人委托的评估任务，按照委托中规定或约定的时间按时提交评估结论。在评估过程中，如果遇到特殊情况不能在规定或约定的时限内完成任务，评估人应提前向委托人说明理由，请求延长时间；评估过程中如发现新情况，需要增加评估内容或更改评估要求，评估人需要向委托人提出建议并延迟完成评估任务的时间，经委托人同意后方可延长评估工作时间。

（2）回避义务

为保证评估人的中立性和公正性，与当事人有利害关系的评估人有回避的义务。因此，相关法律必须建立评估人回避制度，应当通过立法确定法定回避、自行回避和申请回避等具体情形，建立完善的评估人回避制度。

（3）保密义务

知识产权损害赔偿评估的客体是知识产权，因知识产权的固有特征，可能会涉及当事人的一系列专利、技术秘密等，因此，出于保护当事人特殊利益的需要，评估知识产权损害赔偿额的评估人，应当保守工作中接触到的秘密，这应是知识产权评估人的一项不可忽视的义务。

（4）出庭的义务

根据《民事诉讼法》的规定，法院可以通知鉴定人出庭，但没有明确规定鉴定人出庭的义务以及不出庭的法律后果。但是，在知识产权损害赔偿评估中，评估人出庭

举证、质证，在法庭上以科学的态度阐明该项评估结论的可靠性和证据意义，并回答有关人员提出的疑问，对于维护程序的完整以及当事人的合法权利，对于法庭的依法判决都具有重要的意义。因此，在构建评估人的义务时，应当明确评估人应当接受法庭的交叉询问和质询，回答与涉及评估结论有关的提问，使对书面评估结论质证、认证过程在对评估人询问过程中完成，即"评估结论和评估人结合在一起才构成一个完整的证据种类"。❶ 当然，在相关法律中也应明确评估人出庭作证严格的例外规定。

第三节　知识产权损害赔偿评估依据的取得程序与要求

一、知识产权损害赔偿评估依据的特点

知识产权损害赔偿评估中，评估所依据的证据与资料的取得是评估工作开展的必要条件。证据和资料是否确实充分，是损害赔偿评估是否公正合理的必要条件。由于知识产权的专有性、地域性、时间性和权利客体无形性、可复制性的特点，知识产权侵权的证据不同于一般的普通侵权责任的证据，进而导致知识产权损害赔偿评估所需的证据呈现以下特点。

1. 证据具有"隐蔽性"

知识产权权利客体的一个重要特点就是"无形"，对无形的知识产品的侵犯行为也表现出"无形"这一特点。这导致对其构成侵权的证据往往不易取得或不易取得全部证据，被告极易转移、隐匿侵权证据，证据的隐蔽性突出，进而使法院很难客观全面地了解侵权的真相。

2. 证据具有"技术性"

知识产权侵权诉讼中证据往往会有较高技术成分，给收集和判断带来了一定的困难。

3. 证据具有"时间性"

知识产品一般都具有一定的价值有效期，知识产权仅在法律规定的期限内受到保护，一旦超过法律规定的有效期限，这一权利就自行消灭，相关的知识产品即成为社会共同财富。所以，对知识产品的侵犯往往是在其有效的时间界限内，反之超出时间界限的所谓"侵犯"则不能成为证据。

这些特点的存在必然影响到民事诉讼中证据的证明效力和取证及举证方式，我们应当根据知识产权诉讼的证据特点注意掌握知识产权损害赔偿评估依据的取得规则。知识产权损害赔偿的确定是一个相对复杂的问题，因为证据的特点和证据制度的不完

---

❶ 张永泉. 论民事鉴定制度［J］. 法学研究，2000（5）.

善，对于案件中的举证责任分担和归责原则的认识差异，往往存在是否构成侵权、侵权损害后果如何计算和确认等争议，因法律依据不足而很难计算赔偿标准。

各地法院的认识和做法也不尽相同，有赔偿全部经济损失的，有赔偿直接损失的，有赔偿权利人为制止侵权而支出的调查费和律师费的，有赔偿权利人精神损害的，有对侵权人进行惩罚性赔偿的。因此，我们认为资产评估机构的介入，既能减轻司法机关的审判压力，又能确保"损益相当原则"的落实，还可使得当事人权益得到公平保护。

二、知识产权损害赔偿评估合法证据与资料的取得方法与程序

1. 当事人及其诉讼代理人自行取证

权利人主张赔偿其自身实际损失的，有责任证明其损失的存在及大小。侵权人可以举证反驳权利人的证据和主张。对被告获利，只要权利人证明侵权存在并主张以侵权获利赔偿，即应当由侵权人承担对其获利的证明责任，因为获利的证据基本上是侵权人生产、销售侵权产品的账册、合同等，这些证据在侵权人自己手中，权利人无从获得，也就难以承担举证责任。侵权人所举生产、销售等财务账册、生产记录、销售合同等必须合法、真实。在侵权人拒不举证或者举证不能（包括所举证据真实性不足以采信）时，应当对侵权人作不利的解释和处理，可以根据权利人的举证或者法院依职权查证的事实（包括侵权产品的数量、时间等因素）推定由侵权人承担较重的赔偿责任。

2. 当事人及其诉讼代理人可以申请人民法院调查收集证据

依据《民事诉讼法》的规定，申请调查收集的证据属于国家有关部门保存并须人民法院依职权调取的档案材料，或者涉及国家秘密、专利、个人隐私的材料，或者当事人及其诉讼代理人确因客观原因不能自行收集的其他材料，当事人及其诉讼代理人可以申请人民法院调查收集证据。

例如，《商标法》第64条规定："人民法院为确定赔偿数额，在权利人已经尽力举证，而与侵权行为相关的账簿、资料主要由侵权人掌握的情况下，可以责令侵权人提供与侵权行为相关的账簿、资料；侵权人不提供或者提供虚假的账簿、资料的，人民法院可以参考权利人的主张和提供的证据判定赔偿数额"。

当事人及其诉讼代理人申请人民法院调查收集证据，应当提交书面申请。申请书应当载明被调查人的姓名或者单位名称、住所地等基本情况，所要调查收集的证据的内容，需要由人民法院调查收集证据的原因及其要证明的事实。

三、证据与资料的形式要求

知识产权损害赔偿评估所需的证据主要分为四个方面。

1. 在主观方面是否有证据证明侵权人具有过错

以著作权侵权为例，可以举证权利人享有著作权而侵权人不享有著作权的权利证明文件，如原始稿件、版权登记、证明该作品的作者的证据、证明该作品尚处于著作权法保护的期限内的证据、证明该作品受中国著作权法保护的证据和法律依据等；举证侵权人侵权作品的目的是以营利为目的而不属于合理使用的范畴的证据，如侵权人属于以营利为目的的法人的工商档案证明，在实施行为的同时其目的就是为了获取营利所取得的收益发票等证据。

2. 是否具有侵权行为方面违法性的证据

主要表现在擅自实施了一系列侵犯著作权、专利权、商标权或其他知识产权的侵权行为所形成的证据，可以是公证材料、律师见证、证人证言、物证材料等。

3. 是否具有造成损害方面的证据

主要表现在因侵犯知识产权的侵权行为造成的权利人财产权受到损害，减少了收入，或者侵权人因此取得了不当得利的证据。例如，原告提交的正常的使用费收取标准证明文件、因侵权人实施的行为所获取的非法不当得利所取得的收益的证明材料等。

4. 侵权行为与损害结果之间的因果关系

在有充分的侵权行为证据，在主观故意具有过错的情况下，发生了损害后果，就可以证明侵权行为与损害后果之间的因果关系。

当事人应当对其提交的证据材料逐一分类编号，对证据材料的来源、证明对象和内容作简要说明、签名盖章、注明提交日期，并依照对方当事人人数提出副本。

人民法院收到当事人提交的证据材料，应当出具收据，注明证据的名称、份数和页数以及收到的时间，由经办人员签名或者盖章。

第四节　知识产权损害赔偿评估报告与结论的法律效力

一、评估结果可作为法院确定知识产权侵权赔偿数额的依据

知识产权损害赔偿评估的结果为司法审判所用有法有据。2006 年 4 月 19 日，财政部和国家知识产权局联合发布《关于加强知识产权资产评估管理工作若干问题的通知》，其中第 1 条第 8 项明确了"涉及知识产权诉讼价值"的资产评估问题。资产评估机构可依据法院、仲裁机关或当事人的要求而对专利权人的侵权损失或被控侵权人因侵权获得的收益进行评估。因此，评估结果可作为法院确定知识产权侵权赔偿数额的依据。

二、评估报告可以为权利人或司法机关采信的条件

1. 评估结果应建立在真实、客观的资料基础上

资料提交与收集工作是评估过程中非常重要的环节。评估机构应当确保作为计算

依据的资料符合法律规定中有关证据的要求，在此基础上计算得出评估结论。

2. 采用恰当的方法确定损失或收益数额

无形资产的评估方法主要有成本法、市场法和收益法三种。当历史资料不完整或相关销售收入及利润不能直接反映出权利人损失或侵权人收益时，应恰当运用收益法进行评估。另外，收益法本身是以估算被评估资产的未来预期收益并将其折算成现值的方法，属于预测性评估，具有一定的主观因素，评估机构在运用收益法时更需谨慎。在知识产权侵权案件审判中确定损害赔偿数额时，一般是以起诉之日起倒推至侵权开始之日（但不超过两年）作为损害发生的时间段，评估机构应对该时间段内侵权人因侵犯他人知识产权而获取的额外收益进行评估。

3. 合理确定侵权对于损失或收益的影响

由于知识产权的特殊性，评估机构在选择收益法对被告的侵权收益进行评估时，应对一系列因素进行考察，包括被告因其自身的商誉、管理能力、营销能力及其享受的特殊政策优惠等，并将以上因素所导致的侵权期间所得的超额收益部分剥离，以客观地确定被告因侵权行为而获得的收益。同时，评估机构应当考虑由于我国规模经济的迅速发展，很多集团公司以其集团总部或母公司作为投资、决策、管理与人力资源中心而以其子公司作为利润中心的客观情况，准确识别作为被告的子公司的销售收入与其母公司的成本支出之间的关系，科学、客观地计算被告侵权所得利润。此外，知识产权侵权产品的销售利润并不都是侵权人因侵权所获得的利益，评估机构应当依据知识产权类型确定知识产权在产品价值中所占的比重，公正地计算出评估结果，作为司法审判确定侵权赔偿数额的科学依据。

总之，只要评估结果是在独立、客观、公正、科学的基础上做出，当事人可以据此要求侵权人做出赔偿，或者在诉讼过程中，司法机关可以采信评估结果进行判决。

第五节　知识产权损害赔偿评估的救济途径

一、诉前救济——知识产权诉讼法律援助和无形资产评估师职业责任保险

1. 知识产权诉讼法律援助

中国的法律援助制度于1994年年初建立，主要是由律师、公证员、基层法律工作者等法律服务人员为经济困难或特殊案件的公民减免收费，提供法律帮助，以保障其合法权益的实现和司法公正。中国公民获准受援必须具备两个条件：①有充分理由证明其为了维护自身的合法权益需要法律帮助；②符合当地政府规定的最低生活保障线或失业救济标准，或者能够提供其经济条件特别困难的证明。刑事诉讼中，被告人可

能被判处死刑的、未成年人，或盲、聋、哑人，没有委托辩护律师的，应当获得法律援助。法律援助的具体形式包括解答咨询、调解、刑事辩护和诉讼代理、非诉讼代理以及办理公证等。

如果申请进行知识产权损害赔偿评估的当事人符合以上两条基本条件的，同样应获得法律援助。2007 年 6 月 1 日由南京市司法局、南京市知识产权局、南京市科协联手创建的全国首家"南京市知识产权诉讼法律援助中心"成立，《南京市知识产权诉讼法律援助办法》也同时颁布实施。这说明我国知识产权诉讼法律援助已得到社会重视，目前这一工作已逐步向全国推广。我国法律援助机构从中央到地方共分四级：司法部法律援助中心，省级、地（市）级和县（区）级地方法律援助中心。司法部法律援助中心和省级地方法律援助中心主要行使管理职能，地（市）级和县（区）级地方法律援助中心主要负责组织实施所辖区的法律援助工作。法律援助机构自收到法律援助申请之日起 10 日内完成审查，做出给予或者不予法律援助的决定，通知申请人。法律援助机构对人民法院指定辩护的刑事法律援助案件，应当自接到指定之日起 3 日内指派律师提供辩护。

2. 无形资产评估师职业责任保险

职业责任保险是指为各种专业技术人员提供的保险，是投保人转嫁行业风险的一种有效手段，主要可规避因工作上的疏忽造成人身伤害或财产损失应承担的经济责任。根据国家财政部门 1999 年 3 月 25 日颁布实施的《资产评估机构管理暂行办法》中第41 条的规定："资产评估机构违反本办法规定，给委托人、其他利害关系人造成损失的，应当依法承担赔偿责任。"由于注册资产评估师行业的高度复杂性，即使其恪尽职责，也难免会因过失而导致责任纠纷。自 2003 年以来，我国各大保险公司纷纷推出了多种类型的职业责任保险，如平安和太平洋财险推出的"注册会计师职业责任保险"，人保出台了注册税务师、注册会计师两项职业责任保险，还有几家公司推出的一系列如美容师职业责任险、电脑职业责任险、董事责任险等。这表明从保监会到各个保险公司对职业责任险都表示出极高的关注。目前各大保险公司已推出了"注册资产评估师职业责任保险"，但尚无直接针对知识产权损害赔偿评估的职业责任险种。当然，资产评估广义上应当包括有形资产评估和无形资产评估。随着社会对无形资产评估的重视和无形资产评估业的发展，我们建议在尚无直接针对知识产权损害赔偿评估的职业责任险种的情况下，对列入知识产权损害评估人名册的评估师应要求购买注册资产评估师职业责任保险。

二、诉中救济

在诉讼阶段，当事人申请知识产权损害赔偿评估经人民法院同意后，由双方当事人协商确定有评估资格的评估机构、评估人员，协商不成的，由人民法院指定。

当事人对人民法院委托的评估部门做出的评估结论有异议申请重新评估，提出证据证明存在下列情形之一的，人民法院应予准许：评估机构或者评估人员不具备相关的评估资格的；评估程序严重违法的；评估结论明显依据不足的；经过质证认定不能作为证据使用的其他情形。

对有缺陷的评估结论，可以通过补充评估、重新质证或者补充质证等方法解决的，不予重新评估。

一方当事人自行委托有关部门做出的评估结论，另一方当事人有证据足以反驳并申请重新评估的，人民法院应予准许。

三、诉终救济

当事人因知识产权损害赔偿评估纠纷提起民事诉讼，则诉终救济手段为知识产权损害赔偿评估民事法律责任的承担。

第六节　知识产权损害赔偿评估的相关法律责任

一、违反知识产权损害赔偿评估合同的民事责任

1. 违反知识产权损害赔偿评估合同的民事责任的概念和性质

知识产权损害赔偿评估合同签订以后，通常能够得以履行。但是，在实践中也会因各种原因导致合同不能履行。对此，笔者认为，依照相关法律的规定应承担违反合同的民事责任。

违反合同的责任，是指合同当事人一方因违反合同义务，致使合同不能履行或者履行合同义务不适当时，应承担的责任。违反合同责任与合同义务有密切的联系。合同义务是违约责任产生的前提，违约责任是合同义务不履行的结果。如果合同未成立、无效或被撤销，均不会产生违约责任，即违约责任只产生于有效合同。违反合同的民事责任是一种民事制裁，是一种具有财产性质的民事法律责任。根据《民法通则》第111条和《合同法》第107条的规定，当事人一方不履行合同义务或者履行合同义务不符合约定条件的，另一方有权要求履行或者采取补救措施，并有权要求赔偿损失。《合同法》第108条还规定，当事人一方明确表示或者以自己的行为表明不履行合同义务的，对方可以在履行期限届满之前要求其承担违约责任。违约责任具有补偿性和惩罚性双重属性。违约责任的补偿性，是指违约责任的损失赔偿，一般不应超过对方因不履行合同所遭受的损失数额，以完全补偿为原则；在特定情况下，违约责任也可体现出惩罚性，如根据《合同法》第114条规定，违约金高于但不是过分高于违约所造成的损失的，高出的部分即具有惩罚性，而且定金罚则的规定本身就具有一定惩罚性。当然，违

反合同的民事责任也贯穿着民法"意思自治"原则。发生违约时，债权人可以请求国家强制债务人承担违约责任，但是，民事财产责任的数额确定和是否执行，在不违背法律，不损害公众、国家和第三人利益的前提下允许双方当事人协议，还可以进行调解。

知识产权损害赔偿评估合同一经依法签订，就具有了法律效力。双方当事人都应当严格按照合同的约定，全面正确地履行自己的义务。正是基于合同的法律效力，所以违反了合同，就是违反了民事法律规范，应当承担相应的法律后果。因此，违反知识产权损害赔偿评估合同，应当承担民事责任，以违反合同一方的财产弥补其给对方造成的财产损失。

2. 违反知识产权损害赔偿评估合同责任的归责原则

违约责任的归责原则是指在进行违约行为所致事实后果的归属判断时应当遵循的原则和基本标准。归责原则直接决定着违约责任的构成要件。如果按照过错原则归责，则违约责任的构成要件包括违约行为和违约方过错两个要件，而按照严格责任原则，违约责任的构成要件是单一的违约行为。根据《合同法》第107条的规定，只要"当事人一方不履行合同义务或者履行合同义务不符合约定的"，就要承担违约责任，而不论主观上是否有过错。但是，《合同法》分则也对某些违约行为规定了过错责任原则，因此，《合同法》的违约责任归责原则是以严格责任原则为主导，以过错原则为补充的归责原则体系。❶

严格责任原则，是指在违约行为发生后，不是根据违约方的主观心理状态，而是根据违约方的违约行为来确定当事人的责任。简言之，确定责任主要不考虑过错问题。实行严格责任原则，原告只需要证明被告未履行合同义务或履行合同义务不符合约定的事实即可，不需要证明违约方有过错，也无须违约方证明自己没有过错。这为合同的履行提供了保障。因为合同签订后，违约的事件难以预料，当事人不可能在合同中预先约定，如果采用过错原则会给违约方提供许多免责的机会。这显然不利合同交易安全。因此，严格责任原则有利于合同纠纷解决，也有利于督促当事人履行义务，维护合同交易安全。

过错责任原则，是合同一方违反合同义务时，应以过错作为确定违约责任的要件。在现代合同法中，过错常用推定的方法加以确定。过错推定，又称为"举证责任倒置"，是指原告能够证明被告存在违约行为，而被告不能证明自己对此种违约没有过错，则在法律上推定被告具有过错，并应承担违约责任。过错分为故意和过失两种心理状态。故意，是指行为人预见到自己的行为会造成违反合同的后果，仍然希望或放

---

❶ 《合同法》分则中对某特殊的违约情形采用过错责任原则，以作为严格责任原则的例外。这些采用过错原则归责的特殊情形是指：第189、191条的赠与合同、第222条的租赁合同、第265条的承揽合同、第303条的客运合同、第320条多式联运合同、第374条的保管合同、394条的仓储合同、第406条的委托合同、第425条的居间合同等。

任结果的发生。过失，是指行为人应当预见到自己的行为可能违反合同，却因疏忽大意没有预见或者虽已预见却轻信能够避免而造成违约的结果。

3. 违反知识产权损害赔偿评估合同承担民事责任的主要形式及构成要件

违反知识产权损害赔偿评估合同承担民事责任形式有继续履行、赔偿损失、违约金责任、定金责任、补救措施等。不同的违约责任形式所要求的构成要件有所不同，但违约行为要件是任何违约责任形式都必须具备的要件。

（1）继续履行责任的构成要件

继续履行，即强制实际履行，是指当事人一方不履行合同义务或者履行合同义务不符合约定的，对方可以要求违约方继续履行合同义务，违约方拒不履行的，合同对方当事人还可以请求人民法院强制其实际履行。提供知识产权损害赔偿评估服务，这属于一种非金钱债务，《合同法》第110条规定，当事人一方不履行非金钱债务或者履行非金钱债务不符合约定的，对方可以要求履行，但有下列情形之一的除外：法律上或者事实上不能履行；债务的标的不适于强制履行或者履行费用过高；债权人在合理期限内未要求履行。继续履行责任的构成要件包括：违约行为；不属于不适用继续履行的情形。

（2）赔偿损失责任的构成要件

赔偿损失是指合同当事人一方不履行合同或者不适当履行合同给对方造成损失的，应依法或依照合同约定承担赔偿责任。赔偿损失坚持金钱赔偿原则、填平损失原则，实物赔偿为例外。《合同法》第113条规定："当事人一方不履行合同义务或者履行合同义务不符合约定，给对方造成损失的，损失赔偿额应当相当于因违约所造成的损失，包括合同履行后可获得的利益"。赔偿损失责任的构成要件包括：违约行为；违约损失；违约行为与损失之间有因果关系。

（3）违约金责任

违约金是指当事人一方在不履行合同义务或者履行合同义务不符合约定的情况下，向对方当事人支付的一定数额的货币。根据《合同法》的规定，违约金责任由当事人事先在合同中约定。当事人可以约定一方违约时应当根据违约情况向对方支付一定数额的违约金。没有约定违约金条款的，就不能要求违约方承担违约金责任，只能以其他责任形式来追究违约方的违约责任。若约定的违约金低于违约所造成的损失，当事人可以请求人民法院或仲裁机构予以增加。与赔偿损失相比，违约金也具有补偿当事人损失的特点，但不同的是违约金责任还具有惩罚性的特点。这种不同表现为，如果约定的违约金高于违约损失的，只要在法律允许的合理限制度内，高于损失的部分受法律保护。当然，如果约定的违约金数额过分高于违约损失的，当事人也可以请求人民法院或仲裁机构予以减少。违约金责任的构成要件包括：违约行为；合同中有违约金条款。如果当事人迟延履行约定违约金的，违约方支付违约金后，履行义务不能免除。因为这种违约金就是为了保证合同能够在约定的履行期限内完成。

（4）定金责任

定金是一种债的担保形式，也是一种违约责任形式。定金有较强的惩罚性，作为一种违约责任形式，其适用不以实际发生的损害为前提，即无论一方的违约是否造成对方损失，都可能导致定金责任。可见，定金责任的构成要件包括：违约行为；合同中存在定金条款。《合同法》第115条明确规定："当事人可以依照《中华人民共和国担保法》约定一方向对方给付定金作为债权的担保。债务人履行债务后，定金应当抵作价款或者收回。给付定金的一方不履行约定的债务的，无权要求返还定金；收受定金一方不履行约定的债务的，应当双倍返还定金。"定金适用有一定限制：一是适用范围的限制，除当事人另有约定外，适用于以不履行合同或者其他严重违约行为；二是适用数额的限制，《担保法》第91条规定，"定金的数额由当事人约定，但不得超过主合同标的额的20%。"需要注意的是，定金与违约金作为两种独立的违约责任形式，合同当事人可选择适用，但不能同时适用。《合同法》第116条规定："当事人既约定定金，又约定违约金的，一方违约时，对方可以选择适用违约金或定金。"

（5）补救措施

知识产权损害赔偿评估不符合约定条件的，应当按照合同约定承担违约责任。如果违约责任没有约定或者约定不明确的，依照《合同法》第61条规定仍不能确定的，受损失一方可以合理要求对方承担补评、重评、减少酬金等违约责任。

4. 违约责任的免除

违约责任的免除是指在合同的履行过程中，由于法律规定的或者当事人约定的免责事由致使当事人不能履行合同义务或者履行合同义务不符合约定的，当事人可以免于承担违约责任。违约责任免责事由包括法定免责事由和约定免责事由两种。《合同法》总则规定"不可抗力"为一般的法定免责事由，除法律另有规定外，适用于所有的合同类型。《合同法》第117条规定，因不可抗力不能履行合同的，根据不可抗力的影响，部分或者全部免除责任，但法律另有规定的除外。不可抗力，是指不能预见、不能避免并不能克服的客观情况。当事人一方因不可抗力不能履行合同的，应当及时通知对方，以减轻可能给对方造成的损失，并应当在合理期限内提供证明。如果当事人迟延履行的违约行为先于不可抗力发生，即迟延履行后发生不可抗力的，不能免除当事人的违约责任。《合同法》分则部分针对不同类型的合同特点，规定了具体的法定免除事由，但并未涉及知识产权损害赔偿评估合同。笔者认为，目前在无法律明文知识产权损害赔偿评估合同的法定免责事由的情况下，可以根据无形资产评估的特点，由双方当事人约定知识产权损害赔偿评估合同的免责事由。约定的免责事由是指当事人在合同中以免责条款的方式约定的可以排除或者限制其未来责任的事由。对免责事由的约定是当事人的缔约自由，前提是免责条款不得违反法律、行政法规的强制性规定。所以，当事人约定的免责条款只有合法有效才能免除当事人的违约责任。无效的免责条款不能免除当事人的违约责任。根据《合同法》第 53 条规定："合同中的下列免责条款无效：（一）造成对方人身伤害的；（二）因故意或者重大过失造成对方财产损失的。"如果是第三方原因造成当事人一方违约的，根据《合同法》第 121 条规定，当事人不能以第三方原因为由免责，应当向对方承担违约责任。当事人一方和第三人之间的纠纷，依照法律规定另行解决。

5. 违约责任和侵权责任竞合处理

违约责任和侵权责任的竞合，是指一个不法行为同时符合违约责任和侵权责任的构成要件，并且这两个责任之间相互冲突。因为违约责任和侵权责任在归责原则、举证责任、时效、责任构成要件和免责条件、责任形式、责任范围等方面是不同的，所以，当违约责任和侵权责任竞合时，当事人承担何种责任，将导致不同的法律后果的产生。因此，我国法律规定对违约责任和侵权责任竞合的处理采取允许当事人选择请求权的模式。《合同法》第 122 条规定："因当事人一方的违约行为侵害对方人身、财产权益的，受损害方有权选择依照本法要求其承担责任或者依照其他法律要求其承担侵权责任。"

二、知识产权损害赔偿评估侵权的民事责任

1. 知识产权损害赔偿评估侵权民事责任的归责原则

归责原则是确认不同种类侵权行为所应承担民事责任的标准和规则，它决定着侵权行为的责任构成要件、举证责任的负担、免责条件、损害赔偿及评估责任的原则和方法等。归责原则是侵权损害赔偿责任的核心问题。关于侵害知识产权的赔偿责任，学术界与司法界普遍主张采取二元归责原则，即在采用过错责任原则的基础上补充适用其他归责原则。其中有代表性的观点主要是两种：一是以无过错责任为补充原则，二是以过错推定责任为补充原则。

我国侵权责任归责原则体系是由三个归责原则构成的，即过错责任原则、过错推定原则和无过错责任原则，它们各自调整着不同的侵权行为。因此，我国的侵权行为分为三个基本类型。适用过错责任原则的侵权行为是一般侵权行为。适用过错推定责任原则的侵权行为是部分特殊侵权行为。适用无过错责任原则的侵权行为也是部分特殊侵权行为。❶ 其中，侵害知识产权应当属于适用过错责任原则的侵权行为类型。《民法通则》第 106 条明确规定：公民、法人由于过错侵害他人财产、人身的，应当承担民事责任。没有过错，但法律规定应当承担民事责任的，应当承担民事责任。因此，笔者认为，在知识产权侵权损害赔偿责任的构成上，如果法律没有特别规定，就应当依照《民法通则》关于民事责任构成的规定处理。目前在《民法通则》和知识产权专

❶ 杨立新. 侵权法论［M］. 2 版. 北京：人民法院出版社，2004：282.

门法中没有规定侵犯知识产权适用无过错责任原则，那么就应当按照过错责任原则确定知识产权侵权损害赔偿责任的构成。但针对知识产权审判实践中的一些具体情况，可以对一些难以确定当事人主观状态的行为适用过错推定的原则。

知识产权损害赔偿评估的法律责任属于哪一种类型，学者们的研究著述中并没有涉及。笔者认为，知识产权损害赔偿评估责任在性质上属于专家责任这一类型。这是前面所述的知识产权损害赔偿评估的主体所确定的。专家责任，是指具有专门专业知识或者专业技能为公众提供专业服务的专家，对自己的专业服务的职业活动中所应当达到的专门服务标准，由于故意或过失而没有达到，并且因此造成了受委托人或者第三人的损害，所应当承担的责任。专家责任属于过错推定责任原则的侵权行为。❶

综上所述，知识产权损害赔偿评估责任属于专家责任，归责原则为过错推定原则。

2. 知识产权损害赔偿评估专家责任的具体形式

（1）知识产权损害赔偿评估专家个人责任

具有专门专业知识或者专门技能，向公众提供专业服务的专家个人在执业活动中，故意或者过失造成委托人或者第三人损害的，应当承担民事责任。其一般构成要件是：第一，责任主体是具有专门专业知识或者专门技能，向公众提供专业服务的专家个人；第二，专家承担责任的范围是专家在执业活动之中，即接受委托，提供服务的过程中；第三，损害事实是受委托的当事人所委托的事项没有实现，造成了财产利益的损害；第四，损害事实与专家的执业活动之间有因果关系；第五，专家执业之中具有故意或者过失。具备以上要件的，构成专家个人责任，应当承担侵权损害赔偿责任。

如果是两人或者两人以上的专家共同提供虚假文件欺诈他人，给他人造成损害的，应当承担连带责任。

（2）知识产权损害赔偿评估机构责任

如果专家不是以个人的身份从事专业服务，而是以某机构委派的名义从事专业服务，则专家与其机构之间具有特定的关系，产生了承担替代责任的基础，专家造成损害的，就应当由其所在的专业机构承担替代责任。因此，受雇于专门的执业机构并以该执业机构的名义对外从事执业活动的，在执业活动中对委托人或者第三人造成损害的，由执业机构承担民事责任。这是第一层的基本的赔偿关系。在执业机构承担民事损害赔偿责任之后，有权对故意或者重大过失的受雇专家追偿，赔偿执业机构因为其赔偿损失而造成的损失。

3. 知识产权损害赔偿评估民事责任的承担方式

知识产权损害赔偿评估的侵权行为及责任，是涉及无形财产权的侵权行为。笔者认为，应当对知识产权损害赔偿评估的侵权行为及其责任作一般化的规定，就是在评

---

❶ 杨立新. 侵权法论［M］. 2 版. 北京：人民法院出版社，2004：283.

估他人受到侵害的著作权、专利权、商标权等知识产权时，因过错造成损害的，应当承担民事责任。知识产权损害赔偿评估责任是一种具有财产性质的民事法律责任，具有财产给付的性质。赔偿损失是承担财产责任的主要方式。

三、知识产权损害赔偿评估的行政责任

行政责任是指国家无形资产评估行政管理机关依照法律规定，对违反评估行业法律规定的行为给予的行政制裁。知识产权损害赔偿评估机构和人员进行评估活动应当依法接受监督。对于有违反有关法律规定行为的，由主管行政机关依法给予相应的行政处罚。目前，无形资产评估业务存在法律监管缺失，需要尽快制定有关无形资产评估的法律，依法对评估机构和评估人员的行为进行有效规范和约束。

四、知识产权损害赔偿评估的刑事责任

知识产权损害赔偿评估机构和人员在完成评估业务的过程中，应严格执行国家有关法律、法规、政策，坚持客观、独立、公正的原则，对在评估过程中严重侵犯当事人的合法权益的行为，应依法追究行为人的刑事责任。现行评估行业的相关法律并没有直接规定知识产权损害赔偿评估行为违反评估业务规定应承担的刑事责任，但可根据《中华人民共和国刑法》相关规定，追究相应的刑事责任。如泄露当事人专利，情节严重的，可构成侵犯专利罪；或接受他人贿赂，进行不公正评估，情节严重的，可构成商业贿赂犯罪。

第十章　知识产权损害评估的监管

第一节　我国知识产权评估管理体系存在的问题

一、评估从业人员及机构存在问题

知识产权损害赔偿评估是一个崭新的领域，目前我国无形资产评估业的从业人员中大多是科技人员或财会人员，缺乏对知识产权评估的全面认识，需要认真学习研究知识产权评估的理论、方法和技巧，学习有关政策、法律、法规和新的专业及财会知识等。一些评估机构受经济利益的驱动，一味地追求低成本，则会在执业过程为了节约成本而抢时间、比速度，人力投入少、评估程序简化，致使一些项目粗制滥造，执业质量难以保证。

二、我国评估业市场管理存在问题

知识产权成为市场竞逐的热点，但缺乏相配套的中介服务体系，特别是规范的评估服务。从我国科技体制改革和发展的趋势来看，技术在社会商品价值创造中所占的比例和对经济发展的贡献越来越大，越来越多的技术已成为独立存在的知识形态商品，知识产权将成为市场竞逐的热点。但是与之发展相配套的资产评估、产权交易、产权保护等一整套中介服务体系还没有建立起来，从而导致一部分国有和民营企业的丰富的知识产权资源因缺乏评估规范而流失严重。

三、行业自律存在问题

知识产权等无形资产评估作为社会主义市场经济中的一种中介服务行业，其管理应以行业自我管理和行业自律为主，但目前还缺乏一个较具权威性的行业自律组织。

四、行政管理存在问题

我国知识产权评估业从发展之初就借鉴了西方国家的理论和方法，但是一直没有建立统一的知识产权评估管理体系。政出多门，知识产权评估管理混乱。我国涉及知识产权评估管理的部门主要是财政部、建设部、国土资源部等，评估资格也相对应地有知识产权评估师、房地产评估师、土地评估师等。与此同时，还有其他一些部门按本部门、本专业的特殊性，也各有一套知识产权评估办法。这种状况形成了多部门制定知识产权评估管理办法，多部门审批知识产权评估资格，多部门设置知识产权评估机构，以部门的管理职能承接评估项目，给知识产权评估管理带来了混乱。行业主管部门往往制约和限制被评估单位自由选择评估机构，形成行业垄断和地方封锁，影响了合法评估机构的公平竞争。

第二节 国外资产评估监管体系

一、美国模式

美国联邦政府于 1989 年颁布了《不动产评估改革》，这是美国联邦政府有关资产评估最具代表性的法律文件，各州均依据该文件制定了相应的州政府文件。美国的资产评估行业主要实行行业自律管理，全美资产评估行业自律性管理组织主要有：美国注册评估协会（AACA）、美国评估者协会（ASA）、美国评估学会（AI），以及一些专业性协会，如机器设备、不动产、公路、铁路评估师协会等。

二、英（国）澳（大利亚）模式

这种模式的特点是，资产评估行业分两大体系，即政府管理下的资产评估体系和民间自律性的资产评估体系。政府管理下的评估体系是为政府纳税服务，为评估操作机构服务，不负责评估行业的管理，评估行业的管理统一由行业自律管理组织负责。

三、马来西亚模式

马来西亚的评估行业分两大体系：一是以纳税为目的和涉及国家权益的评估，由财政部下属的评估与财产服务署负责；二是其他民间性质的评估，主要由社会上的评估机构负责。

四、韩国模式

韩国的鉴定评价业协会由建设部统一领导。建设部对鉴定评价士和鉴定评估机构的管理，一般只管到鉴定评价士资格的取得和鉴定评价机构的设立，其余主要由鉴定评价业协会以自律方式进行管理。协会的主要职能是：鉴定评估制度、理论、方法的调研、制定和发表；鉴定评价士的业务培训；鉴定评价士的权益的维护；对鉴定评价士的统一指导；建立鉴定评价士职业道德规范，监督会员公正执业，调解、仲裁评估纠纷等。

以上几种模式是世界评估行业管理体制中比较有代表性的模式，尽管各种模式具有不同的特点，但有几点是相同的：①政府对评估行业的管理介入很少，而且没有多个部门插手评估管理的现象；②行业自律性管理是评估行业管理的主要形式；③评估行业管理的重点是人的管理；④评估行业自律性组织都经历了从分散走向联合统一的发展道路。

无论是评估行业高度发达的美国、英国等市场经济发达国家，还是评估行业发展起步稍晚的韩国等新兴市场经济国家，其评估行业自律管理组织都经历了从分散到联合统一这样一个发展历程。实行统一管理，有利于评估行业统一行业准入条件、统一执业行为、统一执业标准、统一服务规范。实行统一管理，不仅有利于管理部门对评估行业进行科学、规范的管理，也有利于消除评估行业的内部壁垒，使评估人员在同一起点上，在同一执业准则下，在更宽广的舞台上为客户提供更规范、更优质的服务，社会对评估行业更加信任，评估行业自身也能得到更好的发展。

第三节　我国知识产权损害评估的监管体系构建

一、实行统一管理，并且主要由行业自律组织进行管理

从世界范围来看，评估行业管理从分散到统一，是评估行业历史发展的客观现实，也是评估行业进一步发展的必然趋势。这种管理体制符合评估行业的行业特点，符合市场经济的客观要求。我国目前的评估管理体制与国际惯例还存在较大差距，尽管我国有自己的国情，评估管理体制可能会与国外有些差别，但按照评估行业的特点，按照市场经济的要求，对现行评估管理体制进行改革是必要的。改革的方向既要尊重国际惯例，借鉴国外的先进经验，又要结合我国的国情，考虑我国评估行业发展的自身特点。

首先，我国可以尽快按照科学、统一、效能的原则，先在国家和省（区、直辖市）两级政府，分别成立类似于知识产权联席办公会议制度的"知识产权损害评估管理委员会"，其主要任务和职能是制定出台有关知识产权的政策法规，协调各部门、行业及地方之间的关系；防止国有知识产权的流失；建立健全知识产权损害评估等产权服务组织；培养评估专家队伍；推动技术市场、产权交易市场的健康发展，保障知识产权的增值和建立知识产权运营的监管系统等。

其次，在知识产权损害评估管理委员会指导下尽快成立"知识产权损害评估协会"。这是管理、监督并服务于知识产权损害评估行业的自律性组织，基本职能包括检查、咨询、保护和惩戒等几个方面。其行业监管职能在日常工作中显得尤为突出。根据协会监管工作的职能，参照司法体系的相关做法，知识产权损害评估协会可分别建立调查、鉴定和惩戒三个专业委员会。

二、完善知识产权损害评估业的政策法规体系，使知识产权损害评估业有法可依

必须尽快建立和完善统一的知识产权损害评估业的政策法规体系，使知识产权损害评估业有法可依，如"知识产权损害评估管理条例""知识产权损害评估师管理条例"以及知识产权损害评估业的其他行规行法和职业道德等。各省、自治区、直辖市和计划单列城市，也应以此为依据，制定相应的地方性知识产权损害评估法规。

三、建立和完善知识产权专职评估机构，规范评估行为。

全国各地的知识产权损害评估，可以由综合性的知识产权评估机构评估，也可以是专门性的技术、商标、版权、计算机软件等评估机构评估。建议国家知识产权局应尽快按照科学、统一、效能的原则，扶持和建立一批按照市场规律运作的知识产权专职评估机构。知识产权评估机构的建立应经省级以上的国资、科技等部门的资格认证，业务上受上述部门的指导和监督，除对其评估结果的客观公正和真实性承担法律责任外，还应结合知识产权权利化特征和知识产权保密性极强的特点，规定其相应的法律责任。

四、加强知识产权损害评估的从业人员资格管理

首先实行严格的从业资格准入制度，建议在国家知识产权局的指导、支持、准许、监督之下，由注册资产评估师协会具体实施培训、考试、审查、认定和取消知识产权评估师的资格；取得资格的人员，即可依法独立上岗执业，并接受知识产权资产评估机构的管理。其次是实行从业资格退出机制和处罚制度。最后要强化规范从业人员的执业意识。

在现代科技基础上，构成知识产权损害评估业的组织系统网络和信息服务系统网络。按照"统筹规划，科学布局，形成网络，集团发展"的方向组建知识产权损害评估业的组织系统网络和信息服务系统网络。利用计算机和现代通信技术等多种手段，逐步建立全国统一的知识产权损害评估信息服务网络，面向社会提供各种形式的服务信息。要加强对知识产权损害评估理论和方法的研究，要加强对知识产权损害评估的规范管理，规范知识产权损害评估的范围、程序、标准和方法等。

参考文献

[1] [德] 克雷斯蒂安·冯·巴尔. 欧洲比较侵权行为法 [M]. 张新宝, 译. 北京: 法律出版社, 2004.

[2] 孙宏涛. 美国知识产权保险制度管窥 [J]. 知识产权, 2006 (4).

[3] 蒋志培. 知识产权司法保护实务若干问题 [OL]. http: //www. chinaiprlaw. com.

[4] 黄伟明. 侵犯专利案件赔偿数额的计算 [OL]. http: //www. gdcourts. gov. cn.

[5] 孙南申. 从中国入世看 WTO 协议在中国法院的适用 [J]. 法律适用: 国家法官学院学报, 2000.

[6] 蒋志培. 论知识产权侵权损害的赔偿 [J]. 电子知识产权, 1998 (1).

[7] 浅议商标侵权损害赔偿问题 [OL]. http: //www. cta315. com, 2005 - 12 - 21.

[8] 汤茂仁. 对知识产权损害赔偿几个问题的思考 [J]. 人民司法, 2004 (5).

[9] 蒋志培. 知识产权侵权损害赔偿的原则 [J]. 人民司法, 1998.

[10] 郭明瑞, 等. 中国损害赔偿全书 [M]. 北京: 中国检查出版社, 1995.

[11] 郑成思. 知识产权价值评估中的法律问题 [M]. 北京: 法律出版社, 1999.

[12] Robert Pitkethly. The valuation of patents: a review of patent valuation methods with consideration of option based methods and the potential for further research [J]. University of Oxford & Oxford Intellectual Property Research Centre, 1997.

[13] Sylvain Roy. How much is your IP Worth? [J]. http: //www. sroy. ca.

[14] [美] 兰德斯, 波斯纳. 知识产权法的经济结构 [M]. 金海军, 译. 北京: 北京大学出版社, 2005.

[15] 李明德. 美国知识产权法 [M]. 北京: 法律出版社, 2003.

[16] 郑成思. 知识产权论 [M]. 3 版. 北京: 法律出版社, 2003.

[17] 南振兴, 刘春霖. 知识产权学术前沿问题研究 [M]. 北京: 中国书籍出版社, 2003.

[18] 张玉瑞. 互联网上知识产权 [M]. 北京: 人民法院出版社, 2000.

[19] 王立民, 黄武双. 知识产权法研究 [M]. 北京: 北京大学出版社, 2006.

[20] 王爱清. 财务会计学 [M]. 北京: 中国财政经济出版社, 2014.

[21] 刘明辉, 史德刚. 审计学 [M]. 大连: 东北财经大学出版社, 2011.

[22] 刘玉平. 资产评估 [M]. 北京: 中国财政经济出版社, 2006.

[23] 汪海栗. 无形资产评估实务 [M]. 北京: 中国财政经济出版社, 2002.

[24] 刘伍堂. 无形资产评估案例 [M]. 北京: 中国财政经济出版社, 2004.

[25] 李正坚. 司法鉴定指南 [M]. 昆明: 云南民族出版社, 2004.

[26] 鲁友章. 经济学说史 [M]. 北京: 人民出版社, 1979.

［27］ 马歇尔 . 经济学原理［M］. 北京：商务印书馆，1964.

［28］ 威廉·配第 . 税赋论 献给英明人士 货币略论［M］. 北京：商务印书馆，1978.

［29］ 亚当·斯密 . 国民财富的性质和原因的研究［M］. 北京：商务印书馆，1972.

［30］ 李嘉图 . 政治经济学及赋税原理［M］. 北京：商务印书馆，1976.

［31］ 美国估价师协会 . 专业评估执业统一准则［M］. 北京：经济科学出版社，1996.

［32］ J A Schumpeter. History of Economic Analysis［M］. Oxford：Oxford University Press，1996.

［33］ M Blaug. Economic Theory in Retrospect［M］. Cambridge：Cambridge University Press，1997.

［34］ Paul F Wendt. Real Estate Appraisal：Review and Outlook［M］. Athens：University of Georgia Press，1974.

［35］ K Lee Hyder. The Appraisal Process［J］. The Appraisal Journal，1936（1）.